‘고향’의 창조와 재발견

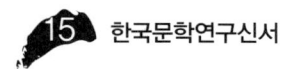 한국문학연구신서

'고향'의 창조와 재발견

동국대학교 문화학술원 한국문학연구소 편

도서출판 역락

서문

한국문학연구소는 「근대의 문화지리」라는 기획 아래 문학과 문화를 연계하는 학제간 연구를 추진해왔다. 작년 2월 <고향의 창조와 재발견>이라는 주제로 국제학술회의를 개최한 바 있으며, 이번 『한국문학신서』 제15권은 그 연구 성과물들을 모아 펴낸 것이다.

총 14편으로 구성된 이 책은 총론, 제1부 <제국과 고향 사이>, 제2부 <귀환과 이산, 그리고 고향>으로 나뉘어져 있다. 총론에서 김태준 선생은 근대의 심상공간으로서 '고향'이 지닌 풍부한 문학적 의미를 해명하는 가운데, 문화지리학을 인문학의 새로운 영역으로 주목해야 할 필연성에 대해서도 충분한 깨우침을 주었다. 특히, 김석범(金石範)이나 김산(金山), 가네코 후미코(金子文子) 같은 이산·망명자의 문학과 삶에 대한 문학지리학적 해석이 탈근대성의 이해와 중첩되는 것은 시사하는 바가 크다.

제1부는 일본 식민지라는 특수한 시대적 상황 속에서 널리 재생된 '고향'의 이미지와 표상을 다루었다. 쓰보이 히데토(坪井秀一), 민경찬, 구인모 선생은 근대 민요, 음악, 서정시 장르에서 각각 '고향'이라는 지리적 표상이 국민국가 이데올로기를 둘러싸고 재생산되는 문제적 양상들을 섬세하게 고찰해냈다. 조형래 선생은 근대계몽기의 지역학회와 유학생단체를 대상으로, 그들 세대의 특유한 고향 의식이 새로운 공동성에 기초한 유토피아로서의 '학회'를 축조해나가는 과정을 흥미롭게 재구했다. 주훼이주(朱惠足) 선생의 글은 그간 한일 근대 문학·문화에 편향되어왔던 우리 연구자들의 인식틀을 확장하는 데 귀중한 논의가

되리라 믿는다. 이 논문은 1920~40년대 타이완 청년들의 동요하는 정체성 속에서 '고향'이 어떤 심중한 의미를 지녔는지 추적하고 있다. 식민지 타이완의 식민통치, 프롤레타리아운동, 황민화, 전시동원체제 등의 역사적 사건과 당대의 소설 텍스트를 심도 있게 직조해낸 이 논문은 타이완의 근대사는 물론 한국의 근대적 경험들을 균형 있게 이해하는 데 유효하다. 프롤레타리아소설을 중점적으로 다룬 김철 선생의 논문이나 '향토'를 문제삼은 한만수, 오태영 선생의 논문 역시 '고향'에 관한 문학적 논의가 더 넓은 역사적 조건들과 맞닿아 있음을 충분히 보여주고 있다. '고향'이라는 표상은 프롤레타리아 주체의 형성에도, 식민지 검열제도의 심층에도, 그리고 '조선적인 것'의 역사적 발명에도 그 영향력을 행사한 매우 문제적인 심상적 모티브였음을 확인할 수 있다.

제2부는 해방 이후 시기에 나타난 '고향'의 서사를 다루었다. 나리타 류이치(成田龍一) 선생은 그의 명저 『'고향'이라는 이야기('故鄕'という物語)』의 문제의식을 20세기 후반 국가와 자본의 고도성장이라는 새로운 역사적 상황에 재적용하여 '고향' 담론의 유의미한 확장을 보여주었다. 이후의 논문들은 종전에 뒤이은 귀환, 남겨진 식민2세, 실향민, 그리고 미국 등지로 떠난 이민자들의 역사적 삶을 추적하고 있다는 점에서 나리타 류이치 선생이 제기한 문제의식에 각자의 방식으로 조응하고 있다. 정종현 선생은 해방기 한국 소설에 특징적인 '귀환'의 민족서사와 그 문학적 재현 양상을 검토하는 과정을 통해 이 시기 국민국가의 형성, 새로운 정체성의 형성, 심상지리의 변화 등을 밀도 있게 분석했고, 박광현 선생은 유아사 가쓰에(湯淺克衛)의 소설을 중심으로 식민2세의 '고향' 의식을 예리하게 묘파해내고 있으며, 박용재 선생은 『황해민보(黃海民報)』에 실린 기사들을 통해 실향민들의 착종된 자의식과 정체성을 흥미롭게 복원해냈다. 그리고 이선미 선생은 한국인 이민자들의 '미국' 경험과 '고향' 표상 속에서 탈식민시대 민족주의의 문제와 과제를 새롭게 조명했다.

이로써 문화지리의 동아시적 이해를 모색하고, 다른 한편 식민지와 분단으로 이어진 현대사의 굴곡 속에서 '고향'의 심중한 문화사적 의미를 검토할 수 있었다. 여기에 수록된 논문 대부분은 이미 학술회의와 학술지에 발표되었지만, 다른 몇 편은 이번 기획을 위해 새롭게 쓴 글이다. 이 책이 문화의 심상지리, 혹은 공간에 대한 문학적 이해를 구하는 학계의 노력에 조금이나마 보탬이 되기를 바란다.

　연구신서에 귀중한 논문을 기꺼이 수록하도록 허락해주신 국내외의 필자들께 다시 한번 감사드린다. 또한 이번 연구신서의 간행을 흔쾌히 맡아 수고해준 역락출판사 이대현 사장과 편집진의 노고에도 감사의 말씀을 전한다.

2007년 7월
동국대학교 문화학술원 한국문학연구소
소장 한만수

차 례

‖ 총 론 ‖

김태준 ■ 고향, 근대의 심상공간 ——————————————— 13
    1. 머리말 / 2. 〈고향의 봄〉의 심상, 혹은 '또다른 고향' / 3. 고향, 이산·망명자의 원풍경 / 4. 마무리

‖ 제1부 ■ 제국과 고향 사이 ‖

쓰보이 히데토(坪井秀人) ■ 노래와 고향의 재창조 ——————— 39
    — 20세기 전반기 민요운동과 그 외
    1. 창가「고향」을 읽다 / 2. 민요의 창조와 고향의 재창조

민경찬 ■ 한국 근대음악과 '고향' ——————————————— 55
    1. 들어가는 말 / 2. 창가와 '고향' / 3. 독립군가와 '고향' / 4. 동요와 '고향' / 5. 가곡과 '고향' / 6. 대중가요와 '고향' / 7. 북한의 근대음악과 '고향' / 8. '고향'을 노래한 근대 노래의 음악적 특징 및 그 의미

구인모 ■ 탕자의 귀향과 조선의 발견 ——————————————— 77
    — 1920년대 한국근대시와 고향의 발견
    1. 서론 / 2. 탕자의 참회와 고해 : 혈연의 역사성, 그 감각적 표상 / 3. 탕자의 방황과 좌절 : 기억과 현실의 경계 / 4. 탕자의 질곡과 운명 : 현실계의 주박(呪縛) / 5. 결론

조형래 ■ 학회(學會), 유토피아의 미니어처 ─────────── 103
　　　　　─근대계몽기의 지역학회 및 유학생단체를 통해서 본 지역성과
　　　　　　고향 의식
　　　　　1. 살아있는 시체들의 도시, 「혈의 누」의 평양 / 2. 지역학회의
　　　　　재경(在京)과 역사적 기억 / 3. 지역이라는 경계의 구축 / 4. 재일
　　　　　조선인 유학생의 도쿄 체험 / 5. 이방인으로서의 자각 – 결론을
　　　　　대신하여

주훼이주(朱惠足) ■ 식민지 타이완문학에서 '고향'의 계보 ─────── 137
　　　　　1. 고향의 발견 : 1920년대 / 2. 모던 문화와 프롤레타리아 운
　　　　　동 안의 고향 : 1930년대 / 3. 고향 내부에 편재하는 '일본' : 왕
　　　　　창슝(王昶雄)의 「분류(奔流)」/ 4. 고향에서 식민지 모국, 조국으
　　　　　로 : 우줘리우(吳濁流)의 『아시아의 고아』/ 5. 회귀하는 장소를
　　　　　잃은 식민지 타이완의 지식인

김　철 ■ 프로레타리아 소설과 노스탤지어의 시공(時空) ─────── 165
　　　　　1. 예측 불가능의 과거/예측 가능의 미래 / 2. 노스탤지어의 시
　　　　　공 / 3. 원형(原型)공간-과거 : 프로레타리아의 발견 / 4. 개조(改
　　　　　造)공간-미래 : 프로레타리아의 식민화 / 5. 마치며

한만수 ■ 1930년대 '향토'의 발견과 검열 우회 ─────────── 189
　　　　　1. 들어가며 / 2. 검열장과 공간적 검열우회 / 3. 향토와 국토의
　　　　　상호전이 : 제국과 식민지의 차이 / 4. 나오며

오태영 ■ '향토'의 창안과 조선문학의 탈지방성 ─────────── 213
　　　　　1. '한국적인 것'의 망각된 기원 / 2. '조선적인 것'과 '지방적인
　　　　　것' / 3. '향토=조선'을 통한 정체성의 모색 / 4. 제국을 월경(越境)
　　　　　하는 조선을 상상한다 / 5. '향토=고향'의 균열 : 결론을 대신하
　　　　　여

제2부 ■ 귀환과 이산, 그리고 고향

나리타 류이치(成田龍一) ■ '고향'이라는 이야기·재설(再說) ———— 241
　　　　　　　　　　　　　－20세기 후반의 '고향'과 관련하여
　　　　1. 서론 / 2. 전쟁과 인양(引揚) 안에서의 '고향' / 3. 결론

정종현 ■ 해방기 소설에 나타난 '귀환'의 민족서사 ———————— 261
　　　－'지리적' 귀환을 중심으로
　　　1. 식민지제국의 붕괴와 귀환의 서사 / 2. 일본으로부터의 귀환과 정체성의 경계 / 3. 만주(중국)로부터의 '귀환'과 심상지리의 조정 / 4. 지속되는 귀환과 국민국가 심상지리의 고정화 / 5. 남는 문제들 /

박광현 ■ 유아사 가쓰에 문학에 나타난 식민2세의 '고향' ———— 291
　　　1. 조선(인) 소재 문학과 유아사 가쓰에(湯淺克衛) / 2. 유아사 가쓰에와 단편 「간난이」 / 3. 유아사 문학 속 식민자의 '조선' / 4. 결론을 대신하여

박용재 ■ 소여(所與)로서의 고향과 그 주변 ————————————— 317
　　　－실향민들의 『황해민보(黃海民報)』를 중심으로
　　　1. 서론 / 2. 고향의 시·공간적 역사화 / 3. '국민 되기'의 여로 : 〈해외여행기〉, 〈고향방문단〉, 〈명문교 순례〉 / 4. 아버지 고향의 자기 고향화 / 5. 실향민 2세들의 일그러진 자화상 / 6. 결론

이선미 ■ 미국이민 서사의 '고향' 표상과 '민족' 담론의 관계 ——— 351
　　　－1970년대 초반 박시정의 소설을 중심으로
　　　1. '미국이민' 경험과 한국문학의 자기성찰 / 2. 한국사회의 미국 표상과 이민자의 생활공간에서 발견된 '미국' / 3. 미국에서 발견된 '고향' / 4. '고향' 표상의 진폭: 탈식민성과 민족주의 사이 / 5. 오해된 히피정신과 오리엔탈리즘에 포착된 '민족' / 6. 결론 /

‖ 총 론 ‖

고향, 근대의 심상공간 • 김태준

고향, 근대의 심상공간

김 태 준*

1. 머리말

'고향'을 주제로 하는 발표를 맡고 실향민으로서 나에게 '고향'이란 무엇인가를 생각하면서, 벌써 20년도 전에 스스로 만든 가정문집의 이름을 '망향'이라고 했던 기억을 되살렸다. 남한의 4천 800만 인구에 6천만이 이동한다는 이른바 '귀성전쟁'에 남하한 100만의 실향민들은 임진각 망배단(望拜壇)을 찾는다. 22번째의 '망향경모제(望鄕敬慕祭)'가 열리는 제단의 제상에는 "재이북부조신위(在以北父祖神位)"가 서고, 그 앞에 "북녘 쌀로 만든 시루떡"이 오른다. 어느 실향민은 제상(祭床)을 한 동안 내려다보며 "불효의 마음을 한 줌 얹어 놓았다"고 했다. 나 스스로 지난 연말 55년 만에 처음으로 내 어머님께서 생전에 남긴 사진 한 장을 받아보고 불효의 마음으로 며칠을 고향산천에 헤맸다. 내 어머님이 타향으로 이주되어 그곳에서 여생을 마치셨다는 소식에 내 고향의 정체성은 흔들린다. 모든 사람은 태어나고, 자라난 땅과 조상이 물려준 문화를 공유하는 공동체 속에서 '고향'에 대한 애착과 안정감을 터득한다. 고향이야말로 그 사람과 별개가 아닌 각 사람의 동질성이며, 공동체의 정체성이라고 할 수 있다.

---

* 이 글은 『한국문학연구』 제31집에 실린 글을 약간 다듬은 것임.

근대사회는 개인을 주체화하고 개인의 존재가 큰 의미를 갖는 사회라는 점에서, 개인 스스로는 이 사회 속에서 주체적 씨알인 동시에 어떤 큰 틀 속에 구속되는 불안한 개체이기도 하다. '개인과 사회의 대립'은 국민국가나 체제의 이념 앞에서 가장 서슬이 날카롭고, 특히 산업화와 민족국가 세우기라는 서구식 목표의 깃발 아래서, 개인은 노예무역과 식민지배, 전쟁과 시장경제 등 여러 가지 밖으로부터 오는 폭력적 이산(離散)과 소외에 내쫓겼다. 이런 소용돌이 속에서 향촌사회 공동체로부터 내쫓긴 불안정한 개인이 '좀더 편안한 장소'를 바라는 고향의 심상은 확대되었다고 할 수 있다.[1] '고향'은 이전부터 있어 온 개념이지만 고향의 심상은 이런 이산의 소용돌이 속에서 편안한 땅을 바라는 동경과 망향의 표상으로 발전되었다는 점에서, 이것이 고향과 근대를 함께 말하는 근거로 된다.[2] 근대에 들어와 사람들의 '대이동'이 홍수를 이루었던 1930년대 전후에 고향을 둘러싼 논의가 세계사적 문맥을 가졌다는 일도 참고할 만하다.[3] 그것은 어머니의 품이나 어린 시절 자란 동네와 같은 편안하고 아담한 장소, 동요 <고향의 봄>과 같은 자연

---

1) 內田隆三,「'고향'이라는 리얼리티」, 成田龍一 編,『故鄕の喪失と再生』, 靑弓社, 2000, 134~137쪽.
2) 동양에서는 일찍부터 사형에 버금가는 형벌로 귀양이라는 제도를 발전시켰고, 이것은 임금이 다시 불러 주지 않는다면 고향에 돌아가지 못한 채로 죽음을 뜻하는 제도였다. 우리 문학에서는 일찍이 '본향(本鄕)'이라는 말이 '고향'보다 널리 쓰였다는 점도 주목할 만하다. 천주가사 가운데 이본이 가장 많이 전하는 작품으로 <사향가(思鄕歌)>는 崔良業이 426구로 쓴 장편 가사이다. 인간의 본향이 어디인가를 생각하여 찾으라는 권유를 담고 있고, 종결부에서는 "어와 벗님네야/ 우리 고향 가사이다"고 강조하고 있다(金東旭,「西敎傳來 후의 천주찬가」,『인문과학』21집, 1996). 한편 '본향'은 巫歌 본풀이에 나오고, 유교에서도 써 온 말이다.
3) 한국의 근대는 일제 강점의 식민지배와 제2차 세계 대전과 한국전쟁, 군사정권의 억압 정치로 600여만의 이산·유랑의 실향민이 세계 각지로 흩어졌다. 1910년 한국을 강점한 일제는 1918년까지 토지조사사업으로 조선 전 국토의 50.4%에 이르는 땅을 총독부의 수중에 넣었다. 이에 소작권을 빼앗긴 남부 농민들을 만주로 이주시켰으니, 1931년에는 63만, 1938년에는 100만 명에 이르렀다. 그리고 제1차 세계 대전 이후 1934년까지 자유 도항제 명목으로 53만 명의 조선 사람을 일본에 이주시키는 인구의 대이동을 감행했다.

경관으로 표상되고, 혹은 학습이나 풍속과 같은 공동의 역사 경험을 통하여 공동체의 정체성을 강화하기도 한다.

이제 미완의 근대사의 뒷자락에서 이 '근대'와 '고향'을 함께 말하는 것은 실향(失鄕)의 역사를 되돌아보는 자기 확인의 방식이며, 고향과 유랑의 땅들에 얽힌 새로운 고향 찾기의 문학지리적 관심 가지기라 할 만하다. 이런 '고향'을 말하는 작업은 공간의 역사학이라는 흐름이 있고, 실향민 집단은 사회학의 관심사이며, 지리학의 주제이기도 하며, 특히 문학예술의 대상이 되어온 통합학문의 주제일 수 있다. 이런 관심에서 향토사나 지역연구의 관점에서 지방과 고향을 논한 글들이 적잖게 나오고 있고, <고향론>도 없지 않다. 이 글은 근대의 고향 상실과 재생 심상을 중점적으로 살핀다. 버려진 땅의 이산·망명자로 재일 교포 작가 김석범(金石範, 1925~), 만주벌판을 누볐던 독립군 김산(金山, 본명 張志樂, 1905~1938)과 유랑한 여성으로 가네코 후미코(金子文子, 1903~1926)의 경우를 중심으로 살펴보고자 한다. 고향이 아주 돌아갈 수 없는 이산·망명자의 경우, 고향의 정체성은 고국·민족과 겹치기도 하고, 혹은 근대 국민국가를 넘어선 새로운 공동체의 꿈을 보여준다는 점에서 우리의 주제에 접근하고 있다. '근대의 심상공간으로서 고향'이라는 주제는 '근대'와 '고향'이라는 두 주제 개념의 관계 속에서 가능한 탈근대의 이해를 목표로 하는 과제라고 할만하다. 이 글에서는 문학지리학적 관심에서 특히 심상지리4)에 주목하고자 한다.

2. 〈고향의 봄〉의 심상, 혹은 '또다른 고향'

2-1. 근대의 고향은 '향수'나 '망향'처럼 고향 상실을 노래하거나 이

---

4) 심상이란 어떤 사물의 이상적 표상으로, 사물로부터 멀어진 거리에서 사물이 지배하는 기억의 윤곽을 말한다.

야기하는 방식으로 자주 표상되고, 우리 문학예술에서는 특히 1930년
대 전후의 일제 하의 민족 수난 속에서 실향의 문학으로 쏟아져 나왔
다.5) 혹은 정지용의 「고향」(1932)이나, 윤동주의 「또 다른 고향」(1941)처
럼, 귀향을 노래하면서도 고향상실과 국권상실로 흐른 것이 근대의 고
향상실의 상황인식을 잘 보여 준다. 고향이 자기 정체성 찾기의 심상공
간이라는 점에서 일제 강점기부터 지금까지 가장 널리 불러진 이원수
의 동시 <고향의 봄>(1926)은 고향 노래의 한 전형이라 할 터이다.

> 나의 살던 고향은 꽃 피는 산골
> 복숭아 꽃 살구 꽃 아기 진달래
> 울긋불긋 꽃 대궐 차린 동네
> 그 속에서 놀던 때가 그립습니다.
>
> 꽃 동네 새 동네 나의 옛 고향
> 파란들 남쪽에서 바람이 불면
> 냇가의 수양버들 춤추는 동네
> 그 속에서 살던 때가 그립습니다.6)

이 동요시는 1926년 어린이 잡지『어린이』 4호에 실려 이름을 날리
고, 이듬해에는 홍난파의 곡이 붙어 대단히 유명해지면서 국민의 노래
로 되었다. 교과서에 올라 2세 국민이면 누구나 배우고, 지금도 남과
북에서 <아리랑> 다음으로 모두가 함께 부르는 애창곡이다. 주어가
"나의 살던 고향"이며, "그 속에서 놀던 때"와 "그 속에서 살던 때"가
그리운 나의 옛 고향으로 과거형으로 그려져 있다. 이렇게 고향은 스스

---

5) <두만강>(1930, 김용환 시, 이시우 곡, 김정구 노래)
   <고향생각>(1931, 현제명 작사 작곡)
   <내 고향 남쪽 바다> (1932. 1. 8. 동아일보. 이은상 시, 1933. 김동진 곡)
   <바우고개>(1932, 이흥렬 작사 작곡),
   <타향살이>(1933, 손목인 작곡, 고복수 노래) 등.
6) 이원수, <고향의 봄>,『어린이』, 1926년 4월호.

로 낳고 자란 지리공간으로, 지난 세월의 시간성 위에 존재하는 심상공간이며, 떠나온 고장을 그립게 아쉬워하는 기억의 표상이다. 고향이라는 장소 그 자체는 과거의 경험과 사건의 현재적 표현이며, 미래에 대한 희망의 현재적 표현이다. 시간은 이렇게 우리의 장소 경험의 일부이다.[7] 이처럼 과거의 기억 속의 '고향의 풍경'을 그리워하고 고향의 가장 아름다운 동경을 사람들은 거듭 노래한다.

그런데 이 <고향의 봄>에 그려진 고향은 주체의 기억 속에서 온갖 꽃으로 만발한 자연경관만을 노래하고, '고향의 봄'으로 그 자연경관도 아름다운 봄 경치만으로 표상된다는 점에서 고향 낭만주의에 다름이 없다. 이렇게 고향이란 장소의 정체성이 경관으로 이해되고 경험되는 까닭은 외관이 장소들의 중요한 특징이기 때문이다. 그리고 이렇게 "아름다운 꽃 대궐 차린 동네", "그 속에서 놀던 때"니 "그 속에서 살던 때"를 말하고 있지만, 지은이의 유년시절의 구체적인 삶의 경험이나 인간 활동의 모습은 아무것도 그려져 있지 않다. 전에는 시적 화자가 그 경관 안의 일부였다는 기억을 되살리는 것만으로 국외자의 고향 심상은 경관 속에 표상되어 있다고 볼 일이다.

"내가 자란 고향은 경남 창원읍이었다. 나는 그 조그만 읍에서 아홉 살까지 살았다. (중략) 그러다 우리 집은 진영을 떠나 마산으로 옮겨온 것이다. 나는 열 살의 소년으로 마산서 비로소 학교에 입학을 했다. 나는 그림과 글짓기에서 항상 우등이었다.
그러나 마산에 비해서는 작고 초라한 창원의 성문 밖 개울이며 서당 마을의 꽃들이며, 냇가의 수양버들, 남쪽 들판의 푸른 코리,……그런 것들이 그립고, 거기서 놀던 때가 한없이 즐거웠던 것 같았다. 그래서 쓴 동요가 <고향의 봄>이었다."[8]

---

[7] 에드워드 렐프, 김덕현 외 옮김, 『장소와 장소상실』, 논형, 2003, 85쪽.
[8] 이원수가 1980년 『소년』에 연재한 자전 회고록 「고향의 봄」, 창원시 고향의 봄 기념사업회 자료.

이것은 노경에 접어든 작가의 회고의 글인데, 15살 초등학생의 이 동요 시에서 풍경의 사실성을 문제 밖으로 하더라도, 여기서 시 속에 그려진 고향의 봄 풍경은 말할 것도 없이 "예 섰던 그 큰 소나무가 버혀지고 없는"[9] 그런 조선의 고향의 풍경이었음은 물론이다. 그러나 이런 "그 큰 소나무"가 버혀지고 없는 내 놀던 옛 동산의 원 풍경은 "산천의구(山川依舊)"란 옛 시인의 고향심상과 정반대의 풍경으로 그려져 있다. 그것은 옛 시인의 허사이기보다는 '근대'라는 시대가 만들어 낸 고향의 살풍경이었을 터이다. "그 큰 소나무"가 베어지고 없다고 하는 자연 파괴는 근대 문명성의 한 상징이다. 혹은 일제의 억압과 가난 속에서 식민지의 그늘을 상징하는 변화일 수도 있을 터이다. 이렇게 동요 <고향의 봄>에는 자기 홀로 외로운 심상에 그쳤을 뿐, 고향공간이라는 정경(情景)의 확장이 없다. 공간의 사실성 또는 '사회적 주제'를 상실한 공허가 깃들이고 있다. 고향을 삶의 공간으로, 사회적으로 확장하는 공간인식이 필요하다 할 것이지만, 이런 지역적 개성을 잃어버린 것이 이 시대의 민요와 고향 노래들의 특징이다. 이것은 가령 일본이 1914년 문부성 창가 교과서에 실은 <고향>과 비교하면 시대적 구체성이 결여된 채로,[10] "과거 반세기 동안 나라 잃은 겨레, 고향을 잃은 사람들의 심금을 울려주는 명작"으로 민족적 공동의 고향심상으로 수용된 것이겠다.

    <고향의 봄>이 지어졌던 그 지음의 조선은 스스로 태어난 땅마저도 자기 땅이 아닌 고향실향의 식민지 공간이었다. 그러기에 식민지라는 타향에 사는 사람들의 마음을 위로할 한탄의 노래들이 유행했다.

---

[9] 이은상의 시조시 「옛동산에 올라」, 1932년 홍난파 작곡으로 『조선가요작곡집』에 실리면서 널리 애창된 노래이다.

[10] 일본 창가 교과서의 <고향>은 3절로 되어 있고 제1절에서는 주체가 어린 시절의 기억을 더듬어 <고향의 풍경>을 노래하고, 제2절에서는 부모님과 친구들을 걱정하고, 제3절에서는 주체가 뜻을 이루고 언젠가 돌아갈 귀향을 꿈꾸는 내용으로 되어 있다. (內田隆三, 앞의 글, 156~157쪽.)

1925년 일본축음기상회에서 발매한 <이 풍진 세상>이 <희망가> 혹은 <절망가>라는 이름으로 3·1운동 좌절 뒤의 메마른 심상을 그려주었고,11) 1934년에는 일본으로 타향살이를 떠난 조선인만도 53만 명을 넘었다. 이 일제 강점기에 고향의 문학은 정지용의 <고향>(1932)이나, 윤동주의 <또 다른 고향>(1941)에서 보듯이 귀향을 그리면서도 귀향 그 자체로서 고향상실을 함께 노래했다. 정지용의 이 실향의 시상은 조국 상실감을 뚜렷이 드러내고 있다. 고향은 이제 그리던 고향이 아니고, "마음은 제 고향을 지니지 않고, 마음은 먼 항구로 떠도는 구름"의 시상으로 남아 있다. 윤동주의 <또 다른 고향>은 그 제목에서부터 음산한 실향체험을 보여준다. 윤동주의 고향 심상은 언제나 다름없이 식민지 현실과 이어져 있는데, 이 <또 다른 고향>은 1941년 9월, 유학하던 서울에서 돌아와 고향 용정에서 쓴 것이다. 일제 말기 강압적 식민통치 아래서 시인의 고향체험은 "고향에 돌아온 늘 밤에 내 '백골'이 따라와 한 방에 누웠다"는 첫 구절로부터, '어둠'과 '바람'과 '풍화작용'이며, "어둠을 짖는 개"와 같이 모두 부정적인 심상들로 가득하다. 실향민을 따뜻하게 맞아줄 고향의 품은 어디에도 찾아볼 수 없다. "지조 높은 개"만이 밤을 새워 어둠을 짖고, 귀향은 "쫓기우는 사람"처럼, 아름다운 "또 다른 고향"을 그리워하는 것이다.

2-2. 소설문학에서 고향심상은 이런 고향의 노래들보다 일찍부터

---

11) 姜信子, 『日韓音樂ノ-ト』, 東京:岩波書店, 1998, 99~101쪽. <고향의 봄>이 나온 해에 유명한 소프라노 가수 윤심덕(尹心悳)이 극작가 김우진(金祐鎭)과 대한해협[玄海灘]에서 정사(情死)한 사건이 있었다. 그 극적 효과로 그미의 <사(死)의 찬미>가 조선의 축음기 보급을 촉진했다. 그리고 같은 해에 나운규(羅雲奎) 감독·주연의 영화 <아리랑>(1926)과 <아리랑 후편>, 박승희(朴勝喜)의 연극 <아리랑 고개>(1929)로 이어지면서, 고향상실의 대중문화를 꽃피운 시대였다. 이어서 1932년에는 한국대중가요시대의 막을 열었다는 <황성옛터>(王平 작사, 全壽麟 작곡)가 대중들의 열렬한 반응에 힘입어 총독부의 발매금지를 낳았고, <타향살이>(金陵人 작사, 孫牧人 작곡)가 나와 식민지 조선인의 한숨을 달래주던 시대였다.

고향의 사실주의 문학을 이룩했다. 특히 일제의 수탈에 내쫓긴 수많은 조선 민중들이 압록강과 두만강을 건너 간도로 만주 땅으로 유랑한 현실은 안수길(安壽吉, 1911~1977)의 『북간도』12)를 비롯하여, 최서해·강경애·현경준·박계주 등 중견 작가들의 작품이 실화에 방불하다. 중문학자 진형준 교수가 시도한 바「동아시아적 시각으로 본 세 편의 고향」론은 주목할 만한 고향론으로, 근대와 고향의 문제를 잘 보여준다. 여기서는 현진근의 소설「고향」(1926)을 다루었다. 전교수는 1920년대의 동아시아 세 나라의 문학이 러시아문학의 강력한 영향 속에 있었다는 전제에서, 현진건(玄鎭健, 1900~1943)과 루쉰(魯迅, 1881~1936), 러시아 작가 치리코프(Evgenii Nikolaevich Chirikov, 1864~1932)의 소설「고향」을 비교했다.13) 치리코프의「고향」은 고향의 추억이 유년이 아닌 청년과 결부되어 있으며, 고향의 자연은 풍경이 온전할수록 고향상실의 주제는 뚜렷해진다. 루쉰의「고향」은 주인공이 20년 만에 다시 찾은 고향이 풍경까지도 변해 있고, 이 지리적인 고향의 변화로 형이상학적 심리적 고향이 뚜렷해졌다는 것이다. 그런데 현진건의「고향」은 100여 호나 되던 고향 그 자체가 아주 없어져 버렸으며, 주인공은 땅을 동척(東拓)에 모두 빼앗긴 뒤에 간도로, 규슈 탄광으로, 오사카 철공장으로 혼자 떠돈다는 점에서, 한국 근현대 소설의 고향상실의 주제를 잘 보여준다.

---

12) 『북간도』는 19세기 말로부터 광복까지 사이에 이한복 일가 4대가 간도를 개척하며 겪는 수난과 민족 자주권을 쟁취하기 위한 삶의 발자취를 그린 소설이다. 농토를 두고 청나라 사람들과 갈등을 겪어야 하고, 민족의 얼을 지키기 위하여 일제와 싸우며 고심참담하는 모습이 잘 그려져 있는 작품이다.
13) 전형준,「동아시아적 시각으로 본 세 편의 고향」, 90쪽.「고향」이 포함된『치리코프선집』이 일본에서 번역출판된 것은 1920년이다.「고향」을 비롯한 치리코프의 일역본 두 작품을 번역하여『현대소설역총』(1921)에 실은 루쉰은 같은 해에 스스로도「고향」이란 소설을 발표했다. 한편 현진건은 치리코프의 같은 작품을 노신보다 한 달 뒤에 번역하여『개벽』25호에 발표하고, 작가의 미발표작「고향」을 1926년에 출판한 창작집『조선의 얼굴』에 실었다.

3. 고향, 이산·망명자의 원풍경

3-1. 이산·망명자에게 고향은 삶의 원풍경이다. 이산·망명은 전쟁과 같은 세계사회의 급격한 변화나 실업자가 급증하는 것과 같은 국제적 한계상황 속에서 강제되거나 반강제적 이향(離鄕)을 경험하는 것이다. 근대 이후에 고향을 아예 버려야 했던 많은 이향의 나그네 가운데서도 가장 고통스러운 향수와 망향의 경험을 가진 이산·망명자로, 재일 교포 작가 김석범(金石範)과 만주벌판을 누볐던 독립군 김산(金山)과 함께, 유랑한 여성으로 가네코 후미코(金子文子)는 두드러진 보기이다. 이들은 모두 처절한 실향 체험의 자전적인 작품이나 회고를 통하여 자기의 고향(고국)을 심상공간으로 내면화한 인물이다. 고향이 아주 돌아갈 수 없는 이산·망명자의 경우, 새로운 뿌리내리기와 고향의 정체성은 자주 고국과 민족과 겹치기도 하고, 혹은 반대로 그 초극을 지향하기도 한다.

고향은 그곳을 떠난 유랑자에게도 다시 돌아갈 희망의 공간이며, 다시 돌아가야 할 삶의 원풍경이다. 일찍이 동양에서는 사형에 버금가는 형벌로 귀양이라는 제도를 발전시킨 바 있고, 서양 의학에서 노스탤지어라는 병은 불면증 발열 등과 함께 계속해서 집을 생각하는 증상이 극에 달하면 죽음에 이를 수 있다고 믿었다고 한다.[14] 반대로 망명자는 뿌리가 뽑힌 개체로, 어떤 상황의 변화가 없는 한 고향은 다시 돌아갈 수 없는 땅이 된다. 뿐만 아니라 새로운 뿌리를 내릴 땅을 선택할 수도, 혹은 선택하지 않은 땅으로 떠밀릴 수도 있고, 혹은 평생 뿌리를 내릴 땅을 얻지 못한 채 뿌리 뽑힌 삶으로 유랑하는 개체일 수도 있다. 구태여 이런 구분을 지어 본다면 앞의 세 사람은 각각의 한 보기가 될 수 있을 터이다.

---

14) 에드워드 렐프, 앞의 책, 101쪽. '노스탤지어'는 1678년 스위스의 의학도 요하네스 호퍼가 만든 의학용어라 한다.

3-2. 재일 교포 1세대 문인인 『화산도(火山島)』의 작가 김석범의 경우, 자갸의 고향이면서 낳은 땅도 자란 땅도 아닌 화산도(제주도)는 이 작가의 중요 작품들의 고향이기도 하고, '고향'의 원풍경이기도 하다.

> "내 원풍경(原風景), 그것은 제주도의 요람으로부터 피어오르는 흙냄새이며 사람들의 사투리이며 바다이며 한라산이다. 그것은 역시 구체적인 '제주도'이면서도 그러나 현실에서는 존재감을 확인할 수 없는 환영과 같은 것으로서, 그저 의식 속에서 밖에는 증식 작용을 할 수 없는 것으로 존재한다. 지극히 원풍경인 것이다. 내가 언뜻, 내 작품은 고향상실자의 꿈, 꿈이라는 말에 관련된 희망의 뉴앙스를 뺀, 그저 생리적 반응으로서의 꿈일지도 모른다고 생각하기도 하는 것은 그런 탓이다.15)

이 말처럼 김석범은 스스로의 원풍경으로서 고향, 제주도를 평생 그린 작가이면서, 특히 1948년 4월 3일부터 이듬해까지 이어진 4·3사건과 이와 관련된 친일파 처분문제를 중심으로 고향상실자의 꿈을 그린 작가이다. 4·3사건은 섬 전체에서 일어난 도민의 무력 투쟁과 이에 협력한 도민들을 고문하는 미군정 등의 무력충돌로, 도민의 거의 5분의 1에 해당하는 3만 명 이상의 죄 없는 양민이 희생된 한국 현대사에서 가장 비극적 사건이었다. 이 4·3사건을 중심으로 김석범이 20년에 걸쳐 완성한 '고향이야기'가 그의 필생의 대작인 『火山島』 전 7권이며,16) 이 주제는 아직도 그 후속편으로 이어지고 있다.

'화산도'는 본래 제주도의 옛 이름으로, 방대한 대하소설의 제목에서부터 작가는 이 고향의 땅이름을 내걸고, 주제도 미군 당국과 한국 정부가 30년 이상 발설을 금기시해 온 4·3사건의 역사를 파고드는 고향찾기의 대장정에 올랐다. 그것은 작가 스스로의 "원풍경으로서 구체적

---

15) 金石範, 『民族・ことば・文學』, 創樹社, 1976, 175~176쪽.
16) 金石範, 『火山島』 1-7, 講談社, 1976~1995. 한국어 번역판은 이호철·김석희 옮김, 『화산도』, 실천문학사, 1988.

'제주도', 그 요람으로부터 피어오르는 흙냄새며 사람들의 사투리며 바다며 한라산"을 확인하는 일이었을 터이다. 그것은 바로 고향에 대한 기억을 되살리는 작업이다. "기억을 말살당한 곳에는 역사가 없다. 역사가 없는 데는 인간의 존재가 없다. 기억을 잃어버린 사람은 사람이 아닌 주검과도 같은 존재이다."17) 작가의 이런 생각은 어느 유기체 철학자의 '과거의 일들의 불멸성'이라는 개념을 상기시키는 바가 있다. 우리가 행한 모든 일들, 활동들은 영원히 남아 다음 세대로 이어지며, 그것이 우리의 현재의 모습을 규정한다는 생각이다.18) 제주도를 고향으로 가진 이런 의식의 망명 작가에게 4·3의 기억, 4·3 되살리기는 곧 제주도의 부활이며, 역사의 부활이다. 그것은 작가 스스로의 정체성의 부활이기도 할 터이다.

그러기에 작가는 『화산도』 집필에 필생을 걸었을 터이다. 이 대하소설을 쓰기 이전부터 줄기차게 제주도와 4·3사건을 다루는 「까마귀의 죽음(鴉の死)」, 「관덕정(觀德亭)」, 「간수 박서방」 등 단편을 토해 냈다. 여기서는 지역적 동일성을 잃은 고향 노래들의 개념성을 바탕부터 흔드는 사실성이 추구된다. '화산도=제주도'라는 이 고유명사의 공간심상이야말로, 고향심상의 절반의 사실성을 담보한다고 할만하다. 대학생 시절에, 난리판을 피해서 밀항해 온 제주도 출신 일가에게 들었던 참상의 기억에서 시작하여, "자주 다니지 못한 고향 땅 제주 국제공항 활주로 밑, 서귀포 정방폭포 밑 깊은 물 속, 여기저기에 아직도 꺼지지 못하고 떠도는 원혼의 환청(幻聽)에 마음이 괴로운"19) 작가의 제주 찾기는 그대로 윤리적 명제였다. 미군정 아래서 일어난 4·3사건은 민족분단의 모순이 상징적으로 표현된 명백한 민중봉기라고 강조하는 작가는

---

17) 김석범, 「기억의 부활」, 『문화칼럼』, 2003. 4. 11.
18) 토마스 호진키스, 장왕식·이경호 옮김, 『화이트헤드 철학 풀어 읽기』, 이문출판사, 2003, 59쪽.
19) 김석범, 위와 동일함.

"이 모순을 집중적으로 파헤쳐 나가는 것으로 한국 현대사의 모순과 비극, 친일세력의 반민족적 행위를 드러내려"고 했다. 고향에서 겨우 어머니 뱃속의 생명체였을 뿐인 그의 고향 찾기는 이렇게 고향의 역사 찾기로 되었다.

한 망명자가 너무나도 정치적이며 감추어진 역사 사실의 그늘을 집중적으로 추구해 가면서, 거대한 근대 권력의 반대편에서 이 고향 찾기에 생애를 걸 수 있었던 힘은 무엇일까? 그것은 작가 스스로, "조선에, 조국에 갈 수도 없는 내가 어떻게 일본어로 조선을 쓸 수 있을까?" 하는 질문20) 속에 벌써 나타나 있었던 대답이었을 터이다. 그의 이런 질문의 무게는 바로 감추어진 역사의 무게이며, 작가 스스로에게 지워진 고향의 무게였다고 할 터이다. 그것은 「까마귀의 죽음」을 비롯한 제주도 연작에 나타난 4·3사건의 엄청난 역사적 무게에 짓눌려 해체된 인간성과 세계라는 관계에서 찾을 수 있는 질문이다. 따라서 이 질문은 작가 스스로 망명자로서 조국과의 관계를 확인하고, 정치성을 초월한 인물설정을 통하여 해결하고 있다는 해석에 설득력이 있다.

김석범의 「까마귀의 죽음」을 비롯한 제주도 연작에 등장하는 인물들은, 4·3사건이란 엄청난 역사적 비극의 무게에 짓눌린 씨알의 무리이다. 조국을 지향하면서도 결국 일본에서 원경으로 조국을 바라볼 수밖에 없는 재일 조선인이라는 윤리적 부채 같은 것을 가진 인물, 혹은 이름이나 성(姓)이나 나이와 출신지를 알 수 없는 이른바 '원민중상(原民衆像)'으로 그려진다. 「까마귀의 죽음」에 등장하는 부스럼 영감이나 「만덕유령기담」의 만덕(萬德), 『화산도』에 나오는 부억이는 이런 민중상의 전형으로 된다. 성내(城內)로 향하는 버스에 가득 찬 승객들이 온갖 잡담과 농담을 주고받으면서도, "자기 이름과 사는 동리를 말하고 상대에게도 이를 묻는 이 섬의 습관과 예의"를 잊어버린 것처럼, '농부'나 '거

---

20) 金石範, 주 15)의 책, 64쪽.

기'와 같은 무명의 민중군상이 『화산도』의 '서장(序章)'을 장식한다. 그들은 정치성을 초월한 인물들이면서, 깨달아가는 변혁 속에서 저항정신을 가지는 씨알들이다. 이들에게서 웃음은 중요한 의미를 가진다. 웃음이 불가능한 사건을 형상화하는 장치로서는 물론, 바흐친이 지적한 바 웃음에서 인간은 내면에 쌓인 공포로부터 해방시키는 혁명적 힘을 발견한다. 김석범이 설정한 '조선의 인물상'에 대한 오에 겐자부로(大江健三郎)의 평가도 그런 타당성을 확인시켜 주고 있는데,21) 사소설 전통의 일본 문학과는 다른 사실적 호소력이 이 인물설정에서 나오기 때문이다.

김석범은 스스로의 인격과 스스로의 원풍경으로 '제주도'에 대한 필생의 '소원'으로 이 민족 역사를 자기 동질화하고 있다. "지리적 위치와는 반대로 4・3인식에 관한한 변방은 오히려 육지였다"는 평가에서도 보이듯이,22) 그의 고향 찾기로 『화산도』는 김석범의 필생의 작업으로 된다. 그것은 주체를 상대화시키기 위한 치열한 내적 투쟁의 산물이며, 4・3사건의 무수한 희생자들에게 보내는 진혼곡이었다. 특히 주목되는 점은 처녀작으로 「까마귀의 죽음」이 『화산도』의 모태, 원형이며, 1960년대 한국어로 씌어진 『화산도』에서도 주인공이 된 정기준이 이후의 소설들과 대하소설 『화산도』로 이어지는 작품들에서도 이름을 바꾸어 가며 계속 나타난다는 점이다. 곧 대하소설의 주인공인 이방근은 처녀작 「까마귀의 죽음」의 주인공 정기준의 연장선위에 있는 인물이다.

---

21) "김석범씨의 소설을 읽고 있으면 이것은 '확실히 조선인이다, 조선의 인물상이다'라는 기분이 들곤 합니다. (중략) 김석범이라는 매우 지적인 재일 조선인의 하나의 인격이 있고, 이 인간이 재일 조선인으로서 여러 가지 일그러즘을 주체적으로 받아들이면서 조선인이란 무엇인가를 생각할 때 이러한 조선인상이 나타나는 것일 것이다고 생각하게 되는 것입니다." 渡辺直紀, 「섬뜩함의 정치학-초창기 재일 조선인 문학에 보이는 조선인상」, 『他者와 文化表象』, 고려대학교 일본학연구센터 국제학술심포지엄 발표논문집, 2005, 37쪽에서 재인용.
22) 박명림, 「정치와 역사읽기로서의 소설읽기-나카무라 후쿠지 『김석범의 <화산도> 읽기」, 『창작과 비평』 114호, 2001년 겨울.

이렇게 정기준은 김석범에게는 핵과 같은 인물이다. 「까마귀의 죽음」에서는 제주도 출신으로 해방 뒤에 고향에 돌아와 군정청 통역이면서 빨치산의 비밀 당원이 된 정기준의 닷새 동안의 움직임과 심리상태를 다루었다. 주인공의 친구로 장용석과 양순 남매는 남로당에 입당하여 활동하는데, 정기준은 해방 뒤에 한때 동거한 일이 있는 연인이었던 양순의 처형장면에 입회하면서도 그를 구하기는커녕 말 한 마디도 건네지 못하고 돌아온다. 다음날 기준은 현관문 밖에 시체에 내려앉으려는 까마귀를 권총으로 쏘아 죽이고 이미 죽어 있는 소녀의 가슴을 향해서도 총을 쏜다. 그러나 기준은 결국 무시무시한 정도의 양심의 안위를 위해서 자기 스스로를 죽이고 양순의 양심을 죽였다. 양순의 양심을 죽인 당(黨)도 조국도 그미의 눈물 한 방울 만큼도 보상해 줄 수 없었다는 것23)이 작가의 자기고백의 부르짖음이었다.

 김석범에게 일본이라는 나라는 어디까지나 일시적으로 사는 공간에 불과했다. 그러나 본의 아니게 일본에 정주하게 되었다는 의식이 "재일의 공허, 결여의 감각"으로 그의 윤리적 짐이 되었고, 그것은 또한 "이전의 지배자의 언어로 조선인이 문학을 한다는" 언어의 문제로 이어졌다.24) 그는 모국어(母國語)를 가지고 있지만, 그의 모어(母語)는 일본어다. 민족의식이 약해진다는 위기의식 때문에 60년대에는 모국어로 창작활동을 했고, 조선어판 『화산도』를 내고, 자전적 색채가 짙은 소설 『1945년 여름』의 김태조의 입을 빌려 조선어관을 피력하고 있다. 서울에 다다른 그는 말하기를, "나뭇가지는 조선어로 바람에 속삭이고, 이름모를 작은 새들은 조선어로 지저귀고, 개도 고양이도 다 조선어를 쓴다"고 감격했다. 전차에서 조선어로 이야기하는 여학생들의 아름다운 억양의 흐름을 훌륭한 음악이라 하고, 제주도에서 징병검사를 받으면서는 "고향과 관련이 없는 타관사람"이라는 느낌을 떨칠 수 없다고 한탄하고

---

23) 김석범, 『在日の思想』, 筑摩書房, 1981, 141쪽.
24) 김석범, 위의 책, 129쪽.

있다. 이 '말의 문제'야말로 재일 작가로서 김석범의 자기 정체성의 바탕을 이루고 있다.

　김석범의 문학이 재일 조선인이라는 자리에서 고국[고향]과의 상대적인 거리를 인식하는데서 출발한다는 것은 주제로써 4·3사건 그 자체의 문제성보다는 이에 대한 스스로의 자리를 확인하는데서 뚜렷해진다는 점이다. 반세기 가까운 군사독재권력 앞에 얼어붙었던 4·3의 기억을 되살리는 일은 바로 그 '사건'을 되살리는 일이다. 사건이란 주체를 전제하며, 주체적인 존재이기 때문에 사건을 일으킨다. 그들은 스스로의 이야기를 한다. 이 4·3사건의 이야기를 통해서 김석범은 자기의 고향과 스스로 사이에 놓인 연대감을 확인하며, 재일 조선인이라는 망명자의 자기 자리를 확인한다. '희망' 찾기인 것이다. 그러나 일본 문단도, 민단도 총련도 용납하려 하지 않는 사면초가 속에 겪는 재일의 공허, 모자람의 감각은 반드시 "대부분의 재일 조선인의 심정의 바탕이 된 것"은 아니었다. 그것은 "청년시절 스스로에게 주어진 물음의 내면에서 살아가려는 가운데 처음으로 나타난 것에 다름 아닌"[25] 윤리적 명제였다. 그러나 이것은 그의 관심이 고향, 조국, 민중, 해방과 같은 문제에 집중하고, 재일 조선인 작가로서 그 육안을 재일 사회의 지층에 두는 것을 불가능하게 했다는 비판의 표적이 된 대목이기도 하다.

　3-3. 근대의 이산·망명자로 고향의 심상을 가장 한국적 정서에서 찾은 김산(金山)의 경우는 민요 '아리랑론'에서 그 고향심상의 절정을 보여 주었다. <아리랑>은 한민족을 대표하는 민족민요로서 김석범의 『화산도』「서장(序章)」에서도 '아리랑 고개'로 일제 강점기의 고통에 비유되기도 하지만, 아리랑의 역사와 전통에 이르면 뚜렷한 정설을 찾기 어렵다. 그런 가운데 만주와 동아시아 천지를 떠돌며 항일 운동에 평생

---

25) 竹田靑嗣, 『'在日'という根據: 李恢成·金石範·金鶴泳』, 團文社, 1983, 222쪽.

을 바친 김산의 전기 『아리랑(Song of Ariran)』은 이 민요의 이름으로 망명가의 전기를 표방하고 있어서 아주 흥미롭다. 조국을 떠난 유랑의 소용돌이 속에서 김산 스스로가 구술하고 미국 종군 기자 님 웨일즈(Nym Wales, 곧 Helen Foster Snow)가 영어로 기록한 이 전기는 그 제목은 물론, 입전인물의 전기와 아리랑 노래를 중첩시켜, <아리랑 고개>를 한민족의 고향의 심상으로 그려주었다. 주인공의 대략적인 삶을 말하는 제1장 「회상」에서 김산은 "우리는 지금 '마지막 아리랑 고개를 넘어'가고 있다"는 감상적인 말로 스스로의 생애와 '우리'로 표상된 고향(고국)심상의 동질성을 <아리랑론>으로 이끌고 있다.

조선 사람이 유랑하는 남의 나라 중국 땅에서 서양 기자를 상대로 자갸의 전기적 생애를 이야기하면서, 스스로의 생애와 조국의 현실을 이 한편의 민요로 등치시키고 있는 것이다.[26] 특히 이 노래가 "아름답고 비극적이기 때문에" 300년 동안이나 모든 조선 사람들에게 애창되어 왔다는 대목에 이르면, 그의 고향(고국)의 심상지리로 아리랑고개는 민족미학을 이룬다. 수를 헤아릴 수 없는 각종 <아리랑> 노래 가운데, 여기에 나오는 아리랑 가사는 모두 5절로 되었으며, 주목되는 대목은 "아리랑 고개는 열두 구비"이며, "마지막 고개를 넘어간다."는 가사로, 제1절이면서 이 민요의 민족사적 의미를 전제하는 내용이 이어진다. 이어서 "아리랑 고개는 탄식의 고갠데 / 한번 가면 다시는 못 오는 고개"라 하여, 고향의 운명, 민족의 현실을 아리랑 고개로 상징시켰다. 마지막으로 "지금은 압록강 건너는 유랑객이요 / 삼천리 강산도 잃었구나"라며 망명객으로 스스로의 실향과 삼천리 강산, 나라 잃은 민족의 운명을 한 자리에 두었다.

삼천리 조국 강산을 잃은 실향민으로 압록강과 두만강을 건너 만주 벌판으로 유랑한 조선 사람은 수백만을 헤아렸다. 근대의 만주라는 지

---

[26] 김태준, 「한민족의 마음의 고개, 아리랑 고개」, 김태준 편저, 『문학지리-한국인의 심상공간』 중, 논형, 2005, 473~476쪽에서 한 차례 다룬 바 있다.

리공간은 중국인(漢族)과 만주인뿐 아니라, 일본·조선과 백계 러시아인 같은 여러 종족이 어우러져 사는 인종과 사상의 도가니였다. 특히 한국 민족주의자들의 정치적 상상력 속에서 '만주'는 잃어버린 역사적 영광의 기원이었다.[27] 한 때는 동아시아의 이름난 사람치고 이곳을 지나지 않은 사람이 없다고 하는 이 만주 땅에 조선 독립혁명가 김산이 물론 있었다. 김산은 본 이름이 장지락(張志樂)으로 평안북도 용천 출생이며, 11살밖에 안되는 어린 나이에 집을 나와 일본과 만주로 유랑의 땅에서 산화한 조선 독립혁명가이며, 김산이 한민족의 고향상실의 시공을 가장 극적으로 대변해 준 노래가 <아리랑>이었다. 남북이 분단된 한민족에게는 통일의 염원을 담은 '애국가'이기도 한 민족 민요 아리랑은 이별의 주제로, 고향을 떠나지 말라는 내용이 주조를 이루는 노래이다. 그러면서 이산의 유랑자에게는 온갖 시련을 넘는 희망과 기쁨의 상징으로 아리랑 고개는 민족의 귀향의 심상공간이기도 하다. 그것은 이 고향상실의 시대에 나운규(羅雲奎) 감독·주연의 영화 「아리랑」(1926)이 민족 시련의 형상화로 민중들에게 상상을 뛰어넘는 충격을 추동했고, 그 열기는 박승희(朴勝喜)의 연극 <아리랑 고개>(1929)로 이어졌다. 이런 <아리랑>의 심상이 만주벌판을 말달리던 조선 젊은이의 민족적 동질성으로 고향(고국)심상의 정점을 보여준 것이다.

> 아리랑은 이 나라의 비극의 상징이 되었다. ……이 노래는 죽음의 노래이지 삶의 노래가 아니다. 그러나 죽음은 패배가 아니다. 수많은 패배 가운데서 승리가 태어날 수도 있다. 이 오래된 '아리랑'에 새로운 가사를 붙이려는 사람도 있다. 하지만 마지막 한 구절은 아직도 만들어지지 않았다. 수많은 사람이 죽었으며, 더욱 많은 사람이 '압록강을 건너' 유랑하고 있다. 그렇지만 머지않은 장래에 우리는 돌아가게 될 것이다.[28]

---

27) 정종현, 「한국근대문학과 만주」, 김태준 편저, 『문학지리-한국인의 심상공간』 하, 논형, 2005, 101~102쪽.
28) 님 에일즈·김산, 조우화 옮김, 『아리랑』, 동녘, 1993, 61쪽.

이것이 유랑하는 김산의 귀향의 아리랑이며, 민족의 민요로 희망의 노래로 되는 까닭이다. <아리랑>은 두고두고 지어지는 노래이지만, "우리는 돌아가게 될 것이다"고 하는 "우리가 돌아갈 땅"이 고향이 아니고 무엇일까? <아리랑>은 "죽음의 노래이지만 그러나 죽음은 패배가 아니다. 더 많은 사람이 유랑하고 있다. 그러나 우리는 돌아가게 될 것이며", 이것이 아리랑으로 상징되는 김산의 희망의 고향심상이 아니고 무엇이랴.

3-4. 유랑하는 여성에게 고향은 어떤 모습일가? 근대에는 여성들 또한 적잖게 이산(離散)에 허덕이고 향수에 몸서리쳤음에 틀림없지만, 그미들에게 고향을 이야기하는 통로는 열려 있지 않았다. 가네코 후미코(金子文子, 1903~1926)의 경우, 일본에서 태어나 9살부터 식민지 조선에서 7년 동안 유소년 시대를 보내고, 귀국의 설레임도 잠시, 여러 해 감옥 생활 속에서 옥사한 기구한 운명의 유랑자요 이방인이었다. 게다가 조선 사람 아나키스트 박열(朴烈, 1902~ 1974)과 결혼하여 대역죄로 천황과 대결하여 죽고, 그 주검조차 받아주는 고향이 없었던 그미는 조선 땅에 묻힌 조선의 여인이었다.

23년이 못되는 삶의 기록인 자서전『무엇이 나를 이렇게 만들었나(何が私をごうさせたか)』29)의 머리말에서 원적(原籍)을 묻는 판사의 물음에 야마나시현 스와촌[諏訪村]이라고 대답하고 있다. 이것이 호적상의 그의 고향일 터이다. 그러나 그미의 고향의 기억이라면 "펜을 잡으면 다시금 밀려드는 내 과거의 수많은 슬픔들"이란 유언 같은 단가(短歌) 속

---

29) 이 책은 1931년에 春秋社에서 처음 출판되었고, 1970년에는 鶴見俊輔編『現代日本記錄全集』14권으로, 1972년에는 黑色戰線社에서, 1980년에는 平凡社에서, 1984년에는 筑摩書房 등에서 판을 거듭하고 있다(노영희,「가네코 후미코의 朝鮮體驗과 思想形成에 관한 고찰」,『日語日文學硏究』34집, 한국일어일문학회, 1999, 208쪽). 이 글에서는 金子文子,「何が私をごうさせたか」,『日本人の自傳』, 東京: 平凡社, 1980을 인용함.

에 요약되어 있다. 그미는 요코하마[橫浜]에서 태어났다고 했으나 결혼도 하지 않은 부모 사이에서 무적자로 학교도 못 다닌 채 여기저기 옮겨 다니고, 조선으로 내어 쫓긴 살벌한 유년 시대를 보냈다. 게다가 조선에서 보낸 유년 체험은 9살이 되는 1912년, 충청북도 청원군 부용면 부강리로 나온 고모 집의 양녀생활에서, 고등소학교를 마친 12, 13살 때부터 부엌일과 차별 속에 학대받는 식모살이가 7년이나 이어졌다. 그나마 냄비를 깼다고 자기 저금에서 변상시키기도 했고, 13살이 되던 해 정초에는 떡국을 먹는 식탁에서 할머니의 젓가락이 부러진 일로 조반을 먹다 쫓겨나 저녁까지 굶어야 하는 사정이었다. 이야말로 그미를 두 번이나 자살미수에까지 몰고 간 지옥의 체험이었다.[30]

게다가 '조선 안의 일본체험'이라고 할 또 다른 유년체험은 조선 사람을 상대하는 고리대금업자로 자기 고모부와 식민인으로 일본 사람의 조선 민족차별과 관련된 조선체험이었다. "조선인 동화(同化)를 운운하기 전에 먼저 조선에 있는 일본민족을 인간적으로 만들어야 할 것"이라고 지적한 동포의 실태는, "대금 기한이 지났다는 이유로 차주(借主)인 조선인을 자기 집 천정에 거꾸로 매달아 놓거나, 대금의 열배에 해당하는 저당을 가로채기 위하여 조선 사람의 입에 엽총을 들이대기도 하는 그렇게 부도덕한"[31]것이었다. 그미의 조선체험은 이런 부도덕한 일본형제들이 사라지게 해야 한다고 강력히 비판하는 부정적 일본체험이었다.

여기서 가네코 후미코의 삶의 체험의 현장으로 부강의 문학지리에 주목할 필요가 있겠다. 부용면 부강리는 경부선(京釜線) 부강역이 있는 작은 촌락으로, 남서쪽에 있는 연기군과 인접하고, 북서쪽에 있는 조치

---

30) 金子文子, 앞의 책, 143~147쪽; 153쪽. 위의 <핫도리 도미에게 보낸 편지> 참조. 그러나 그는 이 기록이 그가 당한 고통의 일부에 지나지 않고, 가장 잔악한 가책은 일부러 이를 기록하지 않았다고 말하고 있다(187쪽).
31) 金子文子, 「思ったこと二つ三つ」, 『黑濤』 제2호, 1922. 8. 10.

원에서 약 10킬로미터, 남동쪽의 대전에서 약 26킬로미터 떨어진 고장이다. 이곳에 경부선 부강역이 개설된 것은 1904년 7월이었고, 1905년에 부강에 거주한 일본인 호수는 20호였다고 했다. 부강은 조선 사람과 일본 사람의 잡거지(雜居地)로 각각의 자치단체가 조직되어 있었고, 많은 조선 사람들 속에 일본인 가족은 40호였다고 한다. 특히나 가네코 후미코가 부강에 있었던 1913년경에 이곳에 살았던 일본인의 각종 직업 가운데 고리대금업자가 6,7호로 가장 많고, 다음 헌병 5호 순이었다 한다. 특히 이 일본인 마을은 본래부터 이익을 구해서 모여든 무리였기 때문에 공동체의 정신 같은 것은 있을 리가 없었고, 마을을 지배하는 정신도 힘도 오직 돈이었다고 했다.32) 가네코 후미코는 이런 분위기를 새로 연 식민지에 어울리는 풍속 습관이라고 했다. 이런 작은 농촌에서 보인 일제의 억압과 착취의 현실은 한일 합병 후 1913년에 부강역에서 일본으로 발송한 쌀이 232톤, 연초가 331톤이었다는 통계만으로도 짐작하고도 남음이 있다.33)

일본 사람들의 조선 민족차별과 여기서 촉발된 3·1 만세 운동은 식민인인 그미에게 충격의 조선체험이었다. 이것은 그미가 "조선의 만세 소동을 목격한 일과 조선 민족이 당하는 차별대우 문제를 말하고 나서는 엉엉 울고 말았다"는 그의 어머니의 회고담에서도 잘 나타나 있다.34) 재판 기록에 따르면 그미는 "조선 사람들이 가진 사상 가운데 일본 사람에 대한 반역적 정서만큼 없애기 어려운 것은 없을 것이라"고 했고, "조선쪽에서 전개하고 있는 독립운동을 생각할 때 남의 일이라고 생각할 수 없는 감격이 용솟음쳤다"고 했다.35) 여기서 가네코 후미코가 스스로 버려진 존재로서 함께 버림받고 억눌린 조선 사람에 대한

---

32) 金子文子, 앞의 책, 132~133쪽.
33) 조선총독부철도국 편,『鐵道驛勢一斑』상권, 조선총독부, 1914, 345~347쪽.
34) 栗原一男,「取り殘された母親; 金子文子の母親を訪う」, 金子文子, 앞의 책, 53쪽.
35) 裁判準備會,『朴烈·金子文子裁判記錄』, 黑色戰線社, 1977, 20쪽.

공감의 정서를 키워갔다는 점은 주목할 대목이다. 그미가 여기서 발견한 이 '공감의 정서'야 말로 고향의 정서와 같은 것이 아닐까?

가네코 후미코의 생애는 그미가 도쿄로 올라간 17살에 한 전기를 이룬다.36) 조선에서 3·1운동을 체험하고 일본으로 돌아간 가네코 후미코는 귀국 1년 만에 자립을 위해 도쿄 행[東京行]을 결행했다. 17살이 되는 4월의 도쿄 행을 그미는 "내 생활을 완전히 바꿀 전기(轉期)가 나를 기다리고 있었다"는 감동으로 특필했다. 그리고 자기의 육체에는 터질 듯 한 긴장을 느꼈다고 했고, "나의 17살의 봄이었다"고 썼다.37) 그리고 이어서 스스로의 삶을 정리하여, "세상에 떨어지면서부터 나는 불행했다. 요코하마에서, 야마나시에서, 조선에서, 하마마쓰[浜松]에서, 나는 시종 짓밟혀왔다. 나는 나라는 것을 가질 수 없었다"고 했다.

그리고 그미를 기다리는 굶주림과 타락한 근대도시 도쿄의 체험 속에서 조선 사람 박열과의 만남으로 가네코 후디코가 비로소 고향을 찾은 안정감을 체험했을 것이라는 것은, 그미의 다음 말에서 짐작할 수 있다.

"기다려 주세요 좀만 있으면 돼요. 내가 학교를 마치면 곧 합칩시다. 그때는 나는 언제나 당신 곁에 있을 거예요. 결코 당신을 병으로 고생시키지는 않을 거예요. 죽는다면 함께 죽읍시다. 우리는 같이 살고 같이 죽읍시다."38)

그리고 실제로 두 사람은 동거에 들어갔고, 함께 살며 천황제 타도를 위해 함께 싸워 함께 죽기를 맹세했다. 식민 지배자의 자식과 피지

---

36) 金子文子, 앞의 책, 248~249쪽. 그는 이곳에서 도쿄로 떠나는 때를 "나의 17살의 봄이었다"라고 했고, 또 "나는 나 자신을 발견했다. 그리고 나는 이제 벌써 17살이다"라고 썼다.
37) 金子文子, 위의 책, 241~248쪽.
38) 金子文子, 위의 책, 328~329쪽.

배자의 자식의 사이에는 소설에서도 이루어지는 일이 없다는 사랑을, 이들은 현실에서 아무런 장애 없이 이룰 수 있었다. 두 사람의 결합은 아나키즘의 이상으로서 '공동체(communities)'의 뜻이었다고 이해할 수 있다. 여기서 공동체는 높은 정도의 인격적 친밀, 정서적 깊이, 도덕적 처신, 및 사회적 응집과 시간적 연속성 등을 특징으로 하는 개념이라고 이해할 수 있다.39)

국가는 그들에게는 개인의 자유를 빼앗고, 종속시키는 타기할 대상이었다. 가네코 후미코에게 가장 강력한 영향을 주었다고 생각되는 슈티르너는 말하기를, "국가는 언제나 개인을 제한하고, 순치(馴致)하며, 종속시키는 유일한 목적을 가지고 있다. 그는 만약 사람들이 인민에 대해서 말하려면 군주에 대해서 말하지 않으면 안 된다."40)고 했다. 왜냐하면 민중은 만약 그것이 주격으로 역사를 만드는 것이라면, 인민 혹은 자기 자신을 억압하고 종속시키는 군주와 공존할 수 없기 때문이다. 이것이 무정부주의자가 되는 까닭이며, 이것은 일종의 유랑의 정신이라고 할 수 있다. 유랑의 정신은 붙박이[定住者]의 세계관을 뒤흔드는 삶으로 발현되고, 그것의 가학성을 폭로하는 삶 속에서 빛을 발한다. 그미가 길지 않은 조선체험을 통해서 조선에 보낸 애정과 사회변혁의 전망은 조선인이라는 존재가 그미에게 보였을 뿐 아니라, 조선 사람과의 연대하는 공동체의 가능성을 발견케 했다는 뜻이 있다. 근대가 만든 극복해야 할 제도로서 국가와 민족의 경계를 넘어서서 가네코 후미코와 박열이 함께 이루고자 했던 공동체의 이상, 새로운 고향의 꿈을 여기서 그려볼 수 있다. 함께 살고, "언제나 당신 곁에 있을 것이며, 결코 당신을 병으로 고생시키지 않을 것이고, 같이 살고 같이 죽자"는 것이야 말로 '고향'의 이상일 터이다.

---

39) 방영준, 「아나키즘의 이데올로기적 특징에 관한 연구」, 『아나키즘연구』 창간호, 자유사회운동연구회, 1995, 22쪽.
40) M. 슈티르너, 辻潤 譯, 『唯一者とその所有』, 春秋社, 1928, 264~270쪽.

4. 마무리

재일 작가 서경식 교수의 『디아스포라 기행』에는 "근대의 식민지배와 세계전쟁과 글로벌리즘 등 가지가지 외적인 이유와 대부분 폭력적으로 자기가 속해있던 공동체로부터 이산을 강요당한 사람들이 되찾으려는 고향은 잃어버린 '조국'과 다른 공간일 수 없다고 했다. 그것은 식민지배와 인종차별이 강요하는 모든 부조리가 일어나서는 안 되는 곳을 뜻하며, 디아스포라들은 근대 국민국가를 넘어선 저편에 '진정한 조국'을 찾고 있는 것이라고 했다"[41]

우리는 지금 '한국의 꿈'을 안고 입국한 40만이 넘는 외국인 노동자들을 받아들였고, 20만 쌍의 국제결혼 가정과 엄청난 수의 혼혈아와 더불어 살고 있다. 이것은 1920~30년대 한국인 이산의 재판(再版)이며, 고향상실의 근대 문명이 극복될 수 없는 현실임을 뜻한다. 최근 중국 국경을 넘은 탈북 동포가 수만 명에 이르고, 생명을 건 이산의 행렬은 갈수록 늘어가고 있다. 그러나 사람만이 아니고, 뭇 생명들이 그 보금자리로 고향을 잃은 실향과 이산의 아픔을 절규한다. "예 섰던 그 큰 소나무가 베어지고", 뭇 나무도 제 고향 땅인 동산을 잃고, 새들도 고향의 둥지를 잃고, 장산곶 인근 연평 조기도 고향인 황금어장을 잃고 돌아오지 않는다.[42] 지구가 갈수록 뜨거워지고, 강력한 태풍이 빈발하고, 이에 따른 피해는 전세계에 걸쳐 나타나고 있다. 기후 과학자들은 지금 우리가 겪고 있는 이러한 기후변화는 이미 50년 전에 배출된 온실가스 때문이라고 한다.

근대화는 전 세계적으로 모든 사람들을 고향에 안주할 수 없게 하는 정신적 유랑민으로 내몰고 있고, 이른바 세계화는 이를 더욱 부추길 것

---

41) 서경식, 김혜신 옮김, 「한국어판을 펴내며」, 『디아스포라 기행-추방당한 자의 시선』, 돌베개, 2006.
42) 주강현, 『조기에 관한 명상』, 한겨레신문사, 1998.

이다. 고향은 루쉰의 「고향」에서 희망을 말한 유명한 마지막 구절을 본떠서 이렇게 말할 수 있을 것이다.

> "고향은 지상의 길과 같아서 본래 있는 것도 없는 것도 아니며, 다만 그것의 실현을 추구하는 사람에게만 생겨나는 실천적이고 불확정적이며 미래적인 것이다."

제1부 ▪ 제국과 고향 사이

노래와 고향의 재창조 ▪ 쓰보이 히데토(坪井秀人)
한국 근대음악과 '고향' ▪ 민경찬
탕자의 귀향과 조선의 발견 ▪ 구인모
학회(學會), 유토피아의 미니어처 ▪ 조형래
식민지 타이완문학에서 '고향'의 계보 ▪ 주훼이주(朱惠足)
프로레타리아 소설과 노스탤지어의 시공(時空) ▪ 김 철
1930년대 '향토'의 발견과 검열 우회 ▪ 한만수
'향토'의 창안과 조선문학의 탈지방성 ▪ 오태영

노래와 고향의 재창조
— 20세기 전반기 민요운동과 그 외

쓰보이 히데토(坪井秀人)

1. 창가 「고향」을 읽다

    우사기 오이시 카노야마 　　(토끼를 쫓던 그 산)
    코부나쓰리시 카노카와 　　　(붕어 낚시하던 그 강)
    유메와 이마모 매구리테 　　 (꿈속에서 지금도 헤매는케)
    와스레가타키 후루사토 　　　(잊을 수 없는 고향)

    이카니이마스 후보 　　　　　(어떠신가요 부모님)
    쓰쓰가나시야 토모가키 　　　(별고 없느냐 동무야)
    아메니 카제니 쓰케테모 　　 (비가 오나 바람 부나)
    오모히이즈루 후루사토 　　　(떠오르는 고향)

    코코로자시오 하타시테 　　　(뜻을 이루고)
    이쓰노 히니카 가에랑 　　　 (언젠가 돌아가야지)
    야마와 아오키 후루사토 　　 (산이 푸른 고향)
    미즈와 키요키 후루사토 　　 (물이 맑은 고향)

일본에서 초등교육을 받은 사람이라면 대개 흥얼거릴 수 있는 대표적인 문부성 창가 「고향」이다. 이 노래는 1914년 『심상소학창가(尋常小

學唱歌)』에 실린 창가로 다카노 다쓰유키(高野辰之) 작시, 오카노 데이치(岡野貞一) 작곡이다. 다카노/오카노 콤비는 이 외에도 「봄의 강」, 「으스름달 밤」 등 문부성 창가의 명작을 남겼고 이 노래들도 「고향」처럼 지금도 많은 이들에게 친숙하다. 「반딧불이의 빛」, 「올려다보면 귀하도다」 등의 소학창가나 「기미가요」 등의 지난 시대의 창가 등에서 알 수 있듯이 창가라는 장르 자체가 국가주의적인 이데올로기에 젖어있거나 서구 민요의 선율을 차용했다는 문제를 안고 있음에 비해, 다이쇼(大正)시대(1912~1926) 초기의 다카노/오카노에 의한 문부성 창가는 강압적인 교화주의의 색채가 옅다고 할 수 있다. 「고향」이나 「으스름달 밤」은 초기의 창가에서 좀처럼 볼 수 없는 3박자로 작곡되었고 악곡으로서의 매력을 발견할 수가 있다.

서구음악과 국가주의적인 일본어 텍스트에 의하여 이른바 '화혼양재(和魂洋才)'를 구현한 창가도, 오카노와 같은 일본인 작곡자의 배출에 의해서 순(純)국산화=국민화되고 일본인 속에 내면화되기 시작했다고 할 수 있을 것이다. 우선 오카노의 곡을 보면, 선율에 문장을 실을 때 일본어 악센트와 선율의 음의 고저가 맞지 않거나 리듬의 분절과 문장의 분절이 어긋나기도 하는 등 서구음악의 방법으로 일본어 곡을 붙임에 따라 생기는 근본적인 문제가 아직 해결되지 않았다. 오카노의 곡에 기존의 창가에 없었던 세련미가 생긴 것은 그가 기독교 신자로서 교회음악에 친숙했기 때문이라고 흔히 지적한다. 결국 일본 노래의 국민화는 '화혼양재'를 내면화하고 그 기원의 흔적을 없애가는 과정으로 위치지울 수 있을 것이다.

일본어 텍스트에 서구음악의 음계와 리듬을 정합시키는 기술적인 문제가 해결된 것은 일본 근대 가곡의 스타일을 확립한 작곡가 야마다 고사쿠(山田耕筰) 등장 이후의 일인데, '화혼(和魂)'='일본적인 것'은 '양재(洋才)'에 의해 구조화됨으로써 비로소 성립될 수 있었다고 할 수 있다. 이러한 위장된 구조의 의미가 무엇인지를 묻는 일은 내용(화혼)과 형식(양재)의 쌍방향적인 상호보완 시스템에 주의를 촉구하는 작업과 관련이 있다. 즉 형식에 의해서 내용에 윤곽이 부여한다는, 예를 들어 서구음악의 체계를 매개하여 일본어로 일본적인 것을 노래하는 '창가'라는 장르가 편성되는 것만이 아니라, 아프리오리적으로 다시 말해 하나의 '전통'으로서 존재함을 위장한 내용(일본적인 것)이 일본적인 형식과 장르를 창조한다는 사태가 발생하는 시스템에 관한 고찰로 이어질 것이다. 에릭 홉스봄의 말을 빌리자면 그것을 '전통의 창조'라고 부를 수 있을 것이다. 일본 근대 가요의 장르 가운데 '민요'라는 장르 문제가 이에 해당된다. 본고에서는 이 근대적 장치인 '민요'라는 장르를 통해 근대 일본에서의 전통(내용)과 근대(형식)의 추보관계(追補關係)의 한 예를 고찰하고자 한다. 이 때 그 내용을 채울 '전통'의 항목에 '고향'을 대입시킴으로써 근대와 고향의 관계를 둘러싼 논의에 기여할 수 있었으면 한다.

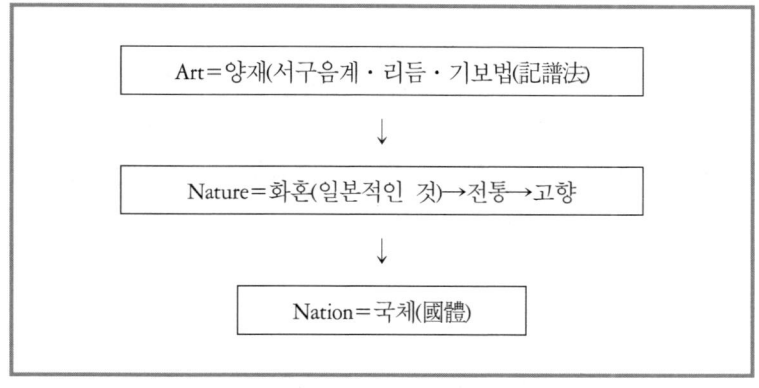

〈화혼양재〉의 구조

그렇다면 서두에서 인용한 문부성 창가 '고향'으로 돌아가자. 3박자는 이 노래가 교재로 처음 등장한 다이쇼시대의 아동들에게 아직 습득

하기 곤란했으리라 여겨진다. 이와이 마사히로(岩井正浩)의 음악교육사에 따르면, 이 노래가 악보상 "우사기/오이시/가노야/마-"로 되어야 하는데, 사실은 1박자처럼 "우사기오이시가노야마-"와 같이 박자감을 잃고 하나로 연결되어 불렀을 것이라고 지적한다. 그리고 '오-이시'의 절이 실제음 '라·시라'(A·H·A)로 되어 있어 '이'가 '오'보다 높은 음을 사용하고 있기 때문에 '오우(追う, 쫓다)'라는 일본어의 악센트와 달라서 "우사기오이시(兎負ひし, 토끼를 업고)"로 받아들여졌을 가능성도 지적한다(이것은 이 노래의 가사 바꿔 부르기를 만들어낸 이유가 되었다). 이러한 문제를 안고 있었음에도 불구하고 창가 '고향'은 오랫동안 인구에 회자되어 왔다. 그것은 목청껏 노래 부르는 신체감각과 연결된 학교라는 장소, 그 신체와 장소의 기억을 매개로 해서 고향의 기억을 불러일으키는 조건반사적인 회로가 이 노래를 통해서 비로소 구축되기 시작했기 때문이다.

〈그림〉

<고향>을 처음 부른 소학교 아이들 대부분은 자신들이 나고 자란 마을의 학교에서 이 노래를 만났을 터였다. 그럼에도 불구하고 이 노래의 가사는 "그 산", "그 강"이라는 표현으로 고향의 산하와 거리를 두고 "잊을 수 없는" 것, 혹은 추억의 대상으로서 과거형의 시제로 회상

하며 부르는 고향의 상(像)을 만들어내고 있다. 문부성 창가 「고향」은 어쩌면 어린이들을 위해서가 아니라 어린 시절을 되돌아보는 어른들을 위해 존재하고 오랫동안 불려온 것일지 모른다. 3절의 가사는 다음과 같다.

    고코로자시오 하타시테   (뜻을 이루고)
    이쓰노 히니카 가에랑   (언젠가 돌아가야지)
    야마와 아오키 후루사토   (산이 푸른 고향)
    미즈와 키요키 후루사토   (물이 맑은 고향)

 고향이란 현재의 장소가 아니라 입지(立志)의 포부 속에서 "언젠가는 돌아가"고자 하는 회귀의 목적지인 것이다. 지방(고향)에서 도회로 나와 뜻을 이루고 다시금 고향으로 귀향한다. 이러한 상승과 하강에 의해 생기는 회로가 고향 그 자체의 원환(圓環)적이며 자족적이고 조화로운 시간과 공간의 이미지를 빚어낸다. 「고향」보다 앞서는 「반딧불이의 빛」(원제 「반딧불이」)이 팽창주의적인 국체 이데올로기를 기조로 하면서 학교=고향을 떠나는 장면, 즉 창가 「고향」을 추억하는 자세의 기점을 이루는 장면을 노래한 것 역시 함께 생각하지 않을 수 없다. 이 노래의 후반 3,4절은 지금 거의 불려지지 않으며 알려져 있지도 않은데 그것은 아래와 같은 가사의 내용 때문이다.

    쓰쿠시노 기와미 미치노 오쿠   (쓰쿠시에서 미치노오쿠까지)
    우미야마 토오쿠 헤다쓰토모   (산하는 멀리 떨어져 있어도)
    소노 마고코로와 헤다테나쿠   (그 마음은 떨어짐 없이)
    히토쓰니 쓰쿠세 구니노타메   (하나되어 힘쓰자 나라를 위해)

    치시마노 오쿠모 오키나와모   (치시마의 구석에서 오키나와까지)
    야시마노 우치노 마모리나리   (일본의 수호자로다.)

이타랑 쿠니니 이사오시쿠　　(도달한 나라에서 용감하게)
쓰토메요 와가세 쓰쓰가나쿠　(힘내라 내 남편이여 무사하도록)

쓰쿠시(筑紫-지금의 규슈九州 지방)의 끝에서 미치노쿠(陸奧-지금의 도호쿠 東北 지방)의 끝까지, 그리고 가라후토(樺太-지금의 사할린)·치시마(千島-지금의 쿠릴 열도) 교환조약과 류큐(琉球) 처분(1879)으로 갓 영토에 편입된 치시마(千島)와 오키나와(沖繩)까지를 노래 가사에 넣어 국토의식을 고취시키고 있다. 이 노래의 원곡은 "Auld Lang Syne"(그리운 옛날)이라는 로버트 번즈(Robert Burns)가 작시한 스코틀랜드 노래로 오랜 친구와 재회를 축복하는 이별 노래의 선율을 빌려와서 이나가키 치카이(稻垣千穎)가 가사를 붙인 것이다. 지금도 일본에서는 모든 졸업식에서 이 노래를 부르지 않는 학교를 찾기 힘들 정도이다. 번즈의 시의 주제인 우정을 국체로 연결시켜 주는 것이 있다면 그것은 정신적인 유대감으로 공유되는 향토(Heimat)일 것이다. 이 노래의 선율은 1948년까지 한국의 애국가로 사용되었고 대만에서는 (당시에는 다른 가사인 듯하지만) 지금도 학교 졸업식에서 불리고 있다고 한다. 치시마, 오키나와에서 대만 그리고 조선으로 국체를 확장시킨 제국일본의 야망이 (어떤 경위에서든) 그 흔적을 이 노래에 남기고 있다면, 이는 근대 일본만의 문제가 아니라 동아시아 근대로 연결되는 문제일 것이다.

1881년의 『소학창가집』에 처음 실린 「반딧불이의 빛」(「반딧불이」)과 1914년 「고향」 사이에는 30년의 시간차가 있고 그동안 일본은 청일전쟁(1895년)과 러일전쟁(1904)을 경험했으며 다수의 출정병사들을 고향에서 내보냈는데 1914년 세르비아에서 일어난 오스트리아 황태자 암살사건에 의해 제1차 세계대전이 일어나자 일본도 칭타오(靑島)를 공격하여 중국에서의 이권 확장을 노리고 있었다. 향수를 불러일으키는 오카노의 곡조와는 반대로, 「고향」이라는 창가도 역시 「반딧불이의 빛」에서 노래한 팽창주의와 입신출세주의의 계보에 포함되어 있다.

국내의 일시적인 평화, 국제적인 전쟁, 그리고 제국주의가 여러 갈래로 병행되던 소위 '전쟁기'의 서곡이라도 연주하듯이 이 노래는 산하의 자연에 숨 쉬는 과거형의 내면화된 고향의 이미지와 함께 "뜻을 이루어 언젠가는 돌아갈"이라는 입지(立志) 즉 외면화된 상승지향의 벡터를 통해 미래에 귀환, 회귀할 장소로서 고향의 이미지를 이 짧은 가사 속에 능숙하게 그려냈다.

1절 가사에는 과거를 응시하는 향수의 시선이, 3절 가사에는 미래를 응시하는 결의의 시선이 있다. 그러나 이 노래는 과거와 미래를 향한 이 두 개의 시선 사이에 끼어있는 '지금-여기'를 노래하지 않는다. 이는 그 장소와 그때('지금-여기')에 고향이 존재하지 않기 때문이며 고향이란 당연히 과거에는 있으나 현재에는 없고 현재에는 잃어가지만 미래에는 회복될지도 모르는 공집합으로서 표상되고 있는 것이다. 이러한 부재(원문非在-번역어 통일 요, 1면)로서의 고향에 윤곽을 부여한 '지금 여기'는 자연에 대해서 인공, 시간적으로는 어린이에 대해서 어른에 해당한다. 반대로 말하면 인공=기술적인 아트(art) 혹은 쿤스트(Kunst)를 매개함으로써 비로소 고향의 자연(nature)을 발견하고 표상할 수 있는 것이다.

고향이란 고향을 떠나 도회로 나간 사람이나 성장한 어른들이 노래하고 그리는 것일 테지만, 지방에서 도시로 향하는 상승과 외향(外向)의 벡터는 청일, 러일 전쟁의 시대를 거치고 나면 전쟁터가 도시를 대신하게 된다. 즉 도쿄에 나와 출세하여 고향에 금의환향하는 원의 바깥쪽에, 출세가 아닌 출정으로 전쟁터에 나갔다가 고향으로 개선하는(혹은 명예롭게 전사하여 '영령(英靈)'으로 고향의 산천에 돌아오는) 또 다른 원이 음영을 드리우며 묘사되는 것이다. '지금-여기'의 현재의 시공에서 '언젠가는 돌아갈'이라는 미래의 시공까지의 원이 완성될지 어떨지는 아무도 모른다. 출세를 하고 전쟁 공로를 세워서 개선한 승자로서의 성공담이 그려질지, 혹은 꿈을 이루지 못하고 실의에 빠져 도시에서 실패하거나 고향으로 도망치는 패자의 이야기가 그려질지. 고향으로 귀환하는 전사자='영령'은 승자인가 패자인가―이러한 물음은 '구니(國)'라는 일본어가 시골 즉 고향을 뜻함과 동시에 국가를 뜻한다는 이중성에서 유래하는데, 과거이든 미래이든 현재성이 몰가치화된 현재라는 부재(非在-마찬가지)의 시공과 그 공백을 메울 시공을 초월하는 힘은 전형적으로 낭만주의의 욕망에서 출발한다.

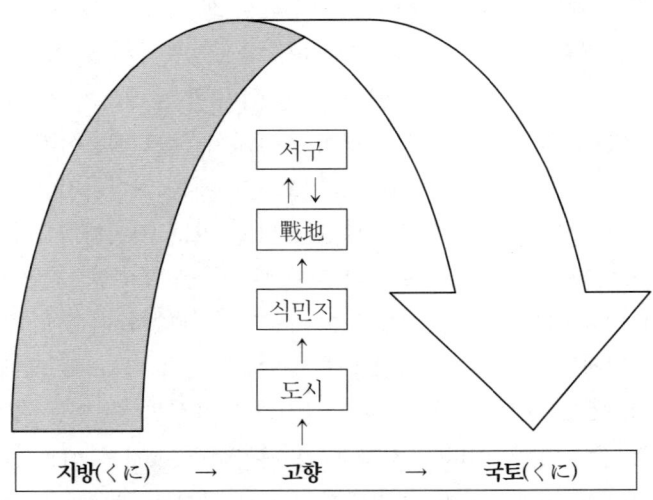

물론 지방이라는 시각에서 중앙과 도회에 대한 비판의 담론이 없는 것도 아니고, 창가 「고향」에서 몇 년 지나면 민중예술론이나 농본주의적 아나키즘 사상의 선구가 되는 움직임이 일어나서 도시의 타락 즉 '서구의 몰락'이라는 근대화 비판의 담론이 나타나기도 할 것이다. 쉬운 예를 들면 미야자와 겐지(宮澤賢治) 등의 위치를 생각해봐도 좋을 것이다. 하지만 여기서 '지방'을 '고향'이라고 부르는 순간 이 용어에서 근대화 비판의 독기가 깨끗하게 제거되었음을 보게 될 것이다.

2. 민요의 창조와 고향의 재창조

 이러한 노래를 통해서 '고향'의 재창조라는 문제를 가장 단적으로 제시하고 있는 것은 민요라는 영역일 것이다. 창가「고향」이 노래되기 시작한 1910년대의 다이쇼시대(1912~1926)에는 어린이 노래가 창가에서 동요로 (대항문화적으로) 넘어갔으며 그와 동시에 동요에 대한 관심으로부터 민요라는 장르가 재부상하고 봉오도리(盆踊)가 부흥하게 된다. 그리고 1920년대부터 시작되는 민요운동의 융성을 준비하는 양상을 띠게 된다. 1910년대의 자유주의 교육과 동심주의에 의해 발견된 '어린이'가 온통 도회적이고 서구적인 이미지로 칠해진 것에 비해(물론 그러한 동심주의의 편향은 지방의 시각에서 비판이 가해지기도 하지만), 그 속에서 발견된 민요운동은 당연히 토속적이고 지방적인 것을 주축으로 삼았다. 어린이라는 새로운 국민문화 단위의 창출과 함께 기획된 것은 지방 곳곳에 존재하는 무명의 민초, 즉 '민중'이라는 국민의 새로운 버전이었다. '민예'와 '민속'이라는 영역은, 도회 학교에서 동요를 부르는 서양식 복장의 어린이들의 풍경을 보완하듯이, 로컬의 미개지를 개척해 간다. 그러나 문제는 그러한 로컬적인 것을 응시하는 주체가 과연 누구인가라는 점이다.

 예를 들어 야나기타 구니오(柳田國男)의 민속학은 민요라는 영역에 관해서 그다지 세심하지 못하다. 이는 그가 민요에 대해서 언급한 1920년대 이후 10년간의 시대적 상황과 깊은 관계가 있다. 이 시기 민요운동이 융성했음에도 불구하고 이는 시인과 작곡가에 의해 새로이 창작된 '신민요' 운동에 의한 것이 많았고, 라디오 방송의 개시와 레코드 등 음성미디어의 확대가 민요의 침투를 뒷받침했다는 측면이 있다. 농어업의 노동에서 부르는 노동요를 민요의 표준형으로 생각한 야나기타의 민요관에서 볼 때, 그는 이러한 '만들어진' 민요의 풍속과는 함께 하기 어려웠다고 여겨진다. 그것은 그가 생각하는 순수한 민요의 형태를 망가뜨리는 유행가의 폭발적인 인기와 신민요의 유행이 서로 협조하고 분별없이 진행시키고 만 노래의 '근대', 이에 대한 어찌 할 수 없는 이화(異和)로서 위치지울 수 있을 것이다. 나중에 레코드와 라디오 등의 미디어에 실릴 때 유행가와 혼선을 빚으며 발전해간 민요는 그 기원에서부터 근대의 역설을 내포하고 있었다.

'민요'라는 호칭이 현재와 같은 의미로 쓰이고 정착된 것은 근대 이후, 게다가 러일전쟁(1904~1905년) 이후 즉 20세기에 들어서이며, 따라서 '민요'라는 장르의 확립 역시 그 이후에 이루어졌다. 민중의 노래문화의 전통에 매료되어 우리들은 민요가 전근대로부터 연속적인 영역인 듯이 생각하기 쉽지만, 이것이야말로 '창조된 전통'을 구성하는 근대적인 산물에 지나지 않는다.

원래 '민요'라는 말은 독일어 Volkslied의 역어로, 시나다 요시카즈(品田悅一)의 『만요슈의 발명: 국민국가와 문화장치로서의 고전』에 따르면 혼란했던 초기의 장르의식을 최초로 정리해낸 것은 「가쿠와(樂話)」(『제국문학(帝國文學)』, 1904) 등 우에다 빈(上田敏)의 민요론인데, '민요'라는 역어에 '속어(俗語)'의 '속(俗)'과 '이요(俚謠)'의 '이(俚)'와도 다른 '민(民)'=국민이라는 일원적인 국민의식을 덧붙여서 이후의 민요개념에 영향을 미친 것으로 보인다.

그러나 민요의 역어와 그 개념의 창출에 가장 큰 역할을 한 것은 시다 기슈(志田義秀)의 「일본민요개론」(『제국문학』, 1906)일 것이다. 시다는 '민요'를 "국민 내부생명을 가장 적나라하게 표백한 서정시"로 정의하고, 특히 그는 민요의 성격을 러일전쟁 이후 부상한 국민주의의 담론으로 선명하게 채색하는 방향을 결정지웠다. 원래 시다가 염두에 둔 Volkslied의 개념은 독일 낭만파 Johann Gottfried Herder에 의한 민요집의 구상에서 유래한다. Herder가 일국주의의 틀에서 벗어난 복수의 '제민족(Völker)'이라는 것을 전제로 한 것과는 달리 국민국가 형성과정에 있던 일본에 이식된 '민요'는 단일민족(Volk), 즉 '국민의 소리'를 체현한 것으로서 그 가치가 매겨졌다. 러일전쟁의 시기와 민요의 장르개념의 창출 시기가 겹쳐진다는 사실은 중요한데, 이 전쟁이 새롭게 구성된 노래 장르를 강력한 국민통합의 장치로서 기능하게 하는 계기를 마련한 것이다.

시다 기슈(志田義秀) 등에 의한 '민요'라는 장르의식의 이입에 뒤이은 것은 민요의 수집과 민요집의 편찬이다. 라디오 방송은 물론 레코드도 아직 보급되지 않은 1910년대까지는 민요의 노랫소리를 활자로 시각화하여 재구현하는 방법이 시도되었다. 잡지『시라유리(白百合)』에 의해 민요특집을 펴낸 마에다 린가이(前田林外)의『일본민요전집』(1907)을 효시로,『제국동요대전(帝國童謠大全)』(1909), 문부성 편『이요집(俚謠集)』(1914) 등이 연이어 간행되었다. 이 중『제국동요대전』이 외설적인 표현을 이유로 발간금지 처분의 대상이 되었음은 주목할 만하다. 민중적이고 토속적이며 외설적인 에너지를 담은 민중의 노래가 체계적으로 정연하게 나열되는 시스템과 어긋나기도 했고 또한 상명하달로 통제하던 민요운동과는 애초에 맞지 않았으며 이러한 외설적 쾌락주의는 곧바로 당국에게 위험한 부분으로 비추어진 것이다. 말하자면 국가나 운동, 미디어의 담당자들이 민요에 기대한 것은 자연적인 것, 그리고 순박하며 지방적인 것이었고 국민주의에 의해 관리되는 자연이며, 그 속에서는 하레(축제와 같이 화려한 경사역자)의 자유공간을 연출하는 무분별한 쾌락의 폭발은 허용되지 않았던 것이다. 그러한 의미에서 민요집으로는 가장 큰 규모인『이요집(俚謠集)』이 문부성에 의해 편찬되어 하나의 국가사업으로 간행되었다는 사실은 매우 상징적이다. 그리고 이 민요집에는 당연히 "외설적인 것"이 처음부터 생략되었다. 이와 같은 것은 근대 이후 다이쇼시대까지 봉오도리(盆踊)가 때로는 여장 및 남장으로 가장(假裝)하고 폭력사태를 일으킨 결과 금지되어왔다는 사실과도 관계가 있을 것이다. 지방색의 차이는 단일한 것을 구성하고 단일한 것의 균질성을 두드러지게 강조하기 위한 다양성으로서의 역할을 하게 된다.

여기서 문제가 되는 것이 민요집의 편집에서 민요를 채집하는 범위 즉 일본의 권역을 어떻게 설정할 것인가, 설정한 권역을 어떻게 구분할 것인가 하는 점이다. 이는 민요를 어떻게 분류할 것인가 라는 문제와도 밀접하게 연관이 있다. 민요라는 장르가 여러 가지 의미에서 '분류'라는 행위와 필연적으로 밀착되어 있지만, 민요집의 지방별 구분이 『일본민요전집』에서 『이요집』으로 갱신되어감에 따라 지방구분이 애매한 지리적 구분(일본해(동해) 방면/내륙/태평양 방면 등)에서 행정구분으로, 혹은 <구니>의 단위에서 현행의 도부현(道府縣)의 단위로 정리되어가는 모습이 엿보인다. 이는 "제국민의 목소리"(『일본민요전집』 범례)가 '국민의 목소리'로 통합되어간 과정과 조응하는 것이기도 하다. 지리적 조건에 좌우되는 지방색과 깊은 관계가 있는 민요의 자연성이 국민국가의 공약의 이미지와도 맞아떨어진다. 이러한 인위적인 통합과 편집은 당연히 모순을 발생시키게 된다. 민요는 지역을 넘어 유동적으로 변화하고 전파해 간다. 야나기타가 우려했듯이, 시간이 지나자 그러한 움직임은 미디어에 의해 가속화되고 또다시 균질화의 경향으로 변질되어 갔다. 민요란 원래 지역적(혹은 언어적)인 경계는 물론이고 행적적인 경계에 의해 나눌 수 없는 영역이기 때문이다.

민요집의 집성

『일본민요전집』(1907)

일본해(동해)안의 지방들: 무쓰(陸奧)・우고(羽後)・우젠(羽前)……
바다가 없는 지방들: 이와시로(岩代)・코즈케(上野)・시모쓰케(下野)……
태평양해안의 지방들: 리쿠추(陸中)・리쿠젠(陸前)・이와키(磐城)……
시코쿠(四國), 규슈 이외의 이키(壹岐), 쓰시마(對馬), 홋카이도(北海道) 류큐(琉球), 타이완(台湾)

『제국동요대전』(1909)

도쿄, 교토, 오사카, 기나이(畿內): 야마시로쿠니(山城國)·야마토쿠니(大和國)……, 도카이도(東海道), 도산도(東山道), 호쿠리쿠도(北陸道), 홋카이도, 산인도(山陰道), 사이카이도(西海道), 산요도(山陽道), 난카이도(南海道), 류큐, 타이완, 한국

그렇다면 이들 민요집이 국민주의 이데올로기에 공헌한 것은 원래 토지가 연결되어 있고 차이가 근소한 토지의 노래와 노래 사이에 경계의 망을 던지고 노래와 노래 사이의 공통성이 마치 사후적으로 운명적으로 발견된 것처럼 설정하여 지역을 초월한 노래를 통한 단일한 모습을 떠올리게 하는 과정의 창출이었다고 할 것이다. 전국에서 민요를 채집, 편찬한 민요집의 출현은 지방각지의 민요를 이처럼 '살포(혹은 산포)/회수/통합'이라는 순환하는 목소리의 기구에 편입시킨 것이다.

이상에서 말한 '지방'을 '고향'으로 다시 읽어도 같은 내용을 지적할 수 있을 것이다. 다만 '고향'의 경우는 무언가 객관화시킬 수 없는 사적인 공간의 이미지가 내포되어 있다. 즉 고향이란 개개인에게 내면화된 공간(혹은 시간)이기에 반드시 지도상의 지리적인 공간과 부합하지는 않기 때문이다. 그러나 오히려 다른 고향을 가진 이웃과 '지금-여기'를 공유함으로써 서로 다른 고향의 모습이 겹쳐지고 '동질성'과 결합에 의한 '단일한 고향'이라는 보편화로 나아가게 된다.

나리타 류이치(成田龍一)가 『'고향'이라는 이야기 ─ 도시공간의 역사학』(1998)에서 분석했듯이, 현인회(縣人會)와 같은 도시 동향자들의 커뮤니티에서는 이와는 또 다른 연결지점의 보편화 시스템이 기능하고 있었다. 그 속에서는 도쿄(東京)라는 도시가 무수한 고향을 내포한 일본 국체의 모형으로 나타난 것이다. 민요의 노래는 도시에서 집적되고 분류되어 다시 각각의 고향으로 '단일한 것'으로서 일본의 자연과 산하의 이미지를 방출하는 매개적 역할을 했던 것이다.

"고코로자시오 하타시테(뜻을 이루고)/이쓰노 히니카 가에랑(언젠가 돌아가야지)"라는 과거화/미래화된 고향과 '지금-여기'를 연결시키는 원은 앞서 언급했듯이 몇 개의 바깥 원을 가지고 있다. '여기'는 지방도시이기도 하고 수도 도쿄를 정점으로 하는 대도시이기도 하고 혹은 식민지이거나 전쟁터이기도 하다. 하지만 "언젠가 돌아갈" 고향의 위치는 바깥 원이 어떠하든 상관없이 불변하는 것이다. 그리고 마치 원점과 기원으로서의 고정점의 역을 맡은 고향은 사실상 도시와 식민지, 전쟁터의 시각에서 발견되고 묘사되었으며 노래 불려진 것은 아니겠는가. 이것이야말로 고향을 둘러싼 가장 본질적인 문제라고 생각한다.

창가 「고향」의 작사자인 다카노는(사실 작사자의 이름이 오랫동안 숨겨져 왔지만) 이 노래가 발표된 이듬해 1915년 민요 수집과 관련해서 문부성 편 『이요집』을 보완하는 『이요집습유(俚謠集拾遺)』을 편집했다. 『이요집』에서 배제한 외설적인 것을 포함해서 채록한다는 방침이었다는 점에서 주목된다. 이것의 의미는 따로 검토되어야 하겠지만 민속학자 아카마쓰 게이스케(赤松啓介)가 야나기타의 민요관에 대항하듯이 근대 산업화 기구 속에서 민요의 새로운 유형을 주목한 '여공의 노래'가 다카노의 민요집에 몇 가지 수록되었음에 주목하고자 한다. 다음은 도시 여공은 아니지만 야마나시(山梨)에서 가까운 현 나가노(長野)로 취업나간 제사여공의 노래이다. 히가시야마나시(東山梨)군에서 채록한 노래이다.

고슈(甲州)를 나설 때는 눈물이 났지만 지금은 고슈의 바람도 싫어.
마음은 고슈지만 몸은 나가노현, 흐르는 눈물이 가마솥으로 떨어지네.

이 노래에서는 아카마쓰가 주목한 것처럼 '단일한 고향'에 회수되지 않는 고향의 내부와 외부의 현실을 환상이 아니라 냉철하게 그림으로써 솔직한 '근대의 민요'를 발견할지도 모른다. 그러나 지방에서 도시로 흡수된 이들이 아사쿠사(淺草)의 극장에 가서 혹은 유통되기 시작하던 레코드에 귀 기울이는 민요의 노랫소리는, 계급과 지역의 차이를 배경으로 출구가 없는 고향의 사실적인 상을 지워버리고 변함없이 산과 강, 토끼, 붕어라는 자연 속에서 서성거리는 고향의 환상을 그리고 또 그려낸 것이다. 이러한 환상은 2차 대전 후의 고도경제성장에 의한 지방의 붕괴와 재구축에 대한 욕망으로, 예를 들어 다나카 가쿠에이(田中角榮)의 『일본열도개조론』(1972) 등 열도개조론의 비전으로까지 버젓이 살아남아 있다. 다나카가 그린 이야기는 다시금 일본의 현재에도 소멸되지 않는(혹은 소멸시키고 싶지 않은) 부채가 되어 남아 있다.*

---

* 번역 : 박광현(동국대학교 국어국문학과 교수)
  일어 원문은 http://dbpia.co.kr에서 확인할 수 있습니다.

한국 근대음악과 '고향'

민 경 찬

1. 들어가는 말

　19세기 말 찬송가를 비롯한 서양음악의 유입과 그 영향으로 말미암아 새로운 장르의 음악이 탄생하였다. '창가', '독립군가', '동요', '가곡', '대중가요' 등이 그것이며 모두 가사를 가지고 있는 '노래'라는 공통점을 가지고 있다.
　한국 근대 노래라는 용어로 대체할 수 있는 새로운 양식의 노래들은 한결같이 시대상을 반영하였고 시대적 정서를 담았는데, 그 중에서도 '사랑', '이별', '눈물', '임'과 함께 '고향'은 근대 노래 5대 주제의 하나로 꼽을 수 있을 정도로 많은 사랑을 받았다. 그렇지만 이중 '사랑', '이별', '눈물', '임'은 새롭게 출현한 주제가 아니라 이전부터 있었고 '고향'은 새롭게 부각된 주제이다.
　주지하다시피 근대공간은 탈고향적 성격을 띠고 있었다. 우선 수많은 외국인들이 고향을 떠나 조선이라는 이국땅에서 살아야 했고, 수많은 내국인들도 고향을 떠나 타국 또는 타지에서 살아야만 했다. 선교활동, 교육활동, 새로운 시장 개척, 식민지배, 독립운동, 망명, 이민, 도회지로의 이주 등 이유도 다양하였다. 이들은 모두 고향의 노래를 불렀다. 어떤 사람들은 향수를 달래기 위하여, 어떤 사람들은 망향과 망국의 한을 달래기 위하여, 어떤 사람들은 원형 회복을 바라는 마음으로, 어떤 사람들은 이상형을 꿈꾸면서…….

기록에 의하면 '고향'을 주제로 한 노래는 수를 헤아릴 수 없을 정도로 많이 만들어지고 또 불려졌다고 한다. 그렇지만 그 중 많은 노래들이 역사 속으로 사라져 버렸고, 일부는 제목만 전해 오고 일부는 악보가 없이 가사만 전해져 오고 있다. 또 그 중 일부는 오늘날까지 애창이 되고 있으며 또 그 중 일부는 근대 노래의 정형으로서 역할을 하면서 향후 만들어진 여러 노래에 영향을 주기도 하였다. 그런데 중요한 사실은 근대문화의 유산이라고 할 수 있는 이런 노래들이 발굴과 연구는 고사하고 정리조차 되지 않은 채 방치되고 있다는 점이다.

이 글은, '고향'을 주제로 한 노래들로는 어떤 것들이 있었으며, 그것이 근대 노래 속에 어떻게 반영되었고, 그 음악적 의미와 특징이 무엇인지에 관하여 알아보는 것을 목적으로 하고 있다. 장르 별로 나누어 어떤 노래들이 누구에 의하여, 언제 만들어졌고, 어떻게 불려졌으며, 현재까지 그 노래가 전해져 오고 있는 지를 살피는 것이 이 글의 중심 내용이다.

대상은 새로운 양식으로 등장한 근대 노래 중에서 그 악보 또는 음반(音盤)으로 전해져 오는 것만으로 한정시켰다. 그리고 앞으로 있을 학제 연구에 기초 자료로 활용할 수 있게 하는 데 초점을 맞추었다.

2. 창가와 '고향'

창가(唱歌)란 '서양의 노래 또는 서양식의 악곡에다 계몽사상, 반일감정, 애국사상 등 당시의 시대상을 반영한 가사를 붙인 노래'라는 의미를 가지고 출발하였다. 초기의 창가는 대부분 찬송가의 선율을 차용했기 때문에 음악적인 면에서는 찬송가와 같지만, 세속적인 내용의 새로운 가사로 바뀌어, 찬송가로서가 아니라, 계몽가・애국가로서의 역할을 하였다. 즉 19세기 말 교회의 찬송가로부터 사회참여의 형식으로 등장하여, 세속적인 음악으로 발전한 것이 이른바 한국에 있어서 '창가'라는 새로운 형식의 음악이다.

창가란 원래 일본의 '唱歌'(しょうか, 쇼우카)에서 유래된 용어이며, 일반적으로 일본의 창가는 '메이지 유신 이후에 학교 교육에서 사용된 노래 또는 교육용 노래'라는 한정된 의미를 가지고 있지만, 한국에 있어서 창가란 당시 불렸던 서양의 노래 또는 서양식의 노래 모두를 지칭하는 포괄적인 의미로 사용되었다.

따라서 찬송가 선율을 차용하여 만든 모든 노래, 서양 노래의 선율을 차용하여 만든 모든 노래, 일본의 군가와 창가 및 그 선율을 차용한 모든 노래, 창작동요와 창작가곡이 출현하기 이전에 만들어진 모든 창작 성악곡, 1945년 이전 학교에서 교육용으로 불린 모든 노래들이 그 범주 안에 들어간다. 그리고 그 노래의 국적(國籍)을 불문하고 신식노래를 모두 창가라 하였기 때문에, 서양의 노래뿐만 아니라 일본인이 작곡한 노래와 한국 사람이 작곡한 노래도 여기에 포함된다.[1]

'고향'을 주제로 한 창가 중에서 현재 그 악보가 전해오는 것 중 가장 오래된 것은 1912년 김인식(金仁湜, 1885~1962)이 편찬한 『보통창가집』에 수록된 <망향>이라는 제목의 노래이다.

   부모형제 이별하고 타관(他關)으로 작객(作客)되니
   섭섭한 맘 향하는 곳 나의 본향(本鄕) 뿐이로다
              (이하 2, 3, 4절 생략)

이 노래는 작곡자・작사자가 알려지지 않았으며, 4분의 3박자・'도-레-미-솔-라'[2]로 구성된 음계로 선율을 만들었다. 음악적 정서는 서정

---

1) 이강숙・김춘미・민경찬, 『우리 양악 100년』, 현암사, 2001, 112~113쪽.

성을 기조로 하고 있으며, 민요적인 분위기를 자아낸다. 이 곡의 작곡자는 아직 확인되지 않았지만, 곡이 발표될 당시 우리나라 작곡가로서는 김인식 한 사람뿐이었고, 곡도 완전한 서양음악이 아니라 민요적인 요소가 가미된 것으로 보아 김인식이 작곡한 것으로 추정된다. 1914년 만주의 민족학교에서 발간한 『최신창가집』과 1916년 하와이에서 발간한 『애국가』라는 노래집 등에도 수록이 되어 있는데, 국내에서는 '고향'을 그리워하면서 불렀겠지만 해외에서는 '조국'을 그리워하며 부른 것으로 보인다.

이어 1915년 미국인 선교사 안애리(安愛里)[3])가 편찬한 『챵가집』에는 <본국생각>과 <천국은 내 본향>이라는 두 편의 곡이 수록되었다. 미션스쿨의 교재용으로 만들어진 것이며, 두 곡 모두 작곡자 미상으로 찬송가 풍으로 되어 있다. <본국생각>의 가사는 위에서 언급한 <망향>과 거의 유사하며, <천국은 내 본향>에서의 '고향'이란 세속적인 고향이 아니라 기독교적인 고향 즉, 하늘나라를 의미하고 있다. 이 외에도 고향을 노래한 찬송가가 여러 편 있는데 모두 하늘나라를 지칭하고 있기 때문에 본고에서는 생략하도록 하겠다.

김인식의 뒤를 이어 등장한 작곡가인 이상준(李尙俊, 1884-1948)도 자신이 편찬한 창가집을 통하여 '고향'을 주제로 한 여러 편의 창가를 발표하였다. <망향>, <본향생각>(本鄕生覺), <망향가>(1), <망향가>(2), <망향가>(3), <사고국가>(思故國歌) 등이 그것인데, <망향>은 작곡자 미상이며 이상준 작사로 1918년 『최신창가집』을 통해 발표되었고, <본향생각>은 포스터 작곡의 미국 민요 <스와니강>의 선율에 이상준이 가사를 붙인 것이며 1921년 『풍금독습중등창가집』을 통해,

---

2) 이 음계를 일본에서는 요나누끼 장음계라고 부른다. 네 번째 음인 '파'와 일곱 번째 음인 '시'가 생략된 장음계라는 뜻이다. 우리나라에서는 특별한 명칭 없이 '장음계'라고 말하는 사람도 있고, '5음 음계'라고 말하는 사람도 있다.
3) 숭실학교 창립자인 베어드 목사의 부인. 미국 이름은 애니 베어드(Annie L. A. Baird)이다.

<망향가>(1)은 이상준 작곡·작사로 1921년『풍금독습중등창가집』을 통해, <망향가>(2)는 찬송가4)의 선율에 이상준이 가사를 붙인 것으로 1922년『최신중등창가집』을 통해, <망향가>(3)은 田中穗積작곡의 일본 창가인 <美しき天然>5)의 선율에 새로운 가사를 붙인 것으로 1922년『최신중등창가집』을 통하여, <사고국가>는 스코틀랜드 민요 <밀밭에서>에 가사를 붙인 것으로 1922년『신유행창가』를 통해 발표되었다. 선율은 찬송가를 비롯하여 미국 민요·스코틀랜드 민요·일본 창가·자작곡 등 다양한데, 가사는 모두 고향을 잃어버린 한과 설움을 내용으로 하고 있다. 현재 불리는 곡은 한 편도 없다. 다만, 찬송가와 <스와니강>, <밀밭에서>는 새로운 가사가 아니라 원래의 가사 그대로 번역이 되어 지금도 불리고 있다.

1929년에는 평양에서『선발창가집』이 발행되었다. 당시 경성에서 발행된 창가집은 대부분 일본 창가집을 참고로 하여 만들어진 데 비해 수록곡 전부가 서양의 노래라는 특징이 있다. 이 중에는 지금도 애창이 되고 있는 포스터 작곡의 <켄터키의 옛집>을 비롯하여 <매기의 추억>, <올드 블랙 조> 등이 수록되어 있다. 이런 노래들은 선교사들이 향수를 달래기 위하여 부르다가 한국에 소개한 것으로 추정된다.

그런 한편 조선총독부는 1941년『初等唱歌』6학년용 음악교과서를 통해 일본의 창가인 <故鄕>(후루사토)를 일본어 가사 그대로 조선의 어린이들에게 보급하였다.

　　　うさぎおいし　かの山
　　　こぶなつりし　かの川
　　　ゆめはいまも　めぐりて
　　　わすれがたき　ふるさと
　　　　　　　　(이하 2, 3, 4절 생략)

---

4) J. E. Gould 작곡이며, 현행 찬송가 제421장 <나는 갈길 모르니>이다.
5) '아름다운 천연'이란 뜻.

이를 번역하면, "산토끼 쫓으며 뛰놀던 산/송사리 잡다가 빠지던 강/밤마다 꿈마다 찾아 헤매는/가고픈 고향집 그리운 곳"이 된다.

<故鄕>은 1914년『尋常小學唱歌』6학년용 음악교과서를 통해 발표된 岡野貞一 작곡, 高野辰之 작사의 일본의 문부성창가(文部省唱歌)로, 일본인이 가장 좋아하는 노래 중의 하나이며 "영원한 고향의 노래"로 지금도 널리 애창이 되고 있다. 일본의 창가는 대부분 요나누끼 장음계, 7·5조의 가사, 4분의 2박자, 뽕꼬부시라고 불리는 붓점 리듬 패턴, 행진곡 풍이라는 정형을 가지고 있는 데 비해 이 곡은 장음계, 6·4조의 가사, 4분의 3박자, 서양의 분할 리듬, 서정적이라는 이색적인 특징을 가지고 있다. 아이러니컬하게도 음악적으로는 가장 비(非) 고향적인 노래를 고향의 노래로 부르고 있는 것이다. 어쩌면 곡과 가사에서 느낄 수 있는 소박한 향토적 서정성을 고향의 이미지에 결부시켜 마음의 고향을 만들어 그것을 그리워하고 있는 지도 모른다.

그런데 조선총독부는 당시의 일본 교과서에 수록된 곡을 중심으로 한 음악교과서를 만들어 식민지 조선에 보급시켰다.[6] 1914년에 발표된 <故鄕>을 1941년에 보급한 것은 매우 이례적인 것인데, 이는 제3차 조선교육령기의 교육 목표에서 그 답을 찾을 수 있다. 이때의 음악교육의 목표는 "황국신민으로서의 정조를 함양하고 순화시키는 데 있었으며", 이에 따라 음악교과서가 만들어진 것이다.[7] 즉, 황민화 정책 및 동화정책의 일환으로 식민 본국인 일본을 동경하도록 하는 의도에서 보급한 것이다. 나이 든 우리나라 사람들 중에서 지금까지 이 노래를 기억하고 있는 사람들이 의외로 많다.

'고향'을 주제로 한 수많은 창가 중에서 당시 가장 많이 불린 노래는 정사인(鄭士仁, 1881~1958) 작사·작곡으로 알려진 <내 고향을 이별하고>

---

[6] 이에 관한 자세한 내용은 필자의 졸저,『한국창가의 색인과 해제』(한국예술종합학교 한국예술연구소, 1997년)을 참조 바람.
[7] 이강숙·김춘미·민경찬, 앞의 책, 79쪽.

(일명 <타향>)이다.

> 내 고향을 이별하고 타관에 와서
> 적적한 밤 홀로 앉아서 생각을 하니
> 답답한 마음 아 - 누가 위로해
>
> 내 고향을 떠나 올 때 우리 어머님
> 문밖에서 내 손 붙잡고[8] 잘 다녀오라
> 하시던 말씀 아 - 귀에 쟁쟁해

이 노래의 원곡은 <추색>(秋色)이라는 곡으로, 1916년 홍난파가 편찬한 『통속창가집』을 통하여 발표되었다. 그런데 <추색>의 선율에 새로운 가사를 붙여 <내 고향을 이별하고>라는 노래가 되었으며 1925년에 발매된 <일죠션소리판>을 통해 세상에 널리 알려지게 되었다. 그런데 이 노래의 선율은 한때 "서울 또는 큰 지방도시에서 행진하는 송구 행렬 앞에서 구슬프게 불며 발맞추어 나가던 악대들의 음악"[9] 으로 사용되었다고 한다. 느린 템포의 서정적인 특징을 가지고 있기 때문에, 사람에 따라서는 고향을 그리워하는 감상적인 곡으로 들릴 수 있을 것이고 또 슬픈 장송곡으로 들릴 수도 있을 것이다. 더구나 타향에서의 적막함을 노래한 유명한 곡인만큼, 타관에서 돌아가신 영혼을 고향이라는 안식처에서 편히 쉬시라는 뜻으로 이 곡을 연주한 것으로 보인다. 현재 이 곡은 남한에서는 거의 불리지 않고 있지만, 북한에서는 <사향가>(思鄕歌)라는 노래로 애창되고 있다.

이와 같이 '고향'을 주제로 한 창가를 살펴보면, 조선인들은 주로 망향과 망국의 한을 노래하면서 자신들의 처지를 위로하였고, 선교사들

---

8) 최동현·임명진(편)의 『유성기 음반 가사집 5』(민속원, 2003년)의 208쪽을 보면, "내 손 붙잡고"가 "눈물 흘리며"로 되어 있다.
9) 이유선, 『韓國洋樂百年史』, 음악춘추사, 1985, 151쪽.

은 고향을 그리워하는 마음으로 노래를 하면서 향수를 달랬고, 찬송가에서는 안식을 노래하였고, 일본인은 자신들이 애창하는 고향의 노래를 원 가사 그대로 조선에 보급하여 일본을 동경하도록 하였다. 또한 '서정성'을 가장 큰 특징으로 하면서, 서양의 장음계를 사용하면서도 5음 음계적인 선율로 친숙감이 들게 하였고, 2박자와 4박자 대신 3박자와 6박자를 많이 사용하여 서정성 증대 효과와 함께 다른 곡과의 차별을 두었다. 당시 널리 애창이 되었음에도 불구하고 선교사들이 전달한 것으로 추정되는 몇몇 노래만 전해져 올 뿐 모두 잊혀진 노래가 되었다.

3. 독립군가와 '고향'

독립군가의 2대 주제를 '조국독립'과 '고향'이라고 해도 과언이 아닐 정도로 고향에 관한 노래가 많다. 내용도 창가와 마찬가지로 망향과 망국의 한과 설움을 담은 노래를 비롯하여, 정든 고향과 조국을 떠나야만 하는 이별의 노래와 망명의 노래, 빼앗긴 나라를 사랑하고 잃어버린 고향을 사랑하는 내용의 노래, 타향살이의 비애를 다룬 노래, 고향을 그리워하고 향수를 달래는 노래, 조국 독립을 쟁취한 후 귀향을 하겠다는 굳은 결의가 담긴 노래 등 다양하다.

독립군가와 다른 노래의 차이점으로는, 단순히 망향의 정서를 노래한 차원에서 머문 것이 아니라 원형 회복 즉 조국 독립에 대한 강한 의지가 반영되어 있다는 점을 들 수 있다.[10] 따라서 비애미와 함께 비장한 아름다움이 담겨져 있는 것이 특징인데, 그 대표적인 예로 <거국가>(去國歌)를 들 수 있다.

---

10) 황선열, 『일제시대 독립군시가 연구』, 한국문화사, 2005, 145쪽.

간다간다 나는간다 너를두로 나는간다
잠시뜻을 얻었노라 까불대는 이시운이
나의등을 내밀어서 너를떠나 가게하니
이로부터 여러해를 너를보지 못할지니
그동안에 여러해를 너를위해 일할지니
나간다고 서러마라 나의사랑 한반도야
               (이하 2, 3, 4절 생략)

　이 노래는 <거국가> 또는 <거국행>(去國行)이라는 제목의 독립군 가로, 도산 안창호 선생이 해외로 망명을 떠날 때 조국을 의인화하여 남긴 시에 이상준이 곡을 붙인 것으로 '망명에 부치는 노래'라는 성격을 가지고 있다. 정든 조국과 고향을 떠나야만 하는 마음을 담은 슬픈 노래지만, 거기에는 한반도에 대한 사랑과 곧 돌아오겠다는 굳은 의지가 담겨져 있다. 만주에 설립된 민족학교인 광성중학교에서 1914년에 편찬한 『최신창가집』을 비롯하여, 1916년 하와이에서 발행된 『애국가』 등에 수록되었다. 이 곡의 선율과 비슷한 것이 여러 편 발굴되었는데, 이로 미루어 보아 악보를 통해 전해진 것보다는 입과 입을 통하여 전해졌고 또 많이 불린 것으로 보인다. 음악은 8분의 6박, 다장조, 3부 형식으로 되어 있으며, 서양음악의 교과서적인 룰에 입각하여 만들어진 것이 아니라, 망명자의 불완전한 심리적 상태를 묘사한 듯한 형식과 불규칙적인 종지법, 가사의 낭송을 음악적으로 살린 자연스러운 리듬감, 전통음악적인 5음 음계적 선율진행 등 특이하고 인상적으로 만들어졌다.

　독립군들은 주로 해외에서 활동을 하였기 때문에 이국땅에서 고향과 고국을 그리며 부른 노래를 여러 편 남겼다. 독립군 병사들이 조국을 그리며 부른 노래 역시 독립에 대한 강한 의지와 희망이 담겨져 있다.

    이곳은 우리나라 아니것만
    무엇을 바라고 이에 왔는고

자손에 거름될 이 내 독립군
설 땅이 없지만 희망 있네

국명을 잃어 버린 우리 민족
하해에 떡끝같이 떠나니네
잃었다 울지마라 자유국민들
자유회복 할 날이 있으리라

이 노래는 <조국 생각>이라는 제목의 노래로, 만주의 광성중학교에서 1914년에 편찬한 『최신창가집』에 수록된 것이다. 가사 내용으로 미루어 보아 당시 만주에 독립군이 활동하고 있었다는 점을 시사해 주고 있다. 작사자는 알려져 있지 않지만, 곡은 일본의 <戰友>라는 군가의 선율을 변형시킨 것이다. 원곡은 단조(短調)로 되어 있지만, 장조(長調)로 바뀌었다. 조국독립의 희망을 노래한 것이기 때문에 우울한 단조보다는 밝은 분위기의 장조가 더 어울렸을 것이다.

한편, 광복군의 창설과 더불어 1940년대에는 광복군가가 등장하였다. 독립군가와 광복군가의 공통점은 둘 다 조국의 독립을 노래한 것이지만, 차이점은 독립군가는 주로 이미 알려진 노래의 선율을 차용하여 만든 것인데 비해 광복군가는 작사자와 작곡자가 뚜렷하다는 데 있다. 광복군가 안에도 역시 고향을 주제로 한 것이 여러 편 있는데, 그 대표적인 것을 소개하면 다음과 같다.

구름 비낀 하늘 왜 이리 황망한가
오늘밤 달빛은 왜 이리 처량한가
바람차고 밤도 깊은데 어디로 가야 하나
차마 꿈같이 묘연 하네
먼 남쪽나라 하늘 아래 내 고향 있다네
하늘은 언제나 높고 장미향기 넘쳐난다네
또 푸른 바다 있다 차고 넘치는 보름달 있네

높고 맑은 고향하늘 침략자의 포화 덮힌 후
아름다운 고향 부서졌지
우리는 자유 위해 푸른 바다 밝은 태양 눈물로 떠났다
자매는 이리 저리 어서 피해 도망 도망 귀향이 언젤까
일찍이 풍상에 젖어서 가을 하늘 낙엽 신세로구나
서쪽하늘 맑은 달빛 따라 유랑 유랑 유랑 가야할 길 멀고 험해
자매는 웃을 수가 없었다 자매는 웃지 못해 슬프고
아 노래부르리 노래부르리
자유를 위하여 장하고 거대한 소리로 천둥번개쳐
요동케하리 무너뜨리리 후지산

이 노래는 신덕영(申德永, 1890~1968) 작사, 한유한[11](韓悠韓, 1910~1996) 작곡의 <고향을 잃은 자매의 노래>라는 제목의 광복군가이다. 다른 노래는 서정적인 데 비해 서사적인 특징을 가지고 있으며, 우리 음악에 미개척 분야인 서사적 가곡의 가능성을 보여 준 작품이다. 독립군가와는 달리 전문 작곡가가 만들었으며, 군인들이 사기 진작을 위해 부르는 군가라기보다는 일종의 칸타타로, 음악회용으로 만들어진 것으로 보인다.

유감스럽게도 독립군가와 광복군가는 모두 잊혀진 노래가 되어버렸지만, 우리 음악 역사의 중요한 일부분으로 존재를 하였고, 노래의 '소우주'를 형성하고 있다고 해도 과언이 아닐 정도로 그 음악적 정서가 다양하고 풍부하였으며, 또 새로운 가능성도 보여 주었다.

4. 동요와 '고향'

우리나라에서 동요라는 장르는 1920년대에 개척되었다. '학교창가'와 '동요'는 어린이 노래라는 공통점을 가지고 있는데, 전자는 학교에

---

11) 본명은 한형석(韓亨錫)이며, 광복군 제2지대 선전대장을 역임하였다.

서 배우는 일본의 신식노래 또는 일본식의 신식노래라는 뜻이 강한 데 비해 후자는 조선의 어린이를 위해 조선 어린이의 심성에 맞게 조선 사람이 만든 신식노래라는 뜻이 강하다.

 동요 중에서도 '고향'을 주제로 한 곡이 적지 않은데, 그 대표적인 것이 홍난파(洪蘭坡, 1898~1941) 작곡・이원수(李元壽, 1911~1981) 작사의 <고향의 봄>이다.

   나의 살던 고향은 꽃피는 산골
   복숭아꽃 살구꽃 아기진달래
   울긋불긋 꽃대궐 차리인 동리
   그 속에서 놀던 때가 그립습니다
          (이하 2절 생략)

 이 노래는 아동문학지인『어린이』1926년 4월호에 발표된 이원수의 시에 홍난파가 곡을 붙여 1929년 작곡자의 창작동요집인『조선동요 100곡집』을 통하여 발표되었다. 발표와 동시에 널리 불렸으며, 해방 후에는 초등학교 음악교과서에 수록된 것이 계기가 되어 전 국민의 애창곡이 되었다. 지금도 우리 민족의 향수와 동심을 대표하는 노래로서 사랑을 받고 있으며, 특히 외국에 살고 있는 동포들이 만나는 자리에서는 반드시 이 노래를 부를 정도로 조국을 대표하는 노래의 하나가 되었다. 개척기 때 만들어진 전형적인 한국동요의 하나이다.

 또 다른 예로는 현제명(玄濟明, 1903~1960) 작사・작곡의 <고향생각>을 들 수 있다.

   해는 저서 어두운데 찾아오는 사람 없어
   밝은 달만 쳐다보니 외롭기 한이없어
   내 동무 어데두고 이 홀로 앉아서
   이일 저 일을 생각하니 눈물만 흐른다
          (이하 2절 생략)

이 곡은 1932년 『현제명 작곡집』 제1집을 통하여 발표되었으며, 곡과 가사는 작곡자가 1923년 미국 유학 시절에 고향생각이 간절하여 즉흥적으로 만든 것이라고 한다. 이 곡 역시 발표와 동시에 널리 불렸으며, 해방 후에 음악교과서에 수록된 것이 계기가 되어 전 국민의 애창곡이 되었다.

그 외에도 많이 불린 것으로는 강신명 작곡·최수복 작사 <고향생각>, 윤극영 작곡·윤석중 작사 <고향길>, 박태준 작곡·윤복진 작사 <고향하늘>, 홍난파 작곡·윤복진 작사 <고향 하늘> 등이 있다.

참고로, 윤복진(尹福鎭, 1907~1986)의 시 <고향하늘>을 가사로 박태준(朴泰俊, 1900~1986)과 홍난파가 곡을 붙였고, 둘 다 애창이 되었다.

    푸른 산 저 너머로 멀리보이는
    새파란 고향하늘 그리운 하늘
    언제나 고향집이 그리울 때면
    저 산 너머 하늘만 바라봅니다
                    (이하 2, 3절 생략)

그런데 남북분단 이후 작사자인 윤복진이 월북을 했다는 이유로 금지가 되어 가사를 바꾸어야만 했는데, 박태준의 <고향하늘>은, "대대로 물려오며 쓰는 벼룻돌/조상님 손때 묻은 우리 벼룻돌/오늘도 조심조심 먹을 갈아서/붓에 찍어 종이에 옮겨 봅니다"의 <벼룻돌>(윤석중 작사)이란 노래로 바뀌었고, 홍난파의 <고향하늘>은, "저 멀리 바라뵈는 내 고향 하늘/이따금 붉은 놀이 덮이는 하늘/떼 지어 날아가는 왜가리들아/단풍졌나 불났나 보고노너라"의 <고향하늘>(윤석중 작사)로 바뀌었다. '고향하늘'이 '다른 고향의 하늘'로 바뀌어 버리고 만 것이다.

'고향'이 어른들의 주제임에도 불구하고 어린이 노래에도 적지 않은 이유는, 동요의 탄생 배경과 무관하지 않다. 즉 동요는 일제(日帝)에 의해 강요당한 학교의 창가와는 달리 어린이에게 교양을 심어주고 정서를 함양시켜 주자는 자생적 민족 문화 운동의 일환으로 발생되었고 또 전개되었다. 그와 동시에 자라나는 어린이들에게 애국정신을 고취시키고 민족혼을 심어 주어야 한다는 사회적인 요구와 당시의 시대적 정서가 맞물려 차츰 일반화가 되어 어린이의 노래로서 뿐만 아니라 어른들의 마음 속 깊이에도 뿌리를 내리게 되는 등 저변이 확대되었다.[12] 따라서 '고향'이란 주제를 통하여 어린이들에게 정서를 함양시키고 나아가서는 고향과 조국을 일체화시키고 또 이상향에 대한 동경으로 이어지게 하면서 잃어버린 조국에 대한 그리운 정서를 자아내게 하였다.

근대 음악의 원형적 정서를 가지고 있는 이런 노래들은 해방 후 초등학교 음악교과서의 중심 교재가 되어 한국 사람들로 하여금 또 다른 고향 즉 '노래의 고향'으로서의 역할을 하게 하였다.

5. 가곡과 '고향'

우리나라에서 가곡이라는 장르는 동요와 마찬가지로 1920년대에 개척이 되었다. '고향'을 노래한 대표적인 것으로는, 이흥렬 작곡·작사자 미상 <내 고향>(1926년 작), 홍난파 작곡·이은상 작사 <고향생각>(1933년 발표), 이흥렬 작곡·면향 작사 <고향그리워>(1933년 작), 채동선 작곡·정지용 작사 <고향>(1933년 작), 김동진 작곡·이은상 작사 <가고파>(1933년 작), 안기영 작곡·서송암 작사 <그리운 고향>(1936년 발표) 등이 있다. 대부분 발표와 동시에 애창이 되었는데, 이중 "어제 온 고기배가 고향으로 간다하니……."로 시작하는 홍난파의 <고향생각>, "깊어가는 가을밤에 고향 그리워……."로 시작하는 이흥렬의

---

12) 이강숙·김춘미·민경찬, 앞의 책, 128쪽.

<고향그리워>, "내 고향 남쪽바다 그 파란 물 눈에 보이네……."로 시작하는 김동진의 <가고파>는 해방 후 중고등학교 음악교과서에 수록되어 특히 많이 불렸다.

그런 한편 채동선(蔡東鮮, 1901~1953) 작곡·정지용(鄭芝溶, 1903~ ?) 작사 <고향>도 많이 애창이 되었는데, 당시 지식인들은 "데칸쇼"를 외치면서 정지용의 시 <고향>을 암송하지 못한 사람이 없을 정도였다고 한다.

  고향에 고향에 돌아와도 그리던 고향은 아니러뇨
  산꽁이 알을 품고 뻐꾸기 제 철에 울건만
  마음은 제 고향 진히지 않고 머언 항구로 떠도는 구름
  오늘도 메 끝에 홀로 오르니 흰 점 꽃이 인정스레 웃고
  어린 시절에 불던 풀피리 소리 아니 나고 메마른 입술에 쓰디 쓰다
  고향에 고향에 돌아와도 그리던 하늘만이 높푸르구나.

이 노래는 애창곡 수준에 머물러 있던 한국 가곡의 수준을 예술가곡으로 한 차원 끌어 올린 곡으로, 일반 사람들을 위해 가창용으로 만들어진 것이 아니라 전문 성악가를 위해 연주회용 레퍼토리로 만들어진 것이며 우리나라 최초의 통절가곡이라는 음악사적 의미를 가지고 있다. 그런데 일제치하라는 암울한 시대에도 애창이 되었던 이 노래는 남북분단 이후 오랫동안 금지가 되었다. 월북문인의 시를 가사로 했다는 이유에서이다. 그 때문에 <망향>(박화목 시)과 <그리워>(이은상 시)로 개사가 되어 불리다가 1988년 해금이 되어 원래의 가사 그대로 부를 수가 있게 되었다. 마치 빼앗긴 '고향'을 '망향'으로 노래하면서 '그리워'하다가 그 '고향'을 되찾은 셈이 되었다. 결과적으로는 한 선율에 세 가지 노래가 만들어졌는데, 모두 교과서에 수록되어 애창이 되고 있다는 진기록을 가지고 있기도 하다.

'고향'을 노래한 가곡은 낭만적이면서 서정적인 특징을 가지고 있는

데, 이는 한국가곡에 나타나는 전반적인 특징이기도 하다. 즉, 일제라는 암울한 시기에 태어난 한국가곡은 '한', '비감', '애상감' 등을 주요 정서로 하고 있으며 이를 통하여 민족적 고통을 서정으로 나타내고 또 달래보고자 하는 면도 있었지만, 다른 한편으로 보면 음악가들의 현실 도피적인 측면을 반영한 결과이기도 하다.

음악가들은 시를 선택하는 과정에서 현실을 직시하는 시보다는 외면하고 도피하는 시를 즐겨 선택하였다. 그리고 민족의 애환을 예술적으로 승화시켜 달랜다는 명분을 내세웠고, 서정성을 지나치게 강조한 감상적인 정서를 민족적인 정서로 미화시켰다. 가곡에서 노래한 '고향'도 결국 "고통을 받고 있는 고향"이 아니라 감상적인 정서를 기조로 하는 "가고 싶은 그리운 고향"일 뿐이다.

6. 대중가요와 '고향'

1920년대 중반부터 개척된 대중가요는 대량생산과 대량소비를 속성으로 하고 있는 만큼 '고향'을 노래한 것도 헤아릴 수 없을 정도로 많다. 앞에서도 언급한 바와 같이 근대노래의 5대 주제로 '고향'과 더불어 '사랑', '이별', '눈물', '임'이 있는데, 대중가요에서 노래한 '고향'은 이 모든 것을 합한 것이라고 해도 과언이 아니다. 즉, "'고향'을 떠나 '사랑'하는 '임'과 '이별'을 하니 '눈물'이 난다"라는 표현이 주를 이루고 있다. 따라서 그 정서는 가곡보다 더 병적이고 감상적인 것이 특징이다.

대표적인 것을 소개하면, <잃어진 고향>(1925년 발표, 윤시정 작사·작곡), <타향살이>(1933년, 손목인 작곡·김능인 작사), <고향만리 사랑만리>(1939년, 이재호 작사·작사자 미상), <망향초 사랑>(1942년, 이재호 작곡·박영호 작사), <나그네 설움>(1939년, 이재호 작곡·조경환 작사), <찔레

꽃>(1940년, 김교성 작곡·김영일 작사), (1941년, 고향설 김해송, 이봉룡 작곡·조영출 작사) 등을 비롯하여, <내고향칠백리>(전수린 작곡·고파영 작사), <귀향>(문호월 작곡·김능인 작사), <향수>(염석현 작곡·김능인 작사), <망향곡>(박용수 작곡·작사), <사향>(김기현 작곡·김안서 작사), <고향을 찾아가니>(김준영 작곡·유도순 작사), <고향의 무희>(최승희 작곡·이하윤 작사), <마음의 고향>(김준영 작곡·이하윤 작사), <향수>(태백산 작곡·김백조 작사), <풍차는 내고향>(김송규 작곡·박영호 작사), <금의환향>(김송규 작곡·박영호 작사), <고향우편>(이용준 작곡·김다인 작사), <아득한 고향>(이재호 작곡·김다인 작사), <고향천리>(이용준 작곡·이하윤 작사), <타향살이 목선>(하영랑 작곡·함경진 작사), <고향산천>(김송규 작곡·박영호 작사), <망향곡>(이용준 작곡·이사실 작사), <타향에 찾는 정>(전기현 작곡·이서구 작사), <고향아 잘있거라>(김송규 작곡·박영호 작사) 등이 있다. 이 중 <찔레꽃>에는 근대 5대 주제가 모두 등장하는데 그 가사를 살펴보면 다음과 같다.

> 찔레꽃 붉게 피는 남쪽나라 내 고향
> 언덕 위에 초가삼간 그립습니다
> 자주 고름 입에 물고 눈물 젖어
> 이별가를 불러주던 못 잊을 사람아
> (이하 2절 생략)

이런 감상적인 분위기의 대중가요 역시 가곡과 마찬가지로 민족의 한을 표현한 노래로 미화되었다. 더구나 태평양전쟁 이후 일제에 의해 금지되었기 때문에 그 정당성은 더해졌다. 그렇지단 일제가 금지시킨 이유는, 조선 민족의 한을 표현한 노래라는 이유에서가 아니라 '전쟁 부적합한 노래'라는 이유 때문이었다. 일제는 일본의 대중가요든 조선의 대중가요든 눈물, 이별, 사랑, 고향 등을 내용으로 하는 노래는 모두

전쟁에 부적합한 노래라는 이유로 금지를 시켰다.

　대중가요의 음악적 특이점 중의 하나가, 다른 노래들의 선율은 주로 '도-레-미-솔-라'로 구성된 음계를 사용하고 있는데 비해, 대중가요의 선율은 그와 함께 '라-시-도-미-파-라'[13]로 구성된 음계도 많이 사용했다는 점이다. 이 음계에는 반음이 두 개가 있기 때문에 감상적인 분위기를 표현하는데 용이하다는 특징을 가지고 있다.

　이런 대중가요를 '트로트 가요' 또는 속칭으로 '뽕짝'으로 부르고 있으며, 그 평가는 '우리의 민족적 정서를 이어주는 전통가요다'라는 극단적인 긍정에서 '일제의 잔재로 청산되어져야할 왜색가요'라는 극단적인 부정으로 나뉘어 있다.

7. 북한의 근대음악과 '고향'

　근대 노래는 일제강점기 때 만들어지기 시작하여 그 꽃을 피웠지만, 다른 한편으로 보면 남북분단 이전에 만들어진 것이다. 즉, 남북 모두가 공유했던 공동의 문화유산이라고 말할 수 있을 것이다.

　북한에서는 1945년 이전 시기를 '계몽기' 또는 '민족수난기'로 명명하고 있으며, 이 시기에 등장한 노래를 혁명가요, 계몽가요, 아동가요, 서정가요, 류행가[14] 등으로 부르고 있다. 이 중 혁명가요를 제외한 나머지 노래의 총칭을 '계몽기가요' 또는 '민족수난기의 가요'라 하고 있으며 상당수의 노래들이 지금도 애창되고 있다.

　'고향'을 주제로 한 근대 노래 역시 많이 불리고 있는데, 남한과 비

---

13) 이 음계를 일본에서는 요나누끼 단음계라고 부른다. 네 번째 음인 '레'와 일곱 번째 음인 '솔'이 생략된 단음계라는 뜻이다. 일본의 엥카는 이 음계를 많이 쓰는데, 그로 말미암아 우리나라의 트로트 가요가 '왜색'이라고 주장하는 사람도 있다.

14) 혁명가요는 남한에서 말하는 독립군가와 비슷하며, 계몽가요는 창가, 아동가요는 동요, 서정가요는 가곡, 류행가는 대중가요의 북한식 표현이다.

교하면 주요 곡의 선정과 곡의 해석에 있어 약간의 차이가 있을 뿐 대동소이하다. 가장 대표적인 노래는 혁명가요 <사향가>(思鄕歌)이며, 계몽가요 중에서는 <망향가>가 있고, 아동가요 중에서는 <고향생각>, <고향의 봄>, <고향하늘> 등이 있고, 서정가요 중에서는 <옛 동산에 올라>(홍난파 작곡·이은상 작사) 등이 있고, 류행가 중에서는 <잃어진 고향>, <타향살이>, <고향만리 사랑만리>, <망향초 사랑>, <나그네 설움>, <찔레꽃>, <고향설> 등이 있다.[15] 이 중 <사향가>를 살펴보면 다음과 같다.

    내 고향을 떠나올 때 나의 어머니
    문 앞에서 눈물 흘리며 잘 다녀오라
    하시던 말씀 아 - 귀에 쟁쟁해

    우리 집에서 멀지 않게 조금 나가면
    작은 시내 돌돌 흐르고 어린 동생들
    뛰노는 모양 아 - 눈에 삼삼해

    대동강물 아름다운 만경대의 봄
    꿈결에도 잊을 수 없네 그리운 산천
    광복의 그날 아 - 돌아가리라

이 노래에 관해 북측의 해설을 보면 다음과 같다.

    위대한 수령 김일성동지께서 영광스러운 항일혁명투쟁시기에 친히 창작하시여 보급하신 불후의 고전적 명곡이다. 노래에는 위대한 수령께서 제시하신 주체적인 혁명로선, 항일혁명투쟁로선을 심장으로 받들고 손에 총을 잡고 나선 항일혁명투사들의 숭고한 사회주의적 애국주의사상과 꿈

---

15) 문학예술종합출판사 편,『계몽기가요선곡집』(평양 : 문학예술종합출판사, 1999년)과 최창호,『민족수난기의 가요들을 더듬어』(평양 : 평양출판사, 1997년)에서 발췌.

결에도 잊지 못할 조국산천과 부모형제들 특히 경애하는 수령님께서 어린 시절을 보내신 유서 깊은 만경대에 대한 절절한 그리움과 조국해방의 불타는 념원이 감명 깊게 반영되고 있다. 영광스러운 항일혁명투쟁시기 위대한 수령님께서 친히 대원들에게 배워주신 이 노래를 불요불굴의 공산주의 혁명투사이신 김정숙동지께서 즐겨 부르시였다. 노래는 3개 절로 되어있다. 가사에서는 정든 고향을 떠날 때 눈물 흘리며 바래워주던 사랑하는 어머니의 모습과 맑은 시내물 흘러내리는 고향마을에서 어린 동생들이 뛰노는 정다운 모습을 추억하는 서정적 주인공의 심리세계를 감명깊게 노래하고 있다. 가사에서는 또한 조선 인민의 마음의 고향이며 혁명의 요람인 만경대의 화창한 봄과 대동강에 대한 그리움, 나라의 광복을 이룩하고 사랑하는 조국, 그리운 고향으로 돌아가리라는 항일혁명투사들의 숭고한 사상감정을 가슴뜨겁게 노래하고 있다. 가사에 표현된 고향산천과 부모형제들에 대한 그리움, 추억의 감정은 조국과 고향을 빼앗고 사랑하는 부모처자들과의 리별을 강요한 일제침략자들에 대한 끝없는 증오심과 적개심, 놈들을 몰아내고 조국광복을 이룩하리라는 불타는 지향과 밀접히 결부되여 더욱 절절하게 안겨온다 - 후략 -16)

즉, 고향과 조국이 일체화되어 있다는 점, 단순히 망향의 한을 노래한 것이 아니라 조국 독립에 대한 강한 의지가 반영되어 있다는 점, 서정적인 아름다움이 있지만 비장한 아름다움이 담겨져 있다는 점, 음악적으로는 서양의 장음계에 입각한 선율이지만 5음계적으로 표현하여 친숙미를 더해주고 있다는 점 등에서 '고향'을 주제로 한 독립군가와 유사하다는 것을 알 수 있다.

그런데 필자의 조사에 의하면 <사향가>는 1916년 홍난파가 편찬한 『통속창가집』에 수록된 <추색>의 선율과 같으며, 그 가사는 앞에서 언급한 <내 고향을 이별하고>와 매우 흡사하다. 김일성이 1912년생이라는 점을 미루어 보아 이 곡을 작곡했다면 네 살 이전에 작곡했다는

---

16) 사회과학원 주체문학연구소 편, 『문학예술사전(중)』, 평양: 과학백과사전종합출판사, 1991, 191쪽.

말이 되고, 작사는 소학교 학생 시절에 한 것이 된다.17)

한편 북한에서도 <고향의 봄>이 널리 애창되고 있다. 이에 관하여 북한에서는 "잃어버린 조국에 대한 열렬한 사랑, 행복한 생활에 대한 지향과 염원 등을 소박하면서도 민족적 정서가 풍부한 아름다운 선율로 진실하게 표현한 노래로, 당시 어린이들과 인민들의 깊은 사랑을 받았으며 오늘날까지도 전해지고 있다."18)고 하면서 인민들에게 애국의 정신과 민족의 넋을 키워주는 데 큰 역할을 하였다고 높이 평가하고 있다.

이와 같이 남북한의 '고향노래'는 대동소이한데, 차이가 있다면 사상 미학적 관점에서 해석을 하고 있다는 점과 근대적 정서를 민족의 정서로 강조하고 있다는 점 그리고 그 정점에 '김일성'이 있다는 점이다.

8. '고향'을 노래한 근대 노래의 음악적 특징 및 그 의미

'고향'을 주제로 한 노래는 근대 이전에는 별로 없다가 근대 노래의 출현과 함께 대량으로 등장하였다. 또한 근대 이전의 노래인 민요는 고향을 떠나보내는 사람의 정서를 담고 있지만, 근대의 노래는 떠난 사람의 정서를 담고 있다는 차이점이 있다.

'고향노래'는 창가·독립군가·동요·가곡·대중가요 등 전 장르에 걸쳐서 나타났고 또 애창되었는데 주로, 창가는 망향과 망국의 한을, 독립군가는 고향과 조국을 일체화시켜 조국 독립을, 동요는 잃어버린 고향과 조국에 대한 그리운 정서를, 가곡과 대중가요는 감상적인 정서

---

17) 자세한 것은 『낭만음악』 1998년도 봄호에 수록된 필자의 '홍난파의 『通俗唱歌集』' 참조.
18) 사회과학원 주체문학연구소 편, 『문학예술사전(상)』, 평양: 과학백과사전종합출판사, 1988, 191쪽.

를 기조로 하는 망향의 설움과 향수를 노래하였다.

　음악적으로는 서양의 장음계를 사용하면서도, 전통음악과의 절충효과를 내기 위하여 5음 음계적으로 사용한 것이 많으며, 또 그 음계로 만든 선율로 말미암아 '새롭지만 친숙한 느낌'이 들도록 하였다. 그리고 3박자와 6박자를 많이 사용하였고 거기에서 오는 리듬감으로 인해 결과적으로 일본・중국 등 주변국가의 근대음악과는 '같으면서도 다른 느낌'이 들도록 하였다. 그런 한편 현대의 노래들과는 달리 생산자의 입장이 아니라 수용자의 입장에서 곡이 만들어졌다는 특징과 함께 여러 사람이 함께 부르면서 같은 정서를 공유하는 집단 가창이 용이하다는 특징을 가지고 있다.

　식민지적 한계와 조건 속에서 태어난 '고향'이란, 노래의 생산자 입장에서 보면 시대적 애환과 정서를 표출하는 데 있어 더 없이 좋은 주제였고, 소비자 입장에서도 자신의 정서가 가장 잘 반영된 주제였기 때문에 쉽게 공감대를 형성할 수 있었다. 이렇게 하여 얻은 것이 '서정성'인데, 이는 근대노래의 가장 큰 특징 중의 하나로 자리매김을 하였다.

　해방 후, 일제강점기 때 만들어지고 불린 서정적인 노래는 우리 민족이 가장 어둡고 힘든 시기에 민족의 구성원들과 애환을 같이 하였다는 이유 등으로 말미암아 '민족의 노래'라는 지위를 얻게 되었고, 많은 노래들이 음악 교과서에 수록되어 근대노래의 정형으로서 역할을 하였다. 다른 식으로 표현한다면, 고향을 주제로 한 노래는 이제 '노래의 고향'으로서의 역할을 하고 있는 셈이다.

　그렇지만 지나친 서정성을 강조한 감상병의 뿌리도 이로부터 기인하였다는 사실이 간과되어져서는 안 될 것이며, 그와 함께 시대적 정서가 민족적 정서로 오도되거나 미화되는 것도 경계해야 하지만 반면에 왜색으로 치부되는 것도 경계해야 할 것이다. 아울러 잃어버리고 잊혀진 수많은 고향의 노래를 발굴・정리하여 올바르게 자리매김을 해주는 즉, 그 노래의 고향을 되찾아 주는 것도 우리들의 과제일 것이다

탕자의 귀향과 조선의 발견
- 1920년대 한국근대시와 고향의 발견

구 인 모

1. 서 론

1920년대 한국근대시의 특징적 국면 가운데 하나는 바로 '조선으로의 회귀'라고 할 수 있을 것이다. 그것은 상징주의를 통해서만 조선의 근대문학이 세계적인 문학이 될 수 있으며, 그러한 조선의 근대문학에 있어서 조선의 문학적 전통이란 일고의 가치조차 없는 것이라고 못 박았던 일군의 조선 문학자들이, 1920년대 중반을 거치는 가운데 스스로 타기해 마지않았던 '전통'으로부터 문학적 가능성을 구상하기 시작했던 사정을 가리킨다. 예컨대 「海에게서 소년에게」(1903)를 통해 대양을 향한 조선 청년의 웅혼한 기상을 노래한 최남선(崔南善)이, 「尋春禮讚」(1926) 등의 기행문을 통해 조선의 산하에 편재한 단군의 성역(聖域)을 돌아보는 가운데 그 감개를 『百八煩惱』(1926)의 시조로 읊었던 사정이나[1], "朝鮮人이 朝鮮文으로 作한 文學"이 전무하며, "朝鮮文學에는 오직 將來가 有할 뿐"이라고 단언했던[2] 이광수(李光洙)가, 조선의 민요에

---
1) 具仁謨, 「國土巡禮와 民族의 自己構成」, 『韓國文學研究』第27輯, 東國大學校 韓國文學研究所, 2004. 12.
2) 李光洙, 「文學이란 何오」, 『每日申報』, 每日申報社, 1916. 11. 10~23.

나타난 리듬과 사상이 바로 조선민족의 특색이며, 조선의 문학이 민요에 기초하고 있다고 역설했던 사정3), 그리고 전통은 자신에게 무의미하다면서4), 『懊惱의 舞蹈』(1921)와 『잃어진 眞珠』(1924) 등을 통해서 1910년대와 1920년대에 걸쳐 누구보다도 외국문학의 번역과 소개에 앞장섰던 김억(金億)이, 『금모래』(1925)나 『봄의 노래』(1925) 등을 통해 조선심, 조선어, 조선적 형식의 전형인 민요에 근간해서 이른바 '眞正한 朝鮮의 現代詩歌'를 구상했던 사정 등은, 이러한 변화의 징후를 시사하기에 충분하다.

이러한 변화의 핵심에는 1910년대와 20년대에 걸쳐, 유럽과 일본을 매개로 이루어졌던 상징주의 데카당스 문학에 대한 근본적인 회의가 가로놓여 있다. 예컨대 1910년대 이후 조선의 시가 사실은 창작도 번역도 아닌 남의 개성을 '竊盜'한 결과에 불과한 '病身'의 문학'5)이라거나, "억지로 남의 게 맛나다는 對答을 强請하려 한" '病毒'6)이었다는 신랄한 자기비판과 자기부정은, 바로 그 무렵 조선 문학자들의 고뇌와 회의를 반영하기에 충분한 사례이다. 그리고 그러한 회의는, 예컨대 이광수가 조선인의 도덕적 개조와 아울러 예술적 개조의 시발점으로 시가의 개량을 거론하고7), 주요한이 '개념의 문학'이 아닌 "「자긔」를 충실히 노래하는" 문학, "민중에 각가히 가려는" 문학의 의의를 역설하고8), 김억이 조선의 '순정한 서정시가'를 구상하는 가운데, 로망 롤랑(Romain Rolland)을 비롯하여 다이쇼(大正)기 일본의 민중예술론을 참조하면서 하나의 신념이 되어 버렸다.9) 뿐만 아니라 일본 지식인들을 중심

---

3) 李光洙, 「民謠小考」(1), 『朝鮮文壇』 第2號, 朝鮮文壇社, 1924. 11.
4) 金岸曙, 「詩形의 音律과 呼吸」, 『泰西文藝申報』 第14號, 泰西文藝申報社, 1918. 12. 23.
5) 金億, 「朝鮮心을 背景삼아·詩壇의 新年을 마즈며」, 『東亞日報』, 東亞日報社, 1924. 1. 1.
6) 李光洙, 「文學講話(1)」, 『朝鮮文壇』 創刊號, 朝鮮文壇社, 1924. 10, 55쪽.
7) 京西學人(李光洙), 「藝術과 人生」, 『開闢』 第19號, 開闢社, 1922. 1.
8) 朱耀翰, 『아름다운 새벽』, 朝鮮文壇社, 1924, 168~169쪽.

으로 조선의 민요와 그 가운데 반영된 조선의 민족성에서, 조선 문학의 역사성뿐만 아니라, 일선가요사(日鮮歌謠史)를 통해 일본 고쿠분가쿠(國文學)의 외연을 확장시키고자 했던 일련의 기획들에 참여하는 가운데 형성되었다[10]. 그 가운데 1920년대 조선의 문학자들은 자명하게 존재했던 것이 아닌, 고안되고 발견된 공간으로서 '朝鮮'에 귀환하게 되었던 것이다.

　　　어머니 내어머니/ 아을스록 큰어머니,// 다수한 품에들어/ 더욱늣실 깁흔사랑,// 쩌돌아 몸얼린일이/ 새로뉘처짐내다

　　　　　　　　　　　　　　　　　　　「天王峰에서(智異山)」[11]

그 '朝鮮'이라는 공간은 최남선의 『百八煩惱』의 한 장에서 알 수 있듯이, 어머니의 다사로운 사랑이 깃든 품, 즉 '고향'이다. 이 '고향'이야말로 김억의 표현처럼 "진정한 조선의 현대문학"을 가능하게 할 원천, 혹은 원향(原鄕)이면서, 방법이고 또한 가능성이었던 셈이다. 또한 그것이 당시 대부분의 조선 문학자들에게 이른바 조선인의 보편적 심성, 그것을 표상하는 순수한 조선어, 조선의 문학적 형식을 모색하는 한편으로, 어머니, 어머니가 계신 고향으로서 '조선'으로 귀환하는 가운데 이루어졌음을 시사하기도 한다. 이러한 "쩌돌아 몸 얼린" 탕자(蕩子)의 뉘

---

9) 金億, 「民衆藝術論」, 『開闢』 第26~29號, 開闢社, 1926. 8~11. 大杉榮, 「新しき世界の爲の新しき藝術」(『早稻田文學』, 1917. 10), 川路柳虹, 「民衆及び民衆藝術の意義」(『雄辯』, 1918. 3), 遠藤祐·祖父江昭二, 『近代文學評論大系-大正期(Ⅱ)』 第5卷, 角川書店, 1982, 28~29쪽, 49~50쪽. 이에 대해서는 또한 다음의 서지를 참조할 수 있다. 具仁謨, 「大正期'薺語'文化'成立と1920年代韓國の文化的ナショナリズム」, 『訪日學術硏究論文集(一般)』 第11卷, 財團法人 日韓文化交流基金, 2004. Ku In Mo, "'Culture' as an Imported Concept and 'Korea' as a Nation-State", *Korea Journal*, vol.42, Seoul: Korean National Commission for UNESCO, 2007.
10) 具仁謨, 「朝鮮民謠의 發見, 日本 오리엔탈리즘의 한 斷面」, 東國大學校 韓國文學硏究所 編, 『동아시아 비교문학의 전망』, 東國大學校出版部, 2003.
11) 崔南善, 「天王峰에서(智異山)」, 『百八煩惱』, 東光社, 1926, 61쪽.

우침, 그것은 일찍이 자신들을 교도(敎導)할만한 자격을 지닌 부로(父老)도, 학교도, 사회도, 선각자도 없다고[12] 했던, 조선 사회의 전통적인 부성적 위계(hierarchy)를 부정하고 그들 스스로 세계의 입법자가 되어 새로운 부성적 위계를 구상했던 조선의 문학청년들의 참회와 고해로 보아야 한다. 그리고 조선의 진정한 현대문학을 향한 귀환은, 우선 이광수가 「文士와 修養」에서 지적한 바와 같이, 조선의 문학 청년들이 '찰나주의(刹那主義)'와 "데카단스의 亡國情調에 沈淪ㅎ는" 가운데 '타락'한[13] 청춘기를 벗어나, 장년(壯年)으로 나아가는 입사(入社)의 통과제의였다. 그것은 최남선의 시조에서도 알 수 있듯이, 그 무렵 조선의 시편들이 저 신약성경 복음서의 유명한 탕자(蕩子)의 일화의 주인공을 연상하게 하는[14], 시적 화자의 참회와 고해를 주된 선율로 하고 있다는 사실과 대체로 부합하고 있다.

그런데 1920년대 중반을 거치면서 이러한 탕자의 군상(群像)이 등장하는 가운데 무언가 중대한 변화가 일어났다는 사실을 간과할 수 없다. 그것은 단순히 조선의 문학자들이 프랑스와 일본의 상징주의와 자연주의문학을 사숙(私淑)하면서 표방했던 맹렬한 서구지향을 철회하고 전통지향으로 선회한 것 이상의 의미를 지니고 있다. 그들이 입사의 통과제의를 거치는 가운데 스스로 새로운 '부로'임을 천명했던 입장을 철회하면서, 이른바 과거의 '부로'에게 귀환하지 않고 '어머니의 다사로운 품'으로 귀환했던 가운데에는, 최남선의 표현을 빌자면 '쩌돌아 몸 얼린 일'이라는 간난신고와 서구를 전범으로 하는 근대, 혹은 근대문학을 향

---

12) 李光洙, 「今日我韓靑年의 境遇」, 「朝鮮사람인 靑年에게」, 『少年』 第3年 第6卷, 新文館, 1910. 6.
13) 金岸曙, 「作詩法」(7), 『朝鮮文壇』 第12號, 朝鮮文壇社, 1925. 10. 崔南善, 「朝鮮國民文學으로의 時調」, 『朝鮮文壇』 第16號, 朝鮮文壇社, 1926. 5.
14) "되찾은 아들의 비유", 「루카복음」 제15장 11절~32절, 韓國天主敎主敎會議 聖書委員會, 『聖經』, 韓國天主敎中央協議會, 2005. St. Jerome, R. Weber ed. *Biblia Sacra Iuxta Vulgatam Versionem*, New York: American Bible Society, 1990.

한 욕망의 좌절이 가로놓여있기 때문이다. 그 간난신고와 좌절이 '고향'으로서 '조선'을 고안하고 발견하게 했기 때문이다. 그러한 사정에서 '조선'으로의 귀환은 일종의 '퇴행'의 심리와 흡사하다. 그렇다면 1920년대 조선의 문학자들이 한편으로는 입사의 통과제의를 거치면서 또 한편으로는 퇴행을 경험한다는 것은 과연 무엇을 의미하는가.

2. 탕자의 참회와 고해 : 혈연의 역사성, 그 감각적 표상

1920년대 조선의 문학 청년들이 예컨대 "(상징주의 혹은 데카당스의) 洗禮를 밧든 者라야 藝術의 門을 쑤다릴 資格이 잇다"[15]고 역설했던 김억의 경우와 같은 강렬한 서구지향을 철회할 수 있었던 것은, 서구와 일본과 같은 근대문학이 조선에서는 실현될 수 없는 허상에 불과하다는 인식이 전제되지 않고서는 불가능했을 것이다. 그렇다면 조선의 문학 청년들은 서구와 일본의 근대문학을 어떻게 상대화할 수 있었으며 그 계기는 무엇인가.

    나는 내엄마배로 아니나와야 올흘게다/ 다른 어머니의./ 엇더케 천재와 영웅을 만히낫는그런 胎盤을가진 어머니배로!//
    나는 이나라에 아니쩌러저야 올흘게다/ 다른 나라에,/ 엇더케 자유와 의리가 가득찬 거룩한 나라에!//
    그러면서 왼종일 거리거리 패다녓다/ 슬푼마음을 한아름가슴에 안고서-/ 그러나 엇지아럿스랴, 내엄마가치 정잇는이 업드구나//
    내나라가치 빗잇고 사라야할 나라가 업드구나/ 나는깁버 집에도라와 크게춤추엇네.//

                                     「도라온자식」[16]

---

15) 岸曙 生, 「쯔란스 詩壇」, 『泰西文藝新報』 第10號, 廣益書鋪, 1918. 12. 7.
16) 金東煥, 「도라온자식」, 李光洙・朱曜翰・金東煥, 『三人作詩歌集』, 永昌書館, 1929,

인용한 김동환의 시는 그 계기가 "천재와 영웅을 만히 낫"고 "자유와 의리가 가득찬 거룩한 나라"로서 서구(일본을 포함해서)가 사실은 서정적 주체에게 '정 잇는 이'가 아니었다는 것을 자각한 가운데 이루어졌다. 그런데 인용한 작품에 나타난 '다른 나라'로서 서구에 대한 환멸은, 보다 근본적으로 '이 나라'에 대한 환멸로부터 비롯했다는 점을 간과할 수 없을 것이다. 그 핵심은 서정적 주체가 결코 천재나 영웅이 될 수 없을 뿐더러, 자유나 의리와 같은 거룩한 가치로 보호받을 수 없는 데에서 비롯한 '슬픈 마음' 즉 좌절감이다. 이것은 이미 1920년대 『開闢』지의 버틀란드 러셀과 에드워드 카펜터의 소개과정에서 공공연히 거론되었던 서구문명비판의 담론들은 물론이거니와17), 그것과 아울러 서구문명의 근본적 결함이 일본을 통해 조선에도 그 해악을 끼치고 있다고 보았던 가운데, 열등한 조선인 민족성을 개조해야 한다는 담론들이 동시에 등장했던 사정들과18) 대체로 부합한다.

그러나 서정적 주체는 스스로 바라마지 않았던 '다른 나라'와 그가 처해 있는 '이 나라' 사이에 가로놓인 '슬픈 마음'의 깊은 심연을 건너, 어떻게 '내 엄마'와 '내 나라'로 나아갈 수 있는가에 대해서는 말하지 않는다. 또한 '이 나라'와 '내 나라'가 어떻게 서로 다른지에 대해서도 말하지 않거니와, '내 나라'가 어떠한 '빗'을 지니고 있고, 왜 '사라야 할 나라'인지에 대해서도 말하지 않는다. 그래서 "깁버 집에 도라와 크게 춤추"는 행위만이 있을 뿐, 그 희열은 어떠한 서정적 진실도 호소력도 갖추지 못하다. 그 춤추는 행위가 환기하는 위화감과 공소함은 김동환이 조선 문학의 장래를 구상하는 가운데, 조선의 문학이 1919년 코

136쪽.
17) 妙香山人, 「思想界의 巨星 쎄-츄랜드·러셀氏를 紹介함」, 『開闢』 第11號, 開闢社, 1921. 5. 朴思稷, 「人生은 表現이니라, 에드와드·카펜타아를 紹介함」, 『開闢』 第12號, 開闢社, 1921. 6.
18) 李敦化, 「朝鮮新文化 建設에 對한 圖案」, 『開闢』 第4號, 開闢社, 1920. 9, 「朝鮮의 民族性을 論하노라」, 『開闢』 第5號, 開闢社, 1920. 10.

민테른(Comintern, 제3인터내셔널)의 강령인 민족해방운동(民族解放運動, national liberation movement)에 따라, 식민지·반식민지 민족들이 민족의 자결과 독립에 대한 각성과 그 투쟁의 한 거점일 수 있다고 믿었던 가운데 드러나는 비현실성과 흡사하다.19) '다른 나라'에 대한 선망과 환멸, '이 나라'에 대한 환멸, 그리고 '내 나라'에서 느끼는 감개가 아무런 객관적 상관물도 서정적 논리도 지니지 못하는 형국은, 근본적으로 인용한 시의 서정적 주체가 욕망의 대상으로서 '다른 나라'와 현전하는 욕망의 주체로서 '이 나라' 사이의 매울 수 없는 간극에서 비롯하는 분열을 나타내기에 충분하다.

그 분열을 견디고 치유할 수 있는 힘이 있다면, 그것은 바로 '내 엄마'의 '정 있음', 환언하자면 혈연의 역사일 것이다. 앞서 인용한 작품이 암시하는 김동환의 전언을 통해서 알 수 있는 것은 바로 그러한 혈연의 역사에 대한 그의 뒤늦은 깨달음이자, 그것에 대한 고해이다. 그 혈연의 역사에 대한 깨달음으로부터 '다른 나라'와 '이 나라' 혹은 '내 나라' 사이의 간극이 무화되는 가장 극적인 사례가 바로 최남선의 시조들이고, 그러한 사정은 앞서 검토한 「天王峰에서(智異山)」는 물론 다음의 작품에서 잘 나타나 있다.

아득한 어느제에/ 님이여긔 나리신고,// 버더난 한가지에/ 나도열림 생각하면,// 이자리 안차즈리까/ 멀다놉다하리까.//

「壇君窟에서(妙香山)」20)

'님'으로부터 뻗어 나아간 한 가지로 태어나, 역사의 풍상에도 불구하고 면면히 이어져 온 조국의 산하를 사랑할 수밖에 없다고 하는 서정적 주체의 고백은, 바로 흠숭의 대상으로서 '님'을 정점으로 하는 혈

---

19) 金東煥, 「愛國文學에 對하야」(2), 『東亞日報』, 東亞日報社, 1927. 5. 13. 「愛國文學에 對하야」(6), 『東亞日報』, 東亞日報社, 1927. 5. 17.
20) 崔南善, 「壇君窟에서(妙香山)」, 앞의 책, 41쪽.

연의 역사에 대한 믿음에 근간하고 있다. 그 믿음은 일찍이 최남선이 『楓嶽遊記』(1925)와 「尋春巡禮」(1926)을 비롯한 기행문이나, 「不咸文化論」(1925), 「檀君論」(1925)을 비롯한 고대사연구를 통해서 알 수 있듯이, 대개 '어버이' 단군 중심의 단일민족신화와 그것에 대한 신앙이라고 할 수 있다. 예컨대 최남선이 "壇君은 朝鮮 及 朝鮮心의 궁극적 標幟"이고 "壇君이 즉 朝鮮"21)이라고 누누이 강조했던 것은 대표적인 사례라고 하겠다. 그런데 흥미로운 것은 최남선에게 이러한 신앙이 「天王峰에서 (智異山)」에서 알 수 있듯이, '아버지'가 아닌 '어머니'에 대한 향수와 회귀를 간구하는 탕자의 참회를 전제로 하는 일종의 신앙고백이라는 사실이다. 이 탕자가 안길 어머니의 따스한 품과 깊은 사랑이란, "다 거즐엇다 하야도 여전히 소담스러우신", "다 슬어젓다 해도 그래도 그대로 지녀 잇는" 그리고 "묵고 묵을수록 새롭고 향긔로운"22) 조선인으로서의 혈연의 역사이고, 그러한 역사가 깃든 곳이 바로 고향으로서 조선인 것이다. 그렇다면 최남선에게 신화이자 신화를 넘어서는 이념이고 역사이기도 한 '단군'은 부성의 세계인 반면, 그것을 감각으로 체험 가능한 '조선'의 산하는 바로 모성의 세계인 것이다. 즉 최남선에게 '단군' 혹은 '조선'은 한편으로는 아버지이면서 다른 한편으로는 어머니이기도 한 공간인 것이다.

이러한 고향으로서 조선이야말로 세계를 향한 서정적 주체의 뼈저린 좌절을 경험하기 이전의 총체성의 세계이다. 그곳은 김동환의 시편의 경우에서와 같이, 천재나 영웅과 같은 입신출세도, 또한 자유나 의리와 같은 세속적 이상도 빛을 잃는, 도구적 합리성이나 탈마법화를 경험하지 않은 세계이다. 그 고향으로서 조선이야말로 김동환의 시편의 경우에서와 같이, '다른 나라'와 '이 나라'의 '정 없음', 즉 이 총체성의 세

---

21) 崔南善, 「壇君게의 表誠-朝鮮心을 具現하라」, 『六堂 崔南善 全集』 第9卷, 玄岩社, 1973, 76쪽.
22) 崔南善, 주11)의 책, 40쪽.

계에 대한 간구와 믿음이 '어머니', '모성' 나아가 여성적인 존재로 의인화한 공간, 그곳이 바로 고향으로서 '조선'이다. 이러한 혈연의 역사성, 혹은 민족적 동일성에 대한 인식과 수사들이야말로, 한 민족이 유구한 역사를 지니는 동시에 그 신성한 기원으로부터 고유한 본질을 면면히 지키고 있다는, 전형적인 민족주의의 수사임은 두말할 나위도 없다. 특히 "묵고 묵을스록 새롭고 향긔로운 朝鮮의 냄새"란 바로 어머니를 비롯한 '대대조상'의 냄새이기도 하다.

하지만 1920년대 조선의 문학 청년들은 그들의 시편들을 통해 인간의 원초적인 감각을 통해 고향으로서 조선을 표상하면서, 혈연의 역사성과 동일성에 대한 감각적으로 재현하고, 나아가 민족의 관념을 표방했으나, 그 가운데에서 굳이 '단군'과 같은 새로운 아버지의 상을 염두에 두지는 않았다. 그것은 그들이 이념과 역사보다도 더욱 절실한 감각의 세계를 간구하고 있었음을 시사한다. 부성이 감당할 수 없는 모성의 품과 사랑에 대한 탕자의 간구와 믿음, 그것은 흔히 조선 혹은 조선인이라는 집단이 역사적 변천 과정 가운데에서도 어떻게 동일한 정체성을 지닐 수 있는가라는 딜레마를 은폐하는 역할도 한다.

> 봄이오면 산에들에 진달래피네/ 진달래꼿 피는곳에 내맘도펴,/건너마을 젊은處子 꼿짜라오거든./ 꼿만말고 이마음도 함께짜가주.// 봄이오면 하늘우에 종달새우네/ 종달새 우는곳에 내맘도우러,/ 나물캐기 아가씨야 저소리듯거든/ 새만말고 내소리도 함께드러주.// 나는야 봄이오면 그대그립어/ 종달새 되여서 맘부친다오,/나는야 봄이오면 그대그립어/ 진달래 꼿되어 우서본다오.//
>
> 「봄이오면」[23]

인용한 작품에서 서정적 주체는 '봄'이라는 계절에, '진달래꼿'과 '종

---

23) 金東煥, 「봄이오면」, 李光洙・朱燿翰・金東煥, 앞의 책, 183쪽.

달새'의 울음과 결코 분리할 수 없는 동일성을 경험하는 가운데 우주론적 총체성을 경험한다. 그리고 그러한 경험이 '건너마을 젊은處子'나 '나물캐기 아가씨'의 공감, 그들과의 합일을 호소하는 가운데 삶의 구경적(究竟的) 의미를 얻을 수 있기를 간구한다. 그것은 개인과 개인, 나아가 인간과 자연 사이의 분리나 소외를 극복하고자 하는 서정적 주체의 욕망을 반영한다. 또한 이러한 서정적 주체의 간구와 욕망은 오로지 순결한 조선의 여성성을 통해서 충족될 수 있다는 신념을 근간으로 하고 있다. 이 가운데에서 고향으로서 조선, 어머니가 계시는 조선은 '봄'이 상징하는 바와 같이 우주의 순환 가운데 결코 변하지 않는 역사성을 얻게 되는 것이다. 혈연의 역사성과 그것의 감각적 표상 가운데 가로 놓인 딜레마는, 바로 세월의 질곡과 풍상에도 불구하고 결코 불변하는 우주의 질서에 대한 예찬으로 인해 자연스럽게 소거되고 만다. 그것은 비단 인용한 작품의 김동환이나 최남선뿐만 아니라 그 무렵 조선의 문학자들에게 가장 설득력 있는 글쓰기의 전형이라고 할 수 있다.

3. 탕자의 방황과 좌절 : 기억과 현실의 경계

김동환과 최남선이 혈연의 역사성과 동일성으로부터 연원하는 우주론적 총체성의 감각을 통해, '다른 나라'에 대한 선망과 환멸, '이 나라'에 대한 환멸을 견디고, '내 나라'에 이를 수 있었던 것은, 사실 민족해방운동의 이념도 단군 중심의 단일민족 신화에 대한 신념도 아닌, 기억 속에서 세월의 풍상을 가로질러 면면히 현존하는 고향으로서, 또한 어머니로서 조선의 심상이다. 최남선에게 그것이 "묵고 묵을스록 새롭고 향긔로운 朝鮮의 냄새", 어머니를 비롯한 '대대조상'의 냄새와 같은 후각의 기억이었다면, 예컨대 주요한(朱曜翰)에게 그것은 '선 살구의 신맛', 봄의 '메(나물)', '맵다란 짐장무 날로 먹는 맛', '헷기쟝쌀'과 '밀기구미(밀기울)'로 구운 '노티'와 같이 미각의 기억이었다.

> 우리집 동편 담 밋헤는 돌창을 파고/ 서편 담은 겻집 담벼락으로 대신하엿소./ 그담에 부터잇는 닭이홰를 가리운 듯이/ 비스듬이 쎼더난 살구나무, 첫 녀름에/ 막대기로 썰구는 선 살구의 신 맛이/ 나의 조화하는 것의 하나이엇소.// ……(中略)…… 봄에는 호믜들고 메케러 들에 가며/ 가을엔 맵다란 짐장무 날로 먹는 맛도/ 나의 조화하는 것의 하나 이엇소/ 해마다 추석이면 의례히 햇기장쌀에/ 밀기구미 길구어 노티를 지지더니/ 늙으신 할머님 지금은 누구를 위하야……//
>
> 「우리집」에서[24]

서정적 주체의 '우리집'은 미각의 기억을 가운데 현존하는 시간과 공간이 교차하는 지점에 가로놓여 있다. 서정적 주체가 기억하는 고향의 사계는, 근대의 도구적 이성에 의한 역법에 의해 구성되는 것이 아니라, '메'로부터 '선 살구', '맵다란 짐장무'를 거쳐 '햇기장쌀'과 '밀기구미(밀기울)'로 구운 '노티'로 이어지는 순환으로 구성된다. 그리고 그러한 음식의 이름들과 같은 방언의 보통명사와 고유명사로서, 다른 지역의 방언이나 다른 언어로 결코 표상할 수 없는, 오로지 서정적 주체의 개별적이고 실재적인 감각의 세계에만 존재한다. 그러므로 이러한 서정적 주체의 감각의 기억이 환기한 고향은, 육체의 직접성으로 현존하는 유명론(唯名論 nominalism)의 세계이며, 고향을 구성하는 시간과 공간의 개별성으로 인해, 근대의 도구적 이성을 전제로 한 합리성으로는 결코 불가능한 주체와 객체의 합일이 실현되는 세계이다. 이러한 세계를 그린 주요한의 시야 말로 동시대 조선문학의 성과 가운데에서도 탁월하다고 하겠다.

그러나 주요한의 '우리집'은 근본적으로 과거시제의 구문으로 이루어져있는 데에서 알 수 있듯이, 현존하는 공간이 아닌 부재하는 공간,

---

24) 朱耀翰, 「우리집」, 『아름다운 새벽』, 朝鮮文壇社, 1924, 42~43쪽.

과거의 공간이고, 그래서 심상의 공간이며 향수의 공간이다. 또한 '늙으신 할머님'이 노티를 부쳐서 줄 서정적 주체는 이미 '우리집'으로부터 떠나 있는 탕자이다. 그래서 주요한의 작품에서 이 탕자는 현실에서는 결코 고향으로 돌아가지 못하는 존재이다.

　　　　너를둘너싼 꿈속의평화/ 대々대로 전하는 게으름,/ 너는 그를 불상하게 보앗슬지언정/ 나무러지는 아녓다./ 너는 놀날만한 참을성으로/ 그네가 그네의 행복을찻도록/ 한결가티 기두럿섯다./ 그적에 나는 너의몸가짐, 눈쎗을/ 너의가슴에 다스함을/ 오々, 거리어/ 아럿섯다, 드럿섯다, 만젓섯다.//
　　　　그러커늘, 그러커늘/ 오늘 너는 나를 몰라보고,/ 나도 너와 초면이 되엿다./ 네 좌우에잇는 초라한 전들이/ 멀즉이 물러나서 겻눈질만 한다./ 너는 네우에서 아모런비극이 생겨도/ 아조 모른체할난다.//
　　　　　　　　　　　　　　　　　　　　　　　「넷날의 거리」에서25)

　인용한 작품에서 알 수 있듯이 이제 서정적 주체는 '넷날의 거리'가의 심리적 거리 속에서 "멀즉이 물러나서 겻눈질만"하고 심지어 '모른체'하고 외면하는 가운데 마치 '초면'과도 같은 낯섦과 위화감을 감내할 수밖에 없다. 이 작품에서 서정적 주체의 '넷날의 거리'는, '새벽 물장수', '셕양녁제 주정군', '아이들의 어름지치기', '셰배난니는 남녀', '밤엿장수 길게 웨치는소리', '다듬이 방맹이' 소리가 홍성거리는 평범하고 안온한 고향이었다. 그리고 그곳은 "먼눈파는 아이가 돌쌔리에 너머질째"에는 웃음을 참지 못하고 웃고, '길고긴 녀름밤'에는 "수절하는 과부의 긴한숨을 위로하"는 공간이었으며, 또한 '평화', '참을성', '다스함'과 기다림으로 고향에 거주하는 향촌 사회의 구성원들을 포용하는 모성의 공간이었다. 그럼에도 불구하고 이 '넷날의 거리'는 서정적 주체가 불러낸 환영(幻影)이며, 따라서 서정적 주체가 그 환영을 불러내는

---

25) 朱耀翰, 「넷날의 거리」, 『아름다운 새벽』, 朝鮮文壇社, 1924, 58~59쪽.

순간에만 존재하는, 사실상 부재의 공간인 것이다.

> 어머님이 기달이길래/ 故鄕이라 차자왓으나,/ 어즈럽히 쮜노는물결/ 이 내心思 둘곳이어데.// 흘너들인 바위를치고/ 다시밀녀 휘도는바다/ 世上시름에 넉을잃은/ 이내맘의 그것아니랴.// 드나드는물은 모래밧에 덥은키쓰를 거듭해도/ 씻겨나니 흔적도업고.// 몸을비꼬며 어이업시/ 불으짓는 물결소리는/ 사랑에도 臨終노래라.//
>
> 「黃浦海岸서」26)

인용한 시는 물론이거니와 김억의 시 전편에 지배적인 유적(流謫)과 이별, 그리고 그 가운데에서 비롯하는 '하소연한 心思'라는 정서는, 김억 스스로 「詩論」에서 언급했던 '混鈍한 世界', '實行의 世界', '無反省의 世界', '沒批判의 世界', '잇는 그대로의 世界'로서, 김동환의 표현을 빌자면 '이 나라'로서 조선과 '다른 나라'로서 세계의 현실을 "뚤코 나아가는 生과 힘"27)의 원천이라고 믿어 의심치 않았다. 하지만 그러한 인용한 시의 서정적 주체는 그러한 '生'과 '힘'의 원천인 '어머님'이 기다리는 고향에 돌아왔으나 결코 어머니와 상봉할 수는 없다. 이미 고향은 사랑의 '臨終노래'만이 미만한, 혈연의 역사성은 사라지고 그 유기체적 일체감과 우주의 질서는 존재하지 않는 타향이 되어 버리고 말았다. 이 가운데에서 주목할 만한 대목은 탕자로서 서정적 주체에게 고향은 곧 타향이라는 역설적인 현실이다. 주요한과 김억에게 이러한 역설적 현실은, 앞서 김동환과 최남선의 경우에서 살핀 바와 같이, 혈연의 역사성과 그것의 감각적 표상 가운데 가로 놓인 민족 관념의 딜레마와 결코 무관하지 않다. 즉 조선의 문학자들은 이념과 신화의 힘을 빌지 않은 감각의 표상만으로서, 조선 혹은 조선인이라는 집단이 역사적 변

---

26) 金億, 「黃浦海岸서」, 『岸曙詩集』, 漢城圖書株式會社, 1929, 51~52쪽.
27) 金億, 「詩論」(2), 『大潮』 第4號, 1930. 7. 朴庚守 編, 『岸曙金億全集』 第5卷, 韓國文化社, 1987, 447쪽.

천 과정 가운데에서도 동일한 정체성을 지닐 수 있음을 증명할 수 없었던 것이다. 그러한 사정에서 조선의 문학자들이 형상화한 탕자가 심지어 '눈물의 王'이기도 했다는 사실은 그리 놀랄 만한 일도 아니다.

> 나는 王이로소이다 나는 王이로소이다 어머니의 가장어여쁜아들 나는 王이로소이다 가장 가난한 농군의아들로서……/ 그러나 十王殿에서도 쫓기어난 눈물의王이로소이다.//……(中略)……누-런썩갈나무 욱어진山길로 허무러진 烽火쑥압흐로 쫓긴이의노래를 불으며 어실넝거릴째에 바위미테 돌부처는 모른체하며 감중연하고 안젓더이다.//……(中略)……나는 王이로소이다 어머니의 외아들나는 이러케王이로소이다/ 그러나그러나 눈물의王! 이세상어느곳에든지 설음잇는짱은 모다 王의나라로소이다//
>
> 「나는 王이로소이다」에서28)

예컨대 홍사용(洪思容)의 인용한 작품에서도 탕자로서 서정적 주체는, '十王殿'같은 어머니도 잃고 어머니의 품에서 '쫓기어난' '설음잇는짱'의 '눈물의 王'일 뿐이다. 심지어 그러한 '눈물의 王'이 "안개가튼 지나간꿈을 가슴에 그리며" 돌아가 찾은 어머니의 무덤가에는 "피와고기의 뭉틋는소리"와 "질그릇이 쌔어지는듯한 여호의노래"만이 흥흥하게 미만할 뿐이며, 그러한 현실은 "骸骨박아지의 각쪽어린, 널름거리는鬼火"가 "제각금 거룩한神이라 일커르며 곤댓짓"하는 곳일 뿐이다29). 그런데 이 작품에서 흥미로운 대목은 그러한 탕자가 "쫓긴이의 노래를 불으며 어실넝거릴째", 돌부처조차도 "모른체하며 감중연(坎中連)"하고 마는 현실이다. 그러한 현실이 김억에게는 '돈々하는 이世上', '모다눈뜬 世上'(「詩와 술」)30), 사랑조차 "商品, 한 째의 市勢"(「春香이와 李道令」)31)에 불과해서, 심지어 "팔고 사는 이 세상"(「돈」)32)일 것이다. 이러한 주요

---

28) 洪思容,「나는 王이로소이다」,『白潮』第3號, 文化社, 1923. 9, 129~131쪽.
29) 洪思容,「커다란 무덤을 쎠안고」, 위의 책, 19~21쪽.
30) 金億,「詩와 술」,『岸曙詩集』, 漢城圖書株式會社, 1929, 109~110쪽.
31) 金億,「春香이와 李道令」, 위의 책, 162쪽.

한, 김억, 홍사용의 시편들이 형상화한 탕자의 군상들을 통해서 분명히 알 수 있는 사실은, 그들이 과거의 아버지(부로)를 부정하고 스스로 새로운 아버지(부로)임을 천명하는 가운데, 세계의 입법자인 '王'으로서 입사의 통과제의를 거치는 일을 가로막았던 것이, 정 없는 '다른 나라'가 아니라 바로 정 없는 '이 나라'의 현실이었다는 것이다. '이 나라'는 그들로 하여금 스스로 아버지일 수도 없게 하고, 또한 외아들로서 어머니의 품으로도 돌아가지 못하게 했던 것이다. 그들을 '이 나라'에 주박(呪縛)하고 아버지가 될 수 없도록 불임을 강요하는 도깨비와도 같은 '거룩한 神', 그것은 흔히 모든 단단한 것을 녹여 허공에 사라지게 하는 근대의 소용돌이, 그리고 식민지주의와 제국의 힘이라고 할 터이나, 사정은 그렇게 간단하지만은 않다.

4. 탕자의 질곡과 운명 : 현실계의 주박(呪縛)

그래서 조선의 문학자들의 작품에 나타난 탕자의 군상을 이해하는 데에, 신약성경의 복음서에 등장하는 탕자를 돌이켜 보는 일은 흥미롭다. 복음서의 탕자가 출분(出奔)하고자 했던 것은 스스로 아버지가 되기 위해서였고, 그것은 아버지에게서 물려받은 재산으로 가능했다. 그리고 탕자가 귀향을 결심할 수 있었던 것은, 물론 재산을 탕진한데다가 간난신고를 겪었기 때문이지만, 궁극적으로는 스스로 '아버지의 아들'임을 깨달았기 때문이다. 하지만 조선의 문학자들은 고향으로서 조선을 떠나 '다른 나라'로 출분했을 때, 어설픈 모국어, 즉 제 육체 이외 어떠한 것도 재산으로 물려받지 못했고, 그 재산은 '다른 나라'는 물론이거니와 '이 나라'에서도 통용되지 않았다. 게다가 간난신고로 지친 몸을 이

---

32) 金億, 「돈」, 앞의 책, 59쪽.

끌고 돌아갈 '아버지의 집'도 없을 뿐더러, 스스로도 '아버지의 아들'임을 고백할 수조차 없었던 것이다.

조선의 문학자들의 출분은 예컨대 김억이 "(상징주의 혹은 데카당스의) 洗禮를 밧든 者라야 藝術의 門을 쑤다릴 資格이 잇다"[33]고 한 데에서 알 수 있듯이, 그들의 서구지향으로부터 비롯하며, 또한 황석우(黃錫禹)가 "今日 우리의 詩歌는 벌셔 西文詩나 日文詩를 充分히 詛嚼ᄒᆞ엿"고, "임의 西文詩나 日文詩에 依ᄒᆞ여 詩도 完全ᄒᆞᆫ 形式을 비윘"으므로, "비록 詩의 初工者의게라도 그것을 參酌ᄒᆞ며 完全ᄒᆞᆫ 詩形의 詩를 쎠-갈 수 잇"[34]다는 호언장담에서 알 수 있듯이, 조선의 문학을 국민문학(national literature)으로서 세계문학(world literature) 일반의 반열에 올리고자 했던 욕망에서 비롯했다. 하지만 예컨대 이광수의 경우 "朝鮮人이 朝鮮文으로 作한 文學"이 전무하고 개탄해 마지않았던 데에서 알 수 있듯이[35], 그들 세대는 '아버지'에 대한 부채도 없거니와, 물려받을 재산이 단 한 푼도 없음을 당당히 선언하였으나, 정작 조선의 문학이 조선은 물론이거니와 세계문학의 공간에서 통용될 수 있는 가능성을 쉽게 찾을 수 없었던 것이다.

이러한 사정은 조선의 문학자들이 '아버지의 아들'임을 스스로 부정하는 가운데 입사의 통과제의를 거치고자 했던 그 자체가 이미 심각한 딜레마를 지니고 있다는 것을 예감하게 한다. 그 딜레마란 스스로 새로운 아버지가 되거나, 새로운 아버지의 상(像)을 표상하거나, 혹은 어머니에게 회귀하는 일 가운데 하나인 것이다. 그것은 정신분석학이 시사하는 바에 따르면 상징계(象徵界, the symbolic)를 거부하고 현실계에서 자신의 정체성을 상상하거나, 혹은 상상계(想像界, the imaginary)로의 퇴행(regression)인 것이다. 하지만 이들이 서있는 현실계(現實界, the real)는 결

---

33) 岸曙 生,「쯔란스 詩壇」,『泰西文藝新報』第10號, 廣益書鋪, 1918. 12. 7.
34) 黃錫禹,「朝鮮詩壇의 發足點과 自由詩」,『每日申報』, 每日申報社, 1919. 11. 10.
35) 李光洙,「文學이란 何오」,『每日申報』, 每日申報社, 1916. 11. 10~23.

코 안온한 공간은 아닐 뿐더러, 상상계로 돌아가도 어머니는 부재의 기표(記表, signifiant)일 뿐이다. 그것은 앞서 검토한 김억, 즈요한, 홍사용의 경우가 웅변적으로 시사하는데, 특히 홍사용 시의 서정적 주체가 흔히 '눈물의 王'인 사정은 그러한 퇴행의 증후를 드러내기에 충분하다.

그런데 조선의 문학자들은 어머니와 고향으로서 조선이 사실은 부재하는 기표라는 사실을 인식하지 못했거나, 혹은 애써 외면하고자 했던 것으로 보인다. 그것은 무엇보다도 그 부재하는 기표야말로 그들 문학의 시발점이며, 근원이었기 때문이다. 그럼에도 불구하고 그들은 어떻게 끝까지 부성의 세계를 외면하고, 부재하는 기표로서 어머니와 조선이라는 고향이라는 모성의 세계를 간구하고 믿어 의심치 않을 수 있었던 것인가. 이와 관련해서 김억이 '인도의 나이팅게일(The Nightingale of India)'이라는 애칭으로 영국왕립문학회 회원의 지위에까지 올랐던 인도의 여성시인 사로지니 나이두(Sarojini Naidu)를 소개한「사로지니・나이두의 抒情詩」(1924)를 검토할 필요가 있다. 이 문학론 가운데에서 김억은 나이두의 시에서 '동양의 맘'을 발견한다. 그 '동양의 맘'은 "하느님(神)에 대한 崇敬"으로부터 "자연의 美를 그립어 하는 맘", "애인을 그립어 하는 맘", "心的 恍惚", "無條件的으로 그립어하며 醉하는 맘", 그리고 "까닭없이 울고만 십픈 듯한 감정"36)까지 포함한다고 했다.

이 글에서 김억은 나이두의 작품이 영어로 쓰여진 것, 그리고 영시의 형식을 따른 것이라는 사실을 배제한 체, 그것을 통해 형상화된 정서의 심미적 가치에 주목했다. 그것은 무엇보다도 인도인의 공통심성을 배경으로 한 인도문학의 심미적 가치야말로 영국 왕립문학회와 노벨상의 권위를 통해서 인정받는 문학적 성취일 수 있다는 사실을 통해, 조선이라는 고향, 향토와 그곳에 깃들인 유구한 심성으로서 '조선심'에 근간한 조선의 근대적 국민시가 또한 동양문학, 나아가 세계문학 일반

---

36)	金岸曙,「사로지니・나이두의 抒情詩」(1),『靈臺』第4號, 靈臺社, 1924. 12, 234~235쪽.

의 반열에 오를 수 있는 가능성을 상상했다. 그리고 1924년을 전후로 해서 발표한 김억의 문학론들이 한결같이, 조선의 근대적 시가가 갖추어야 할 덕목으로서, 인생의 온갖 눈물, 설움, 괴로움을 곱게 하여주고, 인생의 피곤을 잊어버리게 해 주는 시가의 '心的 恍惚'을 누누이 강조했던 일도 바로 그러한 사정과 깊은 관계가 있다.[37] 사로지니 나이두의 "자연의 美를 그립어 하는 맘", "애인을 그립어 하는 맘", "心的 恍惚", "無條件的으로 그립어하며 醉하는 맘", 그리고 "까닭없이 울고만 싶픈 듯한 감정" 등은, 김억의 시편에 미만한 정서이기도 했던 것이다.

그럼에도 불구하고 주요한의 경우 예컨대 『아름다운 새벽』의 「나무 색이」와 「고향생각」에서 그려낸 개별적이고 실재적인 감각과 기억의 총체성을 넘어선, 조선의 자연과 그 생명력을 칸트적인 의미에서의 공통감각(共通感覺, Gemeinsinn)으로 표상하는 가능성마저 염두에 두고 있었던 것으로 보인다. 그것은 『三人作詩歌集』에 발표한 주요한의 작품 가운데에서 비교적 수작으로 꼽을 수 있는 「조선」을 통해서 알 수 있다.

> 어떤이는 무리진 달을 사랑하고/ 안개 끼인 봄밤을 즐기지마는/ 어떤이는 봄물에 드린 버들 가지를/ 황혼의 그윽한 그림자를/ 오동닢 떨어지는 가을을/ 소 소리 처량한 가을의 저녁을/ 떠나는 목선의 배따락이를/ 그 끊였다 닛는 곡조를 사랑하지마는/ 오, 조선의 자연이어 오직 나는/ 너의 위대한 녀름을 껴안으련다.// …… 중략 …… 아, 녀름은 나의 고향 나의 조국/ 그의 품은 나를 단련하는 풀무불/ 해외에 떠단닐때에 생각을 이끌어가고/ 일에 지쳐 곤할때에 새긔운을 북돋우는/ 나의 집, 나의 어머니, 조선의 녀름-//
>
> 「조선」에서[38]

---

37) 金億, 「詩壇의 一年」, 『開闢』 第42號, 開闢社, 1923. 12, 41쪽. 金億, 「朝鮮心을 背景삼아-詩壇의 新年을 마즈며」, 『東亞日報』, 東亞日報社, 1924. 1. 1. 金億, 「詩壇散策」, 『開闢』 第46號, 開闢社, 1924. 4.
38) 朱曜翰, 「조선」, 李光洙・朱曜翰・金東煥, 앞의 책, 永昌書館, 1929, 99~100쪽.

인용한 시에서 '조선'은, '무리진 달', '안개 끼인 봄밤', '버들 가지', '황혼의 그윽한 그림자', '오동닢 떨어지는 가을', '소 스리 처량한 가을 저녁', '떠나는 목선의 배따락이' 등이 어우러져 이루어 내는, 자연 풍경의 거대한 파노라마이다. 도회에서 돌아와 "멀즉이 물러나서 겻눈질만"하는 탕자였던 「녯날의 거리」의 서정적 주체가 소외감과 위화감을 감내하는 길이, 「우리집」에서는 오로지 자신의 육체에 새겨진 개별적인 감각의 기억의 세계로만 존재하는 고향의 심상을 표상하는 일이었다면, 인용한 「조선」에서는 조선의 전원적 풍경 가운데 세월의 풍상을 가로질러 면면이 현존하는 생명력을 발견하는 것으로 옮겨간다. 주요한은 바로 이러한 조선의 자연 풍경, 그리고 조선의 자연 풍경을 낳는 '여름'이야말로 "조용하고도 큰 힘가튼 예술"의 원천일 뿐만 아니라[39], 그것이 바로 조선인의 '국민적 정조'이며 '조선의 피'라고 보았던 것으로 보인다.[40]

고향에 돌아왔으나 환대는커녕 "햇기쟝쌀에 밀기구미 길구어" 지진 할머니의 노티도 "멀즉이 멀즉이 물러나서 겻눈질만" 해야 하는 탕자가, 드디어 도착한 '나의 집', '나의 어머니', '나의 고향' '나의 조국'이 바로 '조선의 자연'이었다는 사실은 여러 가지로 흥미롭다. 이러한 서정적 주체의 전언을 음미해 보면, 사실 그가 궁극적으로 귀의하고자 하는 곳이 '조선'이라기보다는 '자연'과 그 생명력이라는 것을 알게 된다. 또한 이 '자연'과 그 생명력이야말로 일찍이 주요한이 언급한 바 있었던 조선 사람의 개성과 인간의 공통성, 배타적인 국수주의를 넘어선 인류애 사이의 임계점(臨界點)인 '朝鮮魂'일 것이다.[41] 이러한 주요한의 인식은 예컨대 「田園頌」에서 알 수 있듯이, '아우성치는 고독의 거리'로

---

39) 朱燿翰, 「책씃헤」, 『아름다운 새벽』, 朝鮮文壇社, 1924, 169쪽.
40) 朱燿翰, 「노래를 지으시려는 이에게」(2), 『朝鮮文壇』 第2號, 朝鮮文壇社, 1924. 11, 48쪽.
41) 朱燿翰, 위의 글, 49쪽.

서, "인공과 함흑과 시긔와 잔혹의 도회"와, 그 '도회의 핏줄선 눈', 그리고 그 가운데에 '수그러진 억개와 가쁜 호흡'을 감내해야 하는 도회의 현실적 소여42)에 대한 적대감으로부터 비롯한다. 주요한의 이러한 인식에 가로놓여 있는 것은, 도회와 전원, 나아가 문명과 자연 사이의 이항대립의 구도임은 두말할 나위도 없다. 이러한 주요한의 문학적 인식이 그 자체로서 의미 있는 것이라면, 그것은 주요한이 감각의 기억과 그 심상으로 존재하는「우리집」의 고향,「조선」의 '조선의 녀름'과「田園頌」의 '도회'가 상징하는 문명 사이의 이항대립에 가로놓인 긴장감을 잃지 않으려 했기 때문일 것이다.

5. 결 론

그러나 이러한 어머니, 조선이라는 고향은 결코 어떤 귀의의 지점이 아니라, 그 자체로서 이미 현실계로부터 소외되고 핍박받은 탕자의 '환영(幻影)'인 것이다. 그러한 사실은 앞서 검토한「조선」에서 주요한이 '무리진 달', '안개 끼인 봄밤', '버들 가지', '황혼의 그윽한 그림자', '오동닢', '소 소리', '목선의 배따락이'나 그 곡조와 같은 객관적 상관물들이 환기하는 육체적 감각과 그 기억의 보편성을 통한 시적 긴장감을 끝내 견지하지 못했던 사정과 무관하지 않다. 즉 주요한은「우리집」을 "봄해도 늦엇고나 뜰 뒤에 살구 열매/ 선채로 따서먹던 시월달이 내일이다/ 늘으신 한머님께선 탈없는가 하노라//"와 같은「望鄕(二)」과 같은 작품으로 개작한 데에서 알 수 있듯이43),『三人作詩歌集』과『봉사꼿』에 이르러서는 시조나 7·5조의 형식을 통해서 선험적이고 공리적

---

42) 朱耀翰,「田園頌」, 李光洙·朱耀翰·金東煥, 앞의 책, 26~27쪽.
43) 朱耀翰,「第3部 第4章 봉사꼿」,『朱耀翰文集 새벽』第1卷,·耀翰記念事業會, 1982, 595쪽.

인 질서체계와 자신의 육체적 감각, 기억과 운명을 일치시키는 길로 나아가면서, 그가 선취한 긴장감의 미덕을 잃고 말았다. 그 대신 남은 것은 『봉사꼿』의 지배적인 형식인 시조의 엄격한 자수율의 형해(形骸), 즉 자적이고 단성적인 시적 진술, 시조의 관습적 가성(假聲)이다. 한편 김억도 『岸曙詩集』 이후 엄격한 7·5조의 자수율, 각운, 4행이 한 연을 이루는 단시형(短詩形)으로 이루어진, 이른바 '格調詩形'을 통해서 시조나 한시의 형식에 근접하고 있었고, "현실을 뚫코 나아가는 生과 힘" 또한 표상하지 못하고 말았다. 이러한 사정은 그들에게 어머니와 고향으로서 조선이 사실은 부재하는 기표라는 사실과도 결코 무관하지 않을 것이다.

그러나 무엇보다도 심각한 사정은 조선의 문학자들에게 어머니와 조선이라는 고향이, 비단 조선의 문학자들만의 것이 아니라, 저 『조선민요의 연구(朝鮮民謠の研究)』(1927)와 같은 일본인들의 조선 민요론이나 조선의 향토성론, 나아가 조선인 민족성론에서 알 수 있듯이, 식민주의의 환영이 그려낸 향토이기도 했다는 사실일 것이다. 예컨대 조선 민요에서 무로마치(室町) 말기의 일본 민요나 속요 혹은 코모리우타(子守唄)를 발견하거나[44], 조선의 도예의 선(線)에서 이해와 사랑에 굶주린 조선인의 심정을 읽어내는 한편으로 신라의 고도 경주에서 나라(奈良)시대 일본과 만나는 것[45], 그리고 조선에서 고대 일본의 『萬葉集』 시대를 발견했을 때의 환영 바로 그것이다.[46] 바로 이러한 관점에서 보자면, 김

---

44) 難破專太郎,「朝鮮民謠の特質」, 井上收,「抒情詩藝術としての民謠」, 市山盛雄,「朝鮮の民謠に關する雜記」, 市山盛雄 編,『朝鮮民謠の研究』, 坂本書店, 1927.
45) 柳宗悅, 廉想涉 譯,「朝鮮人을 想함」,『東亞日報』, 東亞日報社, 1920. 4. 13~14. 柳宗悅,「朝鮮とその藝術」,『柳宗悅全集』 第8卷, 筑摩書房, 1981, 25~27쪽.
46) 柳國國男,「比較民俗學의 問題」,『定本柳田國男全集』 第30卷, 筑摩書房, 1964. 川村湊,「柳田國男と「朝鮮」」,『大東亞民俗學의 虛實』, 講談社, 1957. 이에 대해서는 다음의 서지를 참조할 수 있다. 具仁謨,「朝鮮民謠의 發見, 日本 오리엔탈리즘의 한 斷面」, 東國大學校 韓國文學研究所 編,『東아시아 比較文學의 展望』(韓國文學研究新書 11), 東國大學校 出版部, 2003.

억이 서관의 아씨를 한편으로는 사춘기적 열병을 환기하는 한편으로 실연의 고적을 환기하는 이중적인 타자로 표상하는 사정은, 제국 일본의 지식인들이 식민지 조선과 일본 사이의 대조·대립을 젠더화해서, 조선을 아직 파과를 경험하지 않은 처녀지로서 표상하고, '여성화'되고 수동적·복종적·이국적이고, 성적으로 신비로운 유혹적 존재로 간주하는 가운데 나타난 오리엔탈리즘의 전형적인 발상 양식과 크게 다르지 않다.[47]

따라서 주요한이「조선」을 통해 표현했던 조선의 자연과 그 생명력의 실감이나, 김억이 자신의 문학론을 통해서 역설했던 시가의 '心的 恍惚'과 그 가치[48]의 문학적 현현인, 『봄의 노래』와『岸曙詩集』의 정서는, 제국 일본의 지식인들이 들이 누누이 지적했던 조선 민요의 주제이자 조선인의 민족성인, '체념과 찰나의 향락주의', '애절한 이별의 고통', "비명으로 드러나는 연애욕망", "불우한 운명에 대한 순종", "비정상적인 낙천적 태도", "절망, 염세, 자기(自棄), 찰나의 쾌락", "소박하고 솔직하고 자연적이며 야생적인 무기교", '생명의 감격', '절실한 진정', '생활의 실감', '처녀의 조심스러움'[49] 등과 결코 먼 거리에 있다고는 말할 수 없을 것이다. 특히 김억의 신념대로『봄의 노래』와『岸曙詩集』에서 현현한, 서관 아씨를 향한 사춘기적 열병과 실연의 고적이 환기하는 '心的 恍惚'의 세계가, 근대적 조선의 시가가 표상해야 할 생과 힘이었다면, 그것은 이미 제국 일본의 식민지에 대한 원시주의와 오리엔탈리즘과 제휴할 가능성을 충분히 지니고 있는 것이다. 특히 김억의

---

47) Edward W. Said, 今澤紀子 譯,「第2章 オリエンタリズムの構成と脱構成」,『オリエンタリズム(Orientalism)』, 平凡社, 1986, 430~435쪽.
48) 金億,「詩壇의 一年」,『開闢』第42號, 開闢社, 1923. 12, 41쪽. 金億,「朝鮮心을 背景삼아-詩壇의 新年을 마즈며」,『東亞日報』, 東亞日報社, 1924. 1. 1. 金億,「詩壇散策」,『開闢』第46號, 開闢社, 1924. 4, 31쪽.
49) 岡田貢,「朝鮮民謠に現はれた諸相」, 難破專太郎,「朝鮮民謠の特質」, 今村螺炎,「朝鮮の民謠」, 淸水兵三,「朝鮮の鄕土と民謠」, 市山盛雄 編, 앞의 책.

'心的 恍惚'의 세계가, 근본적으로 사로지니 나이두의 '동양의 맘'에 근간하고 있다는 것, 그리고 그것을 통해 세계문학으로 표상되는 세계로 나아가고자 했다는 사실은 그 증좌라고 하겠다.

이러한 사정은 또한 '민요'를 어머니, 조선이라는 고향을 표상할 문학 장르로 보았던 김동환이나 홍사용의 경우도 예외는 아니다. 앞서 검토한 바와 같이 김동환은 '다른 나라'에 대한 선망과 환멸, '이 나라'에 대한 환멸, 그리고 '내 나라'에서 느끼는 감개가 아무런 객관적 상관물도 서정적 논리도 지니지 못하는 가운데, 그나마 '내 나라'의 문학으로서 '민요'가 근본적으로 백성의 신음성이나 망국적 만가에 불과하다고 보았을 때[50], 그의 이른바 '이 나라'와 '내 나라' 사이에는 메울 수 없는 균열이 가로놓이게 된다. 그 균열의 심층에는 제국의 일본 지식인들이 조선의 향토성, 조선인의 민족성을 절망, 염세, 자기(自棄), 찰나의 쾌락과 주색 추구, "피폐곤비(疲弊困憊)해서 활력이 없고 탄력이 없는 성격", 그리고 "괴로운 사랑, 슬픈 사랑", "피가 스며 나오는 듯한 연가 가운데 애절한 이별의 고통" 등으로 규정했던 관점이 도사리고 있다.[51] 또한 그것은 근본적으로 사상의 고착・사상의 종속・형식주의・당파성・문약・심미관념의 결핍・공사혼효(公私混淆) 등을 조선의 향토성, 조선인의 민족성이라고 보았던 식민주의의 관점과도 부합하는 것이다.[52] 그러한 어머니로서, 고향으로서 조선이 바로 김동환은 말한 '내 나라'라면, 김동환에게 '내 나라'의 '빗'과 그곳에서 '사라야할' 운명이란, 궁극적으로 조선 문학자들이 감내해야 할 식민주의의 주박(呪縛)에 불과하다고 해야 할 것이다.

하지만 조선의 문학자들은 문학에 대한 그들의 일장이 궁극적으로

---

50) 金東煥,「亡國的歌謠掃滅策」,『朝鮮之光』第70號, 朝鮮之光社, 1927. 8.
51) 村田懋麿,「民族性及民族精神」,『朝鮮の生活と文化』, 目白書院, 1924, 264~265쪽.
   井上收,「抒情詩藝術としての民謠」, 淸水兵三,「朝鮮の鄕土と民謠」, 市山盛雄 編, 앞의 책, 44~46쪽, 128쪽.
52) 高橋亨,「第二 各論」,『朝鮮人』, 朝鮮總督府學務局, 1921, 54~60쪽.

어머니 혹은 고향 조선이라는, 부재하는 기표에 부합하는 기의가 사실은 식민주의의 원시주의나 오리엔탈리즘의 거점임을 간파하지는 못했다. 도리어 홍사용의 경우에서 알 수 있듯이, 어느 단계에 이르면 어머니와 고향으로서 조선, 나아가 그것을 표상하는 '민요'라는 특정한 문학의 장르나 조선의 문학이 아니라, 어머니와 고향으로서 조선 자체가 이미 하나의 문학임을 역설하기에 이른다. 예컨대 홍사용이 오로지 민요만이 진정한 조선의 시가이며, '양시조(洋時調, 근대시조)', '서투른 諺文風月', 심지어 '新詩'까지도 '내 것'이 아니라는 이유로, "되지도 못하고 어색스러운 앵도(櫻桃)장사" 운운하며 일고의 가치도 없는 것으로 타기해 버렸던 것, 그리고 조선인과 함께 태어나서 성장하며 형성되어 온 '넉(넋)'이야 말로, 그가 못내 그리워했던 어머니, 조선이라는 고향이고 그 문학적 현현이 바로 '민요'임을 역설했던 것이나, 도리어 "글도, 말도, 시가 아니라 조선의 넋", "몇 千代 몇 百代 우리 祖上의 靈魂이 오래ㅅ동안 진이고 각구어" 온, "億萬古 그동안을 이 나라 이 사람에게로, 거처 나려온" 조선인의 '넋'만이 바로 문학임을 역설했던 사정은 좋은 보기이다.53)

요컨대 조선의 문학자들은 스스로 '아버지'가 되기 위해 출분했으나, 결코 '아버지'가 되지 못했고, 간난신고로 지친 몸을 이끌고 돌아가 스스로 '아버지의 아들임'을 고백할 수도 없었고, '아버지' 대신 찾은 '어머니' 또한 이미 돌아가시고 계시지 않거나, 이미 남의 여자가 되어 버린 가운데, 의붓자식의 처지에 떨어지고 만 탕자였던 것이다. 스스로 탕자이고 의붓자식에 불과했으나 결코 자신의 처지를 깨닫지 못하는 가운데, 순간적으로나마 빛을 발하지만 이내 아련하고 흐릿하게 되고 마는, '어머니'에 대한 감각과 기억에만 싸여 빈집과도 같은 고향, 조선으로 돌아왔다. 결국 그들에게 남은 것은, 그들의 시적 긴장감이 피로

---

53) 露雀,「民謠자랑-둘도 업는 寶物, 特色잇는 藝術, 朝鮮은 메나리 나라」,『別乾坤』第 3卷 第2號, 開闢社, 1928. 5, 171쪽.

감으로 뒤바뀌고 마는, 또한 그 가운데에서도 자신들의 문학적 신념의 정당성만을 주장할 수밖에 없는 환멸일 것이다. 그것은 곧 탕자의 환멸이면서, 또한 한국의 근대시나 근대문학이 감내해야만 했던 환멸이기도 했던 것이다. 그러나 그들에게 환멸이 사실은 환멸이 아니었던 것, 바로 그것이야말로 그들의 뒤틀린 운명이면서, 또한 한국근대문학의 뒤틀린 운명이기도 했는지 모른다.

학회(學會), 유토피아의 미니어처
− 근대계몽기의 지역학회 및 유학생단체를 통해서 본 지역성과 고향 의식 −

조 형 래

1. 살아있는 시체들의 도시, 「혈의 누」의 평양

여러 모로 특기할 만한 소설인 이인직의 「혈의 누」에는 미국에 유학하고 있는 옥련이 생사를 모르는 가족을 그리워하면서 고향에 대한 꿈을 꾸는 장면이 있다.

> 꿈에는 팔월 추석인데, 평양성중에서 일년 제일 가는 명절이라고 와글와글하는 중이라. 아이들은 추석빔으로 새옷을 입고 떡조각 실과개를 배가 톡 터지도록 먹고 어깨로 숨을 쉬는 것들이 가로로 뛰고 세로도 뛴다.
> 어른들은 이 세상이 웬 세상이냐 하도록 술 먹고 주정을 하면서 한길을 쓸어 지나가고, 거문고 줄 양금채는 꾀꼬리 소리 같은 여청 시조를 어울려서 이 골목 저 골목, 이 사랑 저 사랑에서 어디든지 그 소리 없는 곳이 없다. 성중이 그렇게 흥치로 지내는데, 옥련이는 꿈에도 흥치가 없고 비창한 마음으로 부모 산소에 다니러 간다.
> 북문 밖에 나가서 모란봉에 올라가니 고려장(高麗葬)같이 큰 쌍분이 있는데, 옥련이가 묘 앞으로 가서 앉으며 허리춤에서 능금 두 개를 집어 내며 하는 말이,
> "여보 어머니, 이렇게 큰 능금 구경하셨소? 내가 미국서 나올 때에 사

가지고 왔소. 한 개는 아버지 드리고 한 개는 어머니 잡수시오."
　하면서 묘 앞에 하나씩 놓으니, 홀연히 쌍분은 간 곳 없고 송장 둘이 일어앉아서 그 능금을 먹는데, 본래 살은 다 썩고 뼈만 앙상한 송장이라. 능금을 먹다가 위아랫니가 모짝 빠져서 앞에 떨어지는데, 박씨 말려 늘 어놓은 것 같은지라.[1]

　꿈속에서 옥련이 떠올리는 고향이란 추석이라는 명절과 맞물려 있다. 그리고 추석 즈음의 평양은 포만감에 젖어 물색모르고 뛰어다니는 아이들과 만취해 주정 부리는 어른들로 가득하며 곳곳에서 풍악이 울려오는 흥치로 충만한 공간이다. 그런데 여기에는 미묘하게 냉소적인 태도가 어려 있다. 즉 평양에 거주하는 인간은 명절을 맞이하여 노소를 막론하고 과도하게 먹고 마시며 유흥을 일삼는 축생(畜生)의 모습으로 형언된다. 이를테면 "배가 툭 터지도록 먹고 어깨로 숨을 쉬는 것들"이나 "술 먹고 주정을 하면서 한길을 쓸어 지나가는" 어른들로 가득한, 말하자면 술과 음식, 유흥에 맹목적으로 허덕이는 무지몽매한 동물이 평양성 내에 우글거리는 시끌벅적한 형상인 것이다.
　비단 그뿐만이 아니다. 심지어 살은 다 썩어 문드러지고 뼈만 앙상하게 남은 옥련 부모의 '살아있는 시체(living dead)'가 평양의 백주(白晝)가 무색하게 무덤에서 되살아난다. 그들은 옥련이 꺼내어 놓은 커다란 능금을 먹다가 윗니, 아랫니가 모두 빠져버리고 있다. 말하자면 옥련이 태어나 자란 평양은 산 자와 죽은 자가 함께 술과 음식, 유흥, 능금과 같은 것들에 탐닉하는데 여념이 없는 대단히 그로테스크한 장소가 되어 있다. 그리고 이러한 묘사가 평양을 축생과 살아있는 시체가 넘쳐나는 문명개화 이전의 장소로 비유하기 위한 것이라는 점은 말할 것도 없다. 그리고 이것은 물론 조선 전체가 처해 있는 암울한 상태에 대한 이인직의 비판이다. 그렇다면 평양의 이와 같은 그로테스크한 이미지

---

[1] 이인직, 「혈의 누」, 『신소설』 한국소설문학대계 1, 두산동아, 1995, 56쪽.

는 조선 전체의 축도(縮圖)로 되어 있었다고 할 수 있다.

　물론 옥련이 평양에 대한 꿈을 꾸는 것은 자기가 태어나 자란 유년의 장소에 대한 생래적인 애착, 그리고 부모에 대한 그리움 때문일 것이다. 그러나 이처럼 축생과 시체가 활보하고 있는 평양에 대한 그로테스크한 묘사에는 회향(懷鄕)의 정을 압도할 만한 어떤 위화감과 공포감이 가로놓여 있다는 사실을 간과해서는 안 된다. 이것은 친숙했던 장소가 낯설게 돌변해 버린 상황으로, 말하자면 결정되어 있던 자연으로부터의 거리와 분열이 예리하게 인식된 증후에 해당한다 뿐만 아니라 간절히 회귀하고 싶은, 또는 마땅히 회귀해야 할 노스탤지어의 장소로서의 일반적인 고향의 형상과는 완전한 대극을 이루는 이미지이자 정서인 것이다. 도리어 이와 같은 회향의 악몽에서 평양은 옥련이 지녔던 불안의 근원을 자극하는 환상(幻想)의 장소로 펼쳐져 있다. 이것은 곧 이인직 개인이 내부에 품고 있었던, 평양-조선이라는 공간에 대한 근원적 의식을 들여다보도록 한다는 점에서 어떤 의미에서는 전도된 노스탤지어에 해당한다. 그리고 이러한 공간에 대한 몽상(夢想)이 전례 없이 독특한 것이며 기존의 어떤 「혈의 누」론도 이러한 문제에 대해 언급한 적이 없었다는 것은 분명하다.

　한국 근대소설 최초의 회향은 왜 이처럼 그로테스크한 형태로 나타났는가. 이와 같은 악몽을 환기했던 불안의 실체란 과연 무엇인가. 그리고 이러한 불안이 현현(顯現)했던 장소로서 평양의 의미에 대해 과연 어떻게 생각해야 할 것인가. 이러한 의문들을 해명하기 위해서 다소 우회하는 경로를 택할 것이다. 말하자면 당대에 널리 강조되고 있었던 공식적인 담론의 층위에서 평양과 서도, 한성 등의 각 지역, 그리고 나아가 조선이라는 공간이 어떻게 정위(定位)되고 있었는가를 확인하지 않으면 안 된다. 그 속에서 당시 평양을 중심으로 한 서도 출신의 인사(人士)들이 실제로 자기가 태어나 자란 곳에 대해 어떻게 생각하고 있었는지를 본격적으로 검토하는 것이 무엇보다도 중요하다. 궁극적으로는 「혈의 누」의 평양에 대한 몽상에서 나타나고 있었던 공포의 실체를 확인하고 그러한 그로테스크한 묘사가 어떻게 가능했던 것인지를 다양한 경로를 통해 확인할 것이다. 그러나 그 전에 염두에 두어야 할 것은「혈의 누」를 썼던 이인직 개인이 노스탤지어의 장소로서의 고향을 전혀 알지 못했을 뿐더러 또 굳이 그곳으로 회귀하지 않아도 상관없다고 생각했을지도 모른다는 사실이다. 도리어 축생과 살아있는 시체가 활보하는 악몽으로부터 벗어나는 일이 그에게는 보다 절실한 문제였던 것이 아닐까.

2. 지역학회의 재경(在京)과 역사적 기억

1906년에 창간된 최초의 지역잡지,『서우(西友)』는 발간의 취지에 대해 다음과 같이 밝히고 있다.

> 盖域於國中ᄒ야平安과黃海의兩道를兩西라謂ᄒᄂ니吾兩西의士友學會를胡爲乎漢城中央고竊嘗觀之컨디年來吾兩西의憂時愛國之士가注意時務ᄒ야所在學校가相繼而興ᄒ니比諸他方ᄒ면差有進境이나其實相을觀察ᄒ면或敎科의書籍도畵一ᄒ課程이未立ᄒ며或經費의資金도持久ᄒ預算이不敷ᄒ야有初鮮終을不免ᄒᄂ者도有ᄒ며出洋遊學ᄒᄂ靑年들은有志熱心이非無可稱者나間或昨往今來에徒糜資斧홀뿐더러外人의笑柄을作ᄒᄂ者도有ᄒ니此ᄂ中央一位의鼓動掖引ᄒᄂ機關이不立ᄒ緣故니此本會의位置가漢城中央에在ᄒ야各私立의校務를贊成ᄒ며遊學靑年을導率獎勵홈이오.
> 且子弟敎育을到底발달코즈ᄒ면先히其父兄의熱心을激起ᄒ야飢者의食과如히得此則活ᄒ고不得此則死홀줄로認知케ᄒ然後에子弟敎育을爲ᄒ야不憚勞不吝財ᄒ고竭力做去홀지니所以로本會에셔每月雜誌를發刊ᄒ야學齡已過ᄒ人員의購覽을供給ᄒ야普通知識을開牖코져홈이니此도漢城中央에셔四方見聞을接受ᄒ야輯成印行ᄒᄂ것이便宜하도다.[2]

여기에서 무엇보다도 선행하는 것은 지역을 유대로 삼는 단체를 결성했다는 의식일 터이다. 평안과 황해를 양서(兩西)로 규정하고, 이 지역 출신의 애국지사들이 모여 서우학회(西友學會)를 발기했음을 서두에서부터 명기하고 있는 것이다. 그런데 서우학회의 결성 및 『서우』 발간의 의미를 공식적으로 천명하고 있는 이 글에서 서우학회가 양서 지역이 아니라 '한성 중앙'에 입지하게 된 사유부터 언급하고 있다는 사실은 흥미롭다. 그만큼 한성 중앙에 입지했다는 사실을 의식하고 있었다는 것이 되는데, 이 「본회취지서」는 본래 서우학회가 한성 각 학교에 유학하고 있는 서도(西道) 출신의 학생을 효율적으로 관리·지원하기 위한 통일된 단체로 결성되었으므로 한성에 입지하는 것이 불가피하다고 역설하고 있다. 뿐만 아니라 잡지의 발간을 위해 사방 견문의 접수에 유리하기 때문이라고도 쓰고 있다. 실제로 서우학회는 한성에 중앙회를 두고 있었을 뿐 아니라 이미 11월 1일에 하교 남천변(河橋南川邊) 제3가(第三家)에 '서우학회회관(西友學會會館)'을 '돈정(頓定)'하여 제2회 통상회의 장소로 활용한 바 있었으며,3) 이후에도 서우학회의 통상회와 임시회, 친목회 또한 대개 이곳 청계천변에 위치한 '하교 서우학회회관'(혹은 '서우회관')에서 개최되었다. 대부분의 주요 필진 역시 한성에 거주하고 있는 서도 출신자였다. 소위 서도라는 특정한 지역을 연대의 구심으로 삼아 단체를 결성하고 있지만, 그 결성 및 주요 활동은 평안과 황해가 아닌, 한성이라는 제3의 장소에서 이루어지고 있었던 것이다. 그리고 여기에는 어디까지나 한성이 조선의 수도이자 중앙이라는 생각이 확고한 형태로 자리하고 있었다.

서도의 지역적 의미를 선양하는 데 앞장섰던 지사(志士)들이 오히려 서우학회가 한성 중앙에 입지했다는 것에 대해 상당히 예민하게 생각했다는 점은 사실 흥미롭다. 이것을 역으로 생각하면, 서도의 발전과

---

2) 「本會趣旨書」, 『西友』 1호, 1906. 12, 1~2쪽.
3) 「西友開會」, 『皇城新聞』, 1906. 11. 1, <雜報>.

단결을 내세운 단체가 정작 서도 이외의 지역에 설립되고 있는, 말하자면 지역을 위한다는 학회가 굳이 재경(在京)해야 하는 일종의 모순에 대해 나름대로 해명해야 할 필요가 있었던 것이다. 그만큼 지역과 유리된 채, 한성 중앙에 위치하는 지역학회라는 것이 일반적으로, 특히 지역민들에게 있어서 쉽게 수긍되지는 못하고 있었던 상황이 아닐까. 『서우』의 창간호 서두에서부터 재경의 사유 및 의의에 대해 해명하고 있는 것은 바로 그 때문일 터이다.

그러나 이러한 상황에도 불구하고 서우학회는 한성 중앙에 입지해야 할 필요성이 있었으며, 또 그만큼 그것이 『西友』학회의 인사들에게 있어서 상당히 중요한 의미를 지니고 있었던 것으로 보인다. 그것은 무엇보다도 서도가 "關西는箕聖立敎之邦이오文明首倡之地"[4]와 같이 단군(檀君)과 기자(箕子), 고구려와 고려로 거슬러 올라가는 중심지로서의 역사적 기억을 보존한 지역임에도 불구하고, 조선시대 들어서 지역적으로나 정치적으로 변방에 머물러 있을 수밖에 없었던 사정과 관련되어 있다고 할 수 있다.

> 惟我兩西社友는回想全日ᄒ라幾百年間에所謂西土之山이對我國人ᄒ야何等待遇를受ᄒ얏는가讀書士者는不過宰相家의人役이오一般平民은盡是官吏輩의犧牲이라就其中最優等事業이라ᄒ는者는所謂進士니及第니持平이니正言이니僉使니萬戶니察訪이니ᄒ는經營으로朱門終日垂頭客을作ᄒ면셔旅館星箱에不覺鬢邊髮白이라[5]

> 惟玆三道六十七君之內에祖祖孫孫이世世生生者가孰非冠帶之族乎아然이나曾前幾百年間에過境을追想ᄒ면其資格의可恥와生活의可憐ᄒ者는獨我兩西人士라雖其讀書가髻를懸ᄒ임至ᄒ고其著作이身과等ᄒ임及ᄒ나其畢生準的은不過紅牌白牌외微官末職에止ᄒ엿스니비록英豪俊傑之才와忠信慷慨

---

4) 會員 李章薰, 「祝辭」, 『西友』 2호, 1907. 1, 2쪽.
5) 會員 朴殷植, 앞의 글, 6쪽.

之倫이有ᄒᆞ나前此時代에는爲吾西士者가擯在一邊ᄒᆞ야蘊抱를展施喜階梯가
無ᄒᆞ니枯項黃馘으로草木同腐가固其勢也어니와6)

박은식은 위 두 글에서 부당하게 소외되어 왔던 서도의 역사를 환기하고 있다. 아무리 출중한 재능을 지닌 자라고 해도 서도 출신이라면 으레 환로(宦路)를 막아버리거나 고작해야 미관말직에 그치게 했던 조정(朝廷)에 의한 차별의 기억을 간직하고 있는 것이다.7) 그러나 장지연이 쓰고 있는 것처럼 서도는 본래 "關西는吾東文明之發朝地라檀氏는尙矣어니와自夫箕聖之東來로詩書禮樂이實權興於此ᄒᆞ야啓乭方文明之運ᄒᆞ고 海西는又崔文憲李文成諸賢之所黨陶者也라"8), 즉 단군과 기자 이래 시·문·예·악이 흥성하여 동방의 문명을 선도하고 무수한 문인을 배출했던 선진적인 고장이었다. 『서우』의 여러 글 및 각종 축사에서 흔히 발견할 수 있는 이러한 류의 문장은 서도를 언급하는데 있어서 필히 부가되고 있는 스테레오타입의 수사에 해당하지만, 조정으로부터 소외당했던 역사적 기억을 환기하여 지역을 중심으로 하는 공동의 과거를 재구성하는 데는 대단히 유용했다고 생각된다. 여기에서 일종의 지역사(地域史)라고 명명할 만한 것이 창출되고 있는 셈이다. 이러한 인식은 특히 서우학회와 한북학회(漢北學會)가 서북학회(西北學會)로 통합하여 발행한 『서북학회월보(西北學會月報)』의 제17호 권두에 게재된 「서북 제도의 역사론(西北諸道의 歷史論)」이라는 표제의 논설에서 하나의 완결된 역사관의 형태로 제시되고 있을 정도였다. 이 글에서 서북은 단군과 기자로

---

6) 會員 朴殷植, 「敬告社友」, 『西友』 2호, 1907. 1, 4~5쪽.
7) 이광린은 일찍이 에드워드 와그너의 논문 「조선에 있어서의 출세의 수단」을 인용하면서 전체 과거 급제자 중 서북 출신의 비율이 상당히 높았음에도 불구하고, 조정의 지역적 배타성에 의해 등용되지 못한 사실에 대해 실증적으로 검토한 바 있다. 후에 이들이 개화기 당시 광범위한 중간 계층을 형성하면서 서북 지역의 개화를 선도하는 유력한 집단으로 등장하게 되었다는 것이다. 李光麟, 「開化期 關西地方과 改新教」, 『韓國開化思想研究』, 一潮閣, 1979, 247~249쪽.
8) 嵩陽山人 張志淵, 「祝辭」, 『西友』 1호, 1906. 12, 4쪽.

부터 발원한 한민족의 기원적 장소이며 중국과 당당히 맞선 고구려의 자주 독립 정신을 계승하고 있는 유서 깊은 공간으로 서술되어 있다. 아울러 국가의 부강을 달성할 민족문화의 정수(상무정신과 상업의 증진)를 간직한 장소이기도 하다. 이에 반해 이 글에서 반도의 동남 지역, 신라, 조선 등으로 아울러 말해지는 서북 이외의 지역은 사실상 문약과 외세 의존 등과 같은 악덕의 집결지로서 조선의 자강을 가로막는 장본인으로 나타나고 있다. 조선의 역사는 상무(尙武) 대신 문아(文雅)를, 자주자강 대신 외세의존을 선택한 동남이 서북을 핍박한 시점부터 어긋나기 시작했다는 것이다. 하지만 서북 지역의 재산가를 투옥하여 재산을 편취하고 또 무거운 세금을 물리는 등, 동남=조정의 가혹한 통치하에서도 서북 지역은 불굴의 민족정신을 잃지 않고 있는 것이다. 그러므로 당시 조선의 쇠락과 서북의 흥기(興起)란 역사적으로 불가피한 결과라는 것이 이 글의 기본적인 인식이다. 그리고 조선이 당면한 위기를 타개하기 위해서는 동남/서북이라는 지역 간 갈등을 과거의 일로 돌리고 전국의 동포가 한마음으로 협력해야 한다고 강조하고 있다.[9] 하지만 무엇보다도 서북이 민족과 국가의 운명을 책임질 선구적 지역으로서의 위상을 부여받고 있는 것은 틀림없었다. 이는 조정으로부터 소외되었던 기억에 대한 일종의 보상심리에서 비롯된 공식적·의례적·관습적 수사에 해당할 테지만, 무엇보다도 지역의 유대를 강화하고 서도를 하나의 단일한 공동체로서 구성하는 데 공헌하는 역사적 기억의 창출 내지는 공유의 과정이라고 할 수 있을 것이다. 『서우』에 <아동고사(我東故事)>라는 지면이 지속적으로 마련되었던 것도, 서우학회와 서북학회의 주필이었던 박은식이 후에 『한국통사(韓國通史)』를 저술하는 등, 역사가의 진로를 택하는 것도 따지고 보면 이와 무관하지 않은 것으로 보인다. 또한 그가 창간호의 「사설(社說)」에서 "今日本學會가漢城中央에崛起

---

9) 『西北學會月報』 17호, 1908. 5.

혼것슨實로前古千百年間에未曾有혼盛事라謂홀지며全國三千里內에最先 起點의光線이라稱홀지로다何以言之오"[10]라고 자랑스럽게 언명하고 있는 것은 이러한 역사적 기억과 무관하지 않을 것이다. 과거 지역적으로나 정치적으로나 변방에 머물러 있을 수밖에 없었던 서도(와 한북) 출신의 인사들이 결성한 학회가 일약 "漢城 南署河橋四十八統十戶"에 입성하여 새 시대의 주역임을 자처하면서 학회지를 발행ᄒ고 통상회를 개최하는 등의 활발한 활동을 펼치고 있다는 것은 중대한 의미를 가지고 있었다. 말하자면 그들에게 있어서 서우학회가 한성 중앙에 입지한 것은 과거의 기억에 비추어 차별받았던 지역이 중앙으로 대거 진출하게 된 획기적인 사건이었다. 박은식을 포함한 『서우』의 필진들이 지역학회의 재경을 그토록 의식했던 일차적인 원인은 바로 여기에 있다고 할 수 있을 것이다.

3. 지역이라는 경계의 구축

나리타 류이치(成田龍一)는 메이지 일본의 동향회 결성 및 활동이 기본적으로 도시 공간 내부에서 가능했던 것이라고 전제하면서 다음과 같이 쓰고 있다.

> 먼저 도시로 이동하는 사람들이 많아짐에 따라, 도시에서 태어난 사람들에게는 도시가 '고향'이 된다. 하지만 동향회란 어디까지나 도시로 떠나오기 이전의 '고향'을 계기로 하는 아이덴티티 및 동향이라는 유대에 근거한 사회적 결합이었다. 둘째, 동향회는 문명의 추세를 인지한 바탕 위에, 문명의 결락=위기라는 문맥에서 고향을 이야기한다. 도시 공간=문명 공간에서의 생활 체험에 근거하여 '고향'의 위기를 발신했던 것이

---

10) 會員 朴殷植,「社說」,『西友』1호, 1906. 12, 6쪽.

다. 셋째, 동향회 기관지가 발행·편집된 곳은 도시=도쿄이며, 도시=도쿄에 거주하는 회원이 도시의 감각으로 편집하고 그 정보를 '고향'과 도시의 회원에게 제공했다. 집필자의 태반은 도시에 거주하는 회원이다."
……<중략>…… 동향회에서 '고향'을 둘러싼 활동·논의는 그 대부분이 도시공간을 무대로 이루어졌다. 따라서 도시공간은 '고향'이 창출·이야기·연출되는 공간이었다.11)

나리타의 이와 같은 지적은 1906년 당시, 서우학회에 대해서도 거의 그대로 들어맞는다고 할 수 있을 것이다. 서우학회는 지역을 유대의 축으로 삼고 있었지만, 사실 서도 출신의 재경인사를 중심으로 성립된 단체였다. 실제로『서우』를 집필·발행·편집하고 있는 주요 인물은 한성의 회원들이었다. 뿐만 아니라 회원의 한성 거주 여부는 서우학회의 제2회 통상회에서 "僉會員이漢城에去留與否롤書記의게通知케홀意로 會中에公布홀事"12)와 같은 하나의 안건으로 상정되기도 했을 정도로 중요한 의미를 가지고 있었다. 그렇다면 그들이 수도로서의 한성이라는 중앙을 의식하고 있는 것은 사실상 일정 부분 그러한 조건을 인식하고 있었다는 것을 의미한다. 지역에 머물러 있다면, 지역을 매개로 결합한다는 것은 무의미하다. 다시 말해서 조선에서 지역의 의미가 비로소 중요해지는 것은 한성=수도라는 중앙에서인 것이다. 이러한 현상은 알다시피 자기가 태어난 고장을 떠나 도시로 온 개인들이 지역을 매개로 연대를 도모하는 새로운 사회적 관계의 형성에 의한 것이라고 할 수 있다. 다시 말해서 재경을 전제하지 않는다면, 지역에 대한 의식적인 자각은 가능하지 않을 뿐더러 전혀 불필요한 것이 된다. 그렇다면『서우』의 필진들이 그토록 '재경'을 의식했던 것은 도리어 서도라는 지역을 논하기 위해 불가결한 전제가 된다. 다만 당시의 통념에 비추어 그것이 그다지 일반적인 현상은 아니었으므로, 오히려 돌출된 것이다. 그

---

11) 成田龍一,『 '故郷'という物語-都市空間の歷史學』, 吉川弘文館, 1998, 144~145쪽.
12) 「第二會通常會錄」,『西友』2호, 1907. 1, <會報>, 46쪽.

렇다면 한성이라는 도시 공간에서 서도라는 지역이 창출・이야기・연출되고 있었던 것임에 틀림없다.

그런데, 여기에 단 하나의 예외가 존재한다고 할 수 있다. 실제로『서우』와 그 후의『서북학회월보(西北學會月報)』, 그리고 여타의 다른 지역 학회지에서 다양하게 논의하고 있는 문명론이란 대개 각 지역에 결여되어 있는 문명의 시급한 도입과 활용을 촉구하는 내용이었다고 해도 과언이 아니다. 그러므로 특별히 출신 지역에 대해서만 그러한 요구를 하고 있었던 것은 아니라고 할 수 있다. 뿐만 아니라 한성 역시 문명화에 뒤쳐져 있었다는 점에서는 여타의 지역과 크게 다를 바 없었다는 것을 감안하지 않으면 안 된다. 김백영은 러일전쟁 이후 한성에 대한 제국이 주도하는 상당한 정도의 도시계획이 진척되어 가시적인 성과를 내고 있었다고 주장한 바 있지만,[13] 엄밀히 말해서 이 무렵의 한성이 근대화・도시화・문명화의 경험이 가능한 장소였다고 하기는 어려울 것이다. 경운궁과 정동을 중심으로 상당한 변화가 이루어지고 있었지만, 1905년의 시점에서 한성의 도심을 포함한 대부분의 지역은 여전히 전근대적인 모습으로 남아 있었던 것이다.

더욱이 서도는 평양이라는, 조선에서도 손꼽히는 대도시를 내부에 포함하고 있었던 지역이었다. 특히 평양이 문명개화에 있어서 남달리 신속하게 대응했던 도시였다는 사실은 잘 알려져 있다.[14] 뿐만 아니라 영남 출신의 장지연이 "自開鎖交通以來로兩西之士-先覺者於世界之大勢ᄒᆞ야越重洋以遊學于歐美日本諸國ᄒᆞ야吸收新空氣ᄒᆞ며輸入新智識ᄒᆞ야以

---

13) 김백영,「러일전쟁 직후 서울의 식민도시화 과정-비교식민지도시사적 고찰」,『지방사와 지방문화』8권 2호, 역사문화학회, 2005, 106~115쪽.
14) 박노자,「개화기와 일제 시대의 지역 감정」,『나는 폭력의 세기를 고발한다』, 인물과사상사, 2005. 한편, 서북 지역 인사들이 역사적 핍박을 극복하고 근대화를 주도한 핵심 세력으로 성장한 극적인 과정을 가리켜 황경문은 '지옥에서 천국으로'라는 말로 압축하고 있다. Kyung Moon Hwang, 'From the Dirt to Heaven : Northern Koreans in the Chosŏn and Early Modern Eras', *Harvard Journal of Asiatic Studies*, Vol. 62, Harvard-Yenching Institute, 2002.

爲後進倡故로近日學校之菀興과敎育之發展이爲諸道冠ᄒᆞ야言開明則必以西道로首屈一指ᄒᆞ니"15)와 같이 평가하고 있는 것처럼, 서도는 세계의 대세를 먼저 깨달아 구미와 일본 등지의 선진제국으로 유학하여 새로운 공기를 호흡하고 신지식을 습득하여 후진을 양성하기 위해 학교의 설립과 교육의 진흥에 매진하는 등, 남보다 앞서 문명개화를 위해 진력했던 선구자들을 다수 배출한 개명된 지역으로 알려져 있었다. 또한 장지연은 자신의 출신지인 영남이 서도와는 대조적으로 아직 "膠守舊見에排斥新學ᄒᆞ야不知時局形勢之如何ᄒᆞ고擧一省而盡在桃源春夢"의 낙후된 상태에 머물러 있다고 개탄하고 있다. 따라서 전국 각지는 마땅히 서도를 모범으로 삼아 지역을 연고로 하는 학회를 조직하여 문명개화와 국력의 증진을 위해 전력을 다해야 한다고 말하고 있다.

그렇다면 적어도 평양을 포함하는 서도가 수도인 한성에 비해 적어도 문명화에 있어서는 한발 앞서 있다는 자의식이 형성되어 있었던 것은 자연스러운 일이 아닐까. 말하자면 조선의 중앙이자 수도인 한성의 역사적·지리적 의미에 대한 의식은 있었지만, 한성을 문명개화의 모범이 되는 장소로 간주하는 사례는 거의 찾아보기 어렵다.

> "全國이皆可友會也-니此西友회로由ᄒᆞ야一國의友會를次第可期ᄒᆞᆯ지로다箕聖立敎之邦이오文明首倡之地라佳麗ᄒᆞ江山에勁悍ᄒᆞ風氣가有ᄒᆞ야魁奇忠信慷慨之士가多産於其間이나然而格於門地ᄒᆞ야鬱鬱不得伸者久矣러니値此維新時代ᄒᆞ야志士의出洋遊學ᄒᆞ야吸取文明과士林의出義設定ᄒᆞ야敎養人才가居全國之最라"16)

> "然則吾兩西의屢百年沉淪坎坷之恨을快可一雪ᄒᆞᆯᄲᅮᆫ더러世界歷史上에大韓中興事業을論ᄒᆞᄂᆞᆫ者가必曰吾兩西의敎育發達之功이라ᄒᆞ리니"17)

---

15) 嵩陽山人 張志淵, 앞의 글, 4쪽.
16) 芝山 李章薰, 「祝辭」, 『西友』 2호, 1907. 1. 2쪽.
17) 會員 朴殷植, 「敬告社友」, 『西友』 2호, 1907. 1, 5쪽.

도리어『서우』나『서북학회월보』의 지면에서는 이러한 문장에서 나타나는 것처럼, 자기 지역에 대한 자긍심의 표현이 쉽게 발견되는 것이 사실이다. 말하자면 현재의 서북이 민족과 국가의 운명을 선도할 수 있는 문명화된 지역으로서의 책임과 위상을 반복적으로 부여받고 있는 것이다. 그렇다면 지역에 기초한 연대를 확인하는 일이란 지역의 '동포'를 문명개화/자주자강의 선도자로서의 공동의 사명을 고취하면서 지속적으로 호명하는 방식으로 이루어졌다고 해도 과언이 아니다. 이것이 지리적 연대를 확인하는 주된 방식이었다는 사실 역시 의미심장한 것이다.[18]

당시에 있어서 지역적 결속 및 아이덴티티의 창출이란 "故로對于他家然後에知愛吾家ᄒ고對於他族然後에知愛吾族ᄒᄂ니遊於他省者가遇其本省之人ᄒ면鄕誼殷殷ᄒ야油然相愛之心이生焉호디若在本省ᄒ면擧目이皆同鄕일시泛泛視爲行路인ᄒᄂ니라"[19]와 같은 번역문이 설득하고 있는 것처럼 다분히 타 지역을 의식한 상태에서 이루어지고 있었다. 그것은 앞서 서북을 동남과 대비하여 정의하고 있는「서북 제도의 역사론」의 사례를 통해서도 이미 확인되는 방식이라고 할 수 있다. 그리고 이와 같은 대타(對他) 인식은 문명개화에 있어서 다른 지역에 비해 앞서 있고, 또 반드시 그래야만 한다는 자부심에 의거하여 창출된 것으로 보인다. 물론 이는 비단 서북만의 전유물은 아니었으며,『기호흥학회월보(畿湖興學會月報)』라든가『호남학보(湖南學報)』와 같은 여타 지역의 학회지에서도 종종 찾아볼 수 있는 의식[20]이지만, 그러나 서우학회와 서북학회

---

18) 『서우』와『서북학회월보』를 통틀어 서도・한북의 동포를 호명하여 지역적 정체성을 확인시키는 글들은 대부분 문명개화 및 자주자강의 논의와 결부되어 있다. 예컨대, 石井居士,「警告我平北諸友」,『西北學會月報』1권 5호, 1908. 10. 東京遊客 金源極,「告我海西同胞」,『西北學會月報』, 1권 6호, 1908. 11.
19) 支那哀時客稿, 朴殷植 譯述,「愛國論 一」,『西友』2호, 1907. 1, 18쪽.
20) 예를 들면, "嗚呼我畿湖卽首善中心之地而華族巨室市井殷富可謂甲於一國矣." 金嘉鎭,「告畿湖愛國同胞」,『畿湖興學會月報』1호, 1909. 8, 11쪽.

처럼 공공연하게 내세우고 있는 경우는 드물었다. 특정한 역사적 배경으로 말미암아 유독 서북에서 두드러졌던 이러한 자의식은 또한 지역범주의 구획 및 그에 따른 구성원의 자격을 설정하는 데 있어서도 마찬가지로 적용되고 있었다.

이를테면, 1907년 5월 11일에 개최되었던 서우학회 제7회 특별총회에서는 김필순(金弼淳)의 동의로 개성 인사의 입회자격에 대해서 논의하고 있다. 즉 개성은 임진강 서쪽에 입지하고 있으므로 이곳 출신의 인사는 충분히 서우(西友)라 칭할 수 있으니, 따라서 서우학회에 참여하도록 하자라고 발의하고 있는 것이다.21) 또한 1907년 7월 7일에 열렸던 제11회 통상회에서 이동휘(李東暉)는 현재 본인이 강화도에 거주하고 있지만 교육에 종사하는 데 있어서 서도와 밀접한 관계를 맺어왔고, 또 강화 역시 서(西)에 위치하므로 입회를 청원한다고 발언하고 있다.22) 경기도에 속하는 개성과 강화 출신의 인사를 서우학회에 입회시킨다는 문제를 거론하고 있는 이와 같은 경우를 한상준은 서우학회의 전국적인 확대 개편에 따라 자연스럽게 나타났던 현상으로 보고 있다.23) 하지만 이것은 어디까지나 외지 출신의 인사에 대해 단서를 달아 서우학회의 회원으로 인정하는 특별한 사례에 해당하는 것이었다. 그렇다면 여기에서 확인되는 것은 서도 이외 지역과의 경계를 인식·설정하면서 서도의 지리적 범위를 구획하는 의식일 터이다. 그리고 바로 그 지역에 속해 있다는 것, 즉 '서도 출신'을 회원 자격의 부여를 위한 정상적인 조건 가운데 하나로 간주하고 있다. 요컨대 서우학회에 외부 인사가 입회하는 것은 조건부로 가능하지만 그것은 어디까지나 비정상적인 일, 즉 예외로 치부될 수밖에 없었다. 그것은 역으로 이에 의거한 입회의 정상적인 조건을 확인하는 계기가 되는 것이다. 즉 서도의 지역적 범위

---

21) 「第七回特別總會會錄」, 『西友』 7호, 1907. 6. <회보>, 43쪽.
22) 「第十一回通常會會錄」, 『西友』 9호, 1907. 8, 53쪽.
23) 韓相俊, 「西友學會에 대하여」, 『역사교육논집』 제1집, 역사교육학회, 1980.

가 이러한 귀류법(歸謬法)에 입각하여 정의되고 있는 것이다. 불분명했던 지리적 경계가 실체화되었던 순간이었다고 할 수 있다.

프랑코 모레티는 월터 스코트의 소설 『웨이벌리(Waverley)』를 예로 들어 국민국가 및 지역 간에 형성되는 이른바 '경계(Border)'의 지리학(국제적 경계와 국가 내부적 경계)에 대해 설명한 바 있다. 역사소설에서 주로 다루는, 특정한 역사적 시기에 빚어지는 국가와 지역 간 갈등, 즉 반역에 의한 국가 '내부적 경계(internal border)'의 형성이란 유럽국가(지역) 간 비동시성을 불가피하게 환기한다. 말하자면 이는 혼성 구조로서의 근대국가를 정의하면서 공간/지역에 따라 서로 다른 시간의 무수한 층위를 만들어내는 것이다. 그러나 역사소설은 기본적으로 이러한 경계가 소멸되어 국민국가라는 보다 상위의 범주로 통합되는 이야기라고 할 수 있다. 그리고 그것은 "보다 '문명화된' 공간을 향한 공통의 욕망(사랑)"과 "야만적인 공간에 대항하는 전쟁"이라는 형식을 통해 국가를 마침내 베버가 말한 "합법적 폭력의 독점"에 이르게 하는 데 기여한다는 것이다.24)

역사적 우연에 해당하겠지만, 모레티가 발견했던 국가 내부적 경계라는 것이, 『서우』와 『서북학회월보』의 여러 문장에서 제시되고 있는 지역의 경계/구획에 대한 의식과 일정 부분 결부될 수 있다고 해도 사실 크게 틀리지 않을 것이다. 말하자면 서도와 외지를 지리적으로 구분하고 있는 데에는 무엇보다도 서도가 타지역보다 앞선 시간을 살고 있다는 비동시성에 대한 의식이 작용하고 있다. 거꾸로 말하자면 이러한 비동시성으로 인한 차이의 인식이 바로 지역 간 경계를 획정(劃定)하도록 하는 동인이 되었던 것이다. 후쿠자와 유키치(福澤諭吉)의 개화-반개-야만이라는 개화의 등급, 즉 문명화에 있어서 시간적 선후 관계/격차의 설정이 당시 문명 이해의 일반적인 방식으로 자리 잡고 있었음을 염두

---

24) Franco Moretti, *Atlas of the European novel 1800-1900*, New York : Verso, 1998, 35~47쪽.

에 둘 때, 서우학회나 서북학회 회원들의 관점에서 한성과 강화, 개성 등지는 엄연히 서도·한북과 다른 시간을 영위하고 있는 공간에 해당한다. 그러므로 서우학회나 서북학회에 외지 출신 인사가 입회하려면 반드시 지역 이외의 동시성/동일성을 상쇄·확인할 수 있는 조건을 요구받는 것이 당연하다. 이를테면 강화 출신의 이동휘의 경우, 교육 사업에 종사했다는 경력이 바로 그러한 개명된 인간으로서 서도 인사들과 동질적인 시간을 살고 있다는 확인에 다름 아닌 것이다. 그러므로 이러한 지리적 경계는 사실 무형의 것으로, 비록 외지 출신이라고 해도 완고의 시대가 아니라 개화·개명의 시대를 살고 있는 동시대적인 인사들에게는 항상 문호가 개방될 수 있는 것이었다.

특히, 친목회(親睦會)나 운동회는 문명개화/자주자강의 사명을 부여받은 지사(志士)들의 연대의식을 확인하고 강화하는 공적인 장이었다고 할 수 있다. 예컨대, 1907년 5월 1일자 『대한매일신보(大韓每日申報)』에는 다음과 같은 광고가 게재되고 있었다.

> 西北學生聯合大運動會롤來五月五日(陰三月二十三日)에東小門外샴仙坪에서設行홀터이오니漢城內각學校에在學ᄒᆞ는漢北兩西一般學員과本會員諸氏는伊日上午九時에東小門內磚石峴으로來會ᄒᆞ시되進不進을先期通知于本會館ᄒᆞ시기敬要-漢北學會 고빅

친목회나 운동회의 개최 사실을 알리고 회원 제군의 참여를 적극 권장하는 이와 같은 기사는 당시 『황성신문』이나 『대한매일신보』 지면에서 심심치 않게 발견된다. 말하자면 학회지 이외에도 신문의 지면이라는 공론장을 매개로 삼는 새로운 사회적 유대·결합의 회로가 제시되고 있는 셈이다. 이러한 기사는 대개 친목회/운동회 등의 개최 장소 및 시간을 선전하는 간략한 형태였는데, 위의 경우처럼 광고의 형식을 빌려 회원의 참여를 적극 독려하는 경우도 있었지만 대개 <잡보>의 짤

막한 기사를 통해 친목회와 운동회에 관한 기타 제반의 사항을 안내하는 사례가 대다수였다고 할 수 있다. 실제로 5월 6일 『대한매일신보』의 잡보는 "西北學會聯合大運動을以雨勢로停期ᄒᆞ얏더니來日曜日에擧行ᄒᆞᆫ다더라"25)와 같이 대운동회가 우천으로 인해 연기되었다는 소식을 회원 일반에게 전하고 있다.

서우학회와 한북학회의 재경 유학생들은 1907년 3월 17일, 서우학회 회관에서 평안/황해·함경 지역 출신 인사의 상호 친목을 도모하기 위하여 '서북학생친목회(西北學生親睦會)'를 발족시켰다. 5월 12일에 개최되었던 소위 '서북학생연합대운동회(西北學生聯合大運動會)'란 바로 이러한 지역 간 연대의 소산이었다고 할 수 있다. 재미교포들을 대상으로 샌프란시스코에서 발간되었던 『공립신보(共立新報)』에 「오씨 의거(吳氏義擧)」26)라는 제목으로 운동회 개최의 경위가 소개될 만큼 당시 화제가 되었던 서북학생연합대운동회는 한북학회 회장 오상규가 경비 전액을 부담하여 서우·한북 양회의 준비로 5월 12일, '東小門 外 삼仙坪'에서 개최된다. 한북학생 김성렬(金聖烈)은 이 운동회의 경과를 보고한 「오월 십이일 서북학생친목회 운동장 연설(五月十二日西北學生親睦會運動場演說)」이라는 문장의 서두에서 "是日也에適値天晴日暖ᄒᆞ야三仙坪에서西北學生이各種運動을次第擧行ᄒᆞ고"27)라고 쓰고 있지만, 사실 『서우』는 이 날 행사에 대해 주로 안창호의 연설 내용을 소개하는 데 대부분의 지면을 할애하고 있어서, 대운동회가 어떤 행사였는지 그 진면목을 파악하기란 쉽지 않다. 그러나 국가를 신체에 비유하는 수사학이 일반적으로 통용되고 있었던 당시, 강건한 신체를 육성하기 위해 개최되는 운동회는

---

25) 「運動更定」, 『대한매일신보』, 1907. 5. 6, <잡보>.
26) 서북학싱련합운동회를일간설힝ᄒᆞ기로셔우한북량회에셔현방쥰비즁인ᄃᆡ한북회댱 오상규씨가운동회시경비를자당홀뜻으로쟉일셔북학싱친목회셕에셔셜명ᄒᆞ미일반회원들이그권쟝ᄒᆞᄂᆞᆫ셩의를감슈칭송ᄒᆞ엿다더라(『공립신보』, 1907. 5. 31.)
27) 漢北學生 金聖烈 述, 「五月十二日西北學生親睦會運動場演說」, 『西友』 7호, 1907. 6, 23쪽.

그 자체가 애국의 표현이었다고 해도 무방하다. 그만큼 여러 텍스트에서 운동회에 대한 언급이 자주 발견된다.

> 상순이 맘을 위로할 곳이 없어 이집 저집 다니며 문안·문밖을 여러 날 동안 다니다가 훈련원에서 공립학교 춘기 연합 운동회를 구경하더라. 이때에 허원이 득남한 이후로 온 집안에 화기가 융융하더니 채홍을 강권하여 학교 운동회를 구경시키더라. 훈련원 넓은 뜰에 인산 인해를 이루었는데 식장(式場)과 식당(食堂)이 승대하고 녹문이 반공에 솟아 있고, 국기·교기·만국기가 오색 금보장을 둘러친 듯한 가운데 사령부에서 기를 두르매 각 학교 사령원들이 별같이 가더니 제각기 선수를 내세워 출발소에서 포방일성에 경주를 유쾌하게 하여 일·이·삼등 기를 취할 때에 만장이 박장갈채하더라.[28]

신소설「명월정」에서 묘사되고 있는 1900-10년대의 운동회의 모습은 이러했다. 넓은 운동장에 모여 인산인해를 이룬 관중 앞에 성대한 식장과 식당, 녹문(綠門)이 세워지고 각종 깃발이 공중에 나부끼는 가운데, 각 학교의 대표로 출전한 선수들이 우렁찬 포방 소리에 출발하여 선두를 다투는 모습에 만장한 관중들이 박수갈채를 보내고 있다. 경쟁에 의한 우승열패의 원리가, 당시 운동회에서 일반적으로 행해졌던 육상경기의 1·2·3등, 즉 시간의 미묘한 격차라는 형태로 실체화되고 있다. 이처럼 인상적으로 서술되어 있는 운동회의 장려한 스펙터클이 바로 오랫동안 헤어졌던 남매가 상봉하는 중요한 장소로 되는 것이다. 「명월정」에서 운동회가 열리고 있는 훈련원이야말로 당시 조선의 난처한 운명과도 같은 남매의 오랜 이별이 일순간에 해소될 수 있는 의미를 부여받은 곳이라고 해도 좋을 것이다.

1896년 영어학교의 아유회로 실시되었던 화류회(花柳會) 이래로, 당시

---

28) 朴頤陽,「明月亭」, 全光鏞 外 編,『韓國新小說全集』卷六 具然學(外), 乙酉文化社, 1968, 147쪽.

의 일반적인 운동회는 이처럼 높은 사회적 관심 속에서 진행되었던 근대적·문명적 행사였다.29) 그러나 오랫동안 천대받아 왔던 서북지역의 양대 학회가 비록 동소문 밖일지언정 한성의 일반적인 권역에 속하는, 당시 각종 운동회의 일반적인 개최 장소였던 삼선평의 넓은 운동장에서 운동회를 개최하고 있다는 것은 그리 간단한 의미가 아니었다. 말하자면 경기에 참가한 운동선수들의 단련된 신체나 구령에 따라 일사불란하게 움직이는 학생의 대열과 같은 인상적인 근대문명의 실상(實像)을 한성이라는 중앙에서 운집한 군중에게 환시하고 있었다. 이를 통해 단군과 기자, 고구려를 거쳐 전승된 자주/상무정신, 실리에 입각한 문명개화 등과 같은 서북 지역이 가지고 있었던 개명의 진로에 있어서의 선진성(先進性)을 지역 외부의 만인에게 공표하고 확인받는 행위인 것이다. 말하자면 한성과 다른 층위의 시대를 살고 있었던 서도·한북의 비동시성이 대운동회라는 장소를 통해 공간적인 차이로 치환됨으로서 도시에서 지역성이 공간적·시간적 의미를 아울러 담보한 형태로 구축되었던 순간이라고 할 수 있을 것이다.

뿐만 아니라 김주리는 근대 초기 개개인을 건강한 신체를 지닌 국민의 일원으로 수렴해 가는 '운동'의 '문명화 과정'에 대해 자세히 논하면서, 특히 동일한 질서와 규칙을 습득한 사람들 간 경기를 진행하는 운동회라는 경험을 통해 사회 내부의 동질적인 '우리'를 발견하는 것이 가능하게 되었다고 밝혔다.30) 마찬가지로 서북학생연합대운동회의가 열렸던 삼선평은 사실상 서도·한북 지역 출신자들을, 그리고 서우·한북 양회의 회원을 운동이라는 실천을 통해 '우리'르 결합해 내는 장소가 되는 것이다. 그러한 의미에서 같은 지역 출신 인사들이 한자리에

---

29) 이인숙, 「개화기 운동회의 사회체육적 성격」, 『한국체육학회지』 33집, 한국체육학회, 1994.
30) 김주리, 「근대적 신체 담론의 일고찰-스포츠, 운동회, 문명인과 관련하여」, 『한국현대문학연구』 13집, 한국현대문학회, 2003.

모여 지역 출신 명사의 연설을 듣는 행위가 운동회를 통한 '우리'의 창출과 관련되어 있다는 것은 말할 필요도 없다. 국권을 회복하기 위한 교육적·사상적 전쟁에 돌입해야 한다고 촉구했던 안창호의 사자후[31]는 바로 그러한 근대·지역·우리를 전제한 상태에서 가능한 것이었다. 나아가 이는 "보다 '문명화된' 공간을 향한 공통의 욕망(사랑)"과 "야만적인 공간에 대항하는 전쟁"이라는 형식을 통해 국가가 "합법적 폭력의 독점"으로 나아간다는 모레티의 경계에 의한 국민국가의 형성론과 일정부분 부합한다고 할 수 있다. 즉, 안창호가 속해 있었던 서북은 문명화된 공간과 야만적인 공간 사이, 즉 반개의 시점에 존재하고 있는 장소였다. 따라서 서북 출신의 학도들은 조선 내부의 야만에 대한 전쟁을 선포하고 그 준거가 되는, 보다 문명화된 공간을 지향하는 데 앞장서야 하는 일종의 대표성을 부여받고 있다. 안창호가 서북 출신의 인사에 대해 한국 전체의 국운 및 그 구원의 책임을 운위하고 있는 것은 바로 이러한 전제 하에서 비로소 가능한 것이었다. 말하자면 안창호의 연설이 촉구하는, 즉 문명화된 공간을 욕망하고 야만적인 공간에 대해 전쟁을 선포하는 특수한 중간적 시간에 머무는 개인들이 국민이 되는 것인데, 적어도 이 운동회에서 그러한 자격에 부합하는 이들은 다름 아닌 서북 출신 인사들인 것이다. 그러므로 안창호는 국민 전체를 청자(聽者)로 삼아 연설하고 있지만, 이 시점에서만큼은 사실상 서북 출신 인사들에게 대해서만 말하고 있는 셈이라고 해도 크게 틀리지 않는다. 안창호가 부여했던 책임에 의해 이제 서북은 조선 전체의 운명을 걸머진 독보적인 지역으로 거듭나고 있는 것이다. 이러한 의미에서 지역학회가 주도하는 교육과 학술, 산업의 진흥은 사실상 조선의 자강을 실현할 구체적인 방책인 동시에 먼저 개명된 지역으로서 서북의 우위를 확인하는 근거가 되는 것이다. 뿐만 아니라 이러한 논리를 통해 서북의

---

31) 會員 安昌鎬, 「演說」, 『西友』 7호, 1907. 6.

지역학회는 자체적인 지역의 순수성을 확인했을 뿐만 아니라 궁극적으로는 서북을 조선이라는 전체를 등가의 위치로 전도시키는 것이 가능했다고 할 수 있다. 이를테면 "夫國者 눈民之積也라 一人이積호야一家를 成호고 一家가積호야一鄕을成호고 一鄕이積호야一國을成호 ᄂ니國之名이 於是乎立矣라"32)와 같은, 당시 일본의 동향회 기관지에서 흔히 발견되었던 상투적 문장33)이 조선에서도 그럴 듯하게 통용될 수 있었던 것은 아마도 이러한 지역=국가의 발견이 전도된 결과가 아니었을까.

4. 재일조선인 유학생의 도쿄 체험

서도・한북 지역 출신의 인사들에게 한성이 근대 문명을 체험하는 표준적 장소로서의 의미를 갖지 못했다고 한다면, 보다 문명화된 공간을 향한 공통의 욕망이 지향했던 도시는 과연 어디였는가. 간단히 말해서, 그러한 도시는 국내에는 존재하지 않았다고 할 수 있다. 그러나 1905년을 전후한 시기에 조선의 평범한 지식인 일반이 체험할 수 있었던 문명화된 공간이란 현실적으로 일본의 도시 정도에 국한되어 있었다고 해도 과언이 아니다. 서구를 견문했던 이가 전혀 없었다고는 할 수 없지만, 그 수는 어디까지나 소수에 지나지 않았다. 실제로 문명화된 일본에 대한 인상적인 기술은 이 시기의 여러 문장에서 어렵지 않게 발견할 수 있다.

　　옥련의 눈에는 모두 처음 보는 것이라. 항구에는 배 돛대가 삼대 들어서듯 하고, 저자거리에는 이층 삼층집이 구름 속에 들어간 듯하고, 지네같이 기어가는 기차는 입으로 연기를 확확 뿜으면서 배는 천동지동하듯

---

32) 朴聖欽, 「愛國論」, 『西友』 1호, 1906. 12, 27쪽.
33) 成田龍一, 앞의 책, 97쪽.

구르며 풍우같이 달아난다. 넓고 곧은 길에 갔다왔다하는 인력거 바퀴
소리에 정신이 없는데34)

부상당한 병사의 손에 이끌려 도착한 일본에서 옥련이 처음으로 목
도했던 것은 바로 이와 같은 산업화된 도시, 특히 교통수단으로 표상되
는 경이로운 문물이었다. 이러한 광경과 마주한 옥련이 잠시 넋을 잃었
던 것처럼, 당시 일반적인 조선인이라면 그 누구라도 아연해질 수밖에
없었던 도시 문명의 압도적인 스펙터클을 경험한 이인직 개인의 경이
가 여기에서 재차 재현되고 있는 셈이다. 이러한 도시문명에 압도당한
옥련이 정상(井上) 부인의 도움으로 심상소학교에 들어갔던 것처럼, 그
리고 일본·미국 유학을 통해 교육받은 신여성으로 성장해갔던 것처
럼, 당시의 조선인이 선진 제국의 도시를 경험하고 또 도시 문명의 스
펙터클에 접근할 수 있었던 유일무이한 통로는 사실 유학 외에 없었다
고 해도 무방하다. 잘 알려져 있다시피, 1881년 유길준 등이 후쿠자와
유키치의 게이오의숙(慶應義塾)에 입학한 이래, 여러 차례에 걸쳐 유학생
파견이 이루어졌으며 국제정세의 변동에 따른 몇 차례의 우여곡절이
있었지만, 재일조선인 유학생의 수는 관비생(官費生)·사비생(私費生)을
통틀어 점차적으로 증가하고 있었으므로 1905년을 전후한 시기 일본의
도시에는 상당수의 조선인 유학생이 체류하고 있었다. 그들은 1895년
의 친목회(親睦會)를 필두로 제국청년회(帝國靑年會), 유학생구락부(留學生
俱樂部) 등의 유학생 단체를 조직하고 있었으며 1906년 당시에는 태극
학회(太極學會) 등이 활발한 활동을 펼치고 있었다.35) 특히 태극학회는
기관지 『태극학보』를 발행하여 문명개화·교육구국에 관한 각종 논설
을 게재하면서 회원의 분발을 촉구하는 한편, 학교를 세우거나 감독을
두어 유학생의 풍기(風紀)를 자체적으로 단속하는 등의 활동을 전개했

---

34) 이인직, 앞의 글, 33쪽.
35) 「日本留學生史」, 『學之光』 6호, 1915. 7.

다. 뿐만 아니라 친목회나 원족회 등을 개최하여 유학생 간 친목과 유대를 도모하고 있었다. 이를테면 1906년 11월 23일, 오쿠보(大久保)에서 있었던 태극학회의 원족회(遠足會)는 그 대표적인 사례에 해당한다.

> 十日月二十三日本會에셔遠足會를擧行ᄒᆞ엿는데當日天氣晴朗ᄒᆞ고日氣消和라午前七點半에七十五命會員이一齊本鄉區太極學校에團會ᄒᆞ야準備를整齊後에出發水道橋停車場에至ᄒᆞ야二車에配乘ᄒᆞ고大久保(地名)에到達ᄒᆞ니草野는平潤ᄒᆞ고楓葉은丹丹ᄒᆞᆫ데滿目風景이灑落爽快ᄒᆞ야紅塵萬丈裏에都會生活ᄒᆞ던人士의煩惱塵腸을可滌ᄒᆞ깃더라披草坐定後에會長이本日開會의趣旨를說明ᄒᆞ고因以遊戲競走等各樣運動으로遊興이方酣홀際에留學生監督韓致愈氏가亦爲內監ᄒᆞ야種種의興技로主客의歡樂을相極ᄒᆞ니ㅏ已午正이러라蕎麥(麥麵)菓子等으로午餐을喫ᄒᆞ고小憩後에韓致愈氏는衝天의意氣로ᄡᅥ勸學歌를昌ᄒᆞᄆᆡ數多會員이互相和應ᄒᆞ며次에는愛國歌軍歌時調雜歌舞蹈等으로各自의長技를輪演ᄒᆞ야十分의興을盡ᄒᆞ고次에는脚戲(시름)의勝負로餘興을助ᄒᆞᄆᆡ韓致愈氏는五圓을特出ᄒᆞ야各優勝者에게賞品을分給ᄒᆞ고餘興을畢ᄒᆞᆫ後에
> 大皇帝陛下萬歲를各三唱ᄒᆞ고大韓帝國萬歲二千萬同胞萬歲太極學會萬歲를各三昌ᄒᆞ고愛國歌를合唱ᄒᆞ며歸路에就ᄒᆞ니天涯萬里落日城에一團團大韓精神氣堂堂凱旋聲이夕陽天에울니더라36)

오전 7시, 홍고(本鄉)에 위치한 태극학교에 집합한 회원 75명은 스이도바시(水道橋) 정거장에서 2대의 차에 나누어 타고 행사 장소인 오쿠보에 도착한다. 일행이 자리를 잡고 둘러앉자 회장이 개회의 취지를 설명한 후, 각종 유희와 경주 등의 운동경기가 펼쳐졌다. 정오가 되자 메밀국수와 과자 등으로 점심식사를 즐기고, 오후에는 여러 회원이 각종 노래로 장기를 자랑하며 좌중의 흥을 돋운 후, 마지막에는 씨름 경기로 우승자를 가리고 포상했다. 운동회와 소풍의 성격이 한데 어우러져 있는 것으로 보이는 이 원족회의 일정은 여러 모로 흥미롭다. 앞서 언급

---

36) 「太極學會遠足會」, 『太極學報』, 제5호, 1906. 12, 52~53쪽.

한 것처럼 이 원족회는 유학생 간 결속과 유대를 도모하기 위한 친목과 유흥의 장이었으며, 다른 한편으로 장기간의 외국 체류 및 학업으로 지친 유학생들의 심신을 위로하기 위한 목적으로 마련되었다고 해도 과언이 아니었다. 뿐만 아니라 만세를 부르는 행위에서 알 수 있는 것처럼 유학생 일반의 충군애국 의식을 고취하고자 했던 의미도 있었다. 여러모로 당시 조선에서 활발하게 개최되고 있었던 운동회·원족회와 관련되어 있는 모습이라고 할 수 있을 것이다.

그런데 흥미로운 사실은 이 원족회가 당시 일본에서 일상적으로 행해지고 있었던 야유회의 형태와 상당히 유사하다는 데에 있다. 나리타 류이치에 따르면 메이지 유신 이후 도쿄로 대거 이주했던 지방 출신자들이 결성한 이른바 '동향회(同鄕會)'는 1890년대에 이르러 운동회·축연회·원족회 등의 명칭을 가진 다양한 행사를 개최하고 있었다. 즉, 해당 동향회의 회원들이 도쿄 근교의 유원지 혹은 교외에 모여 함께 운동 경기나 음악 연주라든가 경치와 여흥을 즐기며, 서로 음식을 나누어 먹고 미담을 주고받으면서 검무와 시음(詩吟) 등을 즐기는 것이다. 뿐만 아니라, 격검(擊劍)이나 씨름 대회를 열고 우승자를 포상하기도 했으며 모임이 끝날 즈음에는 함께 정렬하여 기념촬영을 하고 만세삼창을 외친 후 해산하는 형태를 취하고 있었다. 이러한 행사를 통해 메이지 일본의 동향회는 회원 각계각층의 공동성을 함양하고 상호 간 유대를 돈독히 하면서 소위 동향 출신이라는 일체감을 형성하고 있다는 것이다.[37] 여기에서 알 수 있는 것처럼 태극학회의 원족회는 분명 이러한 1890-1910년대 일본의 일반적인 야유회의 형식을 따르고 있었다. 다만 끝 무렵에 광무황제와 대한제국 만세를 삼창한 것 정도가 다르다고 할 수 있을까. 따라서 태극학회의 원족회가 재일조선인 유학생 사회의 일체감을 진작하기 위해 개최되었다는 사실은 분명해 보인다. 그리

---

37) 成田龍一, 앞의 책, 102~106쪽.

고 그것은 당시 일반적인 재일조선인 유학생이 도쿄에서 체험할 수 있었던 다양한 형태의 집단 활동을 자연스럽게 습득하고 또 모방하면서 가능해진 것으로 생각된다. 그렇다면 유학생 일반의 연대를 도모한다는 실천 이면에는 한편으로 당시로서는 첨단적인 사교 형식을 따른다는 의미가 자리하고 있었던 것이다.

실제로 1906년 당시 태극학회(太極學會)에 소속된 유학생 가운데 일부는 이미 도쿄에서의 문명·도회 생활을 나름대로 만끽하고 있었던 것으로 보인다. 백악생(白岳生)은『태극학보』2호에 10여 명의 회원과 함께 오모리(大森)로 해수욕을 다녀왔던 경험에 대해 쓰고 있는데, 여기에서 정작 인상적으로 다루어지고 있는 것은 주로 여정과 소비에 관련된 것들이다. 이를테면 전차와 기차를 갈아타는 과정 및 도중에 이런저런 가게에 들러 구입한 다양한 과자와 우유 등의 음료, 빙수의 세목 따위가 시시콜콜하게 기록되어 있는 것이다. 이밖에도 해수욕장에 배설되어 있는 요리점과 노점 등에 대한 기술, 심지어 해수욕장 입장료의 금액까지 적혀 있다. 간담상조하는 친우들과 함께 하루를 즐기게 된 청춘의 순박한 기쁨에 들떠 있는 이 글은 그러나 당시 일반적인 유학생들이 일상 속에서 과연 어떤 것들에 착목했는지에 대해 단적으로 말해주고 있다.38) 여기에서 해수욕하는 개인들의 안전을 위해 돌아다니는 순시선을 통해 국민의 보호를 위해 작동하는 국가권력의 주도면밀성에 감탄하는 것은 차라리 부차적인 문제이다. 다만 몇 년 전 이 해수욕장에서 불귀의 객이 되어버린 친우를 생각하고 회오에 사로잡혀 눈물을 흘리는 것은 의미심장하지만, 그것도 잠시이다. 곧 해수욕을 즐기고 남은 과자와 음료를 나누어 먹고 마시는 데 탐닉하는 것이다. 다시 말해 여기에서 그들에게 한층 중요한 것은 친우들과 함께 전차와 기차로 각지를 돌아다니면서 해수욕과 같은 유흥을 즐기는 도회적인 라이프스타

---

38) 白岳生,「海水浴의一日」,『太極學報』2호, 1906. 9.

일이다. 이것은 물론 도시의 일상생활과 결부되어 있는 체험이라고 할 수 있을 것이다. 이러한 유흥에 유학생 일반의 연대라든가 기울어져 가는 대한제국의 국운을 회복할 충군애국・자주자강의 길 등의 기표가 개입할 여지는 사실상 없어 보인다. 말하자면『태극학보』의 지면에 게재되고 있었던 교육・위생・정치・경제・산업・문화 등과 관련된 다양한 논설과는 별개로, 실생활의 차원에서 도쿄에 거주하는 일반 학생의 통상적인 사교 형식을 모방하면서 따르고 있었던 것이다. 이러한 의미에서 야유회는 그러한 도회적인 사교 형식을 모방하고 향유하기 위해 연출된 행사・장소가 되었다고 해도 무방하다. 물론 그러한 태도는 유학생들이 일반적으로 지니고 있었던, 진보한 문명을 습득하려는 욕망, 그리고 이국(異國) 도시의 개인적・사회적 문화에 적응하려는 노력에서 비롯된 것이며, 적어도 이 점에 있어서는 국가 차원의 문명개화론이 유학생의 실제 생활에서 부지불식간에 보다 용이한 형태로 실현되고 있었던 셈이다. 바꾸어 말하자면 이 점에서 유학생 일반의 라이프스타일의 모방은 문명개화론의 근간을 형성하고 있는 문명의 학습 및 수용의 논리와 상당부분 유사하다고 할 수 있다.

그러나「해수욕의 일일」에 재현되어 있는 유학생 일반의 유흥은 근대화・문명화된 사회의 핵심에 접근해 들어가려는 행위라기보다 당시 학생층의 일반적인 사교 형식을 표면적으로 향락하는 태도에 지나지 않는 것이다. 뿐만 아니라 엄밀히 말하자면 재일조선인 유학생들이 일반적으로 강조하고 있었던 모범적인 청년의 상(像), 즉 충군애국・학업 면려에 충실한 학생으로서의 본분에도 근본적으로 어긋나는 행위라고 할 수 있다. 근대화・문명화의 당위가 다분히 강박적인 것으로 설파되고 있었던 당시의 실정을 고려한다면 더욱 이해하기 어려운 태도이다. 실제로 그들이 해수욕을 즐겼던 오모리 해변은 불과 1년 전, 중국 출신의 유학생 한 사람이 청국 유학생에 대한 지역신문의 비방 보도에 분개하여 자살한 장소이기도 했다.[39] 그러므로 그들이 내세우는 것처럼 단순히 유학생활의 객고를 위안하는 계기가 된다는 덮분만으로는 설명하기 어렵다. 그렇다면, 유흥과 같은 사교 형식의 모방이란 과연 어떻게 가능했던 것이었는가.

    게다가 유행은 특정 집단을 철저하게 구별해 주는 것에 의존하는 것만큼이나 유행은 이들 간의 친밀한 관계를 원인과 결과라는 용어로 표현한다. 특정 집단을 다른 집단과 분리시키는 변별성에 의존하고 있다. 그리고 마지막으로 유행은 사회 분파의 수용에 의존하고 있는데 이들 집단은 성원들 간의 상호 모방을 요구하며 이를 통해 개인들을 모든 윤리적·미학적 책임으로부터 면죄시켜 준다. 물론 이와 동시에 이러한 한계 안에서 개인적 강조점과 함께 유행의 요소들의 명암을 생산할 수 있는 가능성도 함께 말이다. 이리하여 유행은 삶의 적대적 경향들을 삶의 편의라는 기준으로 집단을 동일하게 묶어주는 객관적 특성처럼 보이게 되는 것이다.[40]

재일조선인 유학생들이 오쿠보나 오모리 등지로 삼삼오오 야유회를 떠나고 있었을 무렵, 우연찮게도 짐멜은 지구의 반대편에서 「유행의 철학」을 집필하고 있었다. 사실상 유행에 가장 민감하게 반응할 수밖에 없을, 따라서 가변적이고 불안정한 삶의 형식에 익숙한 부르주아 계급의 발흥과 연대에 대해 논의하고 있는 짐멜의 이 글은 20세기 초반, 재일조선인 유학생 일반이 문명을 체험했던 방식을 검토하는 데 있어서도 일정부분 유용하다고 할 수 있다. 다시 말해서 문명화된 사회의 통일성에 적응하려는 모방의 동기가 작용하고 있다는 점에서 이는 유행의 사회학적·심리학적 성격과 관련되는 것이다. 재일조선인 유학생이야말로 본국의 조선인보다는 계몽된 상태라고 자처할 수는 있었지만, 그렇다고 해서 러일전쟁에서 승리할 정도로 진일보한 일본의 제도(帝都)

---

39) 옌안성, 한영혜 옮김, 『신산(神山)을 찾아 동쪽으로 향하네-근대 중국 지식인의 일본 유학』, 일조각, 2005, 231쪽.
40) 게오르크 짐멜, 조형준 옮김, 「유행의 철학」, 『세계의 문학』, 2002년 가을호, 280쪽.

도쿄의 일본인과 동일한 처지에 있다고는 결코 말할 수 없는 중간적 존재이다. 일반적인 조선인으로 돌아갈 수도, 그렇다고 일본인이 되어 버릴 수도 없는 데서 비롯된 불안이 유학생이라는 집단의 공동성을 강화하는 방향으로 나아갔던 것이다. 도쿄에 거주하는 학생의 일반적인 사교 형식을 습득하는 것은 재일조선인 유학생 집단이라는 공동성의 아이덴티티를 공공연하게 확인하는 데 가장 유용하고 편리한 방식이었다고 해도 과언이 아니다. 요컨대 그러한 변별성을 확인하는 데 있어서 라이프스타일만큼 외양적으로 두드러지는 지표는 없는 것이다. 그렇다면 야유회라는 사교 형식은 유학생의 아이덴티티를 상호 확인하는 데 있어서 더없이 유용했던 것이 아닐까. 충군애국·자주자강·학업면려의 정신을 지극히 강조했던 이면에는 이러한 아이덴티티의 불안에서 비롯된 유행의 모방이 자리하고 있었던 것이다.

그러나 이러한 태도에 있어서 학문의 의미라든가 학업의 성취라는 것은 상대적으로 무의미한 것에 지나지 않는다. 뿐만 아니라 유학생들이 그토록 희구했던 근대화와 문명화의 근본적인 의미 또한 전혀 문제시되지 않는다. 짐멜에게 있어서 유행은 다른 사람들처럼 존재하고 행동하려는 원칙과 항상 새롭고 개별적인 삶의 형식들로 나아가려는 노력 사이의 대립을 중재하지만, 개인의 본성 전체에는 영향을 미치지 못하며 언제나 외적인 것으로 간주된다. 뿐만 아니라, 사회의 전일적 지배에 의해 유행에 종속된 개인의 내면은 항상 대상에 대해 자의적인 결정을 내릴 수밖에 없으며 따라서 스스로에게 의의를 부여하는 개별성의 환상을 형성한다.[41] 말하자면 근본적인 정체성의 변경이 없는 외양의 상호 모방을 통해 모든 책임으로부터 면죄된 개인들의 집단을 형성하는 유행의 효과는 태극학회의 경우에도 마찬가지로 적용될 것임에 틀림없다. 요컨대 강의 중 필기한 내용을 『태극학보』에 게재하거나 동향회가 개최하는 야유회라는 유행에 따르는 것 정도로는 그러한 불안

---

41) 게오르크 짐멜, 앞의 글.

이 근본적으로 해소될 리 없다. 무엇보다도 유행이란, 변동의 지속에 자기 자신을 맡기는 태도를 전제한 것이다.

원족회라는 형식을 통한 유학생의 위안, 즉, 넓은 평원에 펼쳐진 상쾌한 자연의 풍경에 도회 생활에 지친 회원들의 마음이 깨끗하게 씻길 것이라는 기대에서 나타나는 도회와 자연의 이분법은 이 점에 있어서 특히 의미심장하다. 도회에 대해 거리를 두면서 자연을 발견하고 있는 이러한 인식은 물론 당시 재일조선인 유학생 사이에서 일반적으로 공유되고 있었던 것이었다. 예를 들어 이윤주(李潤柱)는 일찍이 『태극학보』의 창간호에서 도쿄 유학생의 일상에 대해 기술하면서 다음과 같이 소회를 덧붙이고 있다.

> 旅舍에도라와衣服을換着後에沐浴을畢歸ᄒ니身體가疲勞를小覺ᄒ깃더라一時間靜息ᄒ야五點量에晩餐을畢ᄒ고木履短節으로逍風兼不忍池(東京上野公園下池名)를向ᄒ니大道兩邊에ᄂᆞᆫ滿點燈光이如晝ᄒᆫ데晝間에ᄂᆞᆫ如許히忙殺ᄒᄂᆞᆫ全般社會도一日의業務를다ᄒ고凉天을乘出ᄒ야屋外에散策ᄒᄂᆞᆫ者兩兩三三으로人山人海를편성ᄒ고商店과과演劇場等에셔ᄂᆞᆫ呼客聲이頻繁ᄒ더라
>
> 緩步로逍遙ᄒ야池畔에다다르니滿池蓮葉은靑靑ᄒᆫ데紅花은點點하야香氣를吹送ᄒ고건ᄂᆞᆫ便公園에셔ᄂᆞᆫ男兒立志出鄕關學若不成死不還을鼓聲朗吟ᄒᄂᆞᆫ소리心神이快活ᄒ야頓然이我를忘ᄒ고池畔에徘徊터니上野山외로운절에七點을報ᄒᄂᆞᆫ쇠북소리隱然이蒼林속으로ᄶᅳ엉ᄶᅳ엉ᄶᅳ엉ᄶᅳ엉ᄶᅳ엉42)

하숙을 나와 우에노 공원으로 향하는 대로는 마치 대낮처럼 불이 밝혀져 있고 산책하는 사람들로 인산인해를 이루고 있는 가운데, 각 상점과 극장에서 호객하는 소리가 끊이지 않는다. 메이지 후기, 유학생 이윤주가 게다를 신고 산책했던 도쿄의 밤거리는 이처럼 휘황찬란하며 번화한 장소로 묘사되고 있다. 그러나 "집집이場園洒掃와一日準備에紛

---

42) 李潤柱, 「東京一日의生活」, 『太極學報』, 창간호, 1906. 8, 46~47쪽.

忙ᄒ며官人商人職工等은各自의事務處所를向ᄒ야奔忙ᄒ고滿衢의男女學生은接踵來往ᄒ야各其學校길을急ᄒ드라"43)와 같이 분망하게 출근·등교하는 인파에 섞여 학교로 향하는 걸음을 재촉할 수 있었던 오전과 달리, "전반 사회도 일일의 업무를 다한" 밤에 그가 향하는 곳은 도쿄 도심에 위치한 우에노 공원, 그 가운데에서도 시노바즈노이케(不忍池)이다. 연잎 푸르고 꽃향기 그윽한 이곳에서 그는 고향을 떠나며 세웠던 큰 뜻을 이루기 전에는 결코 돌아가지 않겠다는 겟쇼(月性)의 시「장동유제벽(將東遊題壁)」에 가탁하여 입신출세에 대한 다짐을 되새기면서 자못 쾌활하게 자기를 잊을 수 있다고 말하고 있다. 그러나 아직 뜻을 이루지 못한 그는 정작 도시의 분위기로부터 스스로 거리를 둔 채, 적막한 연못가에서 배회하고 있을 뿐이다. 물론 이것은 만리타국에 머물러 있는 개인이 으레 사로잡힐 법한 객수(客愁)에 지나지 않는 것이겠지만, 번화한 도쿄의 인산인해 사이로 섞이지 않고 굳이 한적한 공원에 나와, 입신출세의 장사(壯士)적 욕망44)이 달성되기 전에는 결코 돌아갈 수 없는 고향을 반추하는 유학생 일반의 모습이라고 할 수 있다. 말하자면 조선인 유학생 한 개인이 고향을 떠나온, 도시로부터 고립된 이방인임을 자각하는 장소가 바로 제국 일본의 수도, 도쿄 도심의 한복판에 마련되어 있는 셈이다. 이 점에서 공원이라는 근대적 공간과의 미묘한 유비가 성립되고 있는 것이다. 도심 속의 비도시적 공간으로 조경되는 공원이 기실 자연을 도시 내부로 수렴하고자 하는 근대적 도시 계획의 일부로서 가장 도시적인 공간으로 건립되는 것처럼, 고향에 대한 향수란 반드시 도시에 대한 경험이 전제되어야만 비로소 회향(懷鄕)이 가능해지는 가장 도시적인 경험이라고 해도 무방하다. 말하자면 고향으로부터도, 도시로부터도 격리되어 있어서 어느 장소에도 안주할 수 없다는 불안의 자각이 바로 자기가 나고 자란 장소를 이처럼 객관화하도록

---

43) 이윤주, 앞의 글, 45쪽.
44) 木村直惠,「序場」,『'靑年'の誕生-明治日本における政治的實踐の轉換』, 新曜社, 1998.

하는 것이 아닐까. 이 점에서 공원이야말로 고향이라는 장소의 발견을 가능케 하는 도시 내부의 공동(空洞)이 되는 것이다. 역설적인 사실이지만, 식민지인이 고향을 발견하고 있었던 그와 같은 공동의 장소는 바로 '제국의 핵심'에 자리해 있었던 것이다.

5. 이방인으로서의 자각 : 결론을 대신하여

『서북학회월보』제17호(1909년 11월)의 <사조(詞藻)>에는 「가을밤 청암사에 모여 읊다(秋夜會吟靑岩寺)」라는 박은식(謙谷)의 한시가 실려 있다.

한 암자 적막하여 소나무 푸르고	一菴靜寂萬松靑
바람은 성긴 창에 달빛 뜰에 가득하네.	風滿踈櫳月滿庭
맑은 이슬 내린 단풍 숲은 얼마나 소슬하고	玉露楓林何瑟瑟
흰 연꽃 보탑은 스스로 꼿꼿하네	白蓮寶塔自亭亭
바야흐로 인생고해(人生苦海)에 다함이 없고,	方知苦海無窮盡
오직 깊고 묘한 이치에 의지하니 묘한 깨달음 있네	獨賴玄機有妙醒
바로 부처 앞에 나아가 발원하기를	直向佛前供發願
지금까지 어떻게 생령을 제도했는가	于今何以濟生靈

소슬한 바람이 불어오는 가을밤의 달빛이 뜰에 흘러넘치는 가운데, 끝이 없는 인생의 고통을 생각하면서 깊은 섭리에 의지하니 묘한 깨달음을 얻게 된다. 그것은 지금까지 어떻게 생령을 제도했는가라는 물음을 부처 앞에 나아가 발원하는 것이다. 그리고 제도의 방법이란 바로 그가 이미 다양한 언론을 통해 역설하고 있었던 문경개화와 자주독립의 길에 닿아 있다고 할 수 있을 테지만, 그러나 이 시의 정서는 어디까지나 유학자로서의 자의식을 포기한 적이 없었던 구한말의 지사(志士)

에게는 좀처럼 어울리지 않는 것으로 보인다. '수신제가치국평천하(修身齊家治國平天下)'의 도리에 입각하여 국운의 쇠퇴와 관련된 세속적 테제와 기투하고 있었던 박은식이, 말하자면 어느 가을날 한 밤의 사원에서 여러 지기와 어울려 이른바 탈속과 정각(正覺)의 경지에 대해 노래하고 있는 것이다.

이 점에 있어서 박은식의 이 시는 (중국과 극동에서) "자연의 '미적 관조'는 아직도 종교적 위엄의 후광을 지니고 있다"[45]는 엘리아데의 명제를 단적으로 연상시킨다고 해도 무방하다. 그리고 그가 자연과 미적인 일체를 이룬 종교적 발원을 행하고 있었던 청암사란 바로 "세계가 모든 부분에서 재성화하는"[46] 장소, 곧 사원에 해당한다고 할 수 있다. 그러한 의미에서 이 시를 쓰고 있었던 시점의 박은식은 곧 종교적 인간(homo religious)이었던 셈이다. 문명개화와 자주독립, 나아가 대동(大同)이란 그에게 있어서 세계를 재창조하기 위한 일종의 주문(呪文)에 해당한다고도 할 수 있다. 그리고 이러한 주문이 불러오고자 했던 것은 바로 이 암자의 미적인 자연, 곧 박은식이 희구했던 조화와 평정을 회복한 세계인 것임에 틀림없다. 그렇다면 문명개화와 자주독립의 다양한 스펙트럼 가운데 일부는 분명 이러한 회귀와도 관계될 것이다. 말하자면 박은식이 행했던 애국계몽이란 생존경쟁의 아비규환 속으로 기꺼이 뛰어들고자 했던 것이라기보다 그 외부에 머무르면서 중생 일반을 그러한 '고통의 바다' 바깥으로 끌어내리려 했던 것이 된다. 청암사라는 공간은 자기 상승의 의지를 통해 이룩한 종교적 숭고의 정점으로 바로 그 외부에 해당한다.

이 시를 통해 박은식이 토로하고자 했던 것은 과연 무엇이었을까. 중생의 제도에 대한 보람과 만족이었을까, 혹은 제도해야 할 생령이 아직도 많이 남아 있음을 재차 상기하고자 했던 것일까. 이도저도 아니라

---

45) 미르치아 엘리아데, 이은봉 옮김, 『성과 속』, 한길사, 2001, 147쪽.
46) 미르치아 엘리아데, 위의 책, 82쪽.

면 자신이 걸어온 길과 앞으로의 고독한 진로를 아울러 반추하고 있었던 것일까. 가라타니 고진에 따르면 중국에서 영원성이라는 관념이 역사 위에 쓰인다는 것, 곧 이름을 남기는 데 있다는 사실과 결부되고 있다는 점에서 전통적인 의미의 역사가의 존재란 세습승려와 동일시될 수 있다.47) 그렇다면 이후 역사서술의 길로 나아가는 박은식의 선택은 곧 구도하는 사제의 자세에 닿아 있다고 해도 좋을 것이다. 말할 것도 없이 이것은 그가 세속을 벗어난 외부, 어떤 종교적 경지에 자기를 지속적으로 의탁하려 했다는 것을 의미한다. 단적으로 말해서 절 이하, 즉 속세의 중생을 제도한다는 것이란 바로 그러한 경지로부터 가능해지는 것이라고 할 수 있다. 다시 말해 일정한 거리를 두는 것, 즉 객관화를 전제하지 않는다면 불가능한 것이다.

과거 폐지에 의한 입신출세의 좌절을 계기로 각종 언론 및 학회를 통한 애국계몽 활동으로 나아갔던 성균관 유성 출신의 지사 박은식은 1909년의 시점에서 사실상 세속과의 단절을 느끼고 있었던 것은 아닐까. 이러한 의미에서 청암사란 중생들이 빠져버린 고통의 바다 한가운데에 고립되어 있는 외딴 섬과도 같은 장소라고 할 수 있다. 이 점에서 박은식이 제도하려고 했던 중생이란 바로 이인직이 「혈의 누」에서 그리고 있었던 축생과 살아있는 시체들과 상통하는 존재인 것이다.

서두에서 언급한 것처럼, 옥련의 악몽이 재현하고 있었던 그로테스크한 이미지에는 축생이나 살아있는 시체와 같은 도저히 이해하기 불가능한 미지의 존재에 대한 당혹감, 그리고 그러한 존재 속에 고립되어 있다는 공포어린 자각이 자리하고 있다. 공포가 불가사의한 미지의 존재로부터 온다는 것은 말할 것도 없다. 그리고 귀국한 지 얼마 되지 않은 시점의 이인직이 도무지 이해할 수 없었던 미지의 존재란 과연 무엇이었는가. 너무나도 명확하게 암시되고 있는 것처럼 그와 같은 당혹

---

47) 가라타니 고진, 김경원 옮김, 「역사에 대하여-다케다 다이준」, 『마르크스 그 가능성의 중심』, 이산, 1998, 134쪽.

과 공포가 향하고 있는 대상은 분명 평양, 나아가 조선 전체에 거주하고 있었던 일반 민중 전체였을 것이다. 이인직에게 있어서 1906년의 조선에 거주한다는 것은 이와 같은 존재들에게 둘러싸여 있다는 악몽과 같은 체험이 아니었을까. 실제로 옥련은 꿈에서 깨어난 후 부모가 죽었다고 생각하고 태어난 장소와 마음으로부터 단절하고 있다. 그러나 바로 이러한 단절로부터 비로소 자기가 태어나 자란 곳에 대한 객관화가 가능해지는 것일 터이다. 이인직의 공포는 바로 그 스스로가 그러한 거리를 유지할 수 있었던 흔치않은 인간이었던 데에서 연유한 것은 아닐까. 그리고 박은식의 제도(濟度)와 역사서술의 자세 역시 그러한 거리로부터 가능했던 것은 아닐까.

홍성거리는 옥련의 고향=평양이라는 도시의 거리를 축생과 살아있는 시체들의 것으로 보고 있는 이인직과 고통의 바다 속 외딴 섬, 청암사에 고립되어 있었던 박은식은 하나같이 갈 데 없는 이방인이었던 셈이다. 무엇보다도 그것은 재경과 유학이라는 두 가지 조건 및 문명개화와 관련된 사회적·문화적·심리적 태도가 가져온 인위적인 중립의 현전, 비동시성의 인식과 근본적으로 결부되어 있다는 사실을 간과해서는 안 된다. 그리고 그로 인한 거리와 단절이 그들을 돌아갈 곳이 없는 이방인으로 자각하도록 했다는 것을 염두에 두어야 한다. 스스로가 이방인임을 깨닫는 바로 그 순간, 회귀하고 싶은 고향이 창출된다는 사실을 염두에 둘 때, 특히「혈의 누」가 그리고 있는 그로테스크한 평양, 소슬한 가을바람 불어오는 고고한 청암사의 밤은 한국 근대문학에 처음으로 출현했던 고향의 표리(表裏)이며 그 이율배반적인 형상에 해당한다고 말할 수 있을지 모른다. 서북 출신의 재경 인사들도, 일본에 유학하고 있었던 조선인 유학생들도 모두 형태는 다르지만, 이러한 고향의 이율배반에 봉착하면서 비로소 새로운 공동성에 기초한 이상적인 유토피아를 꿈꾸게 되었던 것이다. 학회야말로 바로 그러한 유토피아의 미니어처로서 구성되었다고 해도 좋을 것이다.

식민지 타이완문학에서 '고향'의 계보

주훼이주(朱惠足)

　시공과 역사를 달리하지만, 세계의 피식민지 지식인들은 대개 식민지에서 고등교육을 경험할 기회를 부여받지 못해 식민지 모국의 수도로 유학한 경험을 가지고 있다. 그/그녀들은 메트로폴리스로의 순례를 통해서 근대나 문명을 수용하고 태어나 자란 땅을 '고향'으로 인식했으며, 때로는 그곳으로부터 소외당했다. 일본으로 건너간 타이완 청년은 동아시아에서의 식민지 통치나 제국주의에 휩쓸리면서 제국의 수도인 도쿄(東京)에서 멀리 떨어진 자신의 출신지를 '고향'으로 구축했다. 근대화한 자유로운 도쿄의 도시공간에서 고향을 봉건적이며 낙후한 시골로 인식하는 동시에, 가족이 있는 시원의 장소로 회고하는 그들의 양면적인 시선은 지방에서 상경한 일본 청년들의 그것과 유사하다. 하지만 타이완 청년에게는 일본/고향의 차이가 메트로폴리/지방, 도시/시골의 차이인 동시에 제국/식민지의 인종적인 차이나 권력관계이기도 하다. 이 글에서는 식민지 타이완에서 씌어진 소설 텍스트를 대상으로 타이완 청년이 '일본'과의 만남을 통해 어떻게 '고향'을 발견하고, 제국 수도에서 수용한 보편성의 담론과 타이완의 식민지적 억압의 특수성과의 사이에서 어떻게 동요했는지를 분석할 것이다. 식민지로서의 '고향' 구축을 제국의 중심과 주변이라는 이항대립의 도식에서가 아니라, 근대 혹은 문명을 둘러싼 담론과 재래의 권력관계와의 관련 속에서 인종성이나 계급을 둘러싼 다양한 권력관계가 전회(轉回)하는 역사적 과정에서 파악하고자 한다.

1. 고향의 발견 : 1920년대

타이완에서 근대소설의 탄생은 도쿄의 타이완 유학생1)이 민족운동이나 민중계몽의 목적으로 만든 인쇄물과 밀접한 관계가 있다. 1921년 타이완에서 발행된 타이완문화협회의 기관지『회보(會報)』(1921~1923)를 제외하면, 서양과 중국, 그리고 일본의 소설이론이나 실천의 번역·소개, 타이완인에 의한 초기 소설의 창작은 주로『타이완민보(台湾民報)』(1923~1930)나 그 전신인『타이완청년(台湾青年)』(1920~1922),『타이완(台湾)』(1922~1924)을 통해서 이루어졌다. 식민지 타이완에서 가장 영향력이 큰 인쇄매체인『타이완민보』시리즈는 일본이나 중국의 타이완 유학생을 중심으로 중국어와 일본어의 이중언어를 사용한 잡지로, 1920년 창간 시점부터 타이완 내에서의 발행이 허가되는 1927년까지 도쿄에서 발간한 후 타이완으로 유입하는 형태를 띠고 있었다. 타이완에서 발행된『회보』도 일본 본국보다 엄격한 타이완 총독부의 검열로 거듭 발매금지 처분을 당한 후, 1924년부터『타이완민보』를 기관지 발표 매체로 삼게 되었다. 식민지 타이완에서 근대소설이론과 실천이 제국의 수도로부터 역수입된 인쇄자본주의를 통해서 생산/소비된 점에서 그것은 타이완의 근대 지식인의 제국으로의 순례를 통해서 탄생되고, 타이완을 '고향'으로 발견하는 과정과 평행하고 있었다.

---

1) 타이완이 식민지로서 일본제국의 일부가 된 이상, 타이완 청년이 식민지 모국으로 공부하러 간 것은 엄밀하게 말해 '유학'이 아니다. 하지만 필자가 굳이 '유학'이라는 표현을 사용한 것은 본국과 식민지 사이에 존재하는 법률, 제도 등의 불평등을 강조하고, 외국이지만 같은 인종과 문화의 전통을 지닌 중국으로의 '유학'과는 대조적인 형태로 타이완 지식인의 독특한 역사 경험을 부각시키기 위해서이다.

타이완의 중국어 소설과 일본어 소설의 시조라고 불리는 두 작품에는 일찍이 민족운동이나 민중 계몽을 스스로의 임무로 여긴 근대 지식인의 모습이 드러난다. 유창한 근대 중국어로 씌어진 「기분 나쁜 침묵」(1922)[2]은 일본 유학중의 두 타이완 청년이 고향 문제를 어떻게 이해할지에 대해 논쟁하는 내용이 대화 형태로 그려져 있다. 소설의 첫 부분에는 신정(新正)에 진보쵸(神保町)의 뒷골목에서 우족(牛足)을 팔던 깡마른 노마(老馬)가 그것을 내려놓으려는 자가 넘어진 것을 틈타 몰래 먹으려고 했지만, 주인에게 들켜 가차없이 채찍질을 당하는 장면이 그려져 있다. 하지만 그는 묵묵히 아픔을 참을 수밖에 없었다. 그것을 목격한 청년 계생(季生)은 고향 타이완에서 순사보가 범인을 잡아끌며 마을을 돌아다녔던 광경을 연상한다. 식민지 타이완에서는 타이완인을 순사보로 채용하여 일본인 순사 밑에서 동족인 타이완인을 관리・감시하는 일을 맡기고 있었다. 주인이 시키는 대로 우족을 옮기는 노마를 계생이 동정하거나, 조식(曹植, 192~232)의 칠보시(七步詩) "본래 같은 뿌리에서 태어나 삶아댐이 어찌 이리 급한지 本是同根生, 相煎何太急"를 인용하는 것은 그런 까닭이다. 즉, 이 소설에서 문제가 되었던 것은 일본인 식민자에 의한 타이완인에 대한 직접적인 억압이 아니라, 타이완인이 일본인 식민자에게 이용되어 동족을 억압한다는 중층적인 억압관계인 것이다.

반면, 계생의 친구 노채(老蔡)는 억압관계란 옛날부터 존재해왔던 것이며, 그것은 진화 과정에서 나타나는 생존경쟁의 일부분에 지나지 않는다고 주장하고 계생이 타이완의 특수성에 지나치게 구애되어 있다고 비판한다. 소설 중 대부분의 지면을 차지하는 두 사람의 논쟁은 불교와 크리스트교, 지나(支那)론 등 중국이나 서양의 사상, 세계의 인종문제를 예로 들어가면서 세계를 어떻게 분절할 것인가와 같은 커다란 철학적

---

[2] 鷗,「可怕的沉默」, 陣萬益,「於無聲處聽驚雷」附錄,『民族國家論述:從晩淸五四到日據時代臺灣新文學』(臺北: 中硏院中國文哲硏究所籌備處, 1993). 초출은 臺灣文化協會,「會報」제3호에 해당하는『臺灣文化叢書』제1호, 1922. 4. 6.

문제로까지 나아간다. 소설의 결말부에서 두 사람 앞을 질주하는 자동차가 흙탕물을 튀기고, 미처 피하지 못해 새로 맞춘 양복이 더럽혀지는데, 그 때문에 노채는 말을 잇지 못한다. 모른 채 하는 노채의 뒤를 따르던 계생은 양손으로 가슴을 누르면서 묵묵히 선로를 건넌다. 이 결말에서 작가는 서양의 보편주의를 무조건적으로 받아들이며 식민지 타이완의 현실로부터 눈을 돌리려는 식민지 지식인이 결국 진화나 생존경쟁을 내세우는 식민지 근대성이 초래하는 재해로부터 벗어날 수 없다는 비판적인 시점을 제출한다.

이 짧은 소설은 식민지 타이완에서의 억압을 인류나 생물의 생존경쟁의 일부로서 근대적인 진화론에 의해 정당화할 것인가(노채)와, 고향 사람들을 괴롭히는 문제로 그것에 몰두할 것인가(계생)라는 서로 다른 이해 방식을 드러내고 있다. 하지만 1920년대의 『타이완민보』 시리즈의 문장을 참조하면, 그 시기의 타이완 청년이 세계의 동향이나 문제에 민감하게 반응하여 작은 도서(島嶼)인 타이완을 커다란 세계로 이어가려는 한편, 그와 같은 틀에서 고향의 식민지 상황을 이해하려고 했던 것을 알 수 있다. 고향을 바라볼 때의 보편성과 특수성의 문제가 「기분 나쁜 침묵」에서는 두 사람의 대립적인 의견으로 제시되어 있지만, 그것은 1920년대의 근대화된 제국의 수도 공간에서 다이쇼(大正) 데모크라시의 코스모폴리타니즘적인 풍조와 고향의 식민지적 현실로 균열된 타이완 출신의 근대 지식인의 두 분신이라고 할 수 있다. 또한 당시 타이완 청년들은 식민지 모국에서 진화론으로 인종 억압을 정당화하려는 근대 보편주의(universalism)의 레토릭을 수용하고, 자기의 인종/고향을 개조되어야 할 대상으로서 발견한다. 그들은 식민지화된 공동체/고향의 독특한 인종 억압을 문제 삼고, 지방주의(particularism)에 집착한다. 그 이후 식민지 타이완에서 일본/고향의 길항은 1920년대에 부상한 이 두 벡터의 역학관계에 의해 규정되는 형태로 반복되어 가는 것이다.

한편, 타이완에 현존하는 가장 오래된 일본어 근대소설은 1922년 7

월부터 10월까지 잡지 『타이완』에 연재된 「그녀는 어디로. 고뇌하는 젊은 자매에게」이다. 대강의 줄거리는 다음과 같다.

도쿄 유학중인 청풍(淸風)은 아련(阿蓮)과 사랑을 약속하지만, 타이완에 있는 가족이 멋대로 계화(桂花)와의 약혼을 추진한다. 여름 방학을 맞아 귀성할 때 청풍은 편지뿐만 아니라 그와 동행했던 계화의 이종 사촌을 통해 계화에게 사정을 설명하고 이해와 용서를 구한다. 상처받은 계화는 일본유학을 결심하고 이종 사촌의 지지를 얻는다. 일본으로 떠나는 배에서 그녀는 가족이 정한 결혼을 뿌리치고, 연인이 공부하는 도쿄로 가려는 여학생을 만나게 되는데, 두 사람은 도쿄에 도착한 후에도 교제를 이어간다.

작가 시에춘무(謝春木)는 당시 도쿄고등사범학교에 재학 중이었는데, 이후 타이완 민중당을 창당한 민족운동가로 활약한다. 따라서 이 소설은 언어(일본어)에서부터 내용(유학생 이야기), 발표하는 장소(도쿄의 타이완 유학생을 중심으로 하는 『타이완』)나 시기(유학생이 귀성하는 여름 방학) 등의 면에서 볼 때, '유학생이 유학생을 위해 쓴 유학생을 위한 소설'인 것이다. 「기분 나쁜 침묵」보다도 '유학생 소설'의 성격을 전경에 내세운 이 소설은, 또한 동시기에 새롭게 탄생했던 근대 여학생을 다룬 점에서 선구적이라고 할 수 있다.

「기분 나쁜 침묵」처럼 이 소설도 근대화된 일본과 억압받는 타이완 사이에서 왕복운동 하는 중에 성립하지만, 타이완과 일본이라는 두 공간은 각각 다른 의미를 지닌다. 고향에서 진행 중인 억압관계가 외래의 식민지 통치에 의한 것이 아니라, 토착사회의 전통적 혼인제도에 의한 것이라고 한다면, 유학한 장소 일본의 근대성은 전철 등의 물질에서가 아니라 타이완을 개조시키는 데 절대적으로 필요한 그등교육이나 자유연애의 풍조에 있다. 「기분 나쁜 침묵」은 진보쵸나 눈('눈이 내린 후의 진흙」)으로 일본이라는 장소를 중국어 텍스트에 현전시키는 데 대해서, "상하(常夏)의 고사 사람들로서도 좀처럼 경험하기 어려운" 더위를 묘사하는 것을 통해 타이완이라는 장소를 일본어 텍스트에서 현전시킨다. 게다가 타이완의 기후나 풍경, 관습을 묘사하고, 계화나 아연 등 타이완 여성으로 하여금 일본 여성과 같은 말투를 구사토록 하는 등 타이완적인 것을 번역하여 일본어 텍스트에 집어넣으려고 하지만, 작중에 등장하는 타이완 여성은 타이완의 봉건 사회나 결혼제도를 비판하는 계몽적인 발언을 그대로 반복할 뿐이다.

이 소설의 마지막 장에서 계화가 실연당하고 일본으로 떠나는 길에 봉건적인 결혼제도를 거부하는 또 한 명의 여학생과 만나는 장면은, 억압당하는 타이완 여성이 단결하여 봉건 사회에 저항하는 이상을 비유한 것이다. 그것은 도쿄 문명을 통해 낙후된 타이완 사회를 개선하고자 했던 남성 지식인의 욕망과는 사뭇 다른 것이었다. 하지만 그녀들의 싸움은 도쿄 유학중인 남성들이나 친척의 지도 아래 행해지는 것이다. 그것은 1920년대의 『타이완민보』 시리즈 잡지에서 고향의 봉건적인 가부장 제도에서의 남성의 특권적인 위치를 무시한 채, 타이완 여성을 낙후한 존재로서 발견하고, 근대의 계몽적인 시선으로 전족(纏足) 금지나 여자교육의 주장을 내건 타이완 남성 지식인의 자세를 방불케 하는 것이다. 결국, 제국 수도의 문명을 통해서 고향의 여성 동포를 계몽하고 해방시키고자 한 이 소설은 타이완 남성 지식인이 근대화를 둘러싼 제국의 담론을 수용하고, 고향과 고향의 여성을 동시에 타자화하는 것을 문학적으로 표상한 것이다.

「기분 나쁜 침묵」과 마찬가지로 「그녀는 어디로」에서도 '억압받는 고향'이 발견된다. 하지만 이 작품에서 개조의 대상으로서 발견되는 것은 고향의 열등한 인종이 아니라 전(前)-식민지적 봉건사회의 유산인 열등한 문화이다. 이러한 발견을 통해 일본/고향의 길항은 식민 통치의 인종문제로부터 전(前)-식민지적인 젠더나 섹슈얼리티의 문제를 비켜가게 된다. 그러한 과정 속에서 식민자가 내세운 근대 문명에 의한 계몽의 '사명'에 화답하여 자기 스스로에게 그것을 임무로 부여하는 피식민자 남성 지식인의 모습이 부상하는 것이다.

2. 모던 문화와 프롤레타리아 운동 안의 고향 : 1930년대

1920년대 일본에서 유학하던 타이완 청년은 식민지 통치의 중층적인 억압과 함께 재래 사회의 봉건적인 제도의 후진성을 발견한다. 1930년대에 들어서면 그와 같은 시선이 계속 이어지지만, 도쿄라는 장소로부터 고향 타이완을 상대화하는 방법에 변화가 나타난다. 1933년에 도쿄의 타이완 유학생은 '타이완예술연구회'를 조직한다. '예술'이라는 거창한 이름을 내건 이 조직의 멤버들은 청년의 개인적인 고뇌를 모더니즘적인 문체로 표현하는 근대시와 소설을 기관지 『포르모사(formosa=타이완)』에 발표하였고, 민족의식이나 계몽사상을 내세운 1920년대의 『타이완민보』 시리즈의 소박한 필자들과는 전혀 다른 양상을 보였다. 예를 들어 이 잡지에 게재된 우용푸(巫永福)의 「머리와 몸」(1933)은 마찬가지로 고향의 인습적인 결혼제도 때문에 고뇌하는 타이완 유학생을 그리고 있지만, 계몽의 정열에 몰입하는 「그녀는 어디로」와는 사뭇 다른 수법을 취하고 있다.

소설에서 화자인 '나'와 함께 유학생인 S가 하숙집에서 술을 마시고 다음 날 도쿄를 배회하는 모습을 서술하는 내용이 이어진다. 두 사람이 연대 본부 앞 육군 장교 클럽인 '해행사(偕行社)'를 지날 때, '나'는 사자 머리 모양의 분수구를 보고 온갖 것을 연상하고, 따뜻한 공기를 찾아 들어간 미마쓰(美松)백화점에서 나온 뒤 히비야(日比谷)공원의 화장실 앞에서 물을 뿜어내는 양의 머리가 눈에 들어온다. 두 사람은 제국호텔에서 체호프의 「벚꽃 동산」을 본 후 다방으로 들어간다. 이어 다방 테이블 위의 종을 보고 가르마 탄 사자의 머리를 떠올린다. 그러자 앞서 본 해행사의 사자 머리나 히비야공원의 양의 머리 등의 영상이 '나'의 머릿속에서 교차한다. "사자의 머리를 지닌 양의 몸, 사자의 몸에 양의 머리를 붙인 두 마리의 괴수가 가속도를 붙이고 달려든다. 맹렬한 기세로 충돌해 온다." 참지 못하고 눈을 감은 '나'의 뇌리에 이집트의 스핑크스가 나타난다. "그러자 두 마리의 동물이 한 몸이 되어 도무지 알 수 없는 동체가 양쪽으로 사자와 양의 머리를 달고 있다―이것이 인간이라는 것일까"라고 '나'는 생각한다.

　대단히 전위적인 수법을 취한 이 소설은 서양의 물질이나 문화가 침투하는 도쿄의 모던 문화, '나'의 뇌리의 단편적인 이미지, '나'와 S 사이의 두서없는 대화로 구성되어 있다. 1930년대의 도쿄는 점차 서양의 물질이나 문화를 수용하여 모던한 국제도시로서 성격이 두드러지는 한편, 자본주의의 급격한 발전으로 인해 심각해지고 있는 국내의 계급 대립이나 농촌의 경제문제를 무마하기 위하여 만주사변(1931)을 비롯해 파시즘에의 길로 나아갔다. 「머리와 몸」은 문체와 내용 모두 그와 같은 시기에 도쿄에 있는 타이완 청년이 국제도시에서의 물질문화의 홍수와 자유로운 분위기를 탐닉하면서도 봉건적인 결혼제도를 강요하려는 고향의 부모에게 반항하지 못한 채, 도쿄와 타이완이라는 멀리 떨어진 두 공간과 문화 사이에서 분열하고 있는 양상을 보여준다. 「그녀는 어디로」에서 보이는 근대와 여성을 둘러싼 제국적 담론을 반복하는 타이완 남성의 계몽적인 자세가 「머리와 몸」에서는 모던한 도쿄 생활과 고향의 봉건적인 사회 사이에서 균열된 남성 지식인의 모습으로 전환되고, 결혼이라는 문제는 봉건사회가 개혁해야 할 누습(陋習)에서 '효와 사랑의 충돌'로서 개인적인 윤리적 고뇌가 된 것이다.

　한편, 같은 시기에 발표된 유학소설인 양쿠이(楊逵)의 「신문배달부」(1935)에는 전혀 다른 유학 체험이 드러난다. 도쿄에서 고학하는 타이완 청년 양쿠이는 실업자가 300만 명이 넘는 불경기의 상황에서 신문배달 일을 찾지만, 구독자 확장 실적이 좋지 않다는 이유로 대리점 주인에게 보증금을 몰수당한 채 쫓겨난다. 그는 고향에서 제당회사에 의한 토지

수탈에 항의하던 아버지가 처참하게 세상을 떠나고, 일가가 궁지에 몰렸던 경위를 회상한다. 소설의 후반부에서 양쿠이는 고향에서 보내온 편지를 통해 반 년 전에 어머니가 생활난으로 자살한 사실을 알게 된다. 어머니는 자식에게 마을 사람을 구하기 위해서 공부를 계속해야 한다며 자신의 죽음을 알리지 말도록 유서를 남겼다. 어머니의 기대에 보답하는 방법을 찾지 못하던 양쿠이는 신문가게에서 도움을 받았던 다나카(田中) 군을 통해 노동운동을 하는 이토(伊藤) 군과 알게 된다. 몇 달 후 양쿠이는 다른 신문배달부와 함께 파업을 일으키고 신문대리점 주인에게 기숙사와 고용 조건의 개선 등을 승낙 받는 데 성공한다.

「기분 나쁜 침묵」의 계생은 타이완 순사보가 이민족에 의한 식민지 통치의 앞잡이 노릇을 하고 있는 것을 떠올리면서 신정의 도쿄에서 감상(感傷)에 빠진다. 「신문배달부」의 양쿠이도 자신이 떠난 고향에서 제당회사의 착취에 의해 마을의 파괴가 진행되는 것을 걱정하며, 타이완인 촌장이나 순사로 일하는 자신의 형이 거기에 가담하여 마을 사람들을 괴롭히는 것에 분개한다. 이 두 소설 모두 제국의 수도에서 식민지적 억압에 시달리고 있는 고향을 생각하는 타이완 청년이 식민지와 공범관계에 있는 타이완인의 존재를 의식하고 있음을 그리고 있다. 하지만 식민지에서의 중층적인 억압과 관련시켜볼 때, 「기분 나쁜 침묵」이 '인종' 문제를 다루고 있는데 비해서 「신문배달부」는 '계급' 문제를 다루고 있다. '나'는 신문 대리점에서 주인과 같은 착취적인 일본인에게 시달리지만, 이상으로 삼고 있는 인간 타입인 다나카 군과도 만난다. 고향에 있을 때 "모든 일본인을 나쁜 사람이라고 생각하고 증오했"던 '나'는 이러한 체험을 통해서 "모든 일본인이 나쁜 사람일 수 없다"고 생각하게 된다. 소설이 마지막에 다다르면서 노동운동의 지도자인 이토 군은 양쿠이에게 다음과 같이 말한다.

그래 바로 그거야. 일본의 노동자들은 대부분 다나카 군처럼 좋은 사람들이지. …… 타이완 사람들이 억압당하고 학대받는 것에 반대해. 타이완 사람들을 억압하는 사람들은 …… 그래 …… 자네의 보증금을 빼앗고 쫓아낸 그 오야지 같은 귀축들인 거야. 타이완에 가 있는 사람들 중에는 이런 심보를 가진 사람과 그 귀축들의 앞잡이가 많으니까! 하지만 그런 귀축들은 타이완 사람들에게 뿐만 아니라 우리 본국의 가난한 사람들에게도 ……, …… 들도 괴롭히기는 마찬가지야. …… 즉 지금 세상은 돈을 가진 사람들이 위에서 가난한 사람들의 노동을 갈취하고 갈취를 순조롭게 하기 위해 억압하고 있는 것이니까 …… (232쪽, '……'는 검열로 복자 처리된 부분)

　이토는 우선 일본인을 착취하는 '돈을 가진 사람'과 착취받는 '노동자'로 나누고, 타이완 사람을 학대하는 것은 전자이며, 후자는 오히려 그것에 반대한다고 말한다. 그리고 "잠시 타이완에 산 적이 있는" 그에 따르면, 식민지 통치에 관계하는 일본인은 대개 자본 계급이며 식민지 타이완에서나 일본 '본국'에서 사람들을 학대하는 '귀축들'이다. 마지막으로 '세상'은 '돈을 가진 사람'이 '가난한 사람'을 억압한다고 말하고, 계급 억압의 구도를 세계 전체로 확대한다. 이 열의로 가득 찬 발언에서는 민족의 차이가 계급의 차이로 전환되면서 일본인 노동자와 타이완 사람이 모두 일본 자본가에게 고통 받는 존재가 된다.

　사실 이토의 열변을 빌려 이와 같은 계급의식이 드러나기 전에 이 소설에서는 양쿠이의 고향에서의 토지 수탈 문제가 이미 계급문제로서 인식된다. 제당회사에 의해 토지를 강제적으로 매수된 마을 사람들은 "경작할 땅을 잃고" "제당회사 농장에서 막일꾼"이 되었으며, 토지를 판 돈으로 먹고 살아가다 그 돈을 다 쓰면 파산에 이른다. 자신의 땅을 가진 마을 사람들은 우선 자본가에게 지배되는 무산계급 노동자가 되고 생활을 유지할 수 없어 궁지로 내몰리는 것이다. 이 소설에서 계급 착취의 테마는 작자 양쿠이가 1925년 일본대학의 야간부에서 수학할 때 낮에 신문배달부, 막노동 등 일용노동자로 일한 체험에서 기인한 것으로 생각된다. 프롤레타리아투쟁의 이념은 그가 타이완으로 돌아간 후에 농민조합 활동을 하며, 수차례나 구속된 것과 연관이 있을 것이다. 하지만 그것은 동시에 1920년대 중반부터 1930년대 중반까지 일본으로 건너간 타이완 청년과 일본에서 한창이던 프롤레타리아 운동이나 문학과의 교섭을 말한다. 이 소설은 최초로『타이완민보』의 후신인『타이완신민보』에 발표됐지만, 후반부가 게재금지 처분을 받아 1934년에 일본의 좌익잡지『문학평론』의 현상공모에 다시 응모하여 입상한 작품이다. 이 소설이 타이완의 식민지적 검열에 걸린 것도, 일본 좌익문단에서 인정받은 것도 프롤레타리아적인 의식과 연대를 호소하는 메시지 때문이다. 소설 중에 계급의식에 눈을 뜬 양쿠이는 인종이나 민족의 차이, 식민/피식민자의 차이를 초월하여 일본의 프롤레타리아계급과 함께 일본인 자본가를 처단한다. 더구나 그러한 과정을 통해서 양쿠이는 프롤레타리아 투쟁이 고향의 가족이나 마을 사람들을 구하는 유효한 수단임을 인식하게 된다.

1930년대의 도쿄는 모던문화로 화려하게 장식된 국제도시로 변모하는 한편, 격화하는 빈부 격차나 계급대립으로 프롤레타리아 운동이 거듭되는 장이기도 했다. 「머리와 몸」과 「신문배달부」는 각각 제국 수도의 모던 문화나 프롤레타리아운동을 통해서 고향 타이완을 상대화한 결과, 전자는 자유가 없는 봉건적 사회를, 후자는 일본 자본가나 그들의 앞잡이 타이완인에 의한 착취로 학대받는 마을 사람이나 가족을 발견한다. 그것은 작자 자신의 유학체험의 차이에 따른 것이겠지만, 두 소설에서 고향을 파악하는 방식의 차이는 그다지 크지 않다. 「머리와 몸」의 모던문화나 군사파시즘, 그리고 「신문배달부」의 프롤레타리아운동 모두 자본주의의 고도 발전에 따른 산물인 것이다. 더욱이 이 두 소설은 자본주의의 고도 발전으로 인종이나 민족의 경계가 무화되어 버리는 듯한 근대적인 세계에서 고향의 특수한 문제를 이해하려는 자세를 공유하고 있다. 단지 전자는 고향 타이완과 도쿄의 차이(국제성을 과

시하는 모더니티의 결여)를, 후자는 도쿄와의 공통점(세계적인 계급문제)을 의식할 뿐이다. 1920년대의 타이완 청년이 근대적인 진화론이나 보편주의의 언설에서 구축된 인종이나 민족의 분절에 의해서 고향을 이해하려고 했다면, 1930년대의 타이완 청년은 제국적 확장이 초래한 근대적인 물질과 세계적 규모에서 일어나는 자본의 유동에 의해서 그 분절이 해체되고 있는 세계상 안으로 고향을 위치 지으려 했던 것이다.

3. 고향 내부에 편재하는 '일본' : 왕창슝(王昶雄)의 「분류(奔流)」

「신문배달부」의 마지막 장면에서 양쿠이는 고향으로 돌아가는 배에서 타이완을 바라본다. 1930년대 발표된 유학생에 의한 소설에서 주인공이 공부를 마치고 도쿄로부터 귀향하는 설정의 작품은 적지 않다. 제국 수도에서 모던한 생활과 프롤레타리아활동을 경험한 후 오랜만에 고향 풍경이나 인물에 둘러싸인 타이완 청년이 자신이 태어나서 자란 환경이나 문화를 다른 시선으로 보게 되고 거기에 용해되는 데는 많은 노력이 필요했다. 이에 비해서 1940년대 발표된 유학생 소설은 대체로 주인공이 고향으로 돌아와 얼마간의 시간이 지나고 난 뒤 급진적인 황민화운동을 체험한다는 설정을 보인다.

황민화운동은 1937년 7월에 중일간의 군사적 충돌에 대응하여 식민지 타이완에서 타이완 토착 언어와 종교, 그리고 습관 등을 여지없이 배제하고 그 대신 일본 문화를 강압적으로 주입하려는 문화적 캠페인이었다. 같은 해 4월에 이미 제17대 타이완 총독 고바야시 세조(小林躋造)가 공업화와 남진(南進), 그리고 황민화라는 3대 정책을 내걸면서 공공장소에서 중국어 사용이 금지되었다. 황민화운동은 중국과의 전면전에서 피식민자인 타인완인이 일본 제국을 위해 동일한 한(漢)민족과 싸우는 신민이 될 것을 최종의 목표로 삼았다(1942년과 1943년 경 타이완에서 '지원병' 제도가 실시되었다). 황민화운동에서 일본에 충성을 맹세할 것을 요구받은 타이완 지식인 중에는 시세에 따르는 사람은 물론 그것에 저항하는 사람도 있었다. 이 시기에 일본에서 돌아온 타이완 지식인의 다양한 대응 양식을 일러주는 일례로서 1943년에 발표된 왕창슝의 「분류」[3]가 있다.

이 소설은 타이완 의사인 화자 '나'의 눈을 통해서, 중학교에서 국문=일문을 가르치며 철저하게 일본화한 본도인(本島人)[4] 이토 하루오(伊藤春生, 본명은 朱春生)와 극단적인 방법으로 살아가는데 반감을 느낀 그의 생질 린바이니엔(林柏年)의 집착을 그린 작품이다. 소설 중에서 이토는 정월에 아버지가 병상에 든 것을 일러주러 온 어머니에게 난폭하게 굴며, 아버지의 장례식에서 통곡하는 어머니를 무시한 채 타이완식의 장례식을 비난하고 중단시키려 한다. 그의 생질인 린바이니엔은 일본의 국기(國技)인 검도를 수련하여 자신이 직접 "커다란 야마토(大和) 정신을 잇겠노라" 노력하지만 이토가 늙은 양친을 방관하는 것에 강하게 반발한다. 이후 도쿄무도전문학교에 입학한 린바이니엔은 '나'에게 편지를 보내 검도를 통해 "위대한 야마토 정신을 잇"고 있음을 느낀다고 적은 뒤에, 다음과 같이 선언한다.

> 그러나 제가 훌륭한 일본인이면 일수록 훌륭한 타이완이지 않으면 안 된다고 생각합니다. 남방 태생이기 때문이라고 해서 비굴하게 굴 생각은 추호도 없습니다. 이곳 생활에 빠져드는 것이 결코 향리의 시골티를 비하하는 것은 아닙니다. 어머니가 아무리 무식한 토착민이라도 나에게는 한없이 그리운 존재입니다. 설령 어머니가 보기 흉한 몰골로 이곳으로 오신다 해도 저는 추호도 위축되지 않을 것입니다. 어머니의 품에 있으면 기쁜 일이든 슬픈 일이든 모든 게 어린 아이처럼 여겨지니까요.(127쪽)

---

3) 王昶雄,「奔流」,『台湾文學』3권 3호, 1942. 7.
4) 타이완인을 '본도인'이라 불러 일본 본국에서 온 '내지인'과 구별했다.

린바이니엔의 입장에서 보면, 훌륭한 일본인과 훌륭한 타이완인과는 양립할 수 없는 것이 아니다. 린바이니엔이 '향리'를 '어머니'의 이미지로 중첩해서 보는 것에는 양자 모두 어린 시절의 기억과 밀접하게 관련되어 있기 때문만이 아니라, 이토가 그 모친에게 난폭하게 군 태도에 대한 항의가 내재해 있을 것이다. 이토가 낳아준 양친을 비롯해 타이완식의 이름, 생활, 문화 등 전반에 걸쳐서 타이완적인 것을 버리고 "스스로 완전히 내지인이 되고 말리라"는 것에 비해서, 린바이니엔에게 있어서는 "커다란 야마토 정신"과 시골 향리나 어머니는 상극하는 것이 아니라 동시에 마음속으로 의지하는 장소가 될 수 있는 것이다.

물론 이와 같은 차이나 대립이 존재하지만 이토나 린바이니엔 모두 '일본정신'을 획득하는 데 여념이 없다. 이 때문에 계엄령이 해제된 1990년의 타이완에서 오랫동안 무시되어온 타이완문학이 주목받기 시작했을 때, 이 소설은 일본 식민지 정권의 황민화운동을 제창하는 '황민문학'으로 비판받게 된다. 하지만 소설 속 등장인물의 발언이나 행위를 그대로 작자의 의사표명으로 받아들이는 것은 문제가 있으며, 이를 통해서 황민화 시기에 있어서 피식민자의 심리나 행동이 해명될 리 없다. 「분류」를 예로 들자면, 이토와 린바이니엔 모두 황민화에 대한 찬성 혹은 반대라는 양극단적인 의견을 제출하고 있지 않다. 두 사람 모두 일본인이 되고자 하지만, 일본인이 되는 것에 대한 정의나 실천 방법, 스스로의 출신에 대한 위치 규정이 다르다. 여기에서 피식민자의 황민화에 대응하는 방법의 다양성이나 복잡성을 엿볼 수 있다. 또한 두 사람 사이에 서 있는 화자 '나'는 이 소설의 황민화를 둘러싼 표상을 더욱 복잡하게 만든다. 소설의 서두에 제시되었듯이, 3년 전 타이완의 한 시골에서 개업한 아버지가 갑자기 죽게 되자, '나'는 10년간 살았던 도쿄에서 고향으로 돌아와 외아들로서 가업을 잇는다. 고향에 돌아온 '나'의 심경은 다음과 같다.

몇 년 만에 마주하는 향리의 풍물이 진정 너무나도 아름답다는 생각이 들어 마음이 안정되었다. 하지만 그것도 오래가지 않았다. (중략) 내지에 살던 당시의 패기를 떠올리면서 이런 단조로운 생활에서 앞으로 어떻게 자극을 받을 수 있을지 등의 두서없는 근심이 항상 가슴 타듯이 머릿속을 맴돌았다. 의기소침해진 자신의 마음을 한 없이 먼 곳으로 끌고 갔다. 옛 친구와 만나더라도 진심으로 위안이 되거나 흉금을 털어놓고 이야기해주는 사람이 아니라, 하릴없이 빈둥대는 이 나태함은 항상 마음을 우울하게 했다.(104~105쪽)

일본에서 돌아온 타이완 청년이 단조로운 시골 생활에 질려서 자극이 넘치는 도쿄 생활을 그리워하는 마음의 묘사는 동시대 다른 소설에서도 흔히 보이지만, 위의 인용만큼 면밀하게 표현된 것은 없을 것이다. 모던한 생활과 정열적인 프롤레타리아운동으로부터 멀리 떨어져 단조로운 시골에서 단지 생활을 위해 살다 일생을 마칠 것을 생각하면 권태감이나 고독감이 엄습해왔던 것이다. "나는 마치 여수와 같은 어떤 광폭한 감상에 빠진다." 이것은 자신이 나서 자란 땅으로 돌아와 가족과 생활하면서도 극심한 '향수'나 '갈증'을 느낄 정도로, '내'가 10년 동안 생활한 도쿄를 안주할 고향으로 인식하고 타이완으로부터 소외되어 있다는 '고향'의 전회를 체험하는 것이다.

그와 같은 '나'의 앞에 이토와 린바이니엔이 나타난다. '나'는 이토와 같이 완전한 일본인이 될 수 없다면, 린바이니엔과 같이 '남방 태생'의 타이완인이라는 사실을 자랑스럽게 여길 수도 없다고 생각한다. 일본에 있을 때, '나'는 "남방태생의 한 일본인으로서 안주할 수 없어 순연한 내지인이 되지 않으면 안 된다"고 생각했기 때문에, 자신의 출신을 시코쿠(四國)나 규슈(九州)라고 속이는 등 타이완 출신이라는 콤플렉스 때문에 마음이 끌리는 일본인 여자와 결혼을 단념한다. 결국 "단지 노모의 건강만"을 염려하여 귀향했지만, "내지 생활에 대한 애착심"을 버릴 수 없어 항상 일본의 겨울 풍경을 그리워한다. 또한 '나'는 이토를 위해 변호하면서도 육친을 버리면서까지 철저하게 일본화하는 이토의 행동에 의문을 느끼게 된다. 이 소설은 화자인 '나'를 통해 일본에서 돌아온 타이완 지식인이 전시중의 이민족 군사동원이나 그것을 위한 황민화 정책에 직면했을 때, 또한 일본에 체재했을 때, 자신이 타이완인임을 어떻게 위치 지었는지를 생각하면서, 다시금 '고향'이나 '일본'을 정의하는 과정이나 그 양면적인 자세를 드러내 보이는 것이다.

「분류」는 그 한 예에 지나지 않지만, 식민지 통치가 반세기 가까이 지난 1940년대의 타이완에서는 인종이나 문화의 혼종이 일어났고, '일본적인 것'이 생활 깊숙이 침투하고 있었다. 고향이 '일본'이 되어가는 그와 같은 사회 배경은 이토와 같이 일본에서 돌아온 타이완 지식인이 타이완 안에서 순수한 '일본' 세계를 구축하는 것을 가능하게 했다. 바다를 사이에 둔 시선에 의해서 구축된 메트로폴리스의 '근대'와 고향의 '낙후'라는 차이는 이 시기에는 고향 '내부'에서의 분절로 나타나게 된다. 근대화나 진화의 상징으로서 타이완에 침투한 '일본인 되기'는 더욱 전시기의 이민족 군사동원을 목적으로 하는 황민화에 의해서 증폭되고, 생활의 개조에서부터 철저하게 신체나 피의 개조로 이어져 갔다.

그러나 도쿄로 건너가 무도전문학교에 입학한 린바이니엔은 자신의 신체를 개조하여 '훌륭한 일본인'이 될 것을 지향하지만, 고향의 것을 열등한 것으로 비하하는 대신 '훌륭한 타이완인'이 될 필요가 있으며, '일본'이라는 절대적인 진리에 도달하기 위해서는 타이완인은 어머니의 이미지로 상징되는 '고향'과의 자연적인 관계로부터 출발해야만 한다고 주장한다. 식민지적 혼종에 의해서 일본이 타이완으로 침투하고 일본에서 근대나 문명을 배워온 지식인이 타이완의 교육에 종사하기 시작한 1940년대에 린바이니엔으로 상징되는 젊은 세대는 타이완 출신이라는 콤플렉스를 가지거나(화자), '일본'에 접속해가기 위해서 '타이완'과 완전히 단절하거나(이토) 하는 "본도 청년의 이중생활의 심각한 고뇌"로부터 해방된다. '남방', '토착'에 근거한 '일본', '야마토 혼'을 추구하는 그 순례는 메트로폴리스의 보편주의와 고향의 지방주의 사이에 균열을 일으키는 대신 양자를 어떠한 형태로든 융합시키려고 한 여행이기도 한 것이다.

4. 고향에서 식민지 모국, 조국으로
: 우쥐리우(吳濁流)의 『아시아의 고아』

도쿄에서 바다 건너에 있는 고향을 되돌아보는 유학생에서 고향으로 돌아왔지만 떠나온 도쿄에 대해서 노스탤지아를 느끼는 일본에 유학한 엘리트로, 「분류」에 제시된 것은 바로 제국 수도로의 순례를 경험하고 '고향'이 역전되어 일본인이 되라는 명령과 향리에 대한 감정적인 관계가 길항하는, 타이완 지식인의 고뇌하는 모습이다. 전시하의 타이완에서 씌어진 우쥐리우의 자전적인 소설 『아시아의 고아』[5]에서 주인공인 호태명(胡太明)은 타이완을 떠나기 전에 이미 '고향'을 발견한다. 국어학교의 사범부를 졸업하고 시골 공학교에 교사로 부임한 태명은 일본인 여성 동료 히사코(久子)를 사랑하지만, 소설 중에서 돋신적으로 미화된 히사코의 신체나 히사코의 집에서 권하는 생선회에 대한 태명의 생리적인 거부반응은 그에게 넘을 수 없는 인종이나 문화의 차이를 의식하게 한다. 그리고 손이 닿지 않는 동경의 대상으로 나타나는 '일본'과의 만남을 통해서 귀성한 태명에게 고향의 변화를 의식하도록 만든다.

> 20년 전, 일족(一族) 수백 명이 모여서 성대하게 거행되던 공청(公廳) 앞 광장은 황폐하고, 아이들의 낙서로 더럽혀졌으며, '지선당(至善堂)'이란 문자의 금박도 벗겨져 있다. 불단(佛壇)은 먼지가 가득 쌓여 촉대는

---

[5] 吳濁流, 『アジアの孤兒』, 新人物出版社, 1973. 초출은 종전직후인 1946년 타이완에서 발행된 『胡志明』이며, 1956년에 일본에서 처음 발행되었다.

오랜 세월 흘러내린 촛농이 그 채로 달라붙어 있었다. 일족의 결속이 사라짐에 따라서 어떤 이는 낙오하여 남(南)타이완이나 동(東)타이완으로 흘러갔다. 그리고 아삼(阿三)이나 아사(阿四)와 같이 무엇 하나 이룬 것도 없이 기생하고 있는 자도 있었다.(54쪽)

이 소설의 앞부분에는 객가(客家)[6] 출신의 어린 태명이 직계 가족, 마을의 친족, 에스닉 문화, 그리고 한문화로 구성된 조화로운 세계에서 자라는 모습이 면밀하게 그려져 있다. 그 자기완결적인 세계는 머지않아 시키시마(敷島)의 담배와 새하얀 손수건을 지니고, 향수와 샤봉(비누) 등의 '일본 냄새'가 나는 사촌 형제나 "일장기가 그려진 등불을 걸고" 식민지 정부의 권력을 실행하는 순사나 장정들에 의해서 침입 받게 되지만, 태명이 공학교 입학으로 재래의 가부장제도나 한민족 문화가 지배하는 고향 세계와 근대적인 교육을 받은 그 사이에는 "일종의 단층이 생기게" 된다. 그리고 태명이 교사로서 식민지 교육에 종사하고 또한 일본적 세계로 들어가는 것과 평행하여 대부분 같은 성(姓)의 친족에 의해서 구성되어 결속이 강한 고향 마을은 식민지 통치하의 동화나 근대화에 의해서 이산되어 간다. 다시 말해 태명의 고향 발견은 역설적으로 그와 같은 '상실'을 통해서 달성되는 것이다.

여기에서 타이완 내부에 자리 잡은 '일본'에 의해서 타이완적인 것이 주변으로 밀려나는 과정을 발견한다는 점에서 「분류」를 상기시킨다. 하지만 '일본'을 뒤쫓는 이토와 린바이니엔, 그리고 화자인 '나'를 중심에 둔 「분류」와는 다르게, 『아시아의 고아』에서는 주인공이 성취할 수 없는 히사코에 대해 생각, 학교에서의 일본인, 타이완인 교원의

---

[6] 객가는 타이완의 한민족 이민 그룹 중 하나이다. 식민지 타이완의 토착민은 말레 폴리네시아계 인종의 원주민족(2.7%)과 17세기부터 중국 대륙에서 이주해온 한민족(95%)으로 구성되어 있다. 한민족 이민은 또다시 민남(閩南, 福建 남부)의 복료(福佬)와 광동(廣東)의 가객 등의 인종 그룹으로 나눠지며, 민남 출신자가 전 인구의 약 8할을 차지한다.

불평등을 통해서 생활 공간을 공유하면서도 소거할 수 없는 식민자와 피식민자의 차이나 분절을 부각시킨다. 또한 처음부터 고향을 잃어버렸음에도 불구하고 태명은 어떤 장소에서 방황하거나, 어떤 사건을 겪더라도 항상 고향의 풍경이나 가족을 마음이 회귀할 장소로 여긴다. 이러한 의미에서 『아시아의 고아』는 자기 출신의 원점으로서 일본화되어 가는 식민지 타이완을 묘사한 것이며, 이는 「분류」에서 나타나듯이 '일본'을 절대적인 가치로 삼아 타이완의 잔여 토착적인 것을 바라보는 시점과는 대조적인 것이다.

"민족의 차이에 집착하는" 히사코로부터 사랑을 거절당한 태명은 슬픔을 이겨내기 위하여 일본으로 유학을 간다. 일본에 도착한 태명은 교토의 "향기가 흘러넘치는 문화"에 감동을 받고, "훌륭한 국토, 그리고 멋진 사람들!"이라고 절찬한다. 이에 비해 도쿄는 "차분함이 없이 신경이 피곤한 도시"지만, 그렇더라도 사람들은 친절하며 고향에서처럼 일본인이 타이완인을 '리아'('여보', '당신'을 의미하는 타이완어로 모멸감을 주는 차별어로 사용됨)라고 부르거나 경시하는 일이 없다. 일본에서 오래 체재한 타이완인 선배는 태명에게 자신이 타이완인이라고 말하지 말고, "타이완의 일본어는 규슈 사투리와 닮았기 때문에 후쿠오카(福岡)나 구마모토(熊本) 출신이라고 말하면 된다"고 충고한다. 「분류」의 화자가 출신을 시코쿠나 규슈로 위장하는 것과 마찬가지로 이 소설에서의 타이완인 청년도 자신의 고향이 '식민지'임을 숨기고, 일본 국내의 '지방' 출신으로 위장하는 것을 통해 차별을 피하려고 하는 것이다. 그렇지만 태명은 당당히 타이완 출신이라고 말하고, 하숙집 가족을 비롯해 주위 사람들은 특별히 그것에 구애받지 않는다. 하지만 그것은 '중국 유일(留日) 동학회'의 모임에서 문제를 일으킨다. 객가어를 사용하여 객가 출신의 중국 유학생으로 오해받은 태명이 갑자기 타이완적(籍)을 밝히자, 강연회에서 '건설 신중국', '타도 군벌', '타도 군국주의'의 슬로건에 의한 흥분의 여운이 채 사라지지 않은 중국 학생들은 "타이완 사람이다",

"스파이일지 모른다"고 그에게 적대감을 드러낸다. 역사적으로는 1920년대부터 일부의 타이완인이 '아모이' 근처에서 일본의 영사재판권을 방패삼아 위세를 떨치며 부정을 저질렀다. 그로 인해 그들은 중국인 원주민의 빈축을 사며 배일(排日)운동 세력에게 공격을 받았지만, 중일전쟁이 발발한 후 일본은 중국말이 통하는 타이완인을 고용하여 스파이 활동에 종사시켰다. 결국 타이완 사람인 태명은 식민지 모국에서 조국 '중국'과 만나고, 피식민지민으로서가 아니라 중국에서 제국주의적 진출에 가담한 일본 국적자로서 기피되었던 것이다.

작자 우줘리우는 일본 유학의 경험이 없었다. 소설에서 재일(在日)중국유학생회의 묘사는 그가 국어학교 재학 시절 일본에 수학여행 갔을 때의 경험에, 이후 중국에서 체험한 타이완인 차별을 연결해서 그려낸 허구일 뿐이다. 하지만 이 허구에 의해서 식민지 모국에서 식민지를 차별하지 않는 일본문화의 아름다움을 체험하는 한편, 일본인이기 때문에 조국 중국으로부터 차별당하는 처지가 된다는 타이완 청년의 일본 식민지 통치에 대한 양면적인 감정은 복수의 인종과 민족이 휘말린 형태로 나타나게 된다. 특히 '객가'의 에스니티는 중국 유학생에게 타이완 출신으로 일본적(籍)을 가진 태명을 같은 중국 출신으로 오인하는 문화적 속성인 동시에 태명의 '고향'을 구성하는 중심적인 요소임에 주목해야 한다. 다민족의 제국에 속한 피식민자인 타이완인은 조국 중국인과 인종적인 문화를 공유하면서도 국민국가의 정치적, 군사적 충돌 속에서 '적'으로서 타자화되게 마련인 것이다.

일본에서 고향으로 돌아온 태명은 취업을 하지 못하고 마을 사람들의 냉담한 시선을 받게 된다. 그 사이 공동제사의 분할 등으로 친족 네트워크가 해체되고, 조부는 그로 인해 건강을 잃어 결국 세상을 떠난다. 또한 호가(胡家)의 선산 땅이 사탕수수 재배를 위한 철도공사로 파헤쳐지는 것을 막으려다 어머니가 구타당하는 사건이 일어난다. 고향의 해체나 고통을 눈으로 목격한 태명은 뜻밖의 기회로 중국에 가서 취직하게 된다.

생각해보면, 식민지 타이완에서 중국으로 건너온 타이완 청년에 의한 소설에서 보이는, 중국에서 고향 타이완을 상대화하는 시선은 일본에 유학한 자의 그것과는 성질이 다르다. 1920년대 전반기에 이미 아모이(언어의 근사성이라는 면에서)나 베이징(北京)에 유학한 타이완 청년이 등장하기 시작했다. 이미 앞서 언급한 『타이완민보』시리즈 등 도쿄유학생을 중심으로 하는 초기 잡지에서 상하이(上海) 치난(暨南)대학의 시원치(施文杞), 베이징사범학교의 장워쥔(張我軍) 등 중국 유학중의 타이완 청년도 활약하고 있었다. 그들은 후스(胡適), 천두슈(陳獨秀)가 중국에서 제창하고 있었던 백화문운동 등 문예근대화의 주장을 소개하고, 「그녀는 어디로」를 제외한 대부분 중국어로 씌어진 타이완 근대소설의 성립에 크게 기여했다. 예를 들면, 초기의『타이완민보』에서 활약한 시원치는 전통적인 중국의 이야기나 근대 중국에서 발생한 페미니즘 사상을 융합시키고, 식민지가 된 타이완을 여성화하는 우화「台娘悲史」(1924)를 썼다. 그리고 그는 타이완인의 백화문 습작에 타이완어의 단어와 어미가 섞여 있는 것이나, 타이완이 중국에서 물려받은 언어나 문화유산에 주목하고, 중국을 표본으로 삼는 언어나 문화의 근대화를 주장했다. 또한 1924년부터 타이완에서의 전통적인 문인이나 그들의 한문, 한시를 공격하고, 이른바 '신구문학논쟁'을 불러일으킨 장워쥔은 1926년「복권을 사다(買彩票)」를 비롯해 북경에서의 생활을 제재로 한 일련의 소설들을 발표했는데, 그 소설 속에 타이완 유학생이 등장하지만 고향 타이완에 대한 언급은 전무했다. 중국에 유학한 타이완 청년이 언어나 문예의 근대화를 주장할 때, 그 평론이나 소설 작품에서 '고향'의 부재는 타이완이 중국과 정치적으로 분단되어 있지만, 문화적으로는 연관이 지속되고 있다는 상황 때문일 것이다. 그것은 일본에 유학한 타이완 청년의 발언과 창작에서 타이완을 식민 통치하는 일본을 '다른 인종'과 '근대'로 인식하고, 그래서 억압받으며 낙후된 고향을 발견하는 것과는 대조적이다. 1930년대에 접어들면, 중국의 좌익문인 후펑(胡風)이 양쿠이의 「신문배달부」를 포함해 노동계급을 그린 타이완이나 조선 작가에 의한 일본어 소설을 중국어로 번역하여 소개했지만, 이 시기에 중국에서 활약하던 타이완 지식인의 활동은 기본적으로 1920년대의 그것과 그다지 차이가 없었으며, 타이완과 분리된 형태로 행해졌다. 1937년에 중일전쟁이 발발한 후 공식적으로 중국어 창작을 발표할 수 없게 되었고, 적(敵)이 되어버린 중국에 관한 보도도 전쟁프로파간다 일색이었다. 그렇기 때문에 일이나 전쟁으로 중국에 간 타이완 지식인이 중국체험에 근거해 쓴 것은 대개 『아시아의 고아』와 마찬가지로 전후가 되어서야 비로소 공개되었는데, 그 중에 조국 중국의 '적'이 된 고향이나 자신을 발견하는 경험이 기록되어 있다.

『아시아의 고아』에서 태명의 두 차례에 걸친 중국 체험은 그가 조국과 일본인이 된 자신과의 거리를 재확인하고, 고향 타이완을 다른 눈으로 보는 계기가 된다. 중국으로 건너간 태명은 여자중학교의 수학 교사로 일하며 사립 일본어학교의 교사를 겸하는데, 난징(南京)에서 우연히 만나 강렬한 인상을 남긴 여성과 재회하고, 그녀의 전통회화나 서도에 대한 교양에 매료되어 두 사람은 결혼하기에 이른다. 하지만 결혼한 후 그녀는 '남녀평등', '부인해방'을 주창하면서 태명의 기대에 반하여 사회에 진출하여 댄스, 마작, 그리고 연극에 몰두하는데, 그 후 두 사람은 동상이몽의 가정생활을 보내게 된다. 그리고 만주사변이나 국공합작 등 내외관계가 긴박해지는 가운데, 생활의 균형을 유지하기 위해 노력하던 태명은 어느 밤 타이완인 스파이 혐의로 체포되어 연금되기에 이른다. 옥중에서 그는 중국건설을 위해 중국에 왔는데 타이완 출신이라는 이유로 신뢰를 받지 못하는 것을 한탄한다. 또한 그는 중국의 여성과 결혼하고 아이를 낳고 중국에 영주할 생각도 했지만, 그것도 실현할 수 없었다. 타이완에 있을 때 태명은 "결혼하면 아이가 생긴다. 자신과 같은 인간이 태어나 사람들로부터 '리아'라고 멸시당할" 테니 결혼을 단념하고, "리아로서의 삶은 자기 대(代)만으로 충분하다"고 생각한다. 중국으로 건너는 배에서 그는 자작(自作) 7언 율시에 '고국'이라는 표현을 사용했다가, 자신이 일본 국적임을 떠올리고는 바로 '대륙'이라는 표현으로 바꾼다. 중국과 자신 사이에는 문화적인 관련밖에 없다는 사실을 알면서도, 태명은 중국으로 출발하기 전에 조부의 묘에 참배하고, "강남에서 뼈를 묻을 제1세대가 되겠다고 다짐한다." 중국을 새로운 고향으로 여기고자 한 그의 바람은 결국 중일전쟁이 발발하면서 타이완과 중국이 적대관계로 변한 현실 앞에서 산산이 깨진다. 고독한 어둠 속에서 태명은 고향을 떠올린다. 고향산천, 할아버지와 보낸 어린 시절의 나날들, 가족의 얼굴, 옛날 일하던 타이완 농장의 풍경. 일본 이름이 아니라 한자로 씌어진 식물 이름 '고동(苦楝)'과 '감자(甘蔗)', 그리고 음식 중 하나인 '선초(仙草)'는 타이완적인 풍경을 현전시키고, 그 풍경 속의 아이나 여공(女工)은 태명이 타이완에서 교사나 농장의 회계로 일했을 때 가르치던 대상이다. 타이완에 있을 때 태명은 자신이 소외되었다는 생각을 갖거나 자신의 무력함 때문에 속을 태우곤 했지만, 중국의 옥중에서 되돌아보니 그곳은 자신이 나서 자란 고향이며, 적어도 자신이 신뢰받고 남에게 도움을 줄 수 있는 장소였음을 깨닫게 된다.

겨우 탈출하여 고향에 돌아온 태명은 얼마 후 발발한 중일전쟁에 일본 해군의 군속이라는 신분으로 중국 광동에 가게 된다. 전쟁 중에 일어난 비인도적인 사건을 목격하고 듣는 것도 고통스러웠지만, 항일 테러의 용의자를 취조할 때 통역을 맡아 "조용히 죽음을 맞는 그들의 태도에서 순국의 숭고한 용기를 발견하고는, 태명은 그것에 압박감을 느꼈다." 어느 날, 구국의용대 대장을 취조하고 처벌하는 장소에 참석한 후 심한 정신적 동요와 육체적 피로를 느낀 태명은 결국 쓰러져 타이완으로 후송된다. 고향에서는 전시체제 하에서 황민화가 실시되어 창씨개명과 공출운동이 한창이었고, 젊은이의 특별지원병제도가 실시되고 있었다. 지원병이 되려는 조카를 향해서 태명은 "도대체 누굴 위하고 무얼 위해서 목숨을 던지려 하느냐"며, 국가라는 제도에 의해서 전쟁이 합리화되고 있음을 설명하고 지원을 단념시킨다. 첫 번째 중국행이 '찬란한 중국고대문화'를 동경하던 태명이 그곳을 새로운 고향으로 삼으려던 꿈을 접고 잊혀져 버린 고향 타이완으로 회귀하는 과정이라고 한다면, 일본의 군속으로서 중국의 전장에 나간 두 번째 경험은 태명에게 고향 타이완에서 행해지는 황민화운동과 특별지원병제도를 근대적인 국민국가가 인간성을 뿌리째 뽑아버리는 제도로 상대화하는 듯한 시점을 제공한다.

「분류」에서 황민화운동 아래서 피식민자 타이완인은 이토와 같이 타이완인으로서의 아이덴티티를 방기하든지, 젊은 린바이니엔과 같이 타이완인의 본성을 '야마토 혼'으로 연결하든지, 그 어느 쪽이든 민족과 문화의 개조를 요구받는다. 그에 비해서 『아시아의 고아』에서의 타이완 청년은 제국의 부정한 침략전쟁 때문에 한(漢)민족이라는 문화적·인종적 아이덴티티뿐만 아니라, 개인의 생명까지 던지는 일을 요구받게 된다. 1940년대에 있어서의 제국의 이(異)민족 전쟁동원 아래서 고향으로 침입한 '일본'은 철저하게 타이완인의 (한민족, 원주민을 불문하고) 인종적·문화적 특수성을 말소한 위에 피식민자를 '대동아전쟁'이라는 새로운 보편성을 위해서 희생하는 것과 같은 제국의 신민으로 전화(轉化)해 가는 작업을 행하고 있었던 것이다.

5. 회귀하는 장소를 잃은 식민지 타이완의 지식인

지금까지 식민지 타이완에서 생산된 소설 텍스트를 대상으로 식민통치, 프롤레타리아운동, 황민화, 전시동원 등 역사적인 사건에 휘말린 타이완 청년들이 다양한 위치에서 고향과 그에 의해 규정된 자신을 발견하고, 제국주의와 자본주의의 발전이나 전쟁 등에 의해서 인종, 성,

계급의 경계가 유동적으로 변하는 근대적인 세계에서 자신을 위치 짓는 과정을 살펴보았다. 1920년대 소설과 함께 탄생한 타이완의 근대적 지식인은 제국 수도에서 수용한 서양의 보편성이나 문명화 담론을 통해서 고향의 특수한 문제를 이해하려고 했다. 하지만「기분 나쁜 침묵」이나「그녀는 어디로」에서 보여주는 것처럼, 도쿄가 상징하고 있던 보편성이나 문명화도, 그것을 통해 타이완의 봉건 사회를 개혁하려는 그들의 계몽적인 이념도 추상적인 개념에 머물렀다.

1930년대 타이완 청년들은 도쿄의 국제문화와 프롤레타리아운동을 체험하고 물질의 유동과 계급적 연대에 의해서 민족이나 인종의 경계를 초월하는 세계 안에서 고향 문제를 해결하려고 했다.「그녀는 어디로」의 막연한 도쿄 문명이나「기분 나쁜 침묵」의 코스모폴리타니즘이「머리와 몸」에서는 백화점, 극장, 커피숍 등의 모던한 물질문화나 국제문화라는 실체성으로 나타났고,「신문배달부」에서는 프롤레타리아운동으로 구상화되었다. 제국 수도와의 관계성 안에서 이해되는 고향도 보다 사실적으로 드러나게 되었다. 특히「신문배달부」의 경우, 민족의 차이를 초월하는 세계 프롤레타리아 계급의 연대는 동시에 고향에서의 식민지적 억압을 해결하는 수단이 되고,「기분 나쁜 침묵」에서는 식민지 문제의 특수성과 세계의 보편성 사이의 대립이 해결된다.

전쟁기에 접어들면, 일본에서 돌아온 타이완 청년이 유학했던 도쿄에 향수를 느끼거나 고향 타이완에서 '일본'이 자리 잡게 되는 등, 고향의 개념은 더욱 복수화되어 간다. 그와 동시에 중일 간의 긴박한 긴장관계 속에서 중국으로 건너간 타이완 지식인은 문화적인 관련은 있지만, 정치적으로 분단되어온 조국에서 일본인이라고 배제된 사람이 적지 않았다. 일본과 중국 사이에 놓인 타이완 사람은 식민지 모국(「분류」의 경우)이나 조국(『아시아의 고아』)에서 안주할 수 있는 고향을 희구하지만, 타이완인이라는 태생 때문에 그 어느 쪽에서도 거부된 채, 양국의 군사적 충돌의 현장으로 내몰렸던 것이다.

진화론으로 제국의 인종 탄압을 정당화하려는 '보편주의'(1920년대). 인종, 민족 등 국민국가의 경계를 초월하는 '국제적인' 물질문화나 계급의 연대(1930년대). 절대적인 진리나 이상으로서 고향의 내부에 편재된 '일본'과 생명을 헌상하는 제국적 주체를 생산하는 대동아의 '성전'(1940년대). 이렇게 식민지 타이완의 청년들은 일본의 '근대' 담론에 따라서 제시한 다양한 보편적 가치와의 관련성 안에서 타이완을 위치 지으려 했다. 식민지 모국과 조국, 그리고 고향이 길항하는 가운데 안주할 수 있는 장소를 찾아나서는 다양한 여행을 통해서 타이완 지식인은 다음과 같은 현실을 인식하게 된다. 그것은 고향 타이완이나 그곳에서 나서 자란 자신은 제국과 식민지의 확고한 위계관계에 속박된 채, 근대적인 국민국가의 결속과 귀속으로부터 배제되면서 그 부(負)의 부분을 여지없이 짊어지게 된다는 것이었다. 일본 국내의 경우, 국민국가의 의식이 그 일부 지역인 고향을 전제로 하여 "'고향'이라는 감정을 축으로 한 공동성이 국민국가의 변화에 동반하여 변하고 있었다."[7] 그에 비해서 식민지 타이완 지식인은 식민지 모국인 일본과 조국인 중국 등 국민국가라는 보편적 대조항과의 관계성 안에서 자신의 출신지인 '고향'과 그것에 큰 영향을 받아 규정된 자신을 이해하며 위치 지으려고 했다.

『아시아의 고아』의 주인공 태명은 강제징집으로 끌려간 이복동생이 과도한 노동으로 숨진 데 충격을 받아 발광한다. 처음에는 호가(胡家)의 공청(公廳) 벽에 한시를 쓰는 정도였지만, 항의하는 시구를 읊조리다 묘하게 절을 바꿔가며 산가(山歌)를 부르고, 울화가 치밀어 오르면서 '완전한 착란의 상태'에 빠진다. 조부로부터 배운 한문과 한시가 영원한 한(漢)문화의 세계라고 한다면, 지식인이 기피하는 객가의 산가는 심정을 직접 표출하는 고향의 노래이며, 입에서 나오는 대로 퍼붓는 악담과

---

[7] 成田龍一, 『'故鄕'という物語-都市空間の歷史學』, 吉川弘文館, 1998, 23쪽.

침묵은 인위적인 국가 제도에 항의하는 최후의 절규일 것이다. 제국 수도나 조국으로 이동하며 인종, 성, 계급을 둘러싼 권력관계가 전회(轉回)하는 속에서 '고향'의 발견, 상실, 역전, 복수화 등을 경험하는 것을 통해 식민지 타이완의 지식인이 최후에 도달한 결론은 안주의 불가능성일 것이다.*

---

* 번역 : 박광현(동국대학교 국어국문학과 교수)・오태영(동국대학교 국어국문학과 박사과정)

프로레타리아 소설과
노스탤지어의 시공(時空)

김 철

> 근대적 노스탤지어는 신화적 귀환의 불가능성에 대한 애도, 분명한 경계와 가치를 지닌 매혹적인 세계의 상실에 대한 애도이다. 그 노스탤지어는 어떤 절대, 정신적-육체적인 어떤 안식처, 역사 이전의 에덴 동산 같은 시-공간의 통일에 대한 정신적 동경(longing)의 세속적 표현일 것이다. 노스탤지어에 사로잡힌 인간은 정신적 수취인(addressee)을 찾아 헤맨다. 그는 침묵에 부딪치고 결국은 뭔가 기억할 만한 표지들(signs)을 찾아 다닌다. 그것들을 대책없이(desperately) 잘못 읽으면서.
>
> — Svetlana Boym, 『The Future of Nostalgia』

한국 프로레타리아 소설의 정점으로 평가되는 이기영의 장편 『고향』(1933)에서 주인공 김희준의 귀향은 적막하고 초라하기 그지없다. "희준이가 동경에서 나오든 그날 저녁때 원터 동리는 별안간 발칵 뒤집혔"는데, 그것은 그가 "좋은 양복에 금테 안경을 쓰고 금 시계줄을 느리고 짐군에게는 부담을 잔뜩 지워가지고 호기있게 드러올 줄 알았"던 동리 사람들의 기대감의 표현이었을 뿐, 막상 "식거먼 학생 양복에 테둘이가 오골쪼골한 모자를 쓰고 행장이라고는 모서리가 해여진 손가방 한 개를 들었을 뿐"인 김희준의 모습을 보고 마을 사람들은 실망을 감추지 못한다. "그들은 미구에 발길이 드무러지고 희준의 집은 전과 같이 쓸쓸해졌다."1)

김희준의 귀향이 이와 같이 적막하고 초라한 것은 그가 기대에 부응하는 성공을 하지 못했기 때문만은 아니다. 귀향(歸鄕)에 대한 일반적인 상상과는 전혀 반대로, 김희준의 귀향은 익숙하고 낯익은 것들과의 날카로운 결별, 친근하고 정든 가족적 유대로 결합된 공동체로부터의 차가운 이탈을 초래하는 것이다. 철도와 전등, 전화가 가설되고 대도회지로 변신한 고향에서 김희준은 "마치 길을 잃은 나그네와 같이 우두커니 서서 자기 집의 옛터를 바라보"며, 귀향의 첫날부터 아내와의 불화, 낯선 아들과의 대면으로 우울한 심정에 사로잡힌다. 마을 사람들은 물론이고 그의 식구들조차 그가 하루 종일 무엇 때문에 바쁜지 무슨 일을 하는지를 모른다. 요컨대 김희준에게 귀향은 낯익고 정다운 것으로의 회귀가 아니라 그 반대이다. 말하자면 그는 낯익은 고향에서 떠나 낯선 타향으로 갔다가 다시 낯선 고향으로 돌아온 것이며, 낯익은 사람들을 떠나 낯선 사람들 속으로 갔다가 다시 낯선 사람들에게로 돌아온 자이다.

이 주인공-영웅(hero)의 귀향은 이미 고전적 영웅의 신화적 귀환과는 거리가 먼 것이다. 그것은 모든 근대적 인간의 귀향이 지닌 보편적 성격이기도 하다. 지금이 아닌 어떤 다른 시간, 이곳이 아닌 어떤 다른 곳에 대한 열망, 다시 말해 잘못 놓인 시간과 장소에 대한 회한(悔恨)은 김희준을 비롯한 『고향』의 인물들을 싸고 도는 공통된 정서이며, 그것이야말로 근대적 노스탤지어(nostalgia)의 원천인 것이다.2)

---

1) 이기영, 『고향』 1권, 한성도서주식회사, 1936, 23~25쪽.
2) nostalgia의 어원인 nostos는 귀향(return home) algia는 동경(longing)을 뜻한다. nostalgia는 한번도 존재한 적이 없거나 더 이상 존재하지 않는 고향(home)에 대한 그리움을 뜻한다. 1688년 스위스 의사 Johannes Hofer에 의해 질병으로 취급된 이후 노스탤지어는 문학이나 예술의 대상이 아니라 의학상의 문제로 여겨져 왔다. 치료되어야 할 질병이었던 노스탤지어가 '애국심'과 연결된 보편적 감정으로 인식되기 시작한 것은

사회주의 혁명의 전망에 입각한 노-농 동맹의 가능성을 그려낸 소설이라는 『고향』에 대한 널리 알려진 통념과는 달리, 나는 이기영의 대표작인 『고향』을 비롯해서 『신개지(新開地)』(1938), 『처녀지(處女地)』(1944) 등의 소설을 근대적 노스탤지어의 이야기로 읽으려 한다. 이 소설들은 낯선 시간과 장소에 놓인 주인공-영웅(hero/heroine)이 잃어버린 가능성의 시간들을 찾아 끊임없이 헤매는 이야기, 다시 말해 근대적 노스탤지어의 표현물이다. 그런가 하면 노스탤지어는 소설의 내용 안에만 존재하는 것이 아니다. 그것은 지식인-작가 및 지식인-독자로 이루어진 근대 소설의 공간, 즉 이 소설들이 읽히고 유통되고 해석되는 공간 안에서도 작동하고 있다. 이 소설들을 사회주의 혁명에 대한 비전으로 읽어내는 독법 안에는 지식인-작가 및 지식인-독자가 공유하는 근대적 노스탤지어의 구조가 자리 잡고 있다.

이 소설들을 근대적 노스탤지어의 이야기로 읽음으로써, 이 글은 흔히 프로레타리아 소설로 대표되는 한국의 근대 리얼리즘 문학이 실은 모더니티의 변화된 시간관, 특히 직선적(linear) 진보 이념을 바탕으로 현실(reality)의 존재론적 구속을 통속적 혹은 정신적으로 벗어나고자 하는 시도를 담고 있었음을 밝히고자 한다.

1. 예측 불가능의 과거/예측 가능의 미래

변덕스런 운명의 장난으로 놓쳐버린 행복의 순간들, 그 엇갈린 시간에 대한 고통스런 기억과 회한은 이기영 소설들의 주요 인물과 사건을 움직이는 기본적인 모티프이다. 잘못된 제도에 의해서든 돌발적인 사고에 의해서든, 재자가인(才子佳人)의 행복한 결합은 실현되지 않는다.

18세기 후반 이후 낭만적 민족주의의 대두와 더불어서였다. Svetlana Boym, 『The Future of Nostalgia』, Basic Books, 2001, 3~12쪽.

『신개지』의 한 장면을 보자.

> 어느덧 새봄이 도라와서 뒷산에는 진달내 꽃이 빨아케 피여나고 앞강에 가첬든 물이 출렁출렁 흐르나치면 그위로 느러진 실버들가지가 어느틈에 물이 올너서 아이들은 피리를 만드러 분다. 보구미를 낀 순남이도 나물을 뜻으러 밭고랑을 헤매일때 윤수는 언덕에서 갈퀴나무를 하고 있었다. 어떤때는 윤수가 순남이를 쫓어가며 갈퀴질을 하였고 어떤때는 순남이가 윤수의 곁으로 오며 나물을 뜻기도 하였다. 또 어떤때는 다른 사람이 그 근처에 있는데도 윤수가 눈치없이 굴나치면 순남이는 민망한듯이 눈총을 주기도 했다.
> 『저기서 누가 보는구면… 아이 저만치 가요』
> 『보면 대쉰가 세상이 다 아는 반남안데』
> 『그래도 난 싫여』
> 『그럼 언제 맛날가?』
> 『얼네 날마다 보면서 호』
> 순남이는 그때 정찬 우숨을 우섰다.3)

이 목가적인 무갈등의 세계, 마치 에덴 동산과도 같은 이 세계는 더 이상 존재하지 않는다. 아름다운 순남이는 서울 유곽의 금향이가 되었고 씩씩한 젊은 농민 윤수는 전과자가 되었다. 그들은 다시 만나지만 이제 더 이상 옛날의 그들이 아니다. 또 다른 애정 관계, 즉 윤수와 월숙의 관계도 이러저러한 우연들에 의해 방해 받는다. 『처녀지』나 『고향』에도 동일한 모티프들이 반복된다. 만주의 오지(奧地) 정안둔(正安屯)으로 들어 간 『처녀지』의 의사 남표를 괴롭히는 것은 약혼녀 선주의 배신, 그 어긋난 운명의 시간들이다. 그런가 하면 무구(無垢)하고 순결한 여주인공 경아와 남표의 결합 역시 실현되지 않는다. 『고향』의 세계 역시 행복에의 가능성이 사라져 버린 실낙원의 공간이다. 젊은 남녀의 애정, 즉 갑숙이와 경호, 방개와 인동이, 갑숙이와 김희준, 김희준과 음전

---

3) 이기영, 『신개지』, 三文社全集刊行部, 1938, 19쪽.

이 등의 얽히고설킨 애정 관계는 모두 좌절되며 소설은 이 좌절되는 애정담들을 기본축으로 하여 진행된다.

문제는 이들의 애정 관계가 좌절된다는 사실 자체에 있는 것이 아니라, 이러한 좌절을 통해 그들이 갖게 되는 새로운 시간과 공간에 대한 관념이다. 이루지 못한 사랑에의 회한은 불가역적(irreversible) 시간의 숙명을 개인의 내면에 깊이 각인시키는데, 그러한 내면을 간직하게 된 인간은 이미 근대적 인간인 것이다.4) 다시 말해, "과거는 미래보다 더 예측할 수 없게 되었다. 그리고 노스탤지어는 이 이상한 예측불가능성에 의존한다."5)

과거가 예측할 수 없는 것, 즉 지배 불가능한 것이 되는 데에 반하여 미래는 오히려 예측 가능한 것, 다시 말해 지배 가능한 것이 된다. 미래는 계획되고 추진되고 건설된다. 예측 불가능한(=지배 불가능한) 과거와 예측 가능한(=지배 가능한) 미래. 이 기묘한 시간관이 근대적 노스탤지어를 낳는다. 이기영의 소설은 이 시간 속을 맴돈다. "그때 만일 ~했더라면"이라는 예측불가능의 과거를 향한 회한의 대사는 『고향』, 『신개지』, 『처녀지』의 인물들에게서 끊임없이 반복된다.6) 이루지 못한 행

---

4) 13세기의 시계 발명 이전 "지금 몇시야?" 같은 질문은 그리 중요하지 않았다. 시간의 부족은 별로 큰 재앙이 아니었다. 시간이나 변화는 결정적인 것이 될 수 없었고, 따라서 미래를 위한 걱정 같은 것도 없었다. 그러다가 르네상스 후반기에 이르러 '시간'은 인간의 통찰이나 무분별로부터 독립된 '신의 섭리', 변덕스런 '운명'의 이미지로 구현되었다. Svetlana Boym, 앞의 책, 9쪽.
5) Svetlana Boym, 위의 책, Introduction, XIV.
6) 대표적인 사례를 몇 개 들기로 한다. 『신개지』에서 기생이 된 순남이 윤수에게 보낸 편지는 이기영의 소설들을 지배하고 있는 잃어버린 행복의 순간들에 대한 깊은 회한의 정서를 잘 보여준다: "아! 천지에는 이렇게 새봄이 돌아왔건만 내 가슴속은 왜 어둠이 그저 풀리지 않는지요. 시대는 천리가 지척같이 변화되었는데 우리의 생활은 왜 그대로 지척이 천리같이 적막한지요? 당신은 지난 시절이 생각나지 않습니까? 나는 오직 그것을 꿈속의 행복으로 기리 느끼고 있습니다. 왜 그러냐하면 나에게는 두 번 다시 그런 시절이 올리 만무하니까요. 참으로 그때- 당신과 내가 봄동산에서 놀던것이 나에게는 인생의 마지막 행복일줄을 누가 알었겠습니까. <u>그럴줄 알었더면… 당신을 좀더…</u>"(『신개지』, 204쪽) 한편 『처녀지』의 주인공 남표의 회상은 '예측불가능한 과거'가 인물들의 내면을 지배하는 이기영 소설들의 특성을 잘 보여준다: "그때 경아

복에의 순간들, 어긋나버린 운명의 과거가 안타까운 회상의 시선 아래 놓이는 것과 함께 쇄신된 미래, 즉 혁명에의 열망이 나타난다. (이 점에 대해서는 후술한다.) 다시 말해, 근대적 노스탤지어의 시선은 과거뿐만 아니라 미래를 향한 그리움인 것이다.

2. 노스탤지어의 시공

이 근대적 노스탤지어의 시간이 공간과 어떻게 결합하는가를 살펴보자. 놓쳐버린 행복의 순간들에 대한 상실감에 괴로워하는 인물들에게 과거의 공간은 더 이상 익숙한 경험의 공간이 아니다. 그들은 대개 어떤 이유로든 이 낯익은 경험 공간을 떠났다가 돌아온 자들이다. 동경 유학으로부터 원터 마을로 돌아 온『고향』의 김희준은 물론이려니와, 제사(製絲)공장에 여공으로 취업한 인순이 역시 원터 마을과 공장의 공간적 근접성에도 불구하고 사실은 전혀 낯선 곳으로 이주한 자이다. 마름 안승학의 딸인 갑숙이 역시 그러하다. 그녀는 서울에서 원터 마을로 돌아오며 경호와의 연애 사건의 결과 사라졌다가 다시 제사공장의 여공 옥희가 되어 나타난다.『신개지』의 윤수는 불행한 살인 사건의 결과 달내골을 떠나 서울에서 감옥살이를 하고 돌아온다. 그의 약혼녀 순남

가 정거장까지 전송을 <u>안나와 주었다면</u> 오늘보다도 더 불쾌하게 이택호와 충돌을 했을지도 모르기 때문이다. <중략> <u>만일 그렇게 되었다면</u> 자기의 목적은 하나도 일우지못하고 역시 신경서와 같은 조수의 생활에서 허덕거리다 마렀을것이 아니냐? 웨그러냐하면 차중에서 선주를 만나기는 일반이라 하더라도 경아의 전송을 <u>보지 않았다면</u> 그가 자기를 오해하지는 않았을것이기 때문이다. <중략> 따라서 만일 그날 경아가 <u>등장을 안했다면</u> 희비극은 생기지 않았을 것이요 <u>그리되였다면</u> 자기도 곳장 신가진으로 이택호를 찾어갔을 것이 아닌가."(『처녀지』 상권, 삼중당서점, 1944, 243쪽) 『처녀지』에서 악녀(惡女)의 역할을 맡는 선주에게도 그것은 예외가 아니다: "<u>만일 그런 일이 없었다면</u> 선주는 처음부터 칼을 견우고 대들지는 않었을 것이다. <중략> 소용없는 일은 아여 단념하고 말자면서도 선주는 생각할수록 지나간 일이 안타까웠다."(『처녀지』, 하권 520쪽), (밑줄은 인용자.)

이 역시 유곽의 창녀로 전락하여 도시를 떠돌다가 달내골의 요리집 기생으로 귀향한다. 하감역의 손녀 월숙이 역시 방학이 되어야 고향을 찾는 유학생이다.

스베틀라나 뵈임이 코젤렉의 이론을 인용하여 설명하는 바에 따르면, 노스탤지어는 경험공간(space of experience)과 기대지평(horizon of expectation)이 일치하지 않는 근대적 시-공간관의 산물이다. 경험 공간은 우리로 하여금 과거와 현재를 일치하는 것으로 이해할 수 있게 해 준다. 다시 말해, 경험은 "사건들이 결합되고 기억될 수 있는 '현재적 과거'(present past)"이다. 이에 반해 기대는 "'현재를 만든 미래'로서 아직 아닌(not-yet), 미경험의, 바야흐로 나타날 세계를 지향한다." 근대 세계는 경험공간과 기대지평이 일치하지 않는 세계이다. 그러므로 근대적 노스탤지어는 더 이상 기대지평에 들어맞지 않는 이 '축소된 경험 공간'에 대한 그리움인 것이다.[7]

그런 의미에서 위의 인물들의 공간 감각은 특별한 공통성을 지니고 있다. 이 글의 모두에서 인용한 김희준의 귀향 장면에서 보듯, 고향으로 돌아 온 인물들이 자신의 과거를 간직하고 있는 경험 공간에서 받는 첫 느낌은 낯설음이다. 다시 말하겠지만, 이 인물들은 모두 미래를 기획하는 인물들이다. 요컨대 그들의 경험 공간과 기대지평은 더 이상 일치하지 않는다. 인순이는 원터 마을에 새로 생긴 저사공장의 여공이다. 공간적으로 이 두 장소는 아주 가까운 곳에 있다. 그러나 이 두 공간이 표상하는 것들의 거리는 아주 멀다. 다시 말해, 소설 내에서 인순이는 원터 마을의 사람이 아니다. 그녀는 특별한 장면에서만 원터 마을로 '돌아오는' 인물이다. 다음의 묘사는 그녀가 속한 공간이 어디인지를, 그리고 그녀가 고향에 대해 느끼는 낯설음이 어떤 것인지를 보여준다.

---

7) Svetlana Boym, 앞의 책, 9~10쪽.

인순이는 마치 부자집으로 시집간 딸이 오래간만에 가난한 친정에 온 것처럼 모든 것이 서급허 보였다. 여직공으로 있는 자기도 결코 호강을 하는바는 아니였으나 그래도 기와집 속에서 거처는 깨끗하고 아직까지 재강죽은 먹지 않었다.
그런데 대관절 이게 사람이 거처하는 집인가? 게딱지만한 초막이 게다가 고옥이 되어서 올 여름 장마에는 기어이 쓰러질것같다. 인순이도 한동안 우두커니 앉어서 집안을 둘레둘레 보았다. 마치 자기도 언제 이속에서 사렀든가, 하는 것처럼8)

자신의 과거를 간직하고 있는 낯익은 공간에서 낯설음을 느끼는 이 인물들은 자의든 타의든 자신의 땅에서 유배된(displaced) 이방인들이다. 그리고 노스탤지어는 바로 이 유배된 이방인의 시선으로부터 나온다. 『고향』의 김희준, 갑숙이(옥희), 인순이, 경호, 『신개지』의 윤수, 순남(금향), 월숙, 『처녀지』의 남표, 경아, 선주 등은 이 소설들의 서사가 진행되는 공간의 이방인들이다.

이들의 시선에 포착되는 『고향』의 원터 마을, 『신개지』의 달내골, 『처녀지』의 정안둔(正安屯)은 어떤 곳인가? 앞으로의 논의를 위해서 이 질문은 매우 중요하다. 결론부터 말하면, 이 시-공간은 양면성을 지니고 있다. 우선 이 공간은 훼손되지 않은 어떤 순수한 원형의 공간이다. 이 공간 속의 시간은 과거이며 이 공간 속의 인간들은 순박하고 건강한 생명력을 지닌 프로레타리아를 표상한다. 동시에 반대로, 이 공간들은 개조되고 변형되어야 할 공간이다. 따라서 이 공간 속의 시간은 미래이며 이 공간 속의 인간들은 무지의 어둠에 잠긴 미개인들이며 역시 개조되어야 할 대상이다. 지금부터 이 점을 살펴 보자.

---

8) 이기영, 『고향』 1권, 앞의 책, 107쪽.

3. 원형(原型)공간-과거 : 프로레타리아의 발견

이 소설들의 주무대인 원터 마을, 달내골, 정안둔에 대한 전원시적 풍경 묘사는 소설의 곳곳에서 자주 되풀이 된다. 『신개지』에서의 다음 묘사를 보자.

> 저택을 지어놓고보니 미상불 경치가 아름답다. 앞뒤로 산을 끼고 동향으로 앉인 이 집은 왼편으로는 옥녀봉의 울창한 송림(松林)이 쳐다보이고 바른편으론 달래강의 푸른 물결이 백사장 밑으로 내다보인다. 안산을 넘어서 삼선봉(三仙峰)위로는 달이 떠오르고 그럴때마다 은파(銀波)는 월색(月色)에 번득이며 용궁(龍宮)의 선경(仙境)을 강위에 이루었다. 앞산에는 일산 소나무 한주가 웃둑 섰다. 달빛은 락락 장송의 가지틈을 새여서 흐른다. 산밑으로는 옥녀봉 골작이에서 내리쪼치는 한줄기 석간수가 쫄쫄 흐른다. 그런가하면 후원에는 대밭이 무성하고 그뒤로 높은 장원을 둘러싼 울밖에는 다시 송림이 욱어진 산록(山麓)이 막어있다.9)

이 서정적 정경들의 묘사가 유난히 진부한 추상성과 통속적 감각을 벗어나지 못하는 것은 이기영이 지닌 고대소설의 교양 탓만은 아닐 것이다. 윤수의 눈에 비치는 마을의 모습도 그러하다.

> 소모는 소리가 이따금 한적한 들녘을 울리는데 건너쪽 강펄에서는 수분을 섞은 강바람이 태양에 번득이는 연록(軟綠)의 포푸라숲을 부러오며 비단결처럼 부드럽게 얼굴에 시친다. 점심닭이 마을 뒷산밑 재뗌이 옆에서 운다. 하늘에는 솜같은 구름짱이 산넘어로 떠오른다. 푸른강 갔으로 백사장이 펼쳐나간 모래톱과 아울러 하늘과 땅의 조화된 경치가 한층 더 아름다워 보인다. 그것은 날마다 보는 경치건만 윤수에게는 새로운 정서를 자아냈다. 달내강의 고흔 물결은 윤수의 마음에도 저녁놀 같은 동경(憧憬)의 무지개를 뻐치게 하였다.10)

---

9) 이기영, 『신개지』, 앞의 책, 123쪽.

'하늘과 땅의 조화된 경치'로 표현되는 이 공간이야말로 운명의 장난이 행복의 순간을 앗아가기 이전 태초의 시간을 간직하고 있는 원형의 공간이다. 그리고 그 공간을 그리움의 시선으로 바라보고 있는 윤수는 이 공간에 거주하는 원주민(native)이 아니라 '돌아온' 이방인이며 노스탤지어적 인간이다. (감옥살이를 통해 그는 새로운 인간이 되었고 새로운 지식과 이념을 지닌 인물이 되었다.) 새로운 생활을 찾아 만주로 달려간 의사 남표의 일생을 그린『처녀지』에서 만주의 농촌은 타락한 도시에서의 삶을 치유할 수 있는 유일한 안식처이다. 만주는 호랑이 새끼와 갓난 아이를 함께 기르는 원시와 야생의 설화적 공간이면서, 도시의 타락으로부터 도망치고자 하는 남표의 눈에는 다음과 같은 곳이기도 하다.

> 참으로 이곳은 경치가 좋습니다. 도무지 신경서는 볼수없는 풍광이 명미합니다. 우하(牛河)의 큰강이 흐르는 망망한 광야가 전면으로 전개되고 동북면의 원산(遠山)이 천변(天邊)으로 둘러섰는 경개는 참으로 장엄하기 짝이 없습니다. 이 산용수자(山容水姿)가 유현한 창공을 이고 대지(大地) 위에 펼쳐있는 광경은 실로 무엇이라 형용키 어려운 자연의 웅대한 배치올시다. 낮에는 여기에 태양이 빛나서 삼라만상이 눈앞에 벌려있고 밤에는 별과 같이 창망한 하늘을 밝히여 신비의 꿈나라를 이루워있습니다.[11]

이 전원시적 서정성에 감싸인 공간이 지식인-주인공의 눈을 빌린 지식인-작가의 관념의 표현임을 지적하는 것은 어려운 일이 아니다. 문제는 '농촌'이나 '지방'을 그리움의 시선으로 바라보는 이 관념이 새롭게 구성하는 공간들이다. 노스탤지어는 지방이나 농촌에 대한 단순한 동경이 아니다. 그것은 '지방적인 것local(=특수)'과 '세계적인 것universial(=보편)'을 구분하는 새로운 시-공간의 개념으로부터 발생한 것이다. 노

---

10) 이기영, 위의 책, 405쪽.
11) 이기영,『처녀지』상권, 앞의 책, 245쪽.

스탤지어에 사로잡힌 인간은 어떤 공간을 '지방'과 '세계'로 구분하는 이 새로운 시-공간의 개념을 내면화한 존재이다.12) 다시 말해, '고향'이나 '지방'은 떠나고, 떠돌고, 모험하고, 개척하는 이 이방인들에 의해 발견되고 구성되었던 것이다.13) 보다 직접적으로 말한다면, (내이션이 내셔널리즘을 낳는 것이 아니라 내셔널리즘이 내이션을 낳는 것과 마찬가지로) '고향'이 노스탤지어를 낳는 것이 아니라 노스탤지어가 '고향'을 낳는 것이다.

이렇게 구성된 '고향'은 과거의 시간 속에 머물러 있는, 속악함에 물들지 않은 야성과 원시적 미를 간직한 사람들이 살고 있는 공간으로 재현된다. 그런데 이 야성미 넘치는 사람들은 누구인가? 『고향』에서의 방개의 넘치는 섹슈얼리티와 인동이의 남성미가 '고향'에 대한 도시 지식인-주인공-작가의 노스탤지어적 시선의 산물임은 분명하다. 도시 지식인의 노스탤지어가 야성미 넘치는 농촌 프로레타리아를 '발견'하는 장면은 『신개지』의 월숙이가 윤수를 처음 만나는 대목에도 풍부히 표현되어 있다. 달내골 최고의 갑부이며 세력가인 하감역의 손녀딸인 서울 유학생 월숙이에게, 살인 사건에 연루되어 징역을 살고 마침내 약혼녀인 순남이와 헤어진 윤수의 "일장설화는 마치 무슨 소설을 읽는 것과 같은 짜릿한 맛과 농촌의 애닯은 신화를 빚어"내는 것이며, "윤수에게 흥미를 느끼어서 살그머니 한번 만나고 싶은 생각까지 들게" 하는 것이다. 윤수와 순남이의 안타까운 과거사를 듣고 월숙이가 생각하는 것은 이런 것이다.

> 월숙이는 순남이가 이쁘단 말에 더한층 그들의 연애에 대하야 호기심이 끌리였다. 그러나 시굴 농촌 구석에서 무식한 남녀간에 빚어낸 연애

---

12) Svetlana Boym, 앞의 책, 11쪽.
13) 근대 세계에서 '풍속', '습관', '감정' 등을 축으로 '고향'이 구성되고 그 범위가 자의적으로 결정되는 양상, 특히 일본에서의 상황을 치밀하게 분석한 책으로는 成田龍一, 『'故郷'という物語』, 吉川弘文館, 2005. 참고.

가 얼마나 야성적 성질을 띠고 있을 것인가 하는 우스운 생각이 앞을 섰다. 하여간 그들의 연애는 안타까운 일이었다. 만일 그들이 지금도 서로 사랑하고 있다면-한 남자는 한 여자를 한 여자는 그 한 남자만을 생각하고 있다면 그것은 얼마나 연연한 애정이라 할까? 그야말로 소설적 흥미를 자아낼 수 있게 한다.14)

마침내 그녀는 자기의 하녀인 윤수의 동생 윤순이를 데리고 "서울 물에 때가 쏙 빠진" "산뜻하고 제비같이 날씬한 몸맵시"를 하고서 강가에서 낚시질을 하고 있는 윤수를 만나러 간다. 도시의 전문학교나 대학 출신의 젊은이들은 "공작새와 같이 자기의 외모는 잘 꾸미고 있으나 속은 빙사와 같은 빈랑"일 뿐이며 "건전한 심신을 아울러 가진 사람은 별로 볼 수 없었다"는 것이 그녀의 생각이다. "그에 비하면 윤수는 땅속에 뿌리를 깊이 박고 무성하게 자라나는 큰나무와 같았다. 그는 앵무새나 공작새가 아닌 대신에 줄기찬 생명의 력선(力線)이 전신에 꿈틀거리며 용소슴을 치는 것 같았다." 윤수에게 매혹 당하는 월숙의 심리가 도시 지식인의 에그조틱한 노스탤지어에서 기인한 것임은 이로써 분명해진다. 『처녀지』의 남표에게 있어서도 만주의 오지(奧地) 정안둔(正安屯)은 도시의 온갖 허영과 부패 타락으로부터 그를 건져 줄 최후의 안식처이다. 그런가하면 정안둔의 농민들처럼 때묻지 않은 순박한 존재들은 어디에도 없다. 그들은 지식인 의사 남표가 그토록 찾아 헤매던 순수 그 자체인 것이다.

'고향', '농촌' 그리고 그 공간에 거주하는 농민(프로레타리아)은 도시/농촌, 중앙/주변, 세계/지방의 이분법을 내면화한 이방인들(도시 지식인)에 의해 이렇게 발견된다. 후자(농촌, 주변, 지방)가 관념적 서정성으로 미화되는 것과 함께 전자(도시, 중앙, 세계) 역시 관념적 속악성(俗惡性)으로 채색된다. 서울이나 신경(新京), 하르빈 등은 타락과 방종과 허영으로 가

---

14) 이기영, 『신개지』, 앞의 책, 297쪽.

득찬 곳이다. 모든 인물들은 속악한 도시를 떠나 농촌으로 귀향함으로써 새로운 생활을 꿈꾼다. 그리하여 이제 근대적 노스탤지어가 발견한 '고향', '농촌'의 다른 면모가 드러난다.

4. 개조(改造)공간-미래 : 프로레타리아의 식민화

'고향'이나 '농촌'이 새 삶을 건설하는 희망의 장소가 됨으로써 이제 노스탤지어의 시선에 의해 포착된 순수한 원형적 공간으로서의 '농촌'은 과거의 시간에 머물러 있는 공간이 아니라 전혀 반대의 공간, 즉 개조되고 변형되어야 할 미래의 공간으로 재현된다. 그리하여 노스탤지어의 시선은 과거가 아니라 미래를 향한 그리움으로 바뀐다. 아직 오지 않은, 그러나 예측가능하고 기획 가능한 미래. 이 미래에의 그리움이 근대적 노스탤지어의 원천이다. 노스탤지어적 인물은 이제 예측 불가능한 과거, 불가역적 시간에 대한 회한과 고통을 벗어버리고 예측가능한 미래로 몸을 던진다.

예측불가능한 과거에의 회한과 예측가능한 미래에의 그리움이 근대적 노스탤지어의 원천이 될 때 그것은 '미래로의 귀환(back to the future)'이라는 형태를 띤다. 이기영의 소설들에서 다가올 미래는 유토피아적 비전으로 충일하며 고향이나 농촌은 그 비전이 실현되는 찬란한 약속의 땅이다. 모든 인물들은 '빛'과 '광명'의 이미지에 이끌리며 쇄신과 재생의 열정에 휩싸여 있다. 『고향』의 마지막 장면은 그 '광명'의 이미지를 이렇게 표현한다.

> 검은 장막이 한꺼풀 벗기어지고 희미한 구름이 하늘 한구석에서 점점 커지면서 장차 오는 광명을 예고하는 것같다.
> 그리고 머리 위에서는 은하수가 물속에 있는 보석같이 빛나고 있는데

언덕 아래에서는 닭의 홰치는 소리가 손에 잡힐듯이 들리면서 연달아서
「꼬끼요-」하고 길게 빼내는 울음소리가 이러났다.
『아아 벌서 날이 밝기 시작하나베!』
앞에서 가는 사람들 중에서 누구인지 이런 말을 하였다.
『밝는 날을 위해서 우리도 준비합시다. 다들 집에 가서 쉬시고 우리집
으로 오십시오』
희준이는 마음이 상쾌하고 정신이 영롱하여지는 것을 느끼면서, 공중
에다 대고 이렇게 말하였다.15)

'머리 위에 빛나는 보석같은 은하수'를 바라보며 밝아오는 새날을 기다리는 이 마지막 장면에서의 유토피아적 전망은 쇄신-재생에의 열정과 짝을 이룬다. 제사공장의 사무원과 여공으로 변신한 지난날의 연인 갑숙이와 경호가 "우리들은 죽음 속에서 다시 태어난 어린애"라고 하면서 "과거의 우리를 깨끗이 잊고 묵은 둥치에서 새싹이" 나오듯이 새 삶을 개척하자고 말할 때,16) 또는『처녀지』의 남표가 "투기적 광산은 깨버리자! 세속적 허영심은 떨어버리자! 오직 진실하게 인생을 살어 가보자. 그것은 일평생을 희생해도 좋다"라고 다짐하며 만주로 달려 나갈 때, 이 단호한 과거와의 단절 속에는 정신의 급격한 비약으로부터 발생하는 모종의 황홀감이 어려 있다. 그 황홀감은, 희랍어 nostos가

---

15) 이기영,『고향』2권, 한성도서주식회사, 1936, 450쪽.
16) 이러한 장면은『고향』에 수시로 등장한다. 어둠에 잠긴 원터마을을 내려다보며 김희준은 자신을 '최후의 일각까지 싸우고 있는 한점의 광선'에 비유한다. "모든 인습과 무지한 어둠속에 리기적 흑암 속에 홀로 싸우고" 있는 자신은 "철뚝 넘어의 전등불"의 "형형한 눈동자"에 비유된다. "철뚝 넘어로 점점이 비최는 전등불이 장차 닥처올 어두움을 앞두고도 더욱 그의 광선을 밝히고 있는 것이 다시 없이 위대해 보인다. 오! 용감한 광명의 용사여!" 곧 논의하겠지만, 전기나 기차 등의 근대과학 문명에 대한 이기영의 맹목적 신앙은 집요한 것이다. 김희준은 이 광명의 미래를 그리며 일종의 종교적 법열에 사로잡힌다. 위에서 인용한 구절 바로 다음에 그는 이렇게 부르짖는다. "'제가 감히 이잔을 마실수 있겠습니까?' 희준은 별안간 두눈에서 눈물이 팀벙팀벙 쏟아저 흐른다. 그것은 마음속에서 깊이 내솟는 눈물이였다. 넘어가는 달은 일각일각 어둠을 모라서 원들을 휩싸온다. 그러나 전등불은 그럴수록 저의 광선을 찬란히 밝힌다."(『고향』1권, 275쪽.)

'빛(light)과 삶(life)으로의 귀환'을 의미하는 것이라는 그레고리 나지(Gregory Nagy)의 설명을 빌린다면,17) 일종의 노스탤지어적 황홀감이라 해야 할 것이다.

주목할 것은 이 미래에의 노스탤지어가 모더니티와 맺는 관계이다. 앞에서 여러 번 말했듯이, 근대적 노스탤지어는 예측불가능한 과거와 예측가능한 미래를 동시에 향하고 있다. 미래가 예측 가능하다는 것은 무엇인가? 기획이 가능한 세계, 주어진 목적을 향해 나아가는 세계, 그것은 진보의 시간관이며 요컨대, 모더니티 그 자체이다. 그리하여 기독교적 내세론을 대체하는 근대적 역사 발전의 신화는 '미래로의 귀환(back to the future)'이라는 역설적 형태를 낳는다. 과거와의 급격한 단절을 수행하는 '혁명'과 과거를 보존하는 '전통'은 모더니티의 충동 속에 동시적으로 공존한다. 혁명을 통한 단절-미래에의 비약이 열망되는 한편으로 전통을 통한 연속-과거로의 회귀에 대한 열망 역시 강렬해진다. '혁명에의 longing(열망)과 전통에의 belonging(소속)'이18) 공존하는 것이다. 결국 근대적 노스탤지어는 혁명(미래)과 전통(과거)에 대한 동시적 그리움이며, 그런 의미에서 모더니티 그 자체이다.

『고향』의 김희준, 갑숙(옥희), 인순, 경호, 『신개지』의 윤수, 순남(금향), 월숙, 『처녀지』의 남표, 경아 등의 주요 인물들을 움직이는 것은 그러한 미래에의 그리움이다. 근대의 과학 기술문명이 이룩해 낼 유토피아에의 열망은 이 소설들을 이끄는 핵심적 동력이다.

> 오년 동안에 고향은 놀랠만치 변하였다. 정거장 뒤로는 읍내로 연하여서 큰 시가(市街)를 이루웠다. 전등(電燈) 전화(電話)가 가설되었다. C사철

---

17) Svetlana Boym, 앞의 책, 7쪽.
18) Boym은 회고적 노스탤지어와 반성적 노스탤지어를 구분하고 반성적 노스탤지어는 열망(longing)과 소속(belonging)의 양가감정에 자리 잡고 있다고 했지만, 여기서는 그 구분과는 상관없이 longing과 belonging의 양가감정이라는 개념만을 빌었다. Svetlana Boym, 위의 책, introduction, XVIII.

(私鐵)은 원터 앞들을 가로뚫고 나갔다. 전선(電線)이 거미줄처럼 서로 얼키고 그 좌우로는 기와집이 즐비하게 느러섰다.
　읍내 앞 큰내에는 굉장하게 제방(堤防)을 쌓았다. (중략) 그동안 변한 것은 그뿐만 아니였다. 상리로 올라가는 넓은 뽕나무 밭-개울 옆으로는 난데없는 제사공장이 높은 담을 두르고 굉장히 선 것이였다. 양회 굴뚝에서는 거문 연기가 밤낮으로 쏟아저 나왔다.[19]

김희준은 물론이려니와 등장인물 모두에게 '고향'의 이런 도시화는 부정적으로 인식되지 않는다. 부정적이기는커녕, 이러한 '발전'이야말로 이들이 도달하고자 하는 미래이다. 도시를 속악하고 타락한 장소로 인식하는 인물들의 일반적인 태도에 비추어 보면 이것은 기묘한 부조화처럼 보인다. 그러나, 도시는 속악한 곳이지만 '고향'은 개조되어야 할 공간이라는 인식이 공존한다는 점에서 보면 그 부조화는 이상한 것이 아니다. 『신개지』에서 제방공사가 한창인 달내골에 대한 유토피아적 전망이 다음과 같은 고투(古套)의 레토릭으로 채색되는 것도, 그 전망이 '미래로의 귀환'이라는 형태를 띠고 있음을 생각하면, 오히려 적절한 것이다.

　읍내가 대처로 변해서 화장을 하는 통에 달내강마저 그의 긴치마자락이 반달형(半月形)으로 읍내를 싸고 도는 곡선을 방파제로 높이 싸올리고 그 위에는 산봇길을 내는 동시에 삼거리 능수버들을 듬성듬성 심을 작정이다.
　뭇노니 이 공사가 다 되어서 사구라꽃 사이로 실버들가지가 느러저서 봄바람에 나뷔낄때 쪽빛같은 푸른 물결위로 화방(畵舫)을 띠워 노는 재자가인을 생각한다면 그 얼마나 진진한 춘흥을 자아낼 것이냐?
　자연의 신(神)이시여!
　신개지에 — 당신의 모든 미(美)를 베푸옵소서…[20]

---

19) 이기영, 『고향』 1권, 앞의 책, 20쪽.
20) 이기영, 『신개지』, 앞의 책, 83쪽.

고향의 삶과 환경을 급속도로 바꾸는 '신개지' 공사는 이 소설 속에서는 새로운 문명의 도입과 변화의 상징으로 수용된다.『고향』에서의 제사공장이 인순이나 옥희를 강철처럼 단련된 노동자로 키워내듯이,『신개지』의 공사장은 윤수를 야학에서 진화론을 강의하는 지식인으로 바꾸어내는 것이다. 지금이 아닌 다른 어떤 시간, 이곳이 아닌 다른 어떤 곳을 열망한다는 점에서 이 유토피아적 전망은 전형적인 노스탤지어의 산물이다.

근대 과학의 기술과 문명에 대한 절대적 신앙은『처녀지』에서 극에 달한다. 문명의 손길이 닿지 않은 오지인 정안둔을 모범적인 개척촌으로 변모시키기 위해 헌신하는 의사 남표가 꿈꾸는 '처녀지'의 미래는 예컨대 이런 것이다.

> 여러분께서도 잘아시는바와 같이 어느 나라고 간에 부국강병이 되려면 훌륭한 자녀를 많이 낳고 또한 잘길러야 되는 겁니다. 이렇게 우량한 자녀를 많이 두려면 그것은 전혀 모성(母性)에게 달린 줄 압니다. 박궈서 말하면 훌륭한 어머니가 많아야만 훌륭한 자손을 많이 둘수가 있다는 것이올시다.
> (중략)
> 헌데 인구는 수만 많고 질이 나뻐서는 안됩니다. 즉 건민(健民)이 되지 않으면 건병(健兵)도 할 수 없다는 것이올시다. 그러함에는 종래의 의학이나 의사의 생각으로는 충분한 목적에 도달할 수가 없습니다.
> (중략)
> 건민운동의 목적을 달하기에는 임의 출생된 아이에게 손을 대는 것은 벌서 늦었다합니다. 건강한 신체와 우수한 두뇌를 가진 애기를 낳는 것이 제일 근본적인 줄을 알게 되었다면 다러서 현금의 의학은 선천의학(先天醫學)-즉 낳기 전의 의학을 연구하여야만 된다는 것입니다. 다시 말하면 어떻게 해야만 건강하고 머리가 좋은 애기를 낳을수 있겠는가 그것을 연구 하는 중이올시다. 이것이 선천의학-즉 현금의 의학을 한걸음 전진해서 벌써 낳기전으로 올라버렸습니다. 그것은 유전우생학(遺傳優生學)의 연구에 의해서 어떤 부부에게는 어떤 아이를 낳수 있는가 하는 연구

를 해서 그들 부부의 배우(配偶)를 잘 선택하는데서 우수한 아이를 낳도록 하자는 것입니다.
　즉 유전결혼상담소란 것이 독일에서는 초등학교 한구역에 하나의 비례로 생겨서 거기를 가보면 관할안의 가족계도(家族系圖)가 적어도 三代까지 — 하라버지때까지의 계통도면이 있어서 그들은 어떠한 사람이었다는 것을 쉽사리 알게 되는데 거기에 의사와 심리학자 두 사람이 있어서 당자의 신체는 의사가 보고 마음은 심리학자가 보아가지고 이 결혼이 장래 좋은 아이를 낳게 할수 있을 것이라는 판정(判定)이 붙으면 곧 증명을 해준다 합니다. 그러나 이래서는 변변한 자식을 못두겠다는 판정이 붙을 때는 법률로서 그 혼인을 금지시킬수 있게 됩니다. 임의 결혼을 한자에 대해서는 소위 단종법(斷種法)이란 것이 있어서 그 부부간에 생산을 해서는 안되겠다고 생각되는 경우에는 아이를 낳지 못하도록 단종의 수술을 강제로 하게 됩니다.[21]

　남표가 우생학과 같은 비인간적 과학을 내면화한 인물이라거나, 더 나아가 『처녀지』가 일본 제국주의의 만주국 이데올로기, 즉 왕도낙토나 오족협화 등에 부응하는 전형적인 국책소설이라거나 하는 것은 틀림없는 사실이지만 지금 이 글에서의 관심사는 그것이 아니다. 국가를 최종의 목적지로 삼으면서 '농촌'과 '고향', 그리고 그곳의 원주민(미개인, 프로레타리아)을 근대 과학과 문명의 세례를 받는 문화인으로 개조하겠다는 이 노스탤지어적 지식인의 유토피아적 이상은 『처녀지』뿐 아니라 『신개지』와 『고향』에서도 일관되게 유지되는 것이다. 공장, 도로, 기차, 전기, 교육,[22] 위생, 생활의 과학화와 문화적 가정생활 등, 근대 과학과 기술의 가치는 이 소설들에서 끊임없이 강조된다. 『처녀지』의 남표와 경아, 『고향』의 김희준, 갑숙, 인순, 경호, 『신개지』의 윤수, 월

---

21) 이기영, 『처녀지』 하권, 앞의 책, 406쪽.
22) 이 세 소설들에는 모두 '야학'이 등장하고, 이 야학은 농촌과 농민을 변화시키는 중요한 장소이다. 그런데 이 야학에서의 주요 교과목은 국어, 즉 일본어이다. 물론 조선어도 강습된다. 1930년대의 이른바 브나로드 운동과 야학 운동 등의 기본적 성격이 무엇인지는 다시 분석될 필요가 있다.

숙 등은 이 모더니티의 가치를 고향과 농촌의 주민들에게 가르치고 전 파하는 계몽자들이다. 도시 지식인의 헌신과 희생, 그리고 프로레타리 아(농민)에 대한 교육을 통해 이상적 공동체를 이룬다는 목표가 이 소설 들을 일관하는 기본 주제라는 점에서, 이기영의 소설은 이광수의 충실 한 계승자 혹은 에피고넨이다.[23] 노스탤지어적 인물이 발견한 '고향'이 나 '농촌', 그리고 프로레타리아는 지금까지 보았듯이, 개조되고 변형 되어야 할 대상이다. 『고향』의 김희준에 따르면 농민은 "떡갈나무의 묵은 잎새와 같이 낡은 생각이 붙어 있는" 존재들이며 "새 시대를 맞 으면서도 묵은 사상에 사로잡혀 있다." 이런 농민들을 어떻게 바꿀 것 인가에 대해『신개지』의 윤수와 월숙이 나누는 다음과 같은 대화는 일 찍이 이광수의『무정』(1917)의 주인공들이 감격에 찬 어조로 '교육입국' 을 부르짖던 장면의 연장에 있는 것이다.

> 『우리집은 정신의 황무지를 개척해야 할 필요가 더욱하다구요!』
> 『그래서 월숙씨가 불을 질렀습니다그려』
> (중략)
> 『그럼 잘됐우다-월숙씨는 정신계의 황무지를 개척하고 난 육지의 황무 지를 개척하구』
> 별안간 윤수는 무엇에 감심한듯시 힘있게 저력있는 소리로 부르짖는 다.[24]

---

23) 식민지 후반기 한국문학에서의 동양담론을 분석한 정종현의 박사학위 논문은『처녀 지』의 남표를 "한국 근대문학에서 최초로 전작 장편소설을 통해 '만주'를 배경으로 신생한 제국의 주체"로 규정하고 있다. 이러한 규정은 식민지 후반기를 '공백기'나 '암흑기'로 봉인하면서 논의 자체를 막아버리는 태도 혹은 이 시기 문학에서 친일 협력의 요소만을 추출하여 폭로·고발하는 형태의 논의 방식을 모두 지양하고, 40 년대 문학에 대한 새로운 접근 방법을 연다는 의미에서 매우 중요한 통찰이다.『처 녀지』와 이광수 소설과의 상동성은 이 논문에서도 지적되어 있다. "『처녀지』는 만 주를 배경으로『흙』을 다시 쓴듯한 느낌을 주는 소설이다. (중략) 브나르도 운동 안 에서 민족적 계몽주체의 위치에 있던 허숭이, 대동아 공영권의 꿈이 무르익고 있던 제국의 지리 만주에서 제국적 주체로 신생한 것이 남표인 셈이다." 정종현,「식민지 후반기(1937~45) 한국문학에 나타난 동양론 연구」, 동국대 박사논문, 2005, 107쪽.

노스탤지어적 인물들은 모든 개인적·육체적 욕망을 벗어던지고 새 세상에 몸을 던짐으로써 새로운 삶을 기약하는 내세론적 열정에 사로잡힌다. 갑숙과의 관계에서 아슬아슬한 육체적 유혹과 욕망에 고통받던 김희준은 마침내 그것을 '동지적 사랑'이라는 대승적 이념으로 해소하며, 『처녀지』의 남표는 모든 개인적 성공의 기회를 초개와도 같이 버리고 오로지 정안둔 개척에 나선다.

이 미래에의 그리움이 실제로 어떤 결과를 낳았는가, 그것이 당대의 일제 지배정책과 어떤 관련 속에 있는가, 하는 것은 지금 이 글의 관심사가 아니다. 여기서 주목하고자 하는 것은 이들의 유토피아적 노스탤지어가 개조의 대상으로 '발견'한 프로레타리아(농민)를 이 소설들이 어떻게 재현하고 있는가, 하는 점이다. 한 마디로 말해, 이 소설들에서 농민은 단 한번도 주체로 행동하는 법이 없다. 그들은 희준, 갑숙, 인순, 윤수, 월숙, 경호, 남표, 경아 같은 지식인의 한없는 자기희생과 시혜의 대상이며 개조의 대상일 뿐이다. 모든 갈등과 사건은 이들의 힘과 노력에 의해 해결된다. 요컨대, 섭알턴(subaltern)은 말하지 못한다.

이와 관련하여, 이 계몽 주체들이 자신을 '로빈손 크루소'에 비유한다는 사실은 특별히 주목을 요한다. 『처녀지』의 남표는 정안둔에 병원을 개설한 첫날의 심정을 이렇게 표현한다.

> 남표는 자못 만족한듯이 팔짱을 끼고 방안을 둘러보았다. 참으로 그는 로빈손 쿠루소가 천애고도(天涯孤島)에서 신천지(新天地)를 발견한 때와 같이 이 한간방에다 새생활을 건설하는 첫걸음을 떼놓은데 커다란 희망을 붙였다.25)

자신을 로빈손 크루소로 위치시키는 이 시선 아래서 '농촌'(무인도)의 주민이 보일 리 없다. 제사공장의 여공 옥희로 재생한 『고향』의 갑숙이

---

24) 이기영, 『신개지』, 앞의 책, 534~536쪽.
25) 이기영, 『처녀지』, 앞의 책, 211쪽.

역시 "행복이란 자기의 몸을 즐겁게 희생하는 것"이라고 경호에게 말하며 로빈손 크루소가 되자고 말한다.

> 당신 아버지를 위해서 사러주세요! 아버지와 같은 모든 농민과 노동자를 위해서…· 참으로 로빈손 크로소와 같은 열정으로 미개한 인간을 위해서 개척해 주세요…· 그래도 당신은 외롭다 하시겠습니까? 그때는 당신은 외롭지도 않고 또한 그것을 행복으로 느낄수도 있지 않을까요?26)

"로빈손 크루소와 같은 열정으로 '미개한 인간'(농민과 노동자)을 위해서 개척해" 나가자고 말할 때 이들이 발견한 '고향'과 '농촌'은 결국 제국주의가 '개척'한 식민지의 등가물이다. 다시 말해, 근대적 노스탤지어에 사로잡힌 도시 지식인의 시선이 발견한 '고향'이란 결국 그들이 발견한 '식민지'의 다른 이름이었을 뿐이다. 그렇다면 프로레타리아(노동자, 농민) 역시 그 노스탤지어의 시선이 발견한 무인도(식민지)의 '프라이데이'였을 뿐이다. 『처녀지』에서 남표의 조수가 되는 일성이야말로 로빈손 크루소가 만난 미개인이자 문명인으로의 발전 가능성을 지닌 프라이데이의 재현이다. 그는 남표의 옆을 그림자같이 지키며 그가 하는 일거수 일투족을 따라 하면서 의사가 될 미래를 꿈꾼다. 완결된 인물로서의 남표의 시혜 아래 있는 모든 마을 사람들 중에서 일성이만이 유일하게 그들과 다른 길을 갈 가능성을 지닌 인물이며 남표의 뒤를 이어 지도자가 될 인물이다.

『처녀지』의 결말은 성자적(聖者的) 장엄함에 둘러싸여 있다. 자신에게 악행을 저질렀던 박만용의 페스트를 온갖 정성을 기울여 마침내 치료하고 남표는 페스트에 감염된다. 모든 사람의 접근을 금지시키고 격리된 장소에서 죽어가는 주인공—영웅의 일대기인 『처녀지』는 현실의 시간과 공간으로부터 비약적으로 단절된 다른 장소, 다른 시간에 대한

---

26) 이기영, 『고향』 2권, 앞의 책, 310쪽.

노스탤지어적 충동으로 가득 차 있다. 노스탤지어는 극단적인 경우 그것을 위해 죽거나 혹은 다른 사람을 죽일 준비가 되어 있는 어떤 환상적인 '고향'을 창조하기도 한다.27) 남표의 정안둔은 바로 그런 곳이다. 성스럽고 영웅적인 죽음을 통해 남표는 '미래로의 귀환'을 완성했던 것이다. 자신이 창조한 환상적 고향을 위해 기꺼이 죽는 노스탤지어의 충동이 『처녀지』를 지배하며, 정도의 차이는 있을지 몰라도 『고향』과 『신개지』도 그 점에서 예외가 아니다. 한편, 남표와의 결혼을 거부하고 역시 정안둔에 일생을 바치기로 작정하는 경아는, 육체적으로 타락한 악녀인 선주의 죽음과 대비되면서28), 성자인 남표와 더불어 성처녀(聖處女) 혹은 동정녀(童貞女)의 이미지로 형상화된다. 로빈슨 크루소가 발견한 '무인도'의 '프라이데이'들은 이제 문명과 지식의 세례를 받고 (혹은 그런 미래에의 가능성을 약속받고) 성자를 추모하면서 성처녀의 인도를 받는 것이다.

그런 의미에서 지식인-주인공-작가의 노스탤지어가 발견한 '고향'과 '농촌'은 식민지 속의 또다른 식민지이며 프로레타리아는 그들에 의해 다시 식민화된 존재들이다. 그러므로 이 미래에의 노스탤지어에 다른 이름을 붙일 수 있다면 그것은 아마도 식민주의적 노스탤지어(colonial nostalgia)라고 할 수 있을 것이다.

---

27) Svetlana Boym, 앞의 책, introduction, XVI.
28) 이 논문에서 충분히 다루지는 못했지만 이기영의 소설에서 두드러지는 팜므 파탈(femme fatale)의 형상은 특별히 주목해 볼만한 것이다. 『처녀지』에서의 선주의 팜므 파탈적 형상과 이에 대비되는 경아의 성처녀적 이미지, 『고향』에서의 방개, 『신개지』에서의 금향의 넘치는 섹슈얼리티 등은 남성 작가의 여성에 대한 노스탤지어를 보여주는 사례일 것이다.

5. 마치며

1930년대의 식민지 조선에서 『고향』 등의 이른바 프로레타리아 소설의 독자가 정작 프로레타리아(노동자, 농민)가 아니었음은 특별한 자료의 뒷받침이 없이도 충분히 알 수 있는 일이다. 비단 프로레타리아 소설만이 아니라 근대 소설 자체가 지식인-작가와 지식인-독자 사이의 유통 범위를 벗어나지 않았다고 한다면, 지금까지 논한 근대적 노스탤지어의 공감대의 범위가 어떤 것이었을지도 동시에 알 수 있다.[29] 자신의 땅을 떠나, 떠돌고, 모험하고, 개척하는 이방인들에 의해 발견되는 고향(과거)에의 그리움과 쇄신(미래)에의 동경이 노스탤지어라면 그것은 근대문학, 특히 소설의 핵심적 요소이며, 식민지 조선에서 그것은 새로운 지식인들에 의해 추진되었다. 그들은 정신적으로나 물리적으로나 자신의 장소로부터 유배된 이방인들이었다. 지식인-작가와 지식인-독자가 공유한 이 근대적 노스탤지어의 감정은 소설을 지탱하고 활성화하는 중요한 동력이었다. 어찌 되었든 그것이 아니었으면 소설은 존재하지 않았거나 전혀 다른 것이 되었을 것이다.

리얼리즘 소설은 말의 가장 직접적인 의미에서 현실(reality)을 재현(represent)하는 것이다. 한국 근대의 리얼리즘 소설은 이른바 프로레타리아 소설에 이르러 비로소 본격적인 현실 재현의 방법을 찾아낸 것으로 평가되어 왔다. 그런 평가는 전적으로 옳은 것도 아니며 또 전적으로 부당한 것도 아니다. 다만 그 소설들이 근대적 노스탤지어의 산물이거나 혹은 그에 깊이 침잠되어 있는 문학이라는 지금까지의 논의가 타당성을 얻을 수 있다면, 그 소설들의 현실 재현 능력이나 현실 연관성은

---

[29] 이 글에서 논의하지는 못했지만 한국 소설과 노스탤지어의 관계는 아마도 1930년대 초반의 역사소설 붐을 비롯한 지식사회의 일련의 복고적 분위기와 연관되어 있지 않을까 추측한다. 후속 작업을 기대한다. 또한 이글에서는 노스탤지어와 젠더의 관계도 충분히 언급하지 못했다. 낭만주의적 텍스트에서 노스탤지어는 에로티시즘과 깊이 연관된다. 이 문제도 역시 후속 연구를 기약할 수밖에 없다.

재고되어야 할 것이다. 칸트의 말을 빌 것도 없이, 시간과 공간은 인간 존재의 절대적 제약 조건이다. 노스탤지어는 인간의 이러한 존재론적 구속을 어떤 환상이나 정신적 비약을 통해 해소하고자 하는 시도이다. 거기에 모더니티의 변화된 시간관, 즉 직선적(linear) 역사 발전의 진보적 시간관이 결합될 때 노스탤지어는 기독교적 내세론을 대체하는 새로운 목적론적 유토피아의 환상으로 등장한다. 지금까지 살펴 본 이기영의 소설들은 대체로 이런 맥락 아래 있는 것이었다. 그것이 리얼리즘의 정신과 공존할 수 없는 것임은 자명하다.

그러나 이 자명성은 아마도 우리가 1930년대나 40년대로부터 수십 년의 세월을 격해 있음으로써 갖게 된 불로소득성 지혜일지도 모른다. "밤하늘의 별을 보고 길을 갈 수 있었던 시대는 행복하였다"고 말하던 한 맑스주의자의 소설에의 희망도 이제는 한낱 관념적 총체성에의 노스탤지어에 지나지 않는 것으로 치부하게 된 시대의 우리는 그것의 허망함과 미망을 말할 수는 있을지언정, 그 허망함에 몸을 던졌던 사람들의 진정성을 비난할 자격을 갖고 있지는 못할 것이다. 환멸은 노스탤지어보다 더 무서운 질병일지도 모른다.

1930년대 '향토'의 발견과 검열 우회*

한 만 수

1. 들어가며

　식민지시기 한국문학은 검열제도와 한국문학의 민간주체(작가, 독자, 인쇄자본)들 사이의 다양한 길항관계 속에서 형성된 것이었다. 당시 모든 출판물은, '비합법' 지하출판물을 제외하고는, 검열을 거쳐야만 독자의 손에 들어갈 수 있었으므로, 저작자들은 늘 검열을 의식하면서 글을 쓸 수밖에 없었다. 하지만 이런 자기검열에도 불구하고 몇몇을 제외하고는 대체로 검열을 내면화한 단계에 이르지는 않았다. 당대 문인들은 늘 검열을 의식할 수밖에 없었지만, 그렇다고 해서 오로지 검열지침들이 지시하는 대로 고분고분 따랐던 것은 아니다. 그들은 늘 검열지침을 우회하기 위해 다양한 노력을 기울여 왔으며, 검열당국은 그 우회를 차단하기 위해 새로운 검열지침을 만들어냈다. 시기별로 이런 상호관계는 늘 변화하면서도 존재했으며, 한국문학은 그 어떤 시기의 어떤 조건 아래서 산출되었다. 이 논문은 식민지시기의 한국문학을 이런 인식 아래서 바라보고자 하는 필자의 일련의 작업 중 하나이다.

　필자는 검열에 대응하는 저작자들의 글쓰기를 검열우회라고 규정하

---

* 이 논문은 「1930년대 '향토'의 발견과 검열우회」(『한국문학이론과 비평』30집, 한국문학이론과비평학회, 2006. 3, 379~402쪽)을 수정·보완한 것임.

고, 어떤 경로를 통해 검열우회를 시도하는가에 따라 이를 시간적·공간적·인간적 우회로 유형화한 바 있다.[1] 검열과 향토성의 관련성을 살피고자 하는 이 글은 이 세 유형 중에서 물론 공간적 우회에 관련될 것이다.

공간적 우회의 초기 모습은 명백하게 서구/근대를 지향하는 것이었다. 본받아야 할 외부로서 서구의 근대국가 성립을 상정하고 그에 얽힌 이야기들을 다양한 방식으로 소개하는 외국근대담은 그 대표적 보기이다. 하지만 이는 강제합병과 동시에 모두 판금되었으며, 이후 한국 저작가들은 새 우회로를 개척해나간다.[2] 1930년대에 그 우회로는 크게 나눠서 두 가지였다. 그 하나는 서구의 근대를 계속 주된 관심의 대상으로 삼되 정치성을 소거하는 경우로서 주로 해외문학파의 작업이다. 이 글의 주제가 아니므로 뒤에 간략하게 살피는 데 그치겠다. 또 다른 하나가 바로 이 글의 주제인 향토이다. 향토는 내부/전(前)근대를 지향하는 것으로서 서구/근대를 지향하는 강제합병 이전의 외국근대담과는 상반되는 경로를 택한 결과였다. 다소 앞질러 이야기하자면, 일본의 경우 향토(고향)[3]에서 출발하여 국가로 이행해간 것과는 대조적으로, 식민

---

1) 한만수, 「식민지시기 한국문학의 검열장과 영웅인물의 쇠퇴」, 『어문연구』 129호, 2006. 3.
2) 필자는 구한말에서 시작되었던 외국근대담을 그 대표적 사례로서 분석한 바 있다. 외국근대담은 검열의 금지에 의해 크게 약화된다. 시간적 우회가 그 금지 이후에도 변형하여 지속된다면, 외부공간을 활용한 공간적 금지는 크게 위축된다. 이는 전통적 문학의 개념이 점차 순문예로 축소되는 흐름과 연관된다. 신문기사들에서는 외부를 향한 공간적 우회가 지속되지만, 문학에서는 거의 사라지는 배경은 이로써 설명할 수 있다. 즉 외부적 근대를 소개하는 일은 전통적인 문학의 영역에서는 가능한 일이었지만, 정치 사회적 관심을 직접적으로 표현할 수 있는 서술자의 개입을 약화하고 허구적 시공간과 인물을 만들어내야 하는 새로운 문학의 영역에서는 매우 어려워진다는 점이다. 한만수, 「식민지시기 한국문학의 검열장과 영웅인물의 쇠퇴」, 위의 글 참조.
3) 사전적 의미에서 '고향'이라면 '태어나서 자란 곳'을 말한다. 그러나 예컨대 '서울 태생은 고향이 없는 셈'이라는 속언에서 단적으로 드러나듯이, 고향은 향토와 연결될 때에만 실감으로 느껴진다. 이는 물론 근대화 과정에서 지방에서 도시로 대규모의 인구이동이 일어났다는 점, 또한 '향토로서의 고향'을 다루는 문화적 산물들이 널리 보급되었다는 점과 관련된다. 실제로는 대도시에서 태어난 사람이라 하더라도 향토담론을 접할 때 그곳을 마치 자기 고향인 것처럼 느끼게 되는 것이다.

지 한국에서는 국가를 상상하는 것이 금지되면서 그 대리보충물로서 향토가 발견된 측면이 강하다고 필자는 판단한다.

물론 1930년대 우리 문학이나 문화 일반에서 향토성에의 경도가 나타나는 것은 검열 말고도 매우 다양한 요소들이 결합된 결과였다. 예컨대 근대화에 따른 대규모 이농, 보편적 근대성 획득에 대한 세계사적 전망의 상실[4], 식민지적 근대화의 피로감[5], 1920년대 급증했던 국토기행수필[6], 토지조사사업 및 농촌진흥운동[7] 등 여러 요인들을 함께 살펴야 할 것이다. 하지만 이 글에서는 향토담론의 형성과 유포과정에서 검열이 미친 영향에 대해서만 살피기로 한다. 이 다양한 요인들을 종합적으로 살피는 일은 단일 논문에서 감당하기도 어렵고, 그동안 고려되지 않았던 검열 요인에 대한 문제제기만으로도 의미가 있을 터이기 때문이다.

2. 검열장과 공간적 검열우회

검열장(場)이란 인쇄매체의 생산과 유통을 둘러싼 사회·정치·경

---

4) 황종연, 「한국문학의 근대와 반근대」, 동국대학교 대학원 박사학위 논문, 1991, 17~68쪽 및 182~212쪽 참조.
5) 박헌호, 『한국인의 애독작품-향토적 서정소설의 미학』, 책세상, 2001, 53~112쪽 참조.
6) 구인모, 「국토순례와 민족의 자기구성-근대 국토기행문의 문학사적 의의」, 동국대학교 한국문학연구소 「한국문학지리학의 새로운 모색」 학술회의 자료집, 2004. 11. 5, 65~82쪽 참조.
7) 1920년대 말부터 총독부의 농촌계몽운동, 러시아 브나로드 운동, 조선 동아 양 신문사의 문자계몽운동 등의 영향으로 농촌에 대한 관심이 고조되고 이에 따라 농촌문학 또는 농민문학 작품이 급격하게 늘어난다. 「상록수」, 「흙」, 「고향」을 필두로 무수하게 산출된 이 작품들은 대체로 농촌을 회귀와 극복의 대상으로 동시에 그리고 모순적으로 인식하고 있다. 예컨대 박헌호는 "목표로서의 근대가 문득 환멸의 대상으로 등장한다는 것, 버리고 온 세계가 문득 그리움의 대상으로 전환된다는 것, 거기에 "향수"의 모순이, 고향에 대한 우리네 감정의 모순이 내장되어 있다."(위의 책, 96쪽)라고 진술하고 있다.

제·문화 등 제반 영역의 조건들까지를 함께 살펴야 검열의 맥락성을 제대로 이해할 수 있다는 판단 아래 상정한 개념이다. 필자는 식민지시기 3대 검열장으로 환금화, 문예화, 문자화를 설정한 바 있다.8) 여기서는 그 3대 검열장 중에서 이 논문의 주제와 관련성이 강한 환금화, 문예화를 선정하고, 또한 고전부흥운동을 새로 추가하였다. 고전부흥운동은 식민지시기를 통틀어 검열장으로서 의미를 갖는 것은 물론 아니다.

2-1. 환금화 : '문필 노동자'의 선택

1930년대 문학이 향토를 발견하게 되는 까닭은 문학이 환금적 가치를 지니게 되었음과도 유관하다. 이는 두 가지로 나눠 생각할 수 있다. 먼저 내부적 요인으로는 문단이 형성되고 문인이 된 바에는 작품을 계속 그리고 가능한대로 활발하게 발표하는 일이 필수적이었다. 작품을 발표하는 일은 당대 문인으로서 자기존재를 입증하는 길이었으며, 식민지조선의 지식인으로서 작품 발표 말고 딱히 할 만한 직업이 마땅치 않기도 했다. 게다가 원고료, 인세제도 등이 도입되면서 근대문학은 환금성을 강력하게 띠게 되었다.9) 30년대 이른바 순수문학의 발흥을 불러온 가장 중요한 동기 중의 하나는 상업적, 통속적 대중문학에 대한 반발이었다는 지적에서 보듯이,10) 이 시기에 이르면 문학의 환금화는 결코 무시할 수 없을 만큼 진행되었다. 문학이 시장에서의 소비를 위한 상품으로 구조화되어 감에 따라서, 이제 문인은 전통적인 '선비'도, 근

---

8) 한만수, 「영웅인물에서 장애우 인물로-식민지시기 검열과 한국문학의 우회」, 동국대학교 한국문화연구단 『식민지시기 검열과 한국문화』 학술회의 발표집, 2005. 11. 26, 113~128쪽 참조. 검열장은 매우 다양한 요소들이 다양한 층위에서 작동하고 있으므로 좀더 세분하여 살필 필요가 있다고 판단하지만 추후의 과제로 남긴다.
9) 한만수, 위의 글 및 한만수, 「식민지시대 출판자본을 통한 문학검열에 대하여」, 국어국문학회, 『국어국문학』 131권, 2002. 5, 575~598쪽 참조.
10) 조연현, 『한국현대문학사』, 성문각, 1969, 467~568쪽 참조.

대문학 초기의 '문사'도(이광수가 주장했던 것처럼 전인적 교양인으로서) 아니고, '문필 노동자'로서의 성격이 강력해졌다. 문필 노동자가 노동을 그만두는 일은 생계의 근본적인 위협을 감수할 때에만 가능한 일이었으며, 선비가 절필하는 일과는 근본적으로 다른 차원의 문제였다.

문학을 창작하고 발표함으로써 얻는 경제적 보상은 꼭 원고료나 인세 형식으로만 주어지는 게 아니다. 최서해, 김기림 등의 보기에서 보듯이 문명(文名)을 날리는 일이란 취직을 위해서 중요했으며, 신문사에서 '기자문인'들을 취직시킨 주요한 이유는 바로 그들이 글을 쓸 수 있고, 지면을 메울 능력이 있기 때문이었다는 점을11) 고려할 때, 그들에게 어떤 형식으로건 '발표될 수 있는 글'을 써내야 한다는 것은 회피하기 어려운 일이었다. 따라서 검열을 정면 거부하는 절필, 또는 검열통과가 어려울 것으로 예상되는 글을 쓰기란 매우 선택하기 곤란한 일이었다. 어쨌건 쓰긴 써야 하고 발표는 해야만 했다. 신문과 잡지는 정해진 기간에 나와야 했고, 이 시기 문학의 양대 발표지면이 이렇게 정시 발간성을 지니니, 원고 역시 일정한 분량이 일정한 시기에 공급되어야 했다. 그러니 검열의 우회로를 찾는 일은 당대 문필가들에게 늘 절실한 과제였다.

둘째, 외부적 요인으로 당대 쏟아져 들어오던 일본문학작품과 경쟁을 위해서 차별화전략은 필수적이었다. 일본어 교육을 받은 독자들이 늘어나면서 점차 일본어 신문 잡지의 구독률은 높아졌다. 그 단적인 보기는 채만식의 「치숙」에서 드러난다. 작중화자인 소년은 조선 작품은 읽을 맛이 없지만 일본 대중잡지 '킹구'는 재미있다고 말한다. 중학생 정도만 되면 일본어 작품이나 이론서, 신문 잡지들을 읽는 것이 일반적

---

11) 박용규, 「식민지시기 문인기자들의 글쓰기와 검열」, 동국대학교 한국문학연구소, 『한국문학연구』 29집, 2005. 12, 85~89쪽 참조. 박용규는 '문인기자'라는 용어를 제안하였으나, 당시 이에 해당하는 인물들이 기자보다는 문인에 자기정체성을 부여하는 경향이 강했다는 점을 감안하여 '기자문인'이라는 용어가 더 적합하다고 판단한다.

이었다.12) 문학이 이미 상품으로서의 성격을 띠게 된 상황이고 보면 한국작가로서는 심각한 문제가 아닐 수 없었다. 상품이란 그 질과 값도 중요하지만 다른 상품과의 차별화 역시 핵심적인 요구라면, 문학이라는 상품 역시 차별화전략은 필요했다. 뒤에 보겠지만, 해외문학과 향토성 미학은 바로 그 상품의 차별화전략으로도 의미를 지닌다.

2-2. 문예화 : 검열과 신문 학예면의 증면

1930년대 신문의 학예면 비중은 요즘 신문과는 비교할 수 없을 만큼 높았다. 박용규의 설명을 잠깐 들어보자.

> 1930년대에 이르면 조선의 민간지들은 일본광고를 집중적으로 개척하여 기업으로서의 수지를 맞출 수 있게 되었고, 광고를 소화하기 위해 증면경쟁에 나설 정도였다. 검열이 강화된 상황에서 증면하자니 문예면의 대폭 확장이란 당연한 선택이었으며, 그 지면을 채워줄 인력으로 해외문학파들이 집중적으로 선택되었다. 이하윤 이헌구 이선근 서항석 등 해외문학파 출신 기자들은 이 필요를 채워줄 수 있었다.13)

검열이 강화되었다는 것은 구체적으로 어떤 양상을 말하는가. 소위 문화통치 기간에 검열을 일시 완화시켰던 총독부는 1925년의 사상보호법, 1926년 검열전담기구로서 도서과의 독립 승격, 1931년 만주침공 등을 거치면서 지속적으로 검열을 강화시켰다. 검열은 널리 알려져 있다시피 시사 정치에 관한 것에 집중되었으며, 상대적으로 문예부문에 대해서는 검열의 수위가 낮은 편이었다. 광고수입의 급증으로 광고 소화

---

12) 원로 극작가 차범석씨의 회고에 따른다(2003년 2월 14일 오후 3~4시, 서울 서초동 예술원회장실에서 필자와 인터뷰).
13) 박용규, 「일제하 민간지 기자집단의 사회적 특성의 변화과정에 관한 연구」, 서울대 대학원 신문학과 박사학위논문, 1994, 209쪽.

를 위해 증면경쟁에 나서야하는 형국에서라면 검열을 통과할 수 있는 원고, 그리고 그런 원고를 쓸 수 있는 저작가의 확보는 매우 시급한 과제였다. 사설만 하더라도 정치 문제에 대한 것은 아예 쓰지 않으려고 했으며, 쓰더라도 검열로 삭제되는 경우가 많아 급히 학술이나 문예로 때워야 하는 일이 잦았다는 회고는 그 단적인 사례이다.14) 식민지 출판에서 가장 커다란 문제 중 하나가 원고확보에 있다면, 학예면은 원고확보에 매우 유리하였다. 어차피 월급을 주는 기자문인들이 채워 넣으면 되는 일이었고,15) 원고료가 형성된 이후에는 '책상 위에 쌓여 있는 원고 중에서 골라' 넣기만 하면 되는 일이었다.16)

학예면이 중요해지는 까닭은 더 있다. 고정적으로 일정 부분의 지면을 채울 수 있다는 점이다. 매일 정해진 지면을 기사로 채워 내야 하는 신문의 속성 즉 정기 발간성과 지면 분할을 감안한다면 이런 고정면의 존재는 매우 효율적인 신문제작의 시스템이 아닐 수 없었다. 즉 시사성이나 속보성이 떨어지는 지면이어서 사전 제작이 가능하므로 제한된 인력의 효율적 활용이 가능하다는 점이다. 특히 대규모의 증면경쟁이 이뤄지던 시기였으므로 더욱 사전(事前) 제작이 가능한 지면의 필요성은 강화되었을 것인데 이는 비단 신속한 제작을 가능케한다는 점 즉 신문의 속보성에의 기여라는 이점만이 있는 것은 아니었다. 즉 인쇄산업은 식자, 문선, 정판 등 많은 인력이 소요되는 노동집약산업인 바, 그 인력들을 마감시간에만 집중적으로 노동을 시켜서는 경제적 효율성이 낮아진다. 따라서 사전제작이 가능한 지면과 속보성이 요구되는 지면을 적절한 비율로 조절하는 일은 노동력의 효율적 배분이기도 했으며, 인쇄자본의 이윤확보에도 필수적이었다.17)

---

14) 서항석, 「사령(辭令) 써놓고 입사 기다린 동아」, 한국신문연구소 편, 『언론비화 50편』, 1973, 163쪽.
15) 박용규, 「식민지시기 문인기자들의 글쓰기와 검열」, 앞의 글, 93~112쪽.
16) 조용만, 『30년대의 문화예술인들』, 범양사출판부, 1988, 112쪽 참조.
17) 속보성이 없는 지면(소위 '간지(間紙)')에 대한 조판 작업을 발행일 하루 전에 진행

이렇게 학예면은 비교적 검열을 통과하기 용이한 데다가 증면 비용을 최소화할 수 있었다. 학예면 담당자 역시 이에 걸맞게 바뀌어야 했다. 카프 계열이 주축을 이루던 기자문인들은 급속하게 해외문학파로 교체되었다. 1930년대 문예물은 독자적으로는 상품성을 아직 충분히 확보하지 못했으나, 문화상품으로서의 신문의 한 중요한 구성요소였으니 이런 의미에서의 상품성만은 확보한 것이라고 보아야 할 터이다. 상품이란 주기적인 재생산을 숙명으로 삼는 만큼, 검열에도 불구하고 지속적으로 문예면의 기사를 생산해내고, 최소자본의 투여를 통해 독자의 요구에 부응해야 하는 구조는 이미 형성된 것이다.18)

2-3. '기자문인'와 고전부흥운동

1930년대 고전부흥운동19)의 중심에는 언론사가 있었다.20) 그 고전부

하는 일은 현재까지도 지속되는 제작형태이다. 물론 요즘에는 학예면이 아니라 '연예면' 등이 간지의 대부분을 차지하고 있다는 차이는 있다.
18) 학예면에 대한 좀더 자세한 논의는 이혜령, 「1920년대 동아일보 학예면의 형성과정과 문학의 위치」, 『대동문화연구』, 2005. 12, 95~133쪽 참조.
19) 이에 대해서는 차승기, 「1930년대 후반 전통론 연구 - 시간, 공간의식을 중심으로」, 연세대 박사학위논문, 2003, 14~44쪽 및 황종연, 「1930년대 고전부흥운동의 문학사적 의의」, 동국대학교 한국문학연구소 편, 『한국문학과 근대성의 형성』, 아세아문화사, 2001, 335~394쪽 참조.
20) 당시 언론들이 고전부흥운동에 주력했던 까닭에 대해서는, 언론학계에서도 아직 연구된 바가 없다. 아직 정밀하게 논구할 단계는 아니지만, 그 원인은 다음과 같은 몇 가지를 상정할 수 있을 것이다. 첫째, 정치문제에 대한 검열의 금지가 강화됨에 따라서 다른 영역의 지면비중이 높아졌다는 점이다. 1920~40년대 동아 조선 두 신문의 사설을 분석한 김민환에 따르면 이 시기 정치사설의 비중은 10%미만(동아 9.7%, 조선 5.3%)이었다(김민환, 「일제시대 민족지의 사회사상」, 『언론과 사회』, 1994. 6, 6~26쪽). 둘째, 당시 신문들은 세계전쟁 필지론(必至論)과 동양위기론을 유포하면서 '동양주의'를 적극 주장하였다(김민환, 위의 글 참조). 셋째, 일본어신문(조선 또는 일본에서 발행되던)은 당시 점차 판매부수도 늘고 한국 지식인 사이의 영향력도 확대되어 가고 있었으므로 조선어신문사들은 이들과의 경쟁을 위한 차별화전략이 필요했다. 위 세 가지를 중첩시켜 본다면, 고전부흥운동이란 당시 신문들에게 꽤 매력적인 담론이었을 것이라는 추정이 가능해진다. 즉 정치 억압과 동양주의, 그리고

흥의 핵심이 소위 '조선적인 것'에 있는 만큼, 향토성이 강화된 작품들이 다수 산출되는 현상은 이와도 연결 지어 설명할 수 있다. '조선적인 것'은 바로 근대화가 지체되어 있는 향토에서 가장 손쉽게 확인될 수 있기 때문이다.21) '비동시성의 동시성'이라는 근대적 특성 속에서, 시간을 거슬러 '조선적인 것'을 찾아가는 가장 손쉬운 방식은 도시에서 향토로의 공간이동을 통해 가능해지는 것이다.

언론들의 관심사는 곧바로 문인들의 관심을 촉구할 수밖에 없다. 가장 중요한 발표매체이면서 가장 중요한 원고료 수입원이고, 게다가 가장 주요한 취업기관이 언론사였으므로, 그들의 정책 방향에 문인들이 예민하게 반응하는 것은 당연한 노릇이었다.

박용규는 식민지시기 많은 문인들이 기자로 활동했음에 유의하여 이들을 '기자문인'라고 부르면서, 그들을 크게 둘로 나눠 살피고 있어 주목된다.

> 1930년대의 해외문학파 등은 이전 시기 동인지 출신 작가들의 민족주의적 경향이나 카프 계열 작가들의 사회주의적인 경향과는 달리 1930년대 언론계의 상업주의적인 요구에 부응하는 새로운 태도를 나타냈던 것이다. 이렇듯 기존의 민족주의 사회주의 계열의 문인들이, 생계를 위해 불가피하게 기자가 되었다 하더라도 일정 정도 자신들의 정치적 입장에 따른 지향성을 가지고 언론활동을 했던 것과는 달리 이들은 철저히 기업화되어가는 언론의 논리에 충실했던 것(하략).22)

동양이라는 단일성 속에서의 다양성으로서 '조선적인 것'의 강조를 통한 문화상품의 차별화전략 등을 모두 충족할 수 있는 담론인 것이다. ㅁ-침 학계에서도 고전에 대한 온축이 쌓인 덕분에 고전 관련 기사를 공급할 수 있는 필진도 풍부해졌다(예컨대 경성제대 조선어문학부는 1929년 1회 졸업생으로 조윤제를 배출하였다. 또한 정약용 등 조선 실학파들의 저서 재발간이 30년대 들어 활발해졌으며, 김태준의 『조선소설사』(1933년), 양주동의 『조선고가연구』(37년 첫 논문, 42년 책 완간), 임화의 『조선신문학사』(39~40년 조선일보 연재) 등도 이 어름에 집중적으로 출간되었다).
21) 이 문제에 대해서는 클라크 소렌슨(Clark Sorensen), 「식민지 한국의 농민 범주 형성과 민족 정체성」, 신기욱 외, 『한국의 식민지 근대성』, 삼인, 2006, 407~437쪽 참조
22) 박용규, 「일제하 민간지 기자집단의 사회적 특성의 변화과정에 관한 연구」, 서울대

기자문인들에게 글쓰기는 직장인으로서의 업무였다. 그리고 언론이 기업화되어감에 따라서 그들에게는 끝없는 작업(기사 생산)이 부여되었다. 기업의 정책방향이 고전부흥으로 설정된다면, 그들이 이를 거스르기는 어려웠다.

향토성은 또한 일본작품과의 차별화를 위해 상당히 성공적인 전략이기도 했다. 앞에 보듯이 30년대 다양한 문화상품들이 향토성을 주된 키워드로 삼고 있음은 그 좋은 보기이다. 예컨대 향토성이란 헐리우드영화 및 일본영화에 맞서서 대중들의 호응을 확보할 수 있는 매우 효과적인 수단이었다는 이화진의 지적은 좋은 참고가 된다.23) 물론 영화와는 달리 문학은 별 이윤을 기대하기 어려운 문화상품이지만, 앞서 살핀 대로, 신문이라는 문화상품에 끼어드는 한 요소로서는 충분한 의미가 있었다.

한편 1930년대 기자문인들은 주로 해외문학파들이었던 만큼, 고전부흥운동에 연관된 향토적 기사들 이외에 해외문예사조나 번역물을 게재에도 주력했다. "그들이 소유하고 있는 특수지식이라는 것을 갖고 금일의 현실에 그대로 추종하여 소위 부르주아 저널리즘에 아첨하는 데서 그들의 사회적 수명을 연장해가려고 한다"는 비판을 받을 정도였다.24) 그러나 이런 비판과는 상관없이 이들이 산출한 해외문학 기사들은 "문예의 세련된 오락화, 중간독물을 요구하는 당시 독자층"의 수요를 충족시킬 수 있었으며,25) 해외문학파들은 주요 신문사 학예면의 편집권을 장악함으로써 문단의 헤게모니도 장악하게 되었다. 이렇게 해외 지향과 향토 지향은 당시 신문 학예면에 공존하는 두 특징이었다.26) 필자

대학원 신문학과 박사학위논문, 1994, 209쪽.
23) 이화진, 「식민지 영화의 내셔널리티와 '향토색'」, 『상허학보』13집, 상허학회, 365~366쪽 참조.
24) 백철, 「조선문단의 신전망」, 『혜성』, 1932. 1, 19쪽.
25) 김윤식, 『한국현대문학사상사론』, 일지사, 1992, 162~163쪽.
26) 특히 이효석의 특징이기도 했던 향토지향성과 해외지향성의 기묘한 공존에 대해서

가 설정한 공간적 검열우회의 두 방식은 이렇게 당시 신문 지면에서도 확인된다.

3. 향토와 국토의 상호전이 : 제국과 식민지의 차이

지금까지 살폈듯이 대부분의 문인 또는 기자문인들은 점차 엄격해지는 검열에도 불구하고 작품 창작을 지속할 수밖에 없었으니, 검열우회로를 다양하게 개발해낼 수밖에 없었다. 구한말 구지식인들이 외국근대담이라는 공간적 검열우회로를 개척했던 것이 다분히 개인적이고 지사적이며 무임금의 글쓰기였다면, 환금화·문예화·기자문인화의 상황 속에서 문필노동자적 성격이 강해진 1930년대 문인들의 글쓰기는 임금노동이었으며, 검열우회로를 찾아야할 필요성은 생존의 문제와 직결되는 것이었다. 1930년대에 나타나는 공간적 검열우회에 국한한다면 그 우회의 방향은 두 유형으로 나눠 볼 수 있다. 즉 외국/근대를 향한 공간적 우회가 검열에 의해 금지되었을 때, 그들이 선택한 것은 첫째로는 탈정치화였고 둘째로는 향토였다.

외국근대를 표방하되 탈정치화하는 방식은 소위 해외문학파들의 몫이었다. 1930년대 그들이 급격하게 신문기자로 진출하였다는 점은, 이 공간이 검열권력과 타협하기 용이함을, 그리고 언론자본도 이미 이를 간파하고 있었음을 입증한다.27) 해외문학파들이 시도했던 탈정치적 외

는 다음 논문을 참조.
신형기, 「이효석과 발견된 향토 - 분열의 기억을 위하여」, 『민족이야기를 넘어서』, 삼인, 2003.
김양선, 「1930년대 소설과 식민지 무의식의 한 양상-김유정 소설에 나타난 향토의 발견과 섹슈얼리티를 중심으로」, 『한국근대문학연구』 10호, 2004. 12, 146~171쪽.
오태영, 「1930년대 후반 문학의 향토 연구」, 동국대 대학원 국어국문학 석사학위 논문, 2004, 41~63쪽.
27) 그러나 탈정치화란 손쉽기만 한 일은 아니었다. 대표적인 해외문학파인 김진섭이 매

국문물 소개는, '선진 일본'의 문물에 대해 '더 선진적인 서구문물'로서 맞서는 셈이었으며, 이는 문화상품의 차별화라고도 볼 수 있다. 이 문제에 대해서, 그리고 해외취향과 향토취향의 상호관계 등에 대해서도 살필 가치가 충분하겠거니와28) 이 글의 주된 목적이 아닌 만큼 이 정도로 줄이기로 한다.

　1930년대 공간적 검열우회 방식 중에서 두 번째는 향토의 발견이다. 향토의 발견이란 기본적으로 이농에서 기반한다. 농촌을 떠나지 않고서는 향토란 발견될 수 없기 때문이다. 식민지시기 특히 1930년대 들어 크게 유행했던 고향 또는 향토성 미학의 문화상품들은29) 이농이라는 근대화의 보편적인 현상에 기반하는 것이다. 빈농들은 농촌에서 살 수 없기 때문에 떠나거나 징용 정신대 등 국가 강제동원에 의해 농촌을 떠난다. 대도시로 가야 먹고 살수 있다고 생각하면서 그 이주자금인 '돈 이 원'을 마련하기 위해 아내를 매춘시켰던「소낙비」(김유정)의「춘호」라든가, 안수길의「북간도」를 필두로 한 유이민 문학들은 저간의 사정을 잘 보여준다. 물론 조금 살만한 소작농 이상은 자제들을 대도시(서울, 동경 등)로 유학 보냈다.

　그러나 생존이나 신분상승을 위한 이농은 성공보다는 실패하는 확률이 훨씬 더 높았다.30) 자본주의, 특히 식민지적 자본주의는 늘 직업에

　　일신보에 실은 글이 '반전(反戰) 논문'이라는 혐의로 필화사건에 휘말리게 되었던 일은 그 대표적 증거이다. 이에 대해서는 정진석,「일제말기『매일신보』필화의 전말」,『문학사상』, 2005. 7, 22~49쪽 참조.
28) 이 문제에 대해서는 신형기(앞 논문), 김양선(앞 논문) 그리고 김춘식,「낭만주의적 개인과 자연 전통의 발견」,(『작가연구』11호, 새미, 2001. 4), 80~81쪽을 참조.
29) 문학에서는 이효석「메밀꽃 필 무렵」, 김유정「봄봄」, 정지용「향수」, 황순원「소나기」, 정비석「소나기」등 많은 작품을 예로 들 수 있다(이에 대한 논의는 박헌호, 앞의 책, 19~183쪽 참조). 유행가로는 한 달 만에 5만매가 모두 팔렸다는「타향」을 비롯하여「황성옛터」,「연락선은 떠난다」등이 대표적인 보기이며(박찬호,『한국가요사』, 현암사, 1992, 319쪽 참조), 영화에서도「아리랑」,「임자 없는 나룻배」,「나그네」등이 기록적인 흥행을 거둔 바 있다(이에 대해서는 이화진, 앞의 글, 365~366쪽 참조).
30) 이농해온 도시빈민들의 처참한 생활에 대해서는 당시의 많은 보고서들이나 주로 카

비군의 존재 속에서만 초과이윤을 획득할 수 있는데, 그 직업예비군의 비율은, 사회체제를 유지할 수 있는 한, 높으면 높을수록 이윤축적에 유리한 것이었다. 따라서 식민지 조선인들은 대량실업 상태를 구조적으로 요구받았다. 1930년대 세계대공황의 여파로 일본와 조선의 경제가 위축되자 실업률이 급증하였음을 감안한다면 더욱 그러하다. 그랬을 때, 떠나온 농촌에 대한 향수는 자연스러운 유년 공간으로의 회귀욕구에 그치지 않고 훨씬 증폭되게 마련이며, 향수를 자극하는 다양한 문화담론들이 출현한 것은 거의 당연하다고 볼 수 있다.

향토의 발견이 농촌과 도시 사이의 지리적 이동에서 기인한다면, 그 이동의 경로는 지금껏 살폈듯이 세 가지로 나눠 볼 수 있다. 즉 농촌에서 도시 등으로의 이행(이농), 도시 등에 머물면서 향토를 그리워하는 심미적 이행(향수), 그리고 도시에서 농촌으로의 이행(귀향)이다.

이 각각의 경우에 적지 않은 편차가 있을 것이지만, 이 소논문에서 이를 모두 다루기는 어려우니, 일단 향수에 중점을 두어 살피기로 한다. 특히 최근 발표된 일본에서의 고향 관련 연구들을 주목하면서, 제국과 식민지 조선의 경우에서 그 같고 다름을 논의해 보자.

3-1. 향토에서 국토로 : 제국 일본의 경우

이 문제에 대해서는 이미 일본 연구자들의 주목할 만한 성과가 있으므로, 이를 요약 제시한다. 쓰보이 히데토는 일본민요의 근대적 발견과 대중적 유포과정을 면밀하게 검토한 결과 몇 가지 중요한 결론에 도달했다. 요약하자면 다음과 같다.

고향은 개개인이 나고 자란 지역을 가리키는 것이므로 개별적 지방

프계열의 문학작품들이 증언하는 바와 같으며, 간신히 학업을 마치더라도 변변한 직업을 얻기는 거의 불가능했음도 역시 「레디 메이드인생」, 「빈처」 등에서 얼마든지 확인된다.

성을 지니는 것이지만, 근대화과정에서 급격하게 향토로 통합된다는 점; 고향이란 출향과 귀향을 전제로 성립하는 개념인 바, 이 모티프는 결국 출향하여 성공하여 고향으로 돌아간다는 금의환향의 서사라는 점; 그 출향의 목적지는 초기에는 대도시였지만 청일전쟁 러일전쟁을 거치면서 전장터로 바뀌게 되며 그리하여 고향은 국가로 확장된다는 점; 초등학교 교과서(6학년)에 실려 있지만 결국 어른을 위한 노래라는 점; 그리하여 미래를 현재로 통합하고 출향-성공-귀향의 삶의 구조를 미리 내재화한다는 점; 그 과정에서 민요가 중요한 역할을 하였는데, 민요란 전통적인 것이라고 생각하지만 사실은 근대 국민국가 형성과정에서 새로이 창조된 것이라는 점 등이다.[31]

특히 『제국동요대전(帝國童謠大全)』(1909)은 외설적인 표현을 이유로 발간금지 처분을 받았으며, 『이요집(俚謠集)』(1914) 등에서는 이를 완벽하게 제거했는데 이 민요집은 문부성 편찬이었다고 지적하는 대목을 주목할 만하다. "민중적이고 토속적이며 외설적인 에너지를 담은 민중의 노래"가 검열에 의해 금지된 것이다. 또한 『제국동요대전』에서는 지리적 분류의 기준이 '일본해 쪽/내륙/태평양 쪽' 또는 '구니(國)'를 혼용하여 모호했지만 『이요집』에서는 현행의 도부현(道府縣) 등 행정단위로 정리되어 가는 모습이 보이는 바, 이는 "제국민(諸國民)의 목소리"가 단일한 "국민의 목소리"로 통합되어간 것이라고 해석한다. 이렇게 민중의 에너지가 삭제되고, 명확한 행정구분에 의거하여 민요가 재분류됨에 따라서, 민요에서 보이는 "지방색의 차이는 단일한 것을 구성하고 단일한 것의 균질성을 두드러지게 강조하기 위한 다양성으로서의 역할을 하게 된다." 이렇게 보았을 때, 1909년의 『제국동요대전』에 이미 조선

---

31) 쓰보이 히데토(坪井秀人), 「국민의 소리로서의 민요」, 임경화 편저, 『근대 한국과 일본의 민요 창출』, 소명출판사, 2005, 107~154쪽.
쓰보이 히데토, 「노래와 고향의 재창조」, 동국대학교 한국문학연구소, 『한국문학연구』 30집, 2006. 6, 29~46쪽.

의 민요가 포함되었다는 점을 중시할만하다. '조선적인 것' 또한 일본 제국의 영역 안에서의 균질성을 위한 다양성으로 기능하게(또는 기능할 수 있다고 판단하게) 되었음을 의미하기 때문이다.

나리타 유이치 또한 비슷한 지적을 하고 있다. 좀 길지만 직접 인용한다.

> 1930년대에 '고향' 개념이 전환하는 이유 중에는 '전쟁'이라는 요인을 빼놓을 수 없다. 전쟁은 사람들을 강제적으로 동원하고 '일본' 밖으로 '이동'시켰으며 그 눈을 통해 일본을 '고향'으로 확인토록 재촉한다. 이런 '고향'관에 반응한 것은 우선 병사들이다. 종군작가 히노 아시헤이(火野葦兵)의 작품에는 이런 병사들의 심정-'고향'관이 넘쳐나고 있다. (중략) 데뷔작인 『보리와 병사』(1938)에서도 이미 "여기 있는 모든 병사는 사람의 아들인 동시에 고국에는 처가 있고 그 중에는 자식을 두고 온 아비도 있다. 우리나라의 가장 소중한 사람들뿐이다. 또 병사는 향수에 빠져 모두들 개선(凱旋)할 그날의 몽상을 소중히 가슴 속에 간직하고 있다." "나는 조국이라는 말이 신선하게 나의 가슴에 부풀어 오르는 것을 느꼈다"라고 쓰고 있다. (중략) 히노가 묘사한 '고향'은 '전쟁터'라는 (일본의 외부로부터의) 시선에 의거하고 있으며, '고국'을 무매개로 '고향'에 중첩시키며 그 개념을 '일본'/전쟁터의 개념으로 일거에 확대하고 있다. 여기에는 '일본'이 이미 전제되어 있으며, 병사들은 '일본인'임을 의심하지 않는다. '일본' 안의 차이로서의 '고향'이 아니라, '고향'을 한 데 묶은 큰 틀로서의 '일본'과 '일본인'이 묘사되어 있다.32)

고향과 가족이라는 지극히 사적이고 개인적인 대상이, 국가동원에 의한 전장으로의 출정을 통해 곧바로 '고국', '일본'으로 확산·전이되었다는 것이다. 히노의 『보리와 병정』은 일본에서 출판된 지 불과 1년 뒤인 1939년에 한국에서도 번역 출판되어(매일신보사 간) 베스트셀러가

---

32) 나리타 유이치(成田龍一), 「고향이라는 이야기·재설(再說)」, 동국대학교 한국문학연구소, 「근대의 문화지리-'고향'의 창조와 재발견」 국제학술대회 자료집, 2005. 2. 18, 92~93쪽.

되었다. 그리고 의미심장하게도 그 번역자는 식민지시기 대표적인 검열관이었던 니시무라 신타로(西村眞太郞)였다.

지금까지 살핀 대로 일본에서의 '고향'은 '향토'로 일반화되자 곧 '고국'으로 이어진다. 대도시로의 출향(이농)을 통하여 고향이 제각각의 고유성을 상실하고 향토로 일반화되었다면, 대외침략전쟁을 통하여 고향은 다시 국가로 확산되는 것이다. 그러나 향토와 국가성의 결합과정만을 본다면 일본과 조선의 사정은 사뭇 다르다.

3-2. 국토에서 향토로 : 식민지 조선의 경우

1910년 강제합병 직후 일제는 조선의 신문 제호에서 국권을 상징하는 것들을 모두 삭제하도록 강제하였다. 그 결과「대한신문」은「한양신문」으로,「황성신문」은「한성신문」으로,「대한매일신문」은「매일신문」으로 각각 제호를 바꾸었다.33) 특히「대한매일신문」의 경우는 지역성이 아예 사라지며 일본의「마이니치신붕」과 똑같은 제호를 갖게 된다. 국가의 개념이 완전히 삭제되는 대신 특정 지역성이 자리잡는 것이다.

이와 관련하여 널리 알려진 베네딕트 엔더슨의 논의를 참조할만하다. 근대국가의 성립에는 문화적 요인 또한 매우 중요한 기능을 했는데, 그 핵심은 인쇄술의 발전에 따라 자국어 소설과 신문의 영향력이 확대되었음에 있다는 것이다. 자국어신문의 편집은 국내뉴스와 국외뉴스를 면에 따라 구분 배치함으로써 독자들로 하여금 자국의 영토를 일상적으로 확인할 수 있도록 만든다. 신문지면의 공간배치가 자연스럽

---

33) 신문의 제호는 대부분 공간성과 시간성의 결합으로 이뤄진다. 그 중에서 시간성이란 정기적 발행주기를 표상한다. 주간지인지 일간지인지를 따라서 일간지라면 제호 구성에서 시간성이란 차이를 발생시키지 못한다. 따라서 일간지 제호의 핵심적 변별성은 공간성에서 비롯된다. 그런데 바로 그 핵심적 변별성을 변화시키는 것이다.

게 영토의 내부와 외부를 구획하는 것이다.

영토의 획정이란 국가 성립의 가장 기본적인 요소임은 두말할 여지도 없다. 그런데 강제합병과 동시에 조선어 신문의 제호에서는 이 국토 획정적 성격이 일제히 삭제된다. 그리하여 「한양신문」, 「한성신문」 등에서 표상되는 공간의 의미는 예컨대 「오오사카 매일」, 「교토신문」 등과 다를 바 없게 된다. 일본 '제국'이라는 전체 속에서 재배치되는 지역성이므로. 이제 「한양신문」 「한성신문」들은 '조선의 신문'이 아니라 단순히 '조선어 신문'에 불과하게 되었다. 즉 조선 사투리로 된, 일본 제국의 한 지역 신문이 되어 버린 것이다.

이렇게 검열이 국토와 국호를 배제하는 방식으로 신문의 공간을 재배치하면서 '한양' '한성' 등은 일본 제국의 한 지방으로서의 성격을 강하게 띠게 된다. 앞서 쓰보이의 지대로 1909년의 『제국동요대전』에서 이미 조선의 민요를 일본의 한 지역으로 정리했다면, 1910년에는 조선어 신문에서도 동일한 맥락의 작업이 진행된 것이다.

조선, 경성, 한양, 한성 등은 '내지'의 주변부로, 그리고 오키나와, 대만 등 구식민지들과 나란히 '제국'이라는 전체 속의 작은 차이를 보이는 지방들로 재배치된다. '제국'이라는 전체를 승인한다는 전제 안에서라면 지역적 차이는 얼마든지 용인되거나 오히려 장려된다. 쓰보이의 표현대로라면 "균질성을 강조하기 위한 다양성"이기 때문이다. 이제 근대화된 '제국의 중심'으로부터 2단계 3단계 뒤떨어진 지방들은 그 중심을 본받아 닮아가고 통합되어야 하며, 지역의 독자성은 균질성을 위한 것일 때만 장려된다. 적어도 일본에서는 그러했고, 조선총독부 검열 권력의 의도 역시 그러했으며 한국인 문인의 내면에도 이런 일본적 오리엔탈리즘의 내면화는 일정 부분 진행되었다.[34] 이러한 국토개념의

---

34) 일본이 자국 내의 지방과 조선 등 식민지라는 주변을 발견함으로써 일본적 오리엔탈리즘을 확립해나간다면, 다시 식민지 조선의 신지식인들은 향토를 발견함으로써 내국적 오리엔탈리즘을 확립해나간다고 할 수 있다. 구한말 이후 지속되던 근대화

삭제는 문학작품에서도 발견된다. 한흑구는 그 대표적인 보기를 제공한다.

> 一九三一年 시카고에 있을 때에 「大陸放浪詩篇」이라는 題目 아래 詩 열 篇을 써서 「東光」誌의 주 요한氏에게 보낸 일이 있었다.
> 그 가운데에 「祖國」이라는 一篇을 써 놓았으나, 빼앗긴 祖國을 그대로 祖國이라고 쓰면 檢閱通過 같은 것은 문제도 안 되고, 나를 잡아 가두려고 할 것은 뻔한 노릇이었다.
> 그래서 先手를 써서 「故×」라고 時題를 한 字 ×字를 넣어서 카무플라즈해 버렸다.
> 요행히 通過를 하면 <故鄕>이라고 읽든지 <故國>이라고 읽든지, <祖國>이라는 이미지가 나타날 것이라고 생각했던 것이 通過가 되었다.
> 그 詩篇 가운데는 이러한 一聯이 있었는데 그대로 통과되었다.35)

심훈의 시 「무사시노(武藏野)에서」 역시 비슷한 경우이다. 제 2연의 첫 두 행만 보자. 애당초 "두 사람의 시선(視線)은 아득히/ 고국(故國)의 한울을 더듬으며"였지만, '고국'이라는 두 글자를 검열관이 삭제하자 심훈은 '국(國)'을 '향(鄕)'으로 바꿔놓고 있다.36) '고국'은 검열에 의해 '고향'으로 바뀌는 것이다. 이밖에도 이희승은 "'태극기' '대한제국' '백두산' '단군' '무궁화' 등의 단어에 대한 설명이 반국가적"이라는 이유로 우리말사전 원고를 압수당했다고 회고하고 있으며,37) 또한 김정구의 가요 「두만강 푸른 물에」가 금지곡이 된 사정도 이와 유관한 것

의 열정은 이제 제국의 중심 속에서 자신의 역할모델을 발견하게 되면서, 오히려 중심으로의 통합지향성을 강력하게 띠게 된다. 큰 중심은 동경이고, 작은 중심은 경성 유학생으로서의 신지식인들 자신이다. 일부 신지식인들이 동경보다 더 큰 중심으로서 서구를 지향하거나, 아니면 향토에서 세계문학을 상상하는 데 이른 것은 이런 흐름 속의 현상이라고 할 수 있다. 오태영, 앞의 논문, 41~63쪽 참조.

35) 한흑구, 「파인과 최정희」, 『人生散文』, 일지사, 1974, 146~155쪽.
36) 심훈 , 『그날이 오면』, 차림, 2000, 영인 부분 137쪽. 이 사실은 최경희교수가 발견하여 알려준 것이다.
37) 이희승, 「국어를 지킨 죄로」, 『한국현대사 5』, 신구문화사, 1971, 298쪽.

으로 보인다.

국토의 상상에 대한 금압이란 강제합병 초기부터 강제되어 식민통치 기간을 통틀어 지속되었는데 그 유력한 대리보충물로서 향토는 유용했던 것으로 보인다. 이렇게 국토가 억압됨에 따른 대리보충물로서 향토가 발견된 측면이 강하므로, 조선에서의 향토란 단순하게 전근대/제국의 주변부로만 인식되는 것은 아니다. 정치에의 억압이 문예의 상대적 흥륭을 불렀는데, 그 결과로 문예는 제몫보다 더 많은 정치담론의 구실을 떠맡아야 하였음을 고려할 때 더욱 그렇다. 점차 향토는 국토의 은유로서 성격을 띠게 되며,[38] 그렇게 되자 향토는 다시 이중적인 의미를 지니게 된다. 검열된 국토의 대리보충물로서 향토(심훈 등)와, 전도된 오리엔탈리즘으로서의 향토(대부분의 향토적 작품들)의 이중성이다. 당연히 검열당국은 이 둘을 구분하여야 할 필요가 생겼을 것인데, 다음과 같은 검열지침은 바로 이런 필요 때문에 나온 것이라고 판단한다. "조선의 역사적 인물, 산악, 고적 등에 관한 기사로서 민족의식을 고취하고 배일사상을 고조함과 같은 혐의가 있는 것은 ○를 게재하지 말 것"[39]

향토성이 단순히 제국 내의 근대성을 척도로 하여 제국 내의 지리적 재배치, 즉 조선민족의 후진성으로만 인식된다면 이는 적극 장려할 사안이라고 볼 수 있다.[40] 그러나 그것이 국토와 동일시되고 독립의 주장으로 이어질 가능성이 보일 때는 금압의 대상이 된다.[41]

---

38) 이우성, 「고대시와 현대시의 교차점」, 이우성 외 엮음, 『한국근대문학사론』, 한길사, 1987 참조.
39) 조선총독부, 「언문신문지면쇄신요령」, 1937.
40) 이화진이 보기로 들었던 바, 경성일보 모집 전국어린이 작문 당선작을 영화화한 최인규의 「수업료」는 그 좋은 보기이다. 조선 농촌 어린이의 극도의 가난이 묘사되지만, 그 가난은 교사와 친구들의 따뜻한 우정, 그리고 출향하여 돈을 벌고자 이향한 아버지가 부쳐온 돈에 의해 감동적으로 극복되는 것이다.
41) 문자보급운동이 문자와 산술능력의 보급을 통한 농촌의 생산성 증대로만 남아있을 때는 장려 내지 묵인되었지만, 언론사의 통제를 벗어났을 때는 금지되었음도 이와 관련하여 매우 시사적이다.

이렇게 되었을 때 1930년대 향토성의 의미를 밝히는 일은 훨씬 복잡해진다. 검열과의 관련을 제외하고라도 이미 그러하다.[42] 예컨대 이화진은 다음과 같이 지적한다.

> "1930년대 후반 조선영화 목록작업은 식민지 농촌에서 벌어지는 비참한 광경들을 향토색이라는 이데올로기적인 문화담론 속으로 밀어 넣는데 일조했다. 이 작업은 아리랑에서는 소극적이나마 가능했던 저항적 공간도 영화 자체의 역사적 맥락을 봉인한 채 조선적인 정조가 두드러지는 농촌이야기로 일반화한 측면이 있는 것이다. (중략) 식민지 조선은 무능력한 남성과 겁탈당하는 여성, 기아에 허덕이는 아이의 초상으로 그려지고, 영화라는 재현매체는 이를 민족 수난사로 재생산하는 것이다. 어떤 면에서 조선의 관객들은 영화를 통해 이러한 피식민자의 초상을 스스로 관찰하고 내면화함으로써 제국의 식민주의적 욕망에 잠식되어 갔다고 볼 수도 있을 것이다"[43]

이화진의 분석은 조심스럽지만[44] 향토적 조선영화 속의 도시-농촌의 계서적(階序的) 공간구성은 제국과 식민지 조선, 또는 조선과 더 낙후된 농촌으로서의 만주 등으로 상상하도록 만드는 복잡한 심리적 역학관계 속에 있다는 지적만은 분명하게 내세우고 있다. 제국 내의 지방을 다시 세분하여 재배치하고 계서화하는 과정을 통해서 일본적 오리엔탈리즘은 끝없이 재생산되어갔다는 것이다.

한편 클라크 소렌슨은, "한국인들은 독립에 대한 열망을 한국인의 종족적 특이성과 민족자결의 도덕성을 근거로 정당화"하였는데, '농민'

---

42) 검열의 요인을 배제한 상태에서 1930년대 문학의 고향에 대한 논의로는 신형기, 박헌호, 차승기, 오태영 등의 앞의 논문 참조.
43) 이화진, 앞의 글, 382~383쪽.
44) 이 조심스러움은 그 스스로 밝히듯이 당시 영화자료들은 실물로 남아있지 않아서 당시의 문자텍스트를 통한 간접분석밖에는 가능하지 않았기 때문이다. 게다가, 당시 신문, 잡지 등의 기고자는 주로 지식인들이어서 당대의 관객대중들의 반응을 가늠하기 어렵기 때문이기도 할 것이다.

이라는 범주는 그 종족적 특이성의 근거로서 이 시기에 발견되고 유포된 것이라고 주장한다.45) '향토'에 대해 직접적인 언급을 하는 것은 아니지만, '농민'에 대한 그의 언급을 조금 확장시키면 '향토' 역시 일본적 오리엔탈리즘의 재생산이 아니라 '한국적인 것'의 근거로서 활용되었다는 판단에 이르게 될 것이다.

이화진은 외재적 요인을, 소렌슨은 내재적 요인을 좀더 강조하고 있는 셈이다. 필자는 아직 이 문제를 정면적으로 다룰 준비는 되어 있지 않다. 단지 둘 중 하나를 선택해야 하는 문제가 아닐 터이라고 생각한다.46) 소렌슨의 작업에서 확인하듯이, 그리고 이 글을 통해 검열우회로서 향토가 선택되는 메카니즘을 확인할 수 있었듯이, 이 시기 향토성에는 이러한 일본적 오리엔탈리즘의 재생산과는 구분되거나 대조적인 기제와 효과들이 분명 존재했다. 이화진이 30년대 영화에서 이런 반(反)-지배담론의 흐름을 발견하지 못했음은 아마도 문학이 영화보다는 자본집중성이 훨씬 약하다는 점과 관련될 것이다. 이화진은 주로 영화를, 그리고 소렌슨은 주로 신문·잡지의 기사나 문학작품을 대상으로 삼고 있기 때문에 나타나는 차이일 수 있다는 말이다. 이런 장르의 차이와 함께 검열에 의해 국토성이 소거되었다는 역사적 맥락까지를 감안하여 종합적으로 판단해야 할 문제라고 생각한다.

결국 식민지 조선에서 향토의 의미는, 적어도 문학에서라면, 검열당국이나 『제국동요대전』 편찬자들의 의도를 상당부분 배반하는 것이다. 담론의 형성과 의미획득과정은 상당히 많은 부분에서 검열권력에 의해

---

45) 소렌슨, 앞의 책, 433쪽 참조.
46) 소렌슨이 농민에서 한국의 종족적 특이성을 확인하는 동시에 "오직 발전과 근대성만이 독립을 유지할 수 있는 충분한 힘을 제공할 것으로 인식하였다"(앞의 책, 433쪽)고 덧붙이고 있다는 점, 또한 중국에서 농민의 발견이 조선과 비슷하면서도 차이가 있음을 강조하고 있음(앞의 책, 434~437쪽 참조)도 역시 이런 맥락에서 주목할 필요가 있다. 한국의 지식인들은 일본을 발원지로 삼는 근대성 역시 결코 배척하지 못하였던 바, 이는 일본적 오리엔탈리즘의 연원이 되기도 할 것이기 때문이다.

압박당하지만, 늘 피검열자나 수신자의 다양한 변용과정을 통해 반-지배담론은 형성될 수밖에 없음을 확인하게 된다.

4. 나오며

향토의 발견은 제국 일본과 식민지 조선에서 동일하게 진행된 측면이 있다. 근대화과정에서 보편적인 이농현상을 기반으로 설정되었기 때문이기도 하며, 일본의 민요운동이 한국에 미친 영향도 컸기 때문에 그렇기도 하다. 하지만 국가와 연결되는 방식에 있어서는 커다란 차이를 보인다. 좀 더 구체적으로 살펴보기로 하자.

일본의 초등학교 교과서에 실려 있어 누구나 흥얼거리는 노래 「후루사토(故鄕)」의 가사는 "뜻을 이루고/ 언젠가 돌아가야지/산이 푸른 고향/ 물이 맑은 고향"(3절)으로 되어 있다.47) 「후루사토」에서 출향은 영예로운 귀향을 전제로 삼는다. '영원한 영혼의 안식처'라는 고향을 떠나야 하는 젊은이들의 불안감이나 자의식은 전혀 보이지 않는다. 물론 대도시로 나가건 전장으로 나아가건, 근대의 심장부를 향해 출향하는 젊은이들에게 성공하여 금의환향한다는 보장은 전혀 없다. 식민본국의 젊은이는 식민지 젊은이들에 비해 그 가능성이 좀더 높기는 하겠지만 역시 금의환향의 가능성은 그다지 많지 않다고 보아야 할 것이다. 그러니 일본 젊은이들의 좌절의 경험에 터잡은 서사 역시 누군가에 의해 작품화되기도 했지만 일본에서 실패의 서사와 담론은 권력에 의해 삭제되

---

47) 한편 유사한 고향노래인 「반딧불이의 노래」는 "치시마의 구석에서 오키나와까지/ 일본의 수호자로다/ 힘없는 나라 위해 용감하게/ 노력하자 내가 있는 곳 무사하도록"(4절)으로 되어 있어 좀더 노골적인 국가주의의 동원을 강조하고 있다. 쓰보이 히데토, 「노래와 고향의 재창조」, 앞의 글, 33~34쪽. 조선총독부는 1941년 「후루사토」를 일본어 가사 그대로 「초등창가」 6학년용 교과서에 수록하여 조선의 어린이에게도 보급하였다.

어 유포될 수 없었다.48)

이에 비해 조선의 고향 노래에는 그런 성공의 기미가 거의 없다. 「후루사토」와 비슷한 위치를 차지하는 한국의 고향노래인 「고향의 봄」이라든가 정지용의 「향수」 등만 보아도 사정은 명확하게 드러난다. 고향을 주제로 한 창가 가운데 가장 오래된 「망향」 역시 "부모형제 이별하고 타관으로 작객(作客)되니/ 섭섭한 맘 향하는 곳 ㄴ의 본향뿐이로다"로만 되어있을 뿐이다.49) 「레디메이드 인생」을 필두로 식민지시기 경성이나 동경으로 유학한 작가들이 그리는 고향에도 한결같이 성공과 금의환향의 서사는 없다. 그저 돌아가야 할 안식처로만 나타나거나, 아니면 회귀하고픈 시원인 동시에 극복해야 할 전근대의 대상이기도 한, 모순적 양가성이 드러나 있을 뿐이다. 물론 이 문제는 검열과 관련 없이 산출된 것이며, 식민본국과 식민지에서 젊은이들의 현실적 성공 가능성의 차이에서 비롯된 것일 터이다.

다른 많은 관념들과 마찬가지로 '향토' 역시 근대의 발명품이었다. 농업에서 공업으로의 경제구조 변동과 대규모 이농을 통해 산출되고 확산된 이 관념 속에는 전근대와 근대, 중심과 주변, 식민본국과 식민지, 지식인과 대중, 개인의 고향과 전체로서의 국가, 등이 착종되어 있다. 이 글에서는 그 다양한 착종 중에서, 그동안 단지 한 부분 - 검열과 향토담론의 산출, 그리고 식민본국과 식민지의 차이에 대해서만 점검해 보는 데 그칠 수밖에 없었다.

---

48) 예컨대 나가노(長野)로 취업한 시골 출신이 지은 「여공의 노래」는 "고슈(甲州)를 떠날 때는 눈물이 났지만 지금은 고슈의 바람도 싫어./ 마음은 고슈에 있지만 몸은 나가노현, 흐르는 눈물이 솥에 떨어지네"로 되어 있다. 그러나 이 노래는 문부성 편찬의 『이요집』에는 수록될 수 없었고, 다카노의 『민요집습유(民謠集拾遺)』(1915년)에만 실려 있다. 쓰보이 히데토, 앞의 글, 42쪽 참조.
49) 김인식 편, 『보통창가집』(1912) ; 민경찬, 「한국근대음악과 '고향'」, 동국대학교 한국문학연구소, 앞의 자료집, 188쪽에서 재인용.

'향토'의 창안과 조선문학의 탈지방성[*]

오 태 영

1. '한국적인 것'의 망각된 기원

"가장 한국적인 것이 가장 세계적이다." 보편과 특수, 중심과 주변의 길항관계를 내포하고 있는 그 자체로 모순적인 이 말이 발화 주체의 어떠한 욕망을 표출하고 있는가에 대해서는 논외로 한다고 하더라도, 과연 한국적인 것이 무엇인지, 그리고 그것이 실재하는지에 대한 의문이 든다. 같은 맥락에서 '한국적인 것'이 무엇인가라는 물음에 대해 다양한 관점과 방법으로 답한다고 하더라도 그것은 단편적일 수밖에 없다. 왜냐하면 주체의 욕망과 위치에 따라 한국적인 것은 다양하게 인식되고 표출되기 때문이다. 한편으로 이 물음에 '한국적이지 않은 것'과의 차이를 통해 우회적으로 답하는 길이 있다. 이것은 한국적인 것의 아이덴티티가 한국적이지 않은 것과의 차이에서 발생한다는 관점으로

---

* 이 글은 2006년 2월 19일 동국대학교에서 열린 동국대·나고야대학 대학원 학술교류 및 논문발표회 '동아시아 3국의 근대 경험 : 문화·지리·정체성'에서 발표한 필자의 글(「1930년대 후반 한국문학의 향토성과 탈지방성—이효석 작품을 중심으로—」)을 수정·보완하여 『한국근대문학연구』 14호(2006년 10월)에 게재한 것이다. 여기에 재수록하면서 몇몇 문장을 바로잡고 참고문헌을 보다 명확히 밝혔다. 늦었지만 이 자리를 빌어 자료의 도움과 함께 조언을 해준 동국대학교 박광현선생님, 문화학술원 정종현연구원에게 감사드린다.

부터 도출된 것이다. 이처럼 한국적인 것이 구성된다는 측면에 주목했을 때, 그것의 정체성을 밝히기 위해서는 문화적 헤게모니 투쟁의 과정에서 양산된 한국적인 것이 어느 순간 자명한 것으로 인식되고 있는 상황, 그 자체에 주목할 필요가 있다. 즉, 한국적인 것이 발견되고 재생산된 메커니즘에 대한 세밀한 고찰이 이루어져야 하는 것이다.

이 글은 자명한 듯 여겨지는 한국적인 것에 대한 의심에서 논의를 시작한다. 통상 오래된 것처럼 보이고 오래된 것이라고 주장하는 이른바 '전통들(traditions)'은 실상 그 기원을 따져 보면 극히 최근의 것일 따름이거나 종종 발명된 것이다.[1] 한국적인 것이 전통으로 인식되고 문화의 각 영역에서 재생산되어 정전의 지위를 누리고 있다고 하더라도 그것은 근대 시기에 창안된 것이다. 다시 말해 근대 시기 만들어진 '조선적인 것'이 해방 이후 각 시대담론과 조응하면서 '한국적인 것'이라는 미적 이데올로기로 끊임없이 재생산되었던 것이다. 이 글에서 한국적인 것의 발견과 재생산에 대한 본격적인 논의를 전개할 수는 없다. 다만, 이 글에서는 식민지 후반기 문학작품에 표상되었던 조선적인 것이 어떠한 메커니즘에 의해 만들어지고, 그것이 당시 일본과 한국 문화 사이의 헤게모니 투쟁 과정 속에서 어떠한 의미를 갖고 있었는지에 대해 살펴보고자 한다.

이는 주로 1930년대 후반에서 1940년대 전반에 걸쳐 '조선적인 것'을 둘러싼 지방성(locality) 담론 생산의 메커니즘을 구명하는 것에서 시작해서 당시 조선 지식인들이 변화하는 시대에 조응하여 어떻게 조선(문화)의 정체성을 모색해 갔는가에 대해 살펴보는 작업으로 이어질 것이다. 특히 이 글에서는 조선적인 것의 대표적인 표상 중의 하나인 '향토(鄕土)' 창출의 메커니즘을 해명하는 데 초점을 맞춰 논의를 전개할 것이다. 물론 식민지 후반기 조선적인 것의 표상은 다양하게 나타난다.

---

1) 에릭 홉스봄(Eric Hobsbawm) 외 지음, 박지향·장문석 옮김, 『만들어진 전통』, 휴머니스트, 2004, 19쪽.

하지만 이 글에서 향토에 주목하는 이유는 향토를 둘러싼 담론 생산과 작품 안에 향토를 표상하는 것 등을 통해서 당시 식민지 조선의 지식인들이 제국과 조선 사이의 중첩된 경계 안에서 자신들의 정체성을 정립하고 나아가 새로운 조선문화를 확립하기 위해 노력했다는 데 주목하기 위함이다.

이를 위해서 이 글에서는 이효석의 작품을 논의의 주 대상으로 한다. 이효석은 문학사에서 한국적인 정조를 가장 잘 구현하고 있는 작가 중 한 명으로 평가받아 왔으며, 이러한 평가는 문학사 기술을 넘어서 교과서를 통해 학습되고, 대중문화 일반에까지 영향을 끼치고 있다.[2] 즉, TV 드라마나 지방 축제 등을 통해서 그의 작품은 끊임없이 한국적인 것을 대표하는 작품으로 환기되고 있다. 이처럼 이효석의 작품이 '한국적'이라는 특수성을 대표하는 것으로 여겨지는 것은 그의 작품에 나타난 '향토성' 때문이다. 향토성은 향토의 풍물·전통·생활을 주요 대상으로 그 지방의 분위기·색채·민속·사상·정감 등의 특색을 의미한다. 이효석 작품에 나타난 강원도 영서지방의 향토성이 문화 장(場) 속에서 생산·소비의 유통 과정을 겪으면서 한국적인 것으로 만들어지고, 어느 순간 그러한 과정은 은폐되어 자명한 것으로 여겨졌던 것이다. 따라서 은폐의 과정을 추적하기 위해서는 은폐 이전, 그것이 만들어진 시점으로 돌아갈 필요가 있는 것이다.

---

2) 이와 관련해서 소위 한국인의 애독 작품을 대상으로 '향토적 서정소설'의 미적 특성을 파악한 박헌호의 『한국인의 애독작품―향토적 서정소설의 미학』(책세상, 2001.)을 참고할 만하다. 그에 의하면 "향토적 서정소설은 전통적 정서를 복원해내며 한국 근대소설의 미학을 한 단계 격상시킨 공로가 크다. 파행적 근대화가 야기한 제반 부정적인 현상에 피곤해진 민족 구성원들은 향토적 서정소설 속에서 문학적 위안처를 얻었다. 그것은 운명과 일상의 변증법을 엮어내며 사유의 진폭을 확대시켰고, 향토성의 세계를 재현하여 근대화의 피로감을 달래주었다."(181쪽)

2. '조선적인 것'과 '지방적인 것'

1930년대 접어들면서 서구에서는 세계대공황의 여파로 자본주의 체제 몰락의 징후들이 나타나기 시작하였다. 또한, 독일·이탈리아 등을 위시한 파시즘 체제의 강화는 2차 세계대전으로 이어지면서 세계 질서 재편 움직임에 박차를 가하였다. 그리하여 자본주의와 자유주의를 근간으로 하는 기존 패러다임은 붕괴의 조짐을 보였고, 서구의 자명한 역사 발전 단계로 믿어져 왔던 '근대화'는 점차 그 의미를 상실해 갔다. 동아시아의 정세 역시 급변하여 1931년 만주사변에 뒤이은 1937년 중일전쟁의 발발은 일제 파시즘 체제의 강화와 함께 전체주의 구도 안에서 동아시아를 재편하기에 이르렀다. 식민지 조선에서 이러한 국내외 정세를 상징적으로 나타낸 사건은 1935년의 카프해산이었다. 즉, 카프해산이라는 사건은 단순히 기존 문단을 주도하고 있던 문학 단체의 와해를 의미하는 것이 아니라, 근대화라는 역사적 과정에 대한 식민지 조선 지식인들(근대주의자들)의 위기의식이 투영되어 있었던 것이다.

이후 1930년대 후반은 "日常生活을 指導하던 常識과 道德 傳統과 慣習이 묽어지는 대신 새것, 異常한 것을 創造하기爲한 모든 情熱이 混沌하게 肉薄"[3]하는 '전형기(轉形期)'로 당대 지식인들에게 인식되었다. 생활의 기준이 없는 '말 그대로의 카오스'로서 전형기라는 시대 인식은 기존 체제의 가치에 대한 근본적인 회의를 동반하고 있었다. 이는 세계사적으로나 동양사적으로 팽배해진 근대성 자체에 대한 불신으로부터 기인한 것이었다. 때문에 한 시대가 종언을 고하고 새로운 시대가 도래할 것이라는 믿음이 전형기라는 시대 인식을 낳았다면, 종언을 고해야 할 시대는 '근대' 그 자체였다.

---

3) 서인식, 『歷史와 文化』, 學藝社, 1939, 223쪽.

事實 오늘에 와서 이以上 우리가「近代」또는 그것의 地域的具現인 西洋을 追求한다는것은 아무리보아도 우수워졌다.「유토피아」는 뒤집어진 세음이되었다. 歐羅巴自體도 또 그것을 追求하던 後列의 諸國도 지금에 와서는 同等한空虛와 動搖와 苦憫을 가지고「近代」의 파산이라는 意外의局面에 召集된 세음이다.4)

근대의 파산에 직면한 당대 지식인들은 공허와 동요와 고민 속에서 참담한 상실감을 맛보지 않을 수 없었다. 왜냐하면 그들은 특수성을 염두에 두지 않은 보편성에의 의지를 바탕으로 현실분석이 따르지 않은 추상적 전망만을 가지고 있었기 때문이다.5) 따라서 '근대화'라는 슬로건 아래 식민지 조선을 추동해오던 계몽의 의지와 신념은 그 근거를 상실하게 되었다.

서구 추수의 근대화가 디스토피아라는 절망의 심연으로 떨어지고 있다는 판단 속에서 식민지 조선의 지식인들에게 있어서 무엇보다도 절실한 문제는 자기 정체성의 재확립이었다. 그리고 새로운 정체성 확립의 움직임 속에서 서양에 대한 동경어린 시선은 교정되어져야 할 필요가 있었으며, 타자에 대한 선망은 자기 내면의 탐색으로 전환되어져야 했다. 그리하여 문명/야만, 선진/후진, 계몽/미개의 이분법적 구도에 묶여 있었던 '서양/동양'은 그 위치를 전복한다. 이 시기 문화의 전 영역에 걸쳐 '동양적인 것'과 '조선적인 것'에 대한 탐구가 활기를 띠었던 것은 이러한 정황을 반영한 것이었다.6)

---

4) 김기림,「朝鮮文學에의 反省―現代 朝鮮文學의 한 課題」,『人文評論』, 1940. 10, 44쪽.
5) 류보선,「1930년대 후반기 문학비평 연구」, 서울대학교 박사학위논문, 1996, 58쪽.
6) 이와 관련해서 식민지 후반기 '동양적인 것'에 대한 관심과 탐구가 하나의 이데올로기로 전화되고, 주체의 자기 정체성 확립의 동력으로 자리잡아간 과정을 추적한 정종현의 논문은 주목을 요한다. "중일전쟁을 전후해서 서구적 '근대'의 파산과 새로운 원리의 모색을 중심으로 하는 동양에 대한 논의가 본격화 하면서, 식민지의 근대주의자들은 그들의 정체성을 구성했던 '교양', '이성', '역사', '문화' 등과 같은 이념을 적극적으로 재검토한다. 맑시스트건 모더니스트건 '보편적 주체'의 입장에서 세계를 조망할 수 있도록 해주었던 근대주의의 지반이 위태로워지면서 이 '근대의 위기'는 주

물론 '조선적인 것'에 대한 탐구는 근대 초기 신채호의 조선 고대사 서술을 비롯해서 1920년대 '국학파', 그리고 1921년에 결성된 '조선어학회'에 의해 역사, 언어 및 고전문학에 대한 연구 등으로 계속해서 진행되어 왔었다. 또한, 최남선의 '조선광문회'(1910)가 고전 문헌을 수집·간행하여 조선학 연구의 기초를 마련하였고, 1920년대의 시조부흥운동, 민요시운동 등은 조선의 과거 문학을 정신적으로 계승하고자 한 노력의 결과물들이었다. 그러나 1920년대까지의 '조선적인 것'에 대한 관심과 탐구는 특정 학파나 유파에 국한되었으며 낭만적 민족주의라는 사상적 기반으로부터도 자유롭지 못했다.[7]

이에 비해 1930년대 후반 '조선적인 것'의 부상은 근대성의 가치 전도 현상과 밀접한 관련이 있었다. 문화에 있어서 보편주의 이념의 동요와 함께 일본 군국주의 대두에 따른 식민지 상황의 변화를 수락하면서 출발한 저널리즘 주도의 고전부흥운동은 기존의 국학자뿐만 아니라 당대의 비평가, 철학자 등 지식인들의 폭넓은 참여 속에서 문학사의 전통지향적 조류 가운데 가장 큰 물결을 이루었다.[8] 이러한 고전부흥운동이 기존의 '조선적인 것'에 대한 고유성, 독자성, 특수성을 최고의 범주로 설정하는 민족주의적 요소를 계승하고 있었음은 부인할 수 없는 사실이지만, 이 시기에 이르러서는 탈민족주의적인 색채를 띠고 전개되었으며, 여기에는 근대의 종언이라는 위기의식이 투영되어 있었다. 고전부흥운동의 문학적 전통주의는 이후 1939년 2월에 창간된 『文章』지의 출현으로 표면화된다. 『文章』은 한국 고전문학 유산의 발굴·정리,

---

체의 위기와 결부되었다. 이 위기에 직면하여 많은 맑시스트와 모더니스트들은 '동양'을 새로운 보편으로 받아들이고 그곳에서 주체화되는 길을 모색했다." 정종현, 「식민지 후반기(1937-1945) 한국문학에 나타난 동양론 연구」, 동국대학교 박사학위논문, 2005, 42쪽.
7) 이에 대해서는 차승기, 「1930년대 후반 전통론 연구―시간·공간 의식을 중심으로」, 연세대학교 박사학위논문, 2003, 14~44쪽 참고.
8) 이에 대해서는 황종연, 「1930년대 고전부흥운동의 문학사적 의의」, 동국대학교 한국문학연구소 엮음, 『한국문학과 근대성의 형성』, 아세아문화사, 2001, 335~394쪽 참고.

국어학·국문학·미술사학 분야에 대한 학술활동 지원, 이병기를 주축으로 한 시조부흥운동의 계승 등을 바탕으로 전통주의 태도를 고수해 갔다. 주 편집자인 이병기, 정지용, 이태준 역시 근대문화에 대한 회의와 환멸을 바탕으로 사대부 지향성의 상고주의적 태도를 보였으며, 자신들의 작품 속에서 반근대의 표상으로 산수, 골동, 농토 등을 강조하였다.9)

한편, 1940년대 전반에는 근대의 종언이라는 위기의식과 함께 위기의 근대를 극복하려는 적극적인 움직임이 나타났다. 이러한 움직임의 일단을 1942년 일본『文學界』동인 심포지엄 '근대의 초극'을 통해 유추해 볼 수 있다. 물론 1930년대 후반과『文學界』심포지엄 사이의 시간적 간극이 존재하지만, '근대의 초극'과 관련된 논의의 초점은『文學界』의 고바야시 히데오(小林秀雄), 교토학파의 니시다 기타로(西田幾多郎), 일본 낭만파의 야스다 요주로(保田與重郞) 등에 의해 이미 1935년경에 완성된 형태로 제시되었다는 점10)에서 1930년대 후탄에서 1940년대 전반까지의 사상적 흐름은 그 궤적을 같이 한다고 할 수 있다. 1942년『文學界』의 '근대의 초극'은 정치에서는 민주주의의 초극, 경제에서는 자본주의의 초극, 사상에서는 자유주의의 초극을 의미하는 것으로, 이는 유럽의 초극이라는 과제와 긴밀하게 연결되어 있었다.11) 이러한 근대초극론에서 일본은 타자로서 서양 제국주의의 위협에 맞서기 위해서 동아제국이 일심단결해서 하나의 '협동체(協同體)'를 형성해야 하며, 그 협동체의 중심에 자신이 위치해야 한다는 인식을 가지고 있었다. 그런데 서양 오리엔탈리즘의 구속으로부터 벗어나고자 한 근대초극론에서 '일본적' 오리엔탈리즘의 지적 지배가 아시아를 자국 본위의 '규율=훈

---

9)『文章』지의 전통주의에 대해서는 황종연,「한국문학의 근대와 반근대―1930년대 후반기 문학의 전통주의 연구」, 동국대학교 박사학위논문, 1991 참고.
10) 이에 대해서는 정종현, 앞의 논문(특히, Ⅱ장 1절「'동양론'의 발생과 전개-현양사(玄洋社)에서 근대초극론까지」), 15~21쪽 참고.
11) 히로마쓰 와타루(廣松涉), 김항 옮김,『근대초극론』, 민음사, 2004, 65쪽.

련 질서의 분류체계' 속에 가둬 넣으려고 했다는 데 딜레마가 있었다. 즉, 일본은 아시아에 속하면서 아시아가 아니라는, 배치되고 모순된 위상을 추구했던 것이다.12)

근대초극론이 일제 파시즘 체제 논리로 귀결되어가고 있었다고 하더라도 신체제 하에서 무엇보다 강조되어야 했던 것은 새로운 비전의 제시였다. 이에 따라 근대화로 인해 상실된 낙토를 건설하고, 그 속에서 동아 제민족이 공영(共榮)할 수 있다는 신체제론이 제창되었다. 이 시기 문학의 가장 중요한 책무는 이러한 신체제 하 국책(國策)의 옹호와 전파였다. 『文章』, 『人文評論』 등의 잡지와 조선일보, 동아일보 등의 신문 폐간에 이어 1941년 11월에 창간된 『國民文學』은 "일본 정신에 의하여 통일된 동서의 문화 종합을 터전으로 새롭게 비약하려는 일본 국민의 이상을 담은 대표적인 문학으로서 금후 동양을 이끌고 나갈"13) '국민문학'의 사명을 완수해야 했다. 국민문학으로서의 조선문학의 자리, 대동아문화권 내 조선문화의 위치와 관련해서 '동양적인 것' 속에 '조선적인 것'이 다시 부각되면서 조선문학의 지방성, 지방색이 화두에 오른다.

> 조선문학은 규슈(九州)문학이나 도호쿠(東北)문학, 내지는 타이완문학 등이 갖는 지방적 특이성 이상의 것을 가지고 있다. 그것은 풍토적으로나 기질적으로, 결국에는 사고 형식상으로도 내지와 다를 뿐만 아니라, 장구한 독자적 문학전통을 함유하고 있고, 또한 현실에서도 내지와는 다른 문제와 요구를 가지고 있는 것이다. …(중략)… 언어 문제에 관해 이야기할 때, 자주 조선문학을 아일랜드문학에 비유하는 경향도 있었던 것 같으나, 그것은 위험하다. 아일랜드문학은 물론 영어를 사용하고 있지만, 정신은 처음부터 반영적(反英的)이며, 영국으로부터의 이탈에 그 목표가 있었던 것이다.14)

---

12) 야마무로 신이찌(山室信一), 임성모 옮김, 『여럿이며 하나인 아시아』, 창비, 2003, 158쪽.
13) 최재서, 「國民文學の要件」, 『國民文學』, 1941. 11, 35쪽.

위의 글에서 최재서는 조선문학이 풍토적·기질적 특성과 함께 사고 형식상으로도 내지문학과 다르며, 규슈(九州)문학이나 도호쿠(東北)문학, 타이완문학과도 다름을 밝히면서 조선문학의 지방성(locality)을 확보하고 있다. 여기에는 일본뿐만 아니라 여타 식민지 문학과의 이중적 구별 짓기를 통해 '자기'를 규정하려는 욕망이 작동하고 있다. 조선문학의 지방성을 이해하기 위해서는 동아시아 각국의 지방문학이 국민문학으로 발전하는 데 있어 하나의 모델로서의 조선문학의 위치에 대한 검토가 필요하다. 최재서가 영문학권 내 스코틀랜드문학의 위치를 조선문학의 위치에 비유하고 있는 것을 통해 알 수 있듯이, 식민지 지방문학은 개별성이나 독창성의 차원에서가 아니라 국민문학의 일익을 담당하는 수준에 있어서 그 가치를 부여받을 수 있었다. 따라서 일제 파시즘기 조선문학은 세계 신질서 수립과 대동아 건설이라는 국민문학의 당면과제 앞에 문필봉공(文筆奉公)할 수밖에 없었던 것이다.

한편, 김종한 역시 지방문학으로서의 조선문학에 대한 논의를 전개하였는데, 그는 지방이 단순히 중앙에 복속되는 것이 아님을 강조하였다. 그는 전체주의적인 사회기구에 있어서는 "東京이나 京城이나 다같은 全體에 있어서의 한 空間的 單位에 不過"15)하다고 하면서 중앙과 지방의 종속적인 관계가 아닌 지방의 연합체로서 전체를 인식하였다. 이러한 김종한의 '신지방주의론'은 중앙에서 생산해내는 가치를 그대로 이어받는 존재가 아니라 중앙과는 다른 가치를 생산해내는 주체로서 조선 및 조선문학을 위치 짓는 것이었다.16)

1930년대 후반 이후 1940년대 초반에 이르기까지 식민지 조선의 지식인들은 근대의 종언이라는 위기의식과 신체제의 전망 속에서 '조선

---

14) 최재서, 「朝鮮文學の現段階」, 『國民文學』, 1942. 8, 12쪽.
15) 김종한, 「一枝의 倫理」, 『國民文學』, 1942. 3, 35쪽.
16) 윤대석, 「『국민문학』의 '신지방주의론'」, 사에구사 도시카쓰(三枝壽勝) 외, 『한국 근대문학과 일본』, 소명출판, 2003, 259쪽.

적인 것=지방적인 것'을 재발견하였다. 저널리즘 주도의 고전부흥운동에서부터 『文章』지의 전통주의 기획, 그리고 신체제 하에서의 국민문학으로서의 조선문학의 위치 짓기 과정 속에서, '조선적인 것'은 식민지 조선문화의 아이덴티티를 새롭게 정립하고자 한 노력의 산물이었던 것이다.

3. '향토=조선'을 통한 정체성의 모색

식민지 시기 '조선적인 것'의 대표적인 표상 중의 하나는 '향토(鄕土)'였다. 향토는 문학작품뿐만 아니라 조선미술전람회 출품작을 중심으로 한 회화, 일본인을 위한 조선 관광 안내서, 우편엽서 등을 통해서 조선적인 아우라를 자아내는 대표적인 소재였다. 1930년대 후반 조선적인 것에 대한 재발견의 과정에서 '지방의 시골'이라는 향토의 일반적인 의미17)는 문화의 각 담론에서 그 외연을 확장한다. 그리하여 향토는 '반도', '조선', '지방' 등의 의미를 갖게 되는데, 이는 독일어 하이마트(Heimät)의 역어에 가까웠다. "「하이마트」는 生土, 生鄕을 뜻한다. 卽 一國內의 一地方, 一邑落이다. 말하자면 人間의 血緣的關係(生)와 自然(土)이 가장 親密한 直接的인 呼吸을 하고 있는것이 生土요 그것이 行政上 一單位를 형성코 있는것이 鄕"18)이었다. 요컨대 향토는 혈연적 관계를 기반으로 한 국가 내의 한 지방이라고 할 수 있다. 그런데 1930년대 후

---

17) 1928년 조선총독부에서 편찬하여 1932년과 1939년에 각각 재판(再版)과 삼판(三版)이 발행된 『朝鮮語辭典』에서 '鄕土'는 '鄕里', '鄕村'과 동의어로 '시골'을 의미했으며, 이는 1940년 문세영의 『修正增補 朝鮮語辭典』의 '鄕土'에 대한 "시골. 향촌."이라는 간결한 설명에도 반복적으로 나타난다. 이에 대해서는 오태영, 「1930년대 후반 문학의 향토(鄕土) 연구」, 동국대학교 석사학위논문, 2005, 5쪽 참고.
18) 고유섭, 「鄕土藝術의 意義와 그 助興─特히 美術工藝 편에서」, 『三千里』, 1941. 4, 217쪽.

반 이후 '일국(一國)'의 범주는 식민지 조선의 경계를 넘어 설정되어 있었고, 이때의 국가는 일본 또는 대동아공영권을 의미했다. 따라서 당시 향토라는 범주에는 일본의 지방으로서의 조선과 조선의 지방이라는 이중적인 의미가 중첩되어 있었던 것이다.

문학작품에 재현된 '향토(시골)'는 주로 도시와 도시적 삶에 대한 염증을 치료하기 위한 공간으로 제시되었다. '도시' 그 자체는 근대화의 실험실이었으며, 도시 공간을 살아간다는 것에는 계몽의 기획과 이성의 추구를 바탕으로 자기 정체성을 보장받을 수 있다는 믿음이 기저에 놓여 있었다. 그러나 자기 기획의 공간으로서 도시가 그 의미를 상실한 후 도시 공간 속에서 당대 지식인들은 "眼이도 지저분한 거리의산문이 전신의신경을 한데몽아 짖니기고 란도질하야놋는"19) 혼란을 느낀다. 이효석의「人間散文」에서 '문오'는 번잡한 도시를 떠나 한적한 시골 소도시로 이주하여 자신의 삶을 정리하고자 한다. 그는 근대 지식인으로서 자신을 추동해 오던 과학이나 철학이 더 이상 힘을 발휘하지 못하고, 근대화의 공간인 도시의 거리가 오히려 쓰레기통 같은 '산문으로 들어찬 세상'으로 여겨진 상황 속에서 시골을 찾아 나서게 되는 것이다.

도시의 산문에 염증을 느끼고 찾아온 곳은 시적인 서정의 세계, '자연'이었다. 이때의 자연은 훼손당하지 않은 전근대의 공간으로서 인위적이지 않은 본연의 것을 고스란히 간직하고 있는 공간으로 표상된다. 또한, 인간의 원초적인 욕망이 도덕적 규율에 의해 통제되지 않고 자연스럽게 표출되는 공간으로 나타난다.

> 눈에는 어느결엔지 푸른하날이물들엇고 피부에는 산냄새가배엿다. … (중략)… 두발은 뿌리요, 두팔은 가지다. 살을베히면 피대신에 나무진이 흐를듯하다. 잠잣고섯는나무들의 주고밧는은근한말을 나무가지의 고개짓하는뜻을 나무닙의소군거리는속심을 총중의한포기로서 넉넉히짐작할수

---

19) 이효석,「人間散文」,『朝光』, 1936. 7, 270쪽.

잇다.[20]

이효석의「산」에서 자연에 동화된 '중실'의 두 발은 뿌리가 되고, 두 팔은 가지가 되며, 피 대신에 나무진이 흐른다. 또한, 그는 나무들의 대화를 알아들을 수 있고 그들만의 풍속과 비밀을 속속들이 이해할 수 있게 된다. 자연 속에서 중실은 한 그루의 나무에 다름 아닌 것이다. 그런데 머슴살이로부터 쫓겨나 산 속에서 살아가고 있는 중실을 바라보는 서술자의 태도에는 지식인의 관점이 내포되어 있다. 즉, 자연의 품속으로 들어간 중실을 한 그루의 나무로 여기는 것은 '人爲的인 것을 떠난 野生의 健康美를 讚美'[21]하고자 한 근대 지식인의 응시가 투사되어 있는 것이다. 중실의 자연 속에서의 삶이 '야생적'이고, 그 속에 '건강미'가 깃들어 있다는 것은 근대 지식인에 의해 새롭게 발견된 것으로, 이때의 '향토=시골'은 야생적 건강미를 담고 있는 공간으로 명명되었던 것이다.

1930년대 후반 근대 지식인들의 향토에 대한 관점은 잡지『朝光』에 실린「나의 卜地 그리는 땅」(1936. 2.),「내 고향의 봄」(1936. 4.),「내가 그리는 新綠鄕」(1936. 5.),「내 故鄕의 探秋」(1936. 11.),「내 故鄕의 九月」(1938. 9.) 등 일련의 특집을 통해 확인할 수 있다. 특집에는 임화, 채만식, 이효석, 김유정 등의 문인은 물론 당대 음악가, 화가 등 문화의 전 영역에서 활발하게 활동하고 있던 지식인들이 대거 참여하였다. 이들은 대체적으로 유년기의 회상을 통해 개인사적인 과거를 재구하면서 '자연'과 '고향'의 이미지로서 향토에 대해 이야기하였다. 대표적으로 임화는 근대 지식인으로서 자기 정체성을 확립하는 데 있어서 향토 그 자체는 관심의 대상이 되지 않았고, 지식인으로서 향토에 대해서 관심을 갖는 것은 오히려 '모욕'이라고까지 생각하였지만, 혼돈의 시대를

---

20) 이효석,「산」,『三千里』, 1936. 1, 309쪽.
21) 이효석,「健康한 生命力의 追求―卑俗하게 鑑賞함은 讀者의 허물」,『朝鮮日報』, 1938. 3. 6.

살아가는 자신에게 향토는 '정직하고 솔직'한 공간으로 마음의 위안처로서 의미를 갖는다고 하였다.22) 한편, 김문집은 스스로 고독한 지식인으로 자처하면서 '외로운 영혼'을 감싸 안아줄 수 있는 심적 위안의 공간으로 향토를 찾는다고 하였다. 그러나 그는 향토를 찾는 것에 대해서 "없는것을 찾는다는 것은 너무나 비현대적이고 비과학적이"며, "이러한 비극은 나뿐만의 비극이 아니요 모든 청춘의 비극 모든 인류의 비극"23)이라고 하여 향토가 실재하는 대상이 아닌 지식인의 자의식에 의해 만들어진 대상임을 역설하였다. 이처럼 이들 특집에 실린 글을 통해 확인할 수 있는 것은 1930년대 후반 당시 지식인들이 심적인 위안처로서 향토를 상상하였으며, 그것은 실재하는 공간이 아닌 지식인의 자의식에 의해 양산된 환상이라는 것이다.

향토는 앞서 살펴본 도시의 타자로서의 시골이나 지식인의 심적 위안처로서의 자연으로만 표상되지 않는다. 문학작품에 나타난 향토는 모내기에서 추수까지의 농사일과 관련된 풍속, 성황당에 산제(山祭)를 올리거나 무당을 불러 굿을 하는 민간 신앙, 아리랑으로 대표되는 민요 등 과거 조선의 전통을 간직하고 있는 공간으로 나타나기도 하였다. 이는 당시 지식인들의 글을 통해서도 확인할 수 있는데, 특히 1941년 4월 『三千里』의 「鄕土藝術과 農村娛樂의 振興策」 특집에서 향토는 민간신앙과 농촌의 세시풍속, 전통적인 가무(歌舞)와 민속놀이가 공존하는, 조선의 전통문화가 면면히 이어져 내려오고 있는 공간으로 그려졌다.

이효석의 「山峽」의 '남안리' 역시 같은 맥락에서 이해할 수 있다. 「山峽」은 강원도 영서지방의 산간벽지 '남안리'를 무대로 산골 사람들의 삶을 계절의 순환에 따라 묘사하고 있는 작품이다. 이 작품의 중심 서사는 '재도' 일가의 몰락에 그 초점이 맞춰져 있지만, 「山峽」은 사시사철 산골 풍습의 묘사를 통해 강원도 영서지방의 향토성을 자아낸다.

---

22) 임화, 「푸른골작의 誘惑」, 『朝光』, 1936. 5, 41쪽.
23) 김문집, 「꿈에 그리는 幻想境」, 『朝光』, 1936. 5, 50쪽.

봄이되면 소곰바지의 먼길을 떠나는 남안리 농군들이 각기 소등어리에 콩ㅅ섬을 실고 마을ㅅ길에 양양하게들 늘어서는 습관이는 것 …(중략)… 문막 나룻강ㅅ가에는 서울서 한강을 거슬러올라온 소곰ㅅ섬이 첩첩이 쌓여서 사ㅅ골에서 나온 농군들과의 거래로 복작거리고 떠들성 했다. 대개가 콩과 교환이되여서 이 상류지방에서 바뀌어진 산과바다의 산물은 각기 반대의 방향으로 운반되는것이었다.24)

위의 인용문에는 산골에서 재배한 콩과 바다에서 난 소금과의 물물교환의 거래행위, 즉 봄철 '소금받이'의 풍속이 잘 묘사되어 있는데, 이는 소금이 나지 않는 강원도 영서지방의 산골 고유의 풍속이라고 할 수 있다. 또한, 작품 속에 나타난 "소의 본성을 본받어 잘 낳고 잘 늘라는 뜻"으로 "외양깐에 집과 멍석을 펴고 신방"25)을 차리는 '첫날밤의 풍습' 역시 영서지방 고유의 것으로 보인다. 「山峽」에는 이 외에도 단오의 씨름대회, 칠성단에 제를 올리는 민간신앙, 사주를 풀어 길흉을 점치는 무속신앙, 겨울의 사냥법 등 산골의 토속적인 삶을 전경화하여 향토성을 확보하고 있다.26)

작품 속에서 특정 지방의 향토성을 부각시켜 조선적인 것을 표상하는 것은 조선의 지방 자체에 대한 관심으로부터 기인한다. 잡지『三千里』가 1940년 5월부터 9월까지 서면으로 마련한 좌담회를 통해 당시 지식인들의 조선 지방에 대한 인식을 살펴볼 수 있다. 이 좌담회는 "全朝鮮을 關西, 畿湖, 嶺南, 關北, 嶺東의 五地域으로 分하여, 그 地方出身

---

24) 이효석,「山峽」,『春秋』, 1941. 5, 278쪽.(잡지에는 '創作 2'쪽으로 표시되어 있다.)
25) 위의 글, 231~231쪽.
26) 이와 관련해서는 김양선,「이효석 소설에 나타난 식민지 무의식의 한 양상—향토와 조선적인 것의 발견을 중심으로—」,『현대소설연구』27, 2005. 9, 209~217쪽 참고. 김양선의 이 글은 1930년대 중반 이후 이효석 소설이 토속적인 향토나 조선적인 미를 재현했다는 점에 주목하여 '식민지 무의식의 양가성'에 대해 고구한 글이다. 본고의 논지와 관련해서 특별히 주목되는 부분은 "피식민자(the colonized)가 식민 담론(colonial discourse)과 공모하면서 자기 안의 '타자'인 향토를 발견하는 과정과 근대 기획에 대한 회의 및 비판의 맥락에서 향토를 심미화하는 과정이 복합적으로 교호하면서"(207~208쪽) '식민지 무의식의 양가성'이 형성된다는 지적이다.

의 文士諸氏로부터 鄕土文化에 對한 高見"27)을 듣고자 기획되었는데, 설문의 내용이 주로 개인사적인 내용에 치우쳐 있어 조선문화의 지방성에 대한 본격적인 논의를 전개하지는 못했다. 하지만 각 지방 작품의 특징을 묻는 난(欄)을 별도로 두어 해당 지방 출신 문인들을 소개하고, 그들의 작품에 나타난 향토성에 대해 간단히 언급하기도 하였다. 일례로, 이석훈은 관서(關西)지방 출신 문인 작품의 특징을 묻는 질문에 "白石의 定州사투리의 詩的價値는 사투리의, 文學에있어서의 地位랄까를 充分히 主張한 것으로 注目"28)된다고 하였고, 이효석은 영동·영남(嶺東嶺南)지방 출신 문인 작품의 특징을 묻는 질문에 "故 金裕貞의故鄕이 어디였든지 作中의人物과風物이 江原道地方의것을 벗불시키는데 그런 特色의强調로든지 또 文學으로서의 된품으로든지 그분의文學이 가장 큰 收穫이아니었을까 생각"29)된다고 하였다.

이 좌담회에서 주목되는 것은 당시 조선의 지식인들이 조선을 여러 지방으로 분할하고 각 지방의 문화가 차이를 갖는다는 데 공통된 인식을 보였다는 점에 있다. 다시 말해, 이 좌담회의 글을 통해서 조선문화를 구성하고 있는 각 지방문화의 지방성(locality)에 대한 식민지 조선 지식인들의 인식이 일반화되었던 것을 확인할 수 있다. 이는 앞서 살펴보았던 최재서나 김종한의 논의를 통해서도 알 수 있듯이, 1930년대 후반 동아시아 지역 구도의 재편 속에서 당시 조선의 지식인들이 일본을 정점으로 한 중앙과 지방, 또는 지방들의 연합체로서 새로운 동양을 인식하고 그 경계 안에서 조선의 정체성을 모색하려 했던 움직임과 밀접한 관련을 갖는다. 즉, 동아시아 지역 구도의 재편 속에서 조선의 지방성을 인식한 것과 동시에 동일한 방식으로 조선 각 지방의 지방성에 대해서도 이해하기 시작했던 것이다.

---

27) 「關西出身文人諸氏가 『鄕土文化』를 말하는 座談會」, 『三千里』, 1940. 6, 166쪽.
28) 위의 글, 173쪽.
29) 「『嶺南, 嶺東』出身文士의 『鄕土文化』를 말하는 座談會」, 『三千里』, 1940. 7, 147쪽.

지금까지 살펴보았듯이, 1930년대 후반 향토는 지식인의 낭만적인 환상과 욕망에 의해 재구성된 것이거나 현실의 외부에서 여행자의 시선에 포획된 '풍경'으로 그려졌으며, 서정적인 감흥과 동화의 대상으로 나타나거나 현실의 고통을 치유해주는 위안처로서 문학작품 속에 표상되었다. 즉, 향토는 근대 지식인의 개인적 관조의 대상으로서 새롭게 만들어졌던 것이다.[30] 또한, 향토는 농촌의 세시풍속, 무속을 포함한 민간신앙, 전통적인 가무와 민속놀이가 공존하는, 조선의 전통문화가 살아 숨 쉬고 있는 공간으로 그려지기도 하였다. 이처럼 향토는 1930년대 후반 근대 지식인들에게 있어 자신의 정체성을 재정립하고, 조선문학의 지방성을 확보하기 위한 공간으로 적극 활용되었던 것이다.

4. 제국을 월경(越境)하는 조선을 상상한다

식민지 후반기 문화의 각 영역에서 '조선적인 것'과 '지방적인 것'에 대한 관심이 고조되고, 당대 지식인들이 이러한 관심을 바탕으로 조선문화의 새로운 패러다임을 구축하기 위한 움직임을 보였다는 점을 감안했을 때, 식민지 조선의 문화 형성에 있어서 제국 일본문화와의 상호 교호의 측면이 고려되어야 한다. 같은 맥락에서, 식민지 후반기 조선문학의 지형도 안에서 향토(성)의 창출이 식민 지배 담론과의 헤게모니 투쟁 과정 속에서 다양한 스펙트럼을 경유하여 양산되었던 측면에 주목할 필요가 있다. 왜냐하면 당대 문학 장(場) 속에서 향토 창출이 식민 담론과 공모했느냐, 저항했느냐는 속단할 수 없는 문제이기 때문이다.

---

30) 이와 관련해서 신형기, 「이효석과 '발견된' 향토」, 『민족 이야기를 넘어서』, 삼인, 2003, 108~135쪽 참고. 특히, 향토가 "식민지 혼종의 내면을 이루는 또 하나의 환상으로 제시된 것"(124쪽)이라는 논의는 이 글을 구성하는 데 있어 많은 참고가 되었다.

보다 중요한 것은 공모/저항의 이분법적 구별이 아니라 그것이 어떠한 양상으로 얽혀 있느냐에 있다.

　일본에서 향토에 대한 관심과 탐구는 미나카타 구마구스(南方熊楠)와 야나기타 구니오(柳田國男)에 의해 '민속학'이 하나의 학문 영역으로 정착하면서부터였다. 미나카타가 영국의 곰므(Gomme)에 의해 촉발된 민간 전승·민화·민요·신화 등에 대한 탐구에 자극을 받아 야나기타에게 '이속학(里俗學)'에 대한 관심을 촉발하였고, 야나기타는 1913년 『鄕土硏究』를 발간하여 향토를 연구의 대상으로 자리매김하였다. 일본의 근대화에 대한 비판적인 시각을 바탕으로 1920년대부터 1930년대에 이르면서 민속학이 대학의 제도권 안에 들어가고, 민간에서 지지를 얻는 등 '도코쿠(東國) 학풍'이 거세게 일어났다. 이러한 민속학의 열풍 속에서 이질성과 후진성을 각인당한 류큐(琉球)와 홋카이도(北海島)에 대한 연구도 활발하게 일어났다. 또한, 야나기 무네요시(柳宗悅)는 '민중적 공예'에 대한 관심을 유도하여 민예운동을 일으키면서 한편으론 '조선의 미'를 발견하였고, 곤 와지로(今和次郞)는 문화적 가치가 없다고 무시당해 왔던 민가(民家)에 대한 탐구를 하기도 하였다.[31] 이처럼 일본에서는 1910년대 이후 야나기타 구니오를 중심으로 향토를 학문적 대상으로서 관찰하는 방법이 제창되었고, 향토에 관련된 담론이 각지에서 쏟아져 나왔다. 민속학자와 지리학자들은 지방을 방문 조사하고, 그 지역에 관한 기록을 남겼다. '향토'라는 말이 '태어나 자란 토지', '후루사토(ふるさと)', '고향'이라는 의미에 덧붙여 '지방', '시골'이라는 의미를 갖게 된 것도 이러한 움직임을 반영하고 있었던 것이다.[32]

　이러한 제국 일본의 향토에 대한 관심과 탐구는 일본 내의 각 지방

---

31) 이에 대해서는 가노 마사나오(鹿野政直), 김석근 옮김, 「민속사상」, 『근대 일본사상 길잡이』, 소화, 2004, 185~206쪽 참고.
32) 고하타 구니에(小畠邦江), 「昭和初期に記述された鄕土と手任事」, 「鄕土」硏究會 編, 『鄕土―表象と實踐―』, 嵯峨野書院, 2003, 46쪽.

을 넘어서 동아시아 식민지를 그 대상으로 포함하였고, 1930년대 후반 이후 일본의 지방으로 위치 지어진 조선 역시 그 대상으로 포섭되었다. 이때 조선문화는 중앙 문화의 타자로서 열등한 것으로 여겨졌으며, 중앙 문화에 자극을 주는 지방 문화로 하나의 활력소로서 기능하였다. 당시 일본 문단에 조선 작가의 일본어 소설이 소개되었는데, 일본 문인들의 이국취향의 대상인 소위 '조선색'이 농후한 작품들이 취사선택되었다. 그리고 조선색을 잘 드러내는 소재로는 시골의 향토 풍경과 한복을 입은 조선의 여인(기생)상이 주를 이루었다.

 이는 관능적이고 이국적인 지방으로 조선을 위치시키면서 그에 대한 일본의 호기심을 반영하는 한편, 후진적이고 야만적인 조선에 대한 조롱을 반영한 것이다. 여기에는 익숙한 동양에 대해서는 조롱을, 새로운 동양에 대해서는 즐거움을 드러내는 서구 오리엔탈리즘의 양가성과 같은 일본적 오리엔탈리즘의 양가성이 내포되어 있다. 다시 말해 류큐나 홋카이도처럼 야만의 영토로 조선을 표상하면서 거기에 경멸어린 조롱을 가하는 한편, 아직 개척되지 않고 원초적인 것이 고스란히 간직되어 있는 영토로 조선을 구획 지으면서 그곳에 대한 호기심을 드러낸 것이다. 이는 제국 일본이 식민지 조선을 원시화함으로써 스스로를 근대화되고 고도로 테크놀로지화된 위치에 올려놓는 과정의 일부[33]라고 할 수 있다.

 1930년대 후반에 들어서면서 제국 일본에 의한 '향토'에 대한 관심과 탐구는 식민 지배담론으로 변질되어 가면서 동일화/차별화의 전략으로 유포되었다. 그것은 제국의 지배 권력에 포섭되는 일개의 지방으로 식민지 조선의 위치를 제한하면서 조선 그 자체를 향토로 바라보게 하였다. 당시 조선의 지식인들 역시 향토의 의미가 조선적인 것에서 지방적인 것으로 변질되어감에 따라 지배 담론의 이데올로기를 일정 부

---

33) 레이 초우(Rey Chow), 정재서 옮김, 『원시적 열정』, 이산, 2004. 42쪽.

분 수용할 수밖에 없었을 것이다. 따라서 당시 조선의 지식인들에게도 관능적이고 야만적인 영토로 조선을 바라보는 제국의 관점이 없지 않았다. 하지만 조선의 지식인들은 식민 담론에서 파생한 향토의 문법을 그대로 받아 쓴 것만은 아니었다.

이와 관련해서 주목되는 작품이 이효석의 「은은한 빛」이다. 「은은한 빛」은 1940년 7월 일본의 문예잡지 『文藝』에 일본어로 발표된 작품으로, 골동취미를 가진 조선인 '욱'이 고구려 시대의 고도(古刀)를 얻게 된 뒤 일본인 '호리' 박물관장으로부터 이를 기증해 달라고 종용받고 있는 상황 속에서 발생하는 사건을 전개하고 있는 작품이다. 욱은 평소 호리 관장과 가깝게 지내는 사이였지만 고도만은 절대로 양보할 수 없다고 하였고, 이에 호리 관장은 술자리를 마련하여 고미술애호회 '후꾸다' 영감의 지원 하에 돈으로 매수하려는 야욕을 보인다. 이에 욱은 스스로 '가난한 장사'를 하고 있지만 고도에 관해서는 장사치가 아니라며 강한 어조로 거절한다. 여기에서 욱이 고도를 팔지 않겠다는 것은 일본인의 호사 취미를 위해 조선(문화)을 상품화하지는 않겠다는 강한 의지의 표현이다.

> 우리의 장점을 발견해준 건, 솔직히 말해서 그들일지도 모르지. 적어도 타인의 풍부함이 우리에게 반성을 환기해주었다고 말할 수도 있지 않을까? …(중략)…
> 파렴치한 소리 작작하게. 우리의 장점이란 원래 우리한테 있는 거네. 남들이 가르쳐주어야 겨우 알게 된다면 그런 건 없어도 좋아. …(중략)… 그런 걸 누구한테 배운단 말인가? 체질의 문제네. 풍토의 문제인 거지. 그것마저 외면하는 자네들의 그 천박한 모방주의만큼 같잖고 경멸할 만한 건 없다네.[34]

---

34) 김남극 엮음, 송태욱 옮김, 「은은한 빛」, 『이효석 일본어 작품집 : 은빛 송어』, 해토, 2005, 56~57쪽.

호리 관장과의 일을 친구 '백빙서'에게 이야기하자 그는 야유하는 어조로 욱의 행동 자체가 골동적 가치가 있다면서 우리의 장점을 발견하게 해 준 것이 그들이라고 옹호하는 태도를 보인다. 즉, 수치스럽긴 하지만 조선문화의 장점을 발견하게 된 것은 순전히 일본인들에 의한 것이라고 역설하고 있는 것이다. 타인의 풍부함이 우리로 하여금 반성을 할 수 있게 한 것이라 믿고 있는 백빙서의 태도는 욱이 말한 것처럼 '서양 사람의 집에서 조선 식기를 역수입' 하는 것과 같은 것이며, 결국 그것은 조선문화를 타인의 입장에 서서 관조하고 상품화하는 것에 다르지 않다. 이에 대해 욱은 조선문화의 장점은 본래부터 가지고 있는 것이라며 백빙서의 '천박한 모방주의'를 강한 어조로 비난하기에 이른다. 욱의 이러한 태도는 마음에 두고 있던 기생 '월매'가 돈에 팔려가는 자신의 처지에 대해 구제를 요청하거나, 아버지가 뼈를 묻고 싶은 땅에 대한 염원을 보였음도 불구하고 고도를 "넘길 바엔 차라리 내 목숨을 넘겨주는 게 낫"[35]겠다는 굳은 의지로 이어진다.

욱이 일본문화와 조선문화 사이의 차이를 이야기하고, 천박하게 일본문화를 모방하는 것을 경계하면서 그 근거로 든 것은 '체질'과 '풍토'의 문제였다. 이는 한편으로는 동조동근론(同祖同根論)을 바탕으로 내선일체를 획책하고자 한 지배 담론의 근거였으며, 다른 한편으로는 조선을 일본의 미개한 지방으로 자리매김하려는 제국주의적 우월 의식의 근거였다. 따라서 욱이 '체질'과 '풍토'를 근거로 하여 지배 담론의 자기만족적인 응시를 되돌린 것은 그러한 지배 담론의 양가성 자체에 균열을 가한 것이다. 이는 이 작품이 일본 문단에 일본어로 발표된 소설이라는 측면에서 한층 의미를 갖는다. 즉, 식민지에 대한 이국취향을 바탕으로 자국 문단에 활력을 불어넣기 위해서 향토(색)을 장려하고, 타자(조선)를 통해 자기(일본) 정체성을 확립하려는 제국주의의 전략을

---

[35] 「은은한 빛」, 위의 책, 72쪽.

교묘하게 모방36)하여 지배 담론의 중심성을 해체시킨 것이다.

그런데 이효석은 향토적인 것, 지방적인 것에만 몰두해서 작품을 창작하는 것이 무의미하다고 주장한다. 그는 무비판적으로 토속적인 문학을 숭상하는 것은 편집자의 비위를 맞추려는 것뿐이라고 일축하고, 나아가 조선인의 대부분이 지방의 시골사람들이라고 해서 작품 속에서 향토를 그리려 하는 것도 이유가 없다고 비판한다. 이효석은 향토라는 공간 그 자체에는 그다지 관심이 없었다. 그는 향토에 몰입하여 '토속적인 것'을 창작 수단으로 삼는 것에 대해 협착한 아량이라고 비판하면서 "朝鮮의움즉임은오히려都會에잇다"고 강변하였는데, 그가 '도시' 공간에 주목했던 이유는 그곳에는 "世界的인生活要素가 … 地方的인것과 合流融合되여잇"다고 여겼기 때문이었다.37) 그에게 있어서는 "메주를먹는風土속에 살고있음으로 메주내나는文學을 나음이 當然하듯 한편 西歐的共感속에 呼吸하고있는現代人의趣向으로써 빠터내나는文學이 우러남도 이또한 當然한것"38)이었다. 요컨대, 이효석에게 있어서 서구적 도시문학과 향토적 지방문학은 그 자체가 관심의 대상이 되지 못하였고, 그는 그러한 문학을 통해서 조선문학을 세계문학으로 발전시키고자 했던 것이다.

> 그의 구라파주의는 곧 세계주의로 통하는것이어서 그일장에서볼때 지방주의같이 깨지않은 감상은없다는 것이다. …(중략)… 이곳의 추한것과 저곳의 아름다운것을 대할 때 추한것보다는 아름다운 것에서 같은 혈연

---

36) 바바에 의하면, 모방(mimicry)은 그 자체가 부인의 과정인 차이의 표상으로서 나타난다. 따라서 모방은 이중 절합(double articulation)의 기호이다. 그것은 가시적 권력으로 타자를 '전유하는' 개정·규칙·규율의 복합적인 전략이다. 그러나 모방은 또한 차이 혹은 부적합의 기호이기도 하다. 그것은 식민 권력의 지배 전략적 기능에 결합하고, 감시를 강화하며, '표준화된' 지식과 규율 권력 모두에 내재적인 위협의 포즈를 취한다. Homi K. Bhabha, *The Location of Culture*, Routledge, 1994, 86쪽.
37) 이효석, 「文學과 國民性—한 개의 文學的 覺書—」, 『每日新報』, 1942. 3. 6.
38) 이효석, 「文學振幅擁護의 辯」, 『朝光』, 1940. 1, 72쪽.

과 풍속을 느끼는것은 자연스런일이다. 같은 진리를 생각하고 같은 사상을 호흡하고 같은 아름다운 것에 감동하는 오늘의 우리는 한구석에 숨어 사는것이 아니오 전세계속에 살고 있는 것이다. 동양에 살고있어도 구라파에서 호흡하고 있는것이며 구라파에 살어도 동양에 와있는셈이다.[39]

위의 인용은 이효석의 『花粉』에서 미란이 '철저한 구라파주의자' 영훈을 바라보는 관점을 서술한 부분이다. 피아니스트인 영훈은 '아름다운 것'에 대해서는 동양과 서양의 구별을 넘어서 '같은 혈연과 풍속을 느끼는 것이 자연'스럽다고 생각하는 인물이다. 그는 미적인 것에 있어서는 "지방의구별이없고 모든것이 한세계속에 조화되"[40]어 있다고 인식한다. 그에게 조선의 자연이나 풍속은 환멸의 대상이 될지언정 미(美)의 대상이 되지는 않는다. 그가 서양을 동경하는 이유는 조선이라는 환멸의 공간으로부터 벗어나 미의 영역에 자신을 위치시킬 수 있다고 믿고 있기 때문이다. 결국 이러한 '서양=미적 영토'에 대한 영훈의 인식은 이효석의 미에 대한 인식으로부터 나온 것이라고 할 수 있다.

이효석은 소위 동반자 작가로 불려지던 초창기부터 서구 세계에 대한 동경을 작품 곳곳에서 드러내고 있었다.[41] 다시 말해, 그는 서구 세계에 대한 동경을 바탕으로 식민지 조선을 바라보았으며, 조선인이 아니라 세계인이 되고자 꿈꾸고 있었다. 이처럼 이효석은 자신의 '구라파에 대한 애착'을 서양인이 동양에 대해 갖는 이국취향의 엑조티시즘과는 다른 '자유에 대한 갈망의 발로'[42]라고 말한다. 그는 식민지 조선인으로서나 제국의 일본인으로서 자신의 정체성을 정립하고자 하지 않았으며 세계인으로서 스스로를 위치 짓고자 하였다. 심미적 차원에서 다

---

39) 이효석, 『花粉』, 人文社, 1939, 156쪽.
40) 위의 책, 157쪽.
41) 이효석의 서구 세계에 대한 동경에 관해서는 김주리, 「이효석 문학의 서구지향성이 갖는 의미 고찰」, 『민족문학사연구』 24, 2004, 387~408쪽 참고.
42) 이효석, 「旅愁」, 『東亞日報』, 1939. 12. 12.

문화적・통국가적 세계인이 되고자 했던 이효석에게 있어서, 조선문학의 향토성은 제국문학의 지방성을 넘어 세계문학으로 나아가기 위한 모색의 산물이었던 것이다. 요컨대, 그는 제국의 경계를 넘어 조선 및 조선문학을 상상했던 것이다.

5. '향토=고향'의 균열 : 결론을 대신하여

1930년대 후반 이후 문화의 각 담론 안에서 '조선적인 것'의 대표적인 표상인 '향토(鄕土)'의 의미가 '지방의 시골'로부터 '반도', '조선', '지방' 등으로 그 외연을 확장했음은 앞서 살펴본 바와 같다. 그런데 제국 일본과 식민지 조선의 관계 속에서 파생한 향토의 의미에는 '고향'이라는 심상지리가 중첩되어 있다. 이는 앞서 살펴 본 1936년 이후 『朝光』에 실린 일련의 특집 글들을 통해서도 확인할 수 있다. '고향(故鄕)'은 '태어나고 자라난 고장'이라는 사전적 의미를 넘어 다양한 거점과 논리를 통해 구성된다. 시간과 공간, 그리고 지리, 역사, 언어 등은 과거와 현재를 결합하고 미래로 향하는 시간적 일체성을 형성하는 데 중요한 역할을 하며, 공통의 언어와 관습은 공간적 일체감을 생성한다. 동시에 이것들이 하나의 기원을 가지며 공통의 문화가 되고, 공통의 감정을 양성한다는 '내러티브'를 통해서 공통의 시공간을 '고향'이라고 여기도록 만든다.[43] 이와 같은 '고향'의 발견은 근대 이후 '이향'의 체험을 전제로 한다.

해방 이후 국가 건설과 민족 통합이라는 당면 과제 앞에서 '향토'는 민족의 성소로 위치 지어지면서 '고향', '고국' 등의 의미로 고착화되었다. 그러나 '향토=고향'의 등식화나, '향토=고국'의 등식화는 탈향(脫

---

43) 나리타 류이치(成田龍一), 『「故鄕」という物語—都市空間の歷史學』, 吉川弘文館, 1998, 91쪽.

鄕)과 이향(離鄕)의 식민지 시기에 발생한 것이라고 할 수 있다. 이 글을 마무리하면서 식민지 시기 이산(離散)의 체험을 둘러싼 고향의식의 전모44)에 대해 살펴볼 수는 없지만, 1940년대 중반 '향토=고향'의 등식화에 나타난 개인의 분열 의식에 대해 간단히 언급하고자 한다. 왜냐하면 이러한 분열은 1930년대 후반에서 1940년대 전반에 이르기까지 '제국의 지방으로서의 조선'이라는 향토의 의미가 해방 후 '민족의 성소'로서의 향토라는 의미로 변화되어 가는 과정 속에서 그것의 굴절된 양상을 짐작할 수 있게 하기 때문이다.

이와 관련해서 주목되는 작품은 1944년 3월 『春秋』에 실린 박계주의 「鄕土」이다. 이 작품은 화자가 간도에 있는 어머니를 찾아가는 열차 안에서 궁핍했던 과거를 회상하면서, 간도에 정착하기 위해 온갖 역경을 이겨내는 "어머니의 씩씩한 기개와 영웅적 분전"45)을 형상화하고 있다. 그런데 흥미로운 점은 어머니와 아들 사이에 고향을 바라보는 다른 관점이 내포되어 있다는 데 있다. 어머니는 고향을 등지고 간도로 이주했다고 하더라도 조상 대대로 살아왔던 '조선'을 고향으로 여기고 있음에 비해 아들은 자신이 태어나 자란 '간도' 땅을 고향이라고 느낀다. 어머니는 돌아가야 할 근원의 장소로서 고향을 인지하는 반면, 그는 태어난 곳을 고향으로 여기는 것이다.

> 멀, 고향땅이라고 별 다른가요. …(중략)… 세상은 한 땅이오 한집이랍니다. 요새 팔굉일우(八紘一宇)라는 말도 있고 더욱이 선만일여(鮮滿一如)라는 말도 있는데요. 여기 간도 땅이 옛날엔 우리조선땅이였답니다. 그러니까 예두 우리 향토가 아니겠어요?46)

---

44) 이에 대해서는 별도의 글을 통해 논의하고자 한다. 특히, 1930년대 후반 동아시아 지역질서의 재편 움직임 속에서 '고향'을 새롭게 발견해내고, '향수'라는 크로노토프를 통해 개인의 정체성을 새롭게 재구축하려는 움직임을 고찰하는 것은 이 글과의 연관 속에서도 의미 있는 작업이 될 것이다.
45) 박계주, 「鄕土」, 『春秋』, 1944. 3, 108쪽.
46) 위의 글, 109~110쪽.

그가 간도를 고향으로 느끼는 근저에는 '선만일여', '팔굉일우' 등 천황 통치 하 일본인으로서 고향을 바라보는 관점이 내포되어 있다. 다시 말해, 그는 '조선인'이나 '만주인'이 아닌 '일본인'으로서 자신의 고향을 바라보고 있는 것이다. 그러나 이러한 그의 인식은 여생이 얼마 남지 않아 죽기 전에 아버지의 유골을 조선 땅으로 도서가려는 어머니를 생각하면서 변하게 된다. 그는 스스로 어머니와 마찬가지로 조선의 고향을 동경하게 되었음을 토로하면서 자신은 중국인이나 만주인이 아니라 조선인임을 새삼 느끼게 된다. 즉, '향토=고향'에서 조선인이라는 자신의 아이덴티티를 찾고 있는 것이다. 그러나 그의 이러한 생각은 다시 변하게 되는데, 간도의 '용정'에 도착한 뒤 시가를 바라보면서 그는 "향토가 될수 없다던 용정을 무의식중에 고향으로 여기"면서 "그렇게 무의식중에 고향으로 느껴지는 곳이 진정한 내 고향일지도 모른다"47)고 말하게 된다. 다시금 태어난 곳 용정을 고향으로 느끼게 되면서 고향에 대한 감정이 '분열'되고 있는 것이다.

이처럼 박계주의「鄕土」에는 간도에서 태어나 자란 조선인의 '고향' 인식에 분열이 발생한다. 이러한 분열 의식은 조선인/일본인의 분열, 조선/일본의 분열을 함축한다고 할 수 있다. 이는 1930년대 후반 이후 일본의 지방으로서 '조선=향토'를 통해 새로운 조선문화를 건설하고 자신의 정체성을 확립하려 했던 조선인들이 1940년대 중반에 이르러서 조선인과 제국인 사이에서 자신의 정체성을 확립하는 데 동요를 느끼고 있었음을 암시한다. 바꾸어 말하면, 당시 식민지 조선인으로서나, 제국 일본인으로서 '향토=고향'을 바라보면서 자신의 정체성을 확립하는 길이 쉽지 않았음을 짐작할 수 있다. 고향이라는 시공간을 통해 자신의 정체성을 확립하는 데 있어 조상 대대로 살아왔던 '조선'을 바라보는 '조선인'과 자신이 나고 자란 곳 '간도'를 바라보는 '제국인' 사이

---

47) 위의 글, 111쪽.

의 동요와 균열은 식민지 조선인이 조선과 일본 중 자신을 어느 지역 경계 안에 위치시키느냐에 따라 다른 것이다. 그리고 이러한 분열의 발생은 당시 조선인의 위치가 끊임없이 유동하고 있었음을 가늠케 한다. 이러한 유동은 이후 해방기 '민족-만들기' 프로젝트 안에서 봉합되고, 향토는 '조국'과 '국토'라는 의미로 견고하게 굳어갔던 것이다.

(『한국근대문학연구』 14호, 한국근대문학회, 2006 하반기)

‖ 제2부 ▪ 귀환과 이산, 그리고 고향 ‖

'고향'이라는 이야기·再說 • 나리타 루이치(成田龍一)
해방기 소설에 나타난 '귀환'의 민족서사 • 정종현
유아사 가쓰에 문학에 나타난 식민2세의 '고향' • 박광현
소여(所與)로서의 고향과 그 주변 • 박용재
미국이민 서사의 '고향' 표상과 '민족' 담론의 관계 • 이선미

'고향'이라는 이야기·재설(再說)
— 20세기 후반의 '고향'과 관련하여

나리타 류이치(成田龍一)

1. 서 론

1998년에 『'고향'이라는 이야기』[1]를 상재(上梓)했다. 이 책에서는 1) 1890년대에 형성된 '고향'의 개념을 대상으로 2) 국민국가의 형성과 관련해 '고향'을 분석했다. 이 책에서는 '고향'이 '이동'을 통해 발생하며, 이동한 장소에서 태어난 장소를 지칭할 때 사용되는 개념임을 밝혔다. 여기에서의 연구대상은 '동향회'나 '향우회'와 같은 '동향(同鄕)'을 핵으로 하는 조직(집단)이었으며 그들 조직의 활동과 기관지가 제시하는 논리였다.

이동한 장소, 즉 도시공간에서 형성되는 '고향'의 개념은 흔히 농촌으로 표상되는 태어난 공간으로 환류(還流)하며, 또한 그 안에는 도시적=농촌적 아이덴티티와 '고향'을 둘러싼 복잡한 서사 방식이 존재하고 있다. '고향'은 새로운 아이덴티티가 되고, '국민국가'의 기반을 이룬다. 또 국민국가와 서로 닮은 논리가 '고향'을 둘러싸고 전개된다.

그와 더불어 공공(公共)적인 '고향'의 개념은 엘리트들에 의해서 창출

---
[1] 졸저, 『'고향'이라는 이야기('故鄕'という物語―都市空間の歷史學)』, 吉川弘文館, 1998.

되기 때문에 태어난 장소에서 쫓겨나듯이 그곳을 떠난 많은 사람들은 '고향'을 아이덴티티로 삼고 싶지만 그럴 수 없는 아이덴티티의 정치학(identity politics)에 직면한다. '고향'의 이야기는 이런 반(反)'고향'적 담론도 포함하면서 꾸며진다.

『'고향'이라는 이야기』에서는 이렇게 '고향'의 형성기에 대해 분석했는데, 대략 1930년대까지를 연구대상으로 삼고 있다. '고향'으로서의 식민지 등에 대해서도 관심은 있었지만 충분히 논의하지 못했다. 그런 아쉬움이 없지 않았지만 일단 나는 이 책으로 '고향'에 관해서는 일단락 지을 생각이었다.

그러나 21세기에 들어서 발생한 몇 가지의 사건 - 특히 북한의 일본인 납치사건 - 이후 일본의 상황이 나로 하여금 또 다시 '고향'에 대해 고찰할 필요성을 느끼게 했다.2) 즉, 납치피해자를 '일본'이라는 '고향'으로 귀환시키자는 일본 여론의 대합창은 '고향'이 지닌 주술력이나 레토릭으로서의 위력이 여전히 시들지 않고 있음을 분명히 했다. 납치된 사람들은 북조선에서 20년 가깝게 생활했으며, '일본' 또는 '북조선', 혹은 다른 어느 곳에서 생활하든 그들 스스로 결정할 권리가 있음에도 불구하고, 일본이 '고국(고향)'이니 돌아오는 것이 당연하다고 여겨졌던 것이다.

이번 기회에 본고에서는 앞서 논문에서 거론하지 않은 20세기 후반의 '고향'에 관한 서사의 일단에 대해서, 그 중에서도 특히 관심은 있었지만 논의를 전개하지 못했던 식민지에 관한 문제를 고찰하고자 한다. 다시 말해 제국의 공간으로서의 '고향'에 관해서 논하고자 한다.

---

2) 졸고, 「5년이 지난 『'고향'이라는 이야기』(五年を経ての『「故郷」という物語』)」, 『아시아민중사연구(アジア民衆史研究)』 8호, 2002.

2. 전쟁과 인양(引揚) 안에서의 '고향'

1)

1890년을 전후로 형성된 '고향'의 개념이 처음 전회(轉回)를 보여준 시기이자 '고향'의 개념이 변화하는 전환기가 1930년대였음은 『'고향'이라는 이야기』에서 이미 논한 바 있다. 거기에서 도시공간으로 이동해 온 사람들이 결혼하여 그 2세들이 출현했고, '도쿄에서 태어난 도쿄인'으로서 "고향 없는 정신"(고바야시 히데오(小林秀雄))의 존재를 지적하였다.

동시에, 1930년대에 '고향' 개념이 전환하는 이유 중에는 '전쟁'이라는 요인을 빼놓을 수 없다. 전쟁은 사람들을 강제적으로 동원하고, '일본' 밖으로 '이동'시켰으며 그 시선을 통해 일본을 '고향'으로 여길 것을 재촉한다. 이런 '고향'관에 반응한 것은 우선 병사들이다. 종군작가 히노 아시헤이(火野葦兵)의 작품에는 이런 병사들의 심정 - '고향'관이 넘쳐나고 있다.

히노의 『땅과 병사』(1938)는 고향에 있는 동생에게 보내는 편지글 형식의 소설인데, "병사들은 모두 종소리를 들으며 갑판 위에 모여서 아무 말 없이 점점 멀어져가는 고국의 항구를 눈물을 머금고 바라보면서……멀어져가는 고국의 산하를 향해서" 일장기를 흔들고 있는 모습이 묘사되어 있다.

(병사들은 군가 「전우」를 부르고 있다) 히노는 "눈앞에서 조국이 멀어져가는 슬픔에 젖은 감회"를 발견하고 있는데, '일본'을 떠나 '전쟁터'로 향하는 중에 일본이 '고향'과 중첩된다. 즉, '고향'이 '고국'으로 확대되는 것이다. 여기에서는 1) '고향'이 모든 병사에게 자명한 전제가 되고, 2) '감상' - 그리움의 문맥으로 파악되고 있다.

석양이라고 하면 병사들은 금방 전쟁터의 석양을 떠올리는데, 매일의 감상은 - 반드시 이 석양을 고향이라고 바라보면서 지금쯤 출정한 내 자식 혹은 그 사람 혹은 아버지는 어느 전쟁터에서 이 석양을 바라보며 고향을 떠올리고 있을까라며 - 도무지 어찌할 도리가 없는 감상은 동서고금을 통해 변하지 않는 것일까, 자상한 아버지들이 저녁이 되면 묘하게 숙연해지곤 하니 이상할 정도이다.

배를 타고 출정은 했지만 병사들이 아직 아무 일도 하지 않고 시간만 보내고 있자, 히노는 해학을 섞어가며 '고향'과 병사의 유대(紐帶)를 적고 있다. "모두들 어떻게 지내고 있을까. 오늘처럼 고향이 생각난 적이 없다." 히노는 전장의 보고를 '고향'에 있는 가족들에게 전하는 형식으로 '고향'에 대한 유대를 전면에 내세워 '감상'적인 문맥으로 파악하고 있다.

히노의 데뷔작인 『보리와 병사』(1938)에서도 이미 "여기 있는 모든 병사는 사람의 아들인 동시에 고국에는 처가 있고 그 중에는 자식을 두고 온 아비도 있다. 우리나라에서 가장 소중한 사람들뿐이다. 또 병사는 향수에 젖어 모두들 개선(凱旋)할 그날의 몽상을 소중히 가슴 속에 간직하고 있다." "나는 조국이라는 말이 신선하게 나의 가슴에 부풀어 오르는 것을 느꼈다"라고 쓰고 있다. 병사의 배후에 있는 생활과 인간관계를 '고국' - '고향'의 틀 안으로 묶어 넣어서, 그 각자의 존재를 확인한다. 그리고 '감상'으로서의 '향수'를 찾아낸다.

히노가 묘사한 '고향'은 '전쟁터'라는 ('일본' 외부로부터의) 시선에 의거하고 있으며, 어떤 매개도 없이 '고향'과 '고국'을 중첩시키고, '고향'의 개념을 '일본'/전쟁터의 개념으로 일거에 확대하고 있다. 여기에는 '일본'이 이미 전제되어 있으며, 병사들은 '일본인'임을 의심하지 않는다. '일본' 안의 차이로서의 '고향'이 아니라, '고향'을 한데 묶은 큰 틀로서 '일본'과 '일본인'이 묘사되어 있다.

이런 '고향'관은 패전에 의해 '대일본제국'이 붕괴한 후 '인양' 과정에서도 반복된다. 본래 '인양'이라는 어법 자체가 '고향'에 대한 구속의 뜻을 가지고 있다. '인양'이란 1945년 8월 패전함에 따라 한반도나 타이완, 그리고 사할린 등의 식민지를 포함한 일본 열도 외부에 있던 사람들이 이동하여 일본 열도로 귀환하는 것을 말한다. 1945년부터 47년까지가 절정이었는데, 대략 660만명의 이동='인양'이 이루어졌다고 한다.(그 숫자는 당시 일본 인구의 거의 10%에 해당한다. 그 중 반 정도는 민간인이었다. 나머지 반은 군인이었으며, 이 경우는 '복원(復員)'이라고 불렀다.)

　하지만 '인양'이라는 말은 '패전'에 의해서 식민지나 점령지에서는 살 수 없게 되어 송환되었음을 의미하는 것이었는데, 그런 뜻은 소거되어 있다. 여기에서도 패전을 종전(終戰)이라고 바꿔 말했던 것과 같은 심성을 발견할 수 있다. 또한 '인양'이라는 표현에는 원래의 장소 - 고향으로 돌아간다는 감개도 포함되어 있고, 현지와 고향을 일직선으로 연결하고 있다. 후술하겠지만, 패전을 계기로 전개된 다양한 사람들이 이동하는 모습=사람들의 흐름은 '인양'의 개념으로부터는 연상하기 어렵다. '인양'의 몇 가지 예를 검토해 보자.

　'만주'에서 살고 있던 후지하라 데이(藤原てい)가 아이들 세 명을 데리고 일본으로 귀환한 체험을 그린 『흐르는 별은 살아 있다(流れる星は生きている)』(日比谷出版, 1949)는 '인양'의 대표적인 작품인데, '고향'으로 향하는 기록이 실려 있다. '일본인'으로서의 아이덴티티를 확인하는 과정임과 동시에 '일본'에 도착할 때까지의 여정이 묘사되어 있다.

　어디까지를 '인양' 체험으로 생각할지는 본인과 가족의 상황, 그리고 그 후의 행보 등에 따라서 다르다. 그러나 대개의 사람들에게 '인양'은 '일본'에 도착할 때까지였으며 후지하라에게도 마찬가지였다. 거기에서는 고향에 대한 강한 구속감을 엿볼 수 있다.

　『흐르는 별은 살아 있다』에서는 시간의 흐름에 따라 사건이 서술되어 있는데, 하카타(博多)항에 도착했을 때 후지하라는 "무엇보다 먼저 일본의 모습을 보지 않고서야"라며 "푸르게 녹음 진 소나무나 나무들이 검게 우거진 산"에서 '일본'을 발견하고 있다. 한반도의 38도선을 가족과 넘는 장면이 『흐르는 별은 살아 있다』에서 하나의 절정으로 그려져 있는데, (개정 출판한 문고판에 새롭게 더해진 「아이가 딸린 여인」에서) "2주일 동안 산 속에서 죽음에 시달렸지만 조금씩이라도 고향에 가까이 가고 있다는 희망이 있었는데, 이 배 안에서 무엇보다도 괴로웠던 것은 우리 가족 4인에게 가해진 차가운 증오의 눈이었다"라고 묘사하고 있다. "일본에 상륙해서 무사히 고향으로 가는 것"이 목표로 설정되어 있다.(후지하라는 "그때도 역시 아이가 딸렸다는 이유로 고향 사람들이 피할지 모른다"는 것을 가장 두려워했다.)

후지하라와 마찬가지로 '만주'에서 귀환한 모리 후미코(森文子)의 『탈출행(脫出行)』(開顯社, 1948) 중 「조국」이라는 장은 이키(壹岐)를 출발하여 9월 1일에 "일본 본토의 일각, 히젠(肥前)의 가라쓰(唐津)"에 도착하는 장면이 인상 깊게 그려져 있다 - "아아 조국 땅, 조국의 집들, 조국의 산하, 허무하게 타지(異境)에 뼈를 묻고 온 사람들도 있는 이 미증유의 변란 속을 뚫고, 사람들은 우리를 지금 여기로 인도했던 것이다. 어떤 형용사를 늘어놓아도 나는 이 기쁨을 표현할 수 없다."

후지하라나 모리는 '고향'인 '일본'에 도착할 때까지만 자신의 체험을 기록하고, 사후적으로 그와 같이 정리하고 상처받은 아이덴티티를 다시금 확인하며 그 상처를 위로하고 있다. '만주'나 한반도에서 만났을 타자(중국인이나 한국인)에 대해서 언급하는 바가 전혀 없고, 종주국의 일원으로서 '만주'에서 살았던 삶에 대한 자각도 결여된 채 '인양'을 행하고 있다.[3] 제국의 공간으로서 '만주', 그 땅에서의 '인양'이 제국의 철수이며 송환임은 체험기에서는 찾아볼 수 없다. 즉, 체험기를 통해 제국의 공간이 의식되지 않은 장치로서 '고향'이 이용되고 있는 것이다.

---

3) 졸고, 「'인양'에 관한 서장(「引揚げ」に關する序章)」, 『사상(思想)』, 2003. 11.

후지하라는 '만주' - 한반도 - 일본(하카타)으로 이동했다. 하카타에 도착해서는 급조된 작은 건물(松原寮)에서 모포 등을 벼급받아 화물차로 '고향'인 스와(諏訪)로 향했는데, '내지' 사람들은 "형용할 수 없이 고통스러웠던 '인양' 이야기"를 미주알고주알 캐물었다. '학생동맹'과 '지방청년회'의 친절함에 '고향의 고마움'을 느끼던 중에 "구경거리라도 난 듯 쳐다보며 울고 있는 노파" 등을 묘사하고 있다. "종점에서 기다리고 있는 것은 내가 생각하고 있는 것처럼 따뜻한 부모님과 상냥한 형제들일까" - '내지' 일본인과의 거리감(=분열)을 의식하고 있지만, 후지하라는 "오랜 동안 상상하고 있던 고향의 모습이 조금도 변하지 않은 것을 확인하고" 인양자 휴게소에 "나의 가족"을 찾아 줄 것을 부탁한다. '인양자 명부'에서 남편의 이름을 찾았지만 발견하지 못하고 부모님, 남동생과 여동생이 자신을 찾아오는 장면에서 수기는 끝을 맺고 있다.

여(女) 가장으로서의 임무를 수행했지만, 남편과의 재회가 아직 이뤄지지 않은 장면('불완전'한 가족)에서 『흐르는 별은 살아 있다』는 끝난다. '인양'이라는 체험은 패전이라는 사건이 동반한 자신의 위치 변화이며, 새롭게 드러난 '타자'와의 관계 결성이자 이제까지의 관계를 재고하도록 촉구하는 것이었다. 개인적 차원에서부터 가족, 사회, 국가에 이르기까지 그 근거가 한꺼번에 문제제기 되는 시간과 공간에 직면한 사건이었다. 구체적인 인간관계로부터 집단적 존재 의의에 이르기까지 신체적으로나 정신적으로 문제를 제기하는 체험인데, 그 고난을 '고향'으로의 귀환 - '인양'이라는 의식을 통해 극복했다고 전하고 있는 것이다.

일본으로의 귀환에서는 공동성(共同性) 대립으로 생긴 새로운 분할선이 발견되고 있다. 가령 '내지'의 '일본인', '여성'의 발견이 그러하다. 정박 중인 하카타 항에서 검사를 받을 때, 후지하라는 간호부가 다가오는 모습("짙붉은 입술과 파마머리")에 "오랜만에 보는 여자의 행실"을 보고 "새로운 일본 여성을 발견"하며, "여성으로서 자신의 모습"을 되돌아본다. 상륙 후에는 기모노를 입고, 마루오비(丸帶: 여자 옷의 띠)를 두룬 여성이 걸어가는 것을 보고 "이상하게 여긴다" - "전쟁에 패한 일본의 여성은 모두 우리들과 같이 비참한 모습일 것이라고 생각했기 때문이었다." 이처럼 '일본의 여성' 안에서 차이가 발견되고 있다. "나도 일본 여성이며 배낭을 메고 바로 앞을 걸어가는 딸도 일본인일지라도 우리는 결국 다다히로(딸)가 본 일본인 여자와는 전혀 다른 사람인 지저분한 인양자였다." 이 부분에서는 '일본인 여자'의 균일성을 해체시키는 계기를 발견할 수 있다.

그러나 그 차이는 드러나기는커녕 '고향' - '일본'의 틀 안에서 소멸되어 버린다. 자신의 감정은 '일본인'의 일원이라고 확인하는 것을 통해 상처가 아물지만, '고향'으로서의 '일본'에 도착했다는 사후적 정리가 그 같은 의식을 낳고 있다.

2)

1970년 전후에는 식민지가 '고향'인 사람들, 소위 '식민지 2세'가 입을 열기 시작하면서, 새로운 '고향'관이 제시된다. 1922년에 다롄(大連)에서 태어난 시인 기요오카 다카유키(淸岡卓行)가 1948년 여름에 마이즈루(舞鶴)로 '인양'되고 나서 20년이 지난 뒤에 쓴 소설 「아카시아의 다롄」(1969)은 다롄에서 생활하던 '향수'를 적고 있다. 거기에는 "그리운 다롄의 이미지"가 그려져 있다.

이야기의 시점은 발표 당시인 1969년으로 설정되어 있으며, 주인공 '그'가 옛날을 회상하는 형식을 취하고 있다. 다롄은 '그'가 청춘기를 보냈을 뿐만 아니라, '인양'되지 않고 남아 연애하고 결혼한 땅이다. 그 땅을 회상하는 이유는 (이야기 시간으로부터) 1년 몇 개월 전에 병으로 처를 잃고 "혼자 그리움에 사무치는 일이 많아졌기" 때문이라며 (다롄의 시공간으로의) "그리운 실감"이 강조된다.

그 후에 쓰여진 『다롄 소경(小景)집』(講談社, 1983)에서 기요오카는 "옛날 자국의 침략에 대한 반성"을 의식한 듯 제국의 공간으로서의 다롄을 단수화하지는 않는다. 그러나 「아카시아의 다롄」에서 '그'는 '전쟁의 자식'이라는 자각은 가지고 있지만, 제국의 자식이라는 의식은 미약하다. 지적이며 관념적인 '자기성찰'을 하고 있으며, 어떤 특권성을 가지고 그것을 드러내기라도 하듯 다롄에서 '전쟁 종결을 알리는 라디오 방송'을 가족과 함께 거실에서 듣고 있다.

「아카시아의 다롄」에서 '고향'은 갈등을 내재하고 있으면서도 긍정적으로 묘사되고 있다. '그'는 다롄에서 중국인 막노동꾼이 학대받고 있는 모습을 보지만 그런 '모순'에도 불구하고, 다롄을 "애절함과 같은 고통으로 사랑하지 않을 수 없었다. 왜냐하면 그가 태어나서 유소년기를 보낸 장소는 그 식민지 이외에는 없었기 때문"이라고 진술한다. 다롄은 자신에게 더할 나위 없이 소중한, 그리고 자신의 아이덴티티와 결합된 장소이자 처와 함께 지냈던 추억의 땅이기도 하다.

갈등은 (알제리 독립운동을 계기로 해서) "고향은 잊을 수 없는 것이다……" "자신에게 고향은 무엇인가라는 아픈 고통을 동반한 추억에 사무치는" 형태로 나타난다. 혹은 '진짜 고향'과 '가짜 고향'을 대비해서 (아카시아에 비유하여) "가짜 아카시아 쪽이 훨씬 아름답다"는 말에서도 드러난다. "요구되는 감미로운 죽음"과 "거부되는 처참한 죽음"은 '공존'하고 있으며, "어느 쪽이 현재(顯在)하는지는 내부의 동기보다도 오히려 외부의 현실에 원인이 있었다"는 자각도 포함하고 있다.

이런 것들은 모두 기요오카의 내면에 있는 '고향을 둘러싼 갈등-"현재 거주하는 땅"과 '고향'이 안고 있는 원리적인 갈등과 더불어 그 '고향'이 대일본 제국의 침략에 의해서 만들어진 것이라서 드러내놓고는 '고향'을 찬미할 수 없다는 갈등이 더해져 있다.

그러나 이런 갈등을 안고 「아카시아의 다롄」에서는 '그리움'의 기억을 바탕으로 제국의 식민지 공간이 묘사되어 있다. '고향'은 타자의 존재나 그곳에 비대칭적인 관계를 '그리움'으로 감싸버리는 자력을 지니고 있었다.

　같은 시기에 발표된 이회성의 「또 다시 길을(またふたたびの道)」(1968)은 단순한 고향관을 전복시키는 것이었다. 가타이(樺太, 사할린의 옛 지명)에서 태어난 이회성은 자신의 '인양' 체험을 근거로 사할린에서는 '일본인'만이 정식적인 '인양' 대상자였고, 비(非)일본인이 배제되었던 점을 소설의 발단으로 그리고 있다. 즉, 대일본제국의 식민지인 사할린에서 태어난 이회성은 패전 후에 '일본인'의 국적을 박탈당했고, 그 때문에 (소련령이 되면서) 사할린으로 지명이 바뀐 땅에서 '인양'의 허가를 받지 못한 체험을 그리고 있다.

　또한 (이회성 일가를 모델로 했다고 생각되는) 주인공 조철우 일가는 '일본인'으로 위장하여 '인양'되지만, 조부모나 여동생이 사할린에 '잔류'해 일가가 '이산'된 점, 그리고 이 체험은 조철우 일가에게 견딜 수 없는 고통이었다는 점을 기록하고 있다.

　'고향'이라는 관점에서 「또 다시 길을」을 다시 정리하자면, 이회성이 구성한 것은 1) (조철우 일가가 한반도로의 귀환을 원했으나 그것이 이루어지지 않자 일본에 거주하는 것과 같이) 일방향적이 아니라 다양하며, 게다가 미완의 '「고향'이라는 이야기」인 것이다. 또한 2) (사할린이 일본의 식민지에서 소련령이 되었듯이) 국경이 바뀐 뒤 '이향(異鄕)'이 되어버린 '고향'은 상실한 것이라고 느끼는 감각이다. 이 때 이회성은 3) '고향'과 국가, 또는 '고향'과 민족의 관계에 대해 정면으로 문제 제기하는 것이기도 했다.

　「또 다시 길을」에서 조철우 일가는 1947년 7월에 홋카이도로 건너가, 한반도를 향했지만 그 뜻을 이루지 못하고 홋카이도에서 '재일조선인'으로 살아가야만 했음이 기록되어 있다. 이 작품도 1969년이라는 이야기 시점에서 과거를 회상하는 형식을 취하고 있는데, 이회성은 사할린에서 '기민(棄民)'이 된 조선인을 국가의 입장에서 생각하려고 했다. "조국과 소련 사이의, 국가 간의 문제라니까"라며 "철우는 믿으려 하고 있었다. 재일동포에게 귀국의 길이 열린 것처럼 조국은 변방 사할린에 머물고 있는 동포에게도 귀국의 길을 강구하고 있다고 믿고 싶은 것이었다. 잘못하면 사할린 동포가 그대로 소수민족화 할지도 모른다는 불안을 안고 있었다."

이회성은 그 후에도 '고향'을 아이덴티티의 핵심에 두고, 에세이 문체의 『사할린으로의 여행』(講談社, 1983)에서 가족 이산의 후일담을 기록했고, 소설 『백년동안의 나그네』(상·하, 新潮社, 1994)에서는 '인양' 체험을 새롭게 고쳐 쓰는 등 사할린에서의 '인양'을 원점으로 한 체험에 대해 집착을 보이고 있다.

『사할린으로의 여행』은 「망향」이라는 장에서 34년 만에 '고향' 사할린을 방문했을 때의 기행을 적고 있다. 이회성의 '고향' 사할린에 대한 서사에는 1) 자연스런 아이덴티티이며 행동의 기준을 이루는 부분과 2) 일본에 대한 비판을 이루는 부분이 있다.

전자와 관련해서 이회성에게 사할린은 1) 조부의 '묘지'가 있고 지금도 조모를 비롯해 '일가'가 살고 있는 땅이며, 2) "같은 처지에 놓인 수만 명의 조선인이 있다"는 점에서 '고향'이자 '망향'의 땅이다. 처자를 데리고 사할린으로 가서 이회성은 '만족'스러워 하고 '뿌듯하게' 생각하고 있다. 즉, "내 인생에 있어서 몇 안 되는 승리의 순간"이라고 묘사하고 있다.

후자는 사할린을 '이향'으로 삼은 감개무량과 중첩되어 있는데, 지금은(아직도) '고향'이면서 자유롭게 오갈 수 없는 땅이 되어버린 사할린의 논급(論及)이다. 1) 일본인만이 정식적인 '인양자'이며 자신들은 "당당하게 바다를 건너온 것이 아니었다"는 기억이 있고, 그 때문에 2) 무엇보다도 가족이 이산하여 "가책을 느끼는 감정"이 있다. 또한 3) 그것은 결코 과거의 사실이 아니며 아직도 '재일조선인'으로서 이회성은 사할린에 갈 수 없다. "왜 조선인은 자기가 태어난 고향에 갈 수 없는 걸까"라는 지탄이며, 이중의 배제를 행하는 일본 정부, 일본인의 차별과 무관심에 대해서 분노하고 있다. 여기에서는 '가족' - '일가' - '동포'를 모두 포함하는 개념으로서 '고향'이 설정되어 비판의 근거가 되는 동시에 포섭의 논리를 형성하고 있다.

다만 『사할린으로의 여행』 중 「망향」 장에서 부친의 '인양'을 "망향의 일념(一念)"으로 여기고 있던 이회성이지만 "아버지는 이대로라면 자신들 조선인은 영구히 조국으로 돌아가지 못하는 것은 아닐까라고 두려워하고 있었다"고 강조하고 있다. 「재판」 장에서는 부친이 "조선인 익찬조직(역자 주: 친일조직)" 협화회의 마을 부회장으로 활동했다는 사실을 밝히고 있다. 그리고 '일본인'으로부터나 '조선계 소련인'으로부터 '협공'을 당해 "아버지 나름대로 대공황을 일으켰으며", 그 때문에 "이미 이 땅에서는 살 수 없다고 생각하고, 사할린으로부터 도망쳐 나오려 했던 것이 아닐까"라고 추측한다. "아버지는 자신의 조국으로 돌아가기를 염원했지만, 그런 숭고한 감정과는 다른 이유도 있었던 것이다. 그리고 '전후' 아버지가 아들에게 조선인이 되라며 열을 올려 말한 이유에도 다른 의미가 있었다. 아버지는 나름대로 괴로운 과거가 있었기 때문이다"라며 생각의 이면을 추측하기도 한다.

1970년을 전후로 다양한 갈등을 포함한 '고향'의 개념이 각 개인의 체험을 중심으로 제공되기 시작했다. 제국의 공간으로서의 '고향'이 문제화되기 시작한 시기라고 할 수 있다.

3)

하지만, 똑같은 '식민지 2세'라도 한반도에서 교육자의 딸로 태어난 시인 모리사키 가즈에(森崎和江)의 경우는 '고향'의 개념이 노스탤지아로부터 분명히 단절되어 있다. 모리사키는 '말'에 대단히 민감하여 '가족'과 '조국'의 이야기에 균열을 삽입하면서 새로운 '인양', 즉 제국과 식민지, 그 관계의 표현방식에 관한 고찰을 다시금 시도한다. '타자'로서의 식민지 사람들에게 자신의 말을 전달하려고 하며, 여기에 횡단하는 피아(彼我)의 제국-식민지라는 비대칭의 관계를 의식하고 있다. "과거 식민지에서 태어난 식민 2세"라는 폭력의 소유자로서의 자각을 지닌 모리사키는 "태어남과 동시에 역사성을 패전과 결합하고 그 후 자신을 개척해 갈 생각입니다"라고 밝히고 있다.4)

모리사키의 「두 가지의 말·두 가지의 마음(二つのことば・二つのこころ)」라는 에세이는,

> 조선에 관해서 말할 때는 신중하다. 마음을 진정시킬 수 없을 것 같다. 나는 조선 경상북도 삼립정(三笠町)에서 태어났다. 나의 출생-살아가는 방식이 아니라 태어난 사실-그 자체가 죄라는 불우한 생각은 입 밖으로 내뱉을 수 있는 것이 아니다.

라고 쓰고 있다. 그 이유는 "오직 조선에 의해서 키워졌"지만, 자기 '분열'의 감각 때문이며, 일본과 조선이라는 "중첩된 두 가지의 민족색" 때문이다. "조선에서 사는 일본인"이었으나, "일본 내지에 대해서 보신적(保身的)이며 저항적이었다." 더구나 이 두 가지의 공간은 대칭적이지 않다. 일본어를 사용하면서 "그 말의 이미지 대부분을 조선화해서 사용해 왔다"라는 자각은 "귀국 후의 삶"을 "다른 사람에게 전달할 수 없는 고통이었다"고 말하고 있다(「조선단장(朝鮮斷章)·1」, 앞의 책, 1968). '두 가지의 마음'의 병렬과 비대칭적인 관계의 자각. 이런 모리사키의 인식은 식민지·조선에서의 경험과 함께 전후에 모리사키가 살았던 규슈의 탄광에서의 활동, 혹은 김희로 사건 등과 관련되어 있음은 『어머니 나라와의 환상혼』이나 『이족의 원기(異族の原基)』(大和書房, 1971)에서도 발견할 수 있다.

---

4) 모리사키 가즈에(森崎和江), 「근저적인 것이란 무엇인가(根底的とはなにか)」, 『어머니 나라와의 환상혼(ははのくにとの幻想婚)』, 現代思潮社, 1970, 수록. 초출은 1968.

이런 모리사키는 1) '고향' 의식을 분명하게 방기하고 있다 - "나에겐 고향이 없다. 고향에 가까운 감정을 가지고 있는 것은 조선 신라의 고도(古都) 경주"(「나를 받아준 규슈」, 1968)라고 하며, '혈연'을 근저에 두고 '토지'와 결합되는 공동체를 꺼린다.

그리고 2) 그 공동체야말로 제국 - 식민지 관계의 비대칭성을 의식하지 못하도록 하는 원흉이기도 했다. 모리사키는 「민중의식에 있어서의 조선인과 일본인」(1969)에서 "과거 일본의 식민지 정책 이념"이 "일본 민중의 전통적인 생활 원리와 유착되어 있음"을 지적한다. 그래서 아직도 '일본 민중'은 조선인에 대해서 '개인적인 가해자'였음을 믿지 않으며 차별조차 하지 않았다고 말한다.

지금은 잊혀진 소설가 부류에 속하지만, 고바야시 마사루(小林勝)도 마찬가지의 고뇌와 갈등을 표현하고 있다. 한반도에서 '식민 2세'로 태어난 고바야시는 한반도와 일본의 역사를 근거로 해서 폭력을 낳은 관계 양상을 평생에 걸쳐 고찰하려고 했다. 소설 「지배(紙背)」(『문학계(文學界)』, 1962. 4)는 한반도에서 사할린으로 건너간 아버지와 그때 결혼한 일본인 어머니 사이에서 태어난 소년이 살인 사건을 일으킨다는 내용의 중편이다. 열세 살 때, 사할린에서 '인양'된 소년은 도쿄의 군부(郡部)에 있는 소학교에 편입된 뒤 중학교로 진학하지만, '인양자'라는 것과 아버지가 조선인이라는 사실 등이 동기가 되어 쾌활함을 잃고 살인 사건을 일으킨다. 당시 한창이던 '북송운동'이 창작 동기이면서도 패전 후의 '인양' 문제와 그로 인한 곤란한 사정들이 그려져 있는 소설이다.

모리사키와 고바야시가 말하고자 했던 것은 '전후'와 '일본' 사이에 존재하는 시간 의식의 차이와 이질적인 공간, 그리고 그 공간을 에워싸고 있는 감각이다. 피해자 의식과 가해자 의식 중에서 후자에 대한 강조이며 주체의 의식이다. 식민지 체험을 반추하는 것에 의해서 '고향'과 '가족'을 이상화시킬 수 없는 심성과 그것에 대한 고찰을 실행하며, '고향' 의식의 분절화와 그 안에서의 '고국'과의 거리감을 서술해 간다.

이것은 제국이 행사한 폭력에 무관심과 분열을 보인 '전후 일본 사회'에 대한 초조함 속에서의 고찰이다. 여기에는 1950년 전후에 제출된 체험기와는 상이한 의식이 표출되어 있고, '식민 2세'들에 의해서 새로운 입장과 지평이 펼쳐져 있다. 앞서 말한 고바야시의 「지배」에 등장하는 인양자 소년은 "정말로 일본이 싫다. 일본에 돌아와서부터 모든 게 엉망진창이 되고 말았다. (……) 내 아버지도, 내 어머니도 그리고 나도, 아니 우리 가족만이 아니다. 스기오카(杉岡)네도, 가스가(春日)네도 그렇다"고 하고 있다. '망향'의 정과 함께 아이들을 '일본인'으로 여기고, 스스로는 "나는 조선인이다. 나는 자신의 나라로 가서 조선인인 자신의 처와 자식들과 살겠다"(아버지는 사할린으로 오기 전에 이미 조선에서 결혼했다)라고 하며, 홀로 귀국해 버린 아버지. 그 때문에 곤란에 처한 아내와 소년이 묘사된다. 이와 같이 분열의 현상과 상기가 반복되어 묘사된다.

 또한 고바야시의 대표작인 『쪽바리』(三省堂, 1970)에 수록된 「발굽이 갈라진 것(蹄の割れたもの)」(초출은 1969)은 1) 신체 차원의 식민지 인식을 묘사하고, 2) 1968년과 1945년(및 1943년)으로 각인된 역사를 반복하고, 3) 식민지 인식과 섹슈얼리티를 그려내고, 4) 조선인과 여성이라는 '타자'를 논하고, 5) '암울한 비겁과 불안'을 기록한 작품이다.

 작품의 계기가 된 것은 '나시야마 교쿠레쓰(梨山玉烈)'라는 "일본 성(姓)을 아직도 사용하고 있는 이 조선인"이지만, 그의 행위는 "나의 내면에 존재하는 암울한 힘"을 환기시키고 말았으며, "나에게 나시야마는 단순히 나시야마라는 한 개인이 아니었다. 그것은 나시야마로 대표되는 그들이었던 것이다. 그것은 과거 조선인들 중에서 내가 가와노(河野)라는 한 중학생이 아니라 언제 어디서나 가와노라는 중학생으로 대표되는 일본인이라는 존재일 수밖에 없었던 것과 마찬가지였다"라고 한 점에서 식민지 체험에 대한 회상 속에 빠져들어 간다.

 "내 몸의 어둠 속으로부터 하나의 경련과 목소리를, 그리고 그것을 날카롭게 찌를 듯이 빛나는 젊은 여인의 눈"이 환기되며, '쪽발이' - "개보다도 못한 짐승", "역사 그 자체의 무거움을 짊어진 자"라는 말을 들었던 사실을 고뇌와 함께 그려낸다.

이 말을 내뱉은 것은 식민지 조선에서 주인공의 집에서 일하던 조선인 여성이다. '에이코'라고 불리고 있었지만, '본명'은 밝히려 하지 않고 남에게 마음을 열지 않던 여성이다. 이 '에이코'를 통해 '나'는 쾌락(성적인 쾌감)을 느낀다 - "(그녀의) 어루만짐에 흔들리는 감각을 느꼈다." 그러나 이 체험이 '일본인'으로서의 수치심을 만들고, "중학생 친구들에게 알려지기라도 하면 모두들 나를 진심으로 경멸하고, 냉소적으로 반응하고, 업신여기며, 추접한 놈이라고 놀릴 것이다……"라는 일본인 친구들로부터의 '추방'의 공포심을 낳는다. 남성·일본인의 시선이다. 하지만 '나'가 상기하는 것은 '에이코'의 시선이다. "에이코의 얼굴이 점차 무섭게 변해갔다. 도대체 무엇을 생각하고 있는지 짐작할 수가 없다. 괴물이라도 대하고 있는 듯한 공포를 느낀다", "정말로 나는 편히 자고 있었어, 아무 것도 알지 못했다니까, 쪽발이야……"라고 "실로 조용히 소곤거렸다"고 적고 있다.

에이코의 본명이 알려진 것은 패전 당시이며, 8월 15일에 해방을 기뻐하는 조선인 집단 안에서 '에이코'를 발견한다. - "당신은 옥순이라고 여자는 천천히 말했다."

> 그 불가사의한 여자가 내 마음에 새겨진 것은 실로 더할 나위 없이 부드러운 소곤거림에 휩싸인, "쪽발이"라는 무서운 말과, 머리를 강력하게 좌우로 휘저으며 차가운 목소리로 말했던 "당신은 옥순이"라는 이 두 마디였다. 그것은 내 가슴 속에 깊이 박힌 두 개의 가시였던 것이다……. (중략) 그 두 개의 가시는 박힌 채로 마치 내 마음과 같이 살아가고 있다. 그리고 그것을 뽑아내려고 하면 내 마음도 갈기갈기 찢어져 피를 흘리는 것이다.

라고 고바야시는 쓰고 있다. 일상의 의식으로 뒤덮여 있지만 식민지 체험 - 그 곳을 '고향'이라고 부르고 마는 것의 의미가 전후 사회 안에서 반추되고 있다. 이렇게 모리사키 가즈에나 고바야시 마사루의 조선 체험은 괴로움으로 표현되어 있다.[5] 이처럼 1970년 전후에는 '고향'의 개념을 의심하고, '고향' 서사를 해체하는 논의가 등장하기 시작했다.

이런 '고향' 서사를 해체하는 인식은 식민지 체험을 한 바 없는 사람들에게서도 나타나고 있다. 한 가지 정도의 예를 들어보자.

화가 가즈키 야스오(香月泰男)는 『나의 시베리아(私のシベリア)』[6]에서 "고향의 추억은 결코 유쾌한 것만이 아니었다. 그럼에도 불구하고 시베리아에서 꿈을 꾸면 그것은 반드시 고향 꿈이었다"고 술회하고 있다.

시베리아에 '억류'되었던 체험을 그림으로 표현했던 가즈키는, 태양은 "희망의 상징이 아니라 빛을 잃은 암흑으로 보인 적도 있다"고 검정색에 집착한 화풍을 제시하면서 피해와 가해 사이에서 자신의 체험을 고찰해 간다. "사형(私刑)을 당해 가죽이 벗겨진 붉은 사체"와 "히로시마의 원폭으로 시꺼멓게 그을려 있는" "검은 사체" - "전쟁의 본질에 대한 깊은 통찰이나 진정한 반전운동도 검은 시체로부터가 아니라, 붉은 시체로부터 생겨나지 않으면 안 된다. 전쟁은 무고한 피해자의 수난보다도 가해자가 되어야만 했던 데에 보다 큰 비극이 있는 것이다. 나에게 1945년은 저 붉은 시체에 존재했다"라고 밝혔다.

이런 가즈키는 자기 '고향'인 야마구치현의 미스미정(三隅町)을 '일본'의 지명 중에서는 생각할 수 없는 전쟁과 평화가 관련되어 있는 지명

---

5) 졸고, 「'타자' 의식의 결락('他者'意識の欠落)」, 『지역연구(地域研究)』 제7권 제2호, 2006.
6) 이 글이 가즈키의 담화를 평론가 다치바나 다카시(立花隆)가 기록한 것이라는 사실은 『시베리아 진혼가(シベリア鎭魂歌)』(文藝春秋, 2004)를 통해 밝혀졌다.

이라고 인식한다. "시베리아, 호론바일(현 몽고자치구의 일부), 인파르(현 미얀마의 일부), 가다르카나르 섬(솔로몬 제도), 샌프란시스코 미스미 마을 만이 나의 생활권이었지만, 나는 이 다섯 개의 방위를 결코 잊을 수 없다. 다섯 개의 방위를 포함한 고향, 그것이 '나의 지구'다"라고 말한다. 이미 존재하는 '고향'이 아니라, 어떤 사건과 관련한 범위 안에서 '고향'을 파악한다. 따라서 '고향'은 '일본'과 결합하는 것이 아니라, '억류'된 시베리아, '전쟁터'인 호론바일, 많은 병사가 '전사'한 인파르나 가다르카나르, 그리고 '강화(講和)'가 체결된 샌프란시스코라는 범위(방위) 안에서 인식된다. '고향'은 자신에게 '생활권'이지만, 경험의 범위로 이어지고 있는 감각의 대상이다.

따라서 가즈키에게 '일본'은 오히려 질곡이다. "아마 나는 지금도 포로일지 모른다. 시베리아의 기억에 사로잡히고, 전쟁의 기억에 사로잡히고, 일본인이라는 사실에, 그리고 일본에 산다는 사실에 사로잡혀 있다." 하지만 그런 가즈키도 가족은 원점이었다 - "시베리아에서 고향을 생각할 때마다 처와 자식, 그리고 어머니와는 언제나 삼위일체가 되어 나의 마음 속에 있었다." '국가'와 '고향'의 관련은 비판적으로 인식될 수 있어도 '가족'과의 관계에 대해서는 가즈키도 저항할 수 없었다.

마찬가지로 시베리아에서의 '억류'와 형무소 생활을 체험했던 시인 이시하라 요시로(石原吉郎)는 평론「망향과 바다」(1971)에서 자신이 '고향'을 추억하는 과정을 해석한다. 이시하라는 우선 '사향(思鄕)' - '망향'을 의식한다. "고국에서 내가 '그리워하고 있는' 감각이 끊임없이 나에게 있었던" 시기이지만, 이시하라는 이 사태를 "착오로서의 망향"이라고 말한다.

다른 '억류자'가 귀국하는 가운데 이시하라는 소련의 형법으로 유죄 판결을 받고, 형무소에 수용된다. 이 체험을 계기로 "고국을 향한 나의 사모(思慕)"는 "분명히 변했다"고 말한다. 즉 이시하라는 '고국'으로부터 '잊혀질' 것을 두려워한다. "고국과 그 새로운 체제, 그리고 국민이 이미 우리들을 보고 싶어 하지 않는 것", 그리고 "결국 우리들을 잊을 거라는" '공포'를 가지고 '고국'이 자신들을 잊어버린다면 "반드시 상기시켜 주리라"고 진술한다.

"고국의 명령으로 전쟁터에 나갔다가 지금 그 책임을 지고 있는 사람들을 고국은 빨리 불러들여야 한다"는 것이 이시하라의 논리였다. 그러나 샌프란시스코 강화조약이 체결되고 이시하라가 귀속되고자 원했던 것은 "이미 붕괴하고 소멸했을 지난날의 고국"이 되고 말았다. "이미 소멸한 체제만이 믿고 의지할 일체였다." 여기에서 이시하라의 '원향(怨鄕)'이 생겨난다. 귀속되고 싶은 '고국'='고향'은 이미 없다……. 그리고 "고향을 원망할 힘이 다했을 때 이른바 '망향(忘鄕)'의 시기가 시작한다"고 말한다.

'사향'='망향(望鄕)'으로부터 '원향', 그리고 '망향(忘鄕)'. 이런 '고향'='고국'에 대한 생각의 변화를 거쳐 이시하라는 "많은 수인들 속에 뒤섞인 일본인을 '동포'로 보던 시각을 나는 잃어 갔다"고 말한다. 그리고 '고향'의 개념이 자신의 체험과 그 고찰의 추이에 따라 분절화된다. 이런 사고의 과정을 거쳐 이시하라는 1953년 겨울에 마이즈루로 귀환한다. 그리고 "거기까지가 나에게 '과거'였다고 그 후 나는 끊임없이 되새겼다"고 한다.

가즈키는 '가족'과 '고향', 이시하라는 '고국'과 '고향'의 관련을 단절시키고 있지 않다. 그러나 두 사람 모두 '고향'의 개념을 비판적으로 고찰하고 있다. '그리움'이나 노스탤지아로부터 '고향'의 개념을 단절시키고 있다. 가즈키나 이시하라가 직면하고 있는 것은 제국의 공간으로서 '고향'인 것이다. 제국의 일원으로 전쟁터에 나가, 그로 인해 시베리아에 억류됐을 때 고찰한 '고향'. 감정을 근거로 삼지 않고 자신의 체험과 '고국'의 대응을 분석·분절화하는 것을 통해 이와 같은 '고향' 의식에 도달하고 있다. 거기서 '고향'이라는 올가미에 사로잡히지 않는 사고를 발견할 수 있다.

3. 결론

'고향'을 둘러싼 문제는 1930년대에 전환기를 맞이했지만, 1970년을 전후로 복잡한 문제를 제기하고 있다. 1930년대의 '고향'을 둘러싼 체험이 50년대에 서사화되기 시작하고 70년대에는 재기술되어 '고향'이라는 이야기는 복잡한 양상을 드러낸다. 본고에서 밝힌 것은 1930년대의 체험을 근거로 한 '제국'의 공간으로서의 '고향' 이야기이다. 전쟁과 '인양', 혹은 '억류'와 같은 고난을 극복할 때 '고향'이 활력의 근거가 된다. 또한 그 체험을 사후적으로 정리하고 서사화할 때, 상황과의 관련 속에서 끊임없이 큰 '위력'을 발휘하고, 특히 감정의 면에서 사람들을 구속해 나간다. 그리고 아이덴티티의 곤란에 직면하게 만든다.

1960년대에는 자본이 제기하는 '고향'의 문제가 있다. 즉 고도경제성장을 바탕으로 집단 취직이라는 형태의 대규모 이동이 발생하고, 과밀/과소의 현상을 낳아 지역의 재편이 일어나는 과정 속에서 '고향'이 주목받게 된다. 1960년대 후반부터 70년대 초반까지는 또한 '디스커버 저팬(discover Japan)'이라는 캐치프레즈로의 고향 창출 캠페인도 나타난다. 국가와 함께 자본이 '고향'의 개념에 관련되기 시작한다. 20세기 후반에도 '고향' 이야기는 변화를 거듭하면서 결코 과거의 것으로 머물지 않는다.*

---

* 번역 : 박광현(동국대학교 국어국문학과 교수)
  일어 원문은 http://dbpia.co.kr에서 확인할 수 있습니다.

해방기 소설에 나타난 '귀환'의 민족서사
— '지리적' 귀환을 중심으로

정 종 현

1. 식민지제국의 붕괴와 귀환의 서사

1945년 8월 15일은 식민지제국 일본이 붕괴한 날이다. 제국이 해체되면서 사람들이 이동하게 되었고, 그 이동은 귀환이라고 명명되었다. 일본인들과 조선인들은 제국적 질서에서 '내지'와 '외지'로 구분되었던 일본 열도와 조선 반도로 귀환하였다. 제국적 질서의 해체와 그에 수반된 제국 '신민(臣民)'들의 민족지(民族'誌/地')로의 이동은 이후 일본, 남한, 북한이라는 국민국가 형성으로 이어졌다.[1]

귀환의 민족서사는 해방기 한국사회의 핵심적인 아젠다이다. 해방기의 담론은 식민지라는 부끄러운 기억과 경험, 제도를 청산하고 새로운 민족국가를 건설하는 데 집중되었다. 이때 '새로운' 민족국가를 건설하기 위해 '민족적인 것'으로 '돌아간다'는 담론이 생성된다. 만들어지지 않은 미래의 민족국가와 민족문화를 상상하면서, 그것이 식민지 이전에 존재했다고 가정되는 '민족적인 것'으로의 귀환을 통해서 가능하다

---

[1] 제국적 질서의 해체와 '탈식민지화'의 일환으로서 '귀환'이 전후 일본, 남한, 북한 등의 국민국가형성으로 이어지고 있다는 아사노 도요미(이길진 옮김, 『살아서 돌아오다-해방공간에서의 귀환』, 솔, 2005)의 관점은 이 글의 문제의식에 참조가 되었다.

는 역설이 성립한 것이다. 귀환의 민족서사는 다양한 층위에서 나타났는데, 공간적으로는 고향 및 한반도로의 귀환을 의미했다. 시간적으로는 훼손되지 않은 식민지 이전의 '민족적인 것'이라는 과거, 혹은 앞으로 건설될 민족국가라는 미래로의 귀환이 병존했다. 이러한 민족으로의 귀환의 서사는 사상, 제도, 역사, 언어 등 문화의 전분야에서 이루어진 것이지만, 그것이 일차적으로 가시화된 것은 지리적인 귀환이다.

이 글은 해방기의 아젠다였던 다양한 층위의 귀환의 민족서사를 구명하는 작업의 출발에 해당한다. 특히 이 글의 목적은 식민지제국의 생활권(life sphere)이었던 동아시아적 지리가 어떻게 소설의 심상지리에서 축소되어 민족국가의 지리로 경계조정되는가를 밝히고, 새롭게 형성되는 남·북한이라는 국민국가로 그 경계가 고착되어 갔는가를 검토하는 데 있다.2) 해방기 지리적 귀환을 다룬 귀환소설은 일종의 <로드 픽션>이라고 명명할 수 있을 것이다. 많은 소설 이론서들이 지적하듯이, 여행은 자기동일성을 구축하고 정체성을 형성해가는 과정과 관련된다. 식민지제국 시절 '내선일체(內鮮一體)', '선만일여(鮮滿一如)' 등 조선인의 정체성을 둘러싼 모순되는 구호를 통해서도 알 수 있듯이3), 분열되어 있던 조선인들에게 8·15는 민족과 국가가 합치되고 자기정체성이 명확해지는 일대 사건이었다. 이런 의미에서 해방 이후 집단적으로 이루

---

2) 프랑코 모레티는 『근대의 서사시』(조형준 옮김, 새물결, 2001)에서 세계체제에 조응하는 텍스트를 '근대의 서사시'로 명명하면서, 소설을 국민국가의 심상지리에 대응하는 문학 양식으로 설명한 바 있다. 같은 소설이라고 하더라도 식민지제국이라는 국민국가의 생활권에서 살았던 '제국인'의 심상지리와 남·북한의 국민국가의 영역에서 살고 있는 남북한 '국민'의 심상지리는 다를 것이다. 본고는 해방기의 귀환의 서사, 특히 지리적인 귀환의 여정을 다루는 소설에 나타나는 이러한 심상지리 경계의 상징적인 변화를 국민국가 형성의 문제와 결부시켜 읽으려는 시도이다.
3) '내선일체'와 '선만일여'라는 구호는 조선인의 정체성과 관련한 혼란상을 증거한다. 미나미 지로 총독 이래의 '내선일체'론이 조선인의 정체성을 인정하지 않는 동화주의의 구호였다면, '선만일여'는 조선인을 하나의 실체로 인정한 후에 민족간의 협화를 강조한 구호였다. 당대 제국 안에서의 조선인의 정체성의 혼란은 이러한 제국의 모순된 구호를 통해서도 짐작할 수 있다.

어진 귀환의 여정을 다룬 서사들은 자기동일적 주체로서의 민족과 국민국가가 형성되는 과정의 은유로 읽을 수 있다.

이 글에서 다루는 대상 작품은 귀환의 여정을 포함하고 있는 소설들이다. 이때, 귀환의 여정에 대한 서술분량이 적더라도 그 여정을 압축적으로 제시한 후 해방기 한국사회에 대해 '귀환전재민'4)의 위치에서 묘사하고 있다면 그것을 귀환소설이라고 명명하고자 한다. 상술했듯이 해방기의 귀환이 지리적·신체적인 것만이 아니라 정신사적인 귀환, 궁극적으로 식민지제국으로부터 해방 후의 국민국가 조선으로의 귀환을 의미하는 것이라면 지리적 귀환의 여정이 간략히 다루어졌더라도 해방기 한국사회의 내부에서 귀환과 국민국가 건설의 문제를 제기하는 소설도 귀환소설로 분류할 수 있을 것이다.

지리적인 귀환의 서사의 경우에도 다양한 유형이 존재한다. 귀환의 루트에 따라 분류하면 크게는 일본으로부터의 귀환, 북(만주와 중국)으로부터의 귀환의 서사로 유형을 나눌 수 있다. 귀환의 여정도 (1) 귀환의 출발지로부터 한반도 도착 직전이나 도착까지를 다루는 유형, (2) 귀환의 출발지로부터 한반도 도착까지의 여정은 가속되고, 지리적 귀환 이후 겪게 되는 한국 사회의 내부에서 경험하는 상징적인 귀환의 문제를 다루는 유형 등으로 나눌 수 있다. 또한 분단에 의한 한반도 내부에서의 이동을 다루는 내부적인 귀환의 서사와 재일조선인 및 중국 연변자치주의 조선족 등 한반도로 돌아오지 못한 조선인들의 상황도 유예되고 지속되고 있는 귀환의 유형으로 제시할 수 있을 것이다.5)

---

4) 해방기의 귀환을 "식민지 시기 이주, 강제연행의 결과이자 탈식민지기 민족의 재통합과 '국민형성'과정의 전사"로 파악하는 이연식의 연구(「해방직후 조선인 귀환연구에 대한 회고와 전망」, 『한일민족문제연구』, 2003. 12)에 따르면 귀환전재민, 특히 전재민이라는 용어는 "일본의 입장을 무비판적으로 사용했던 擬制的 개념으로서 조선인이 입은 피해를 식민지배 전반이 아닌 '전쟁'이라는 협소한 틀로 국한시키는 한계를 지닌 것"이다. 그러나 귀환전재민이라는 용어는 당대로부터 현재에 이르기까지 귀환자들을 가리키는 것으로 통용되었다. 본고에서도 이 용어의 문제점을 지적한 위에서 사용하도록 한다.

그 유형이 어떠하든 이 시기 지리적 귀환의 서사는 '지금-여기'의 'A'로부터 해방된 조선 'B'로 이동하는 것을 기본적인 서사의 골간으로 한다. 이때 'A'는 과거 식민지적 질곡에 의해 고향으로부터 축출된 타향이자 수난의 기억과 결부된 고통의 땅으로 묘사되며 'B'는 이제까지의 질곡이 해결되는 '빛'과 '삶'의 유토피안적 민족공동체로 상상된다. 결국 귀환의 민족서사는 유토피안적 민족국가의 자기동일적 세계로 입사한다는 의식을 드러내게 마련이다. 이러한 의식이 아무런 모순 없이 이루어지는 경우가 있는가 하면, 지리적으로 귀환한 해방기 한국 사회에서 유토피안적 전망이 깨어지고, 정치적인 혼란과 민족 내부의 위계화, 비균질적인 사회적 유동성 등을 묘사하며 아직 국민국가로 형성되지 못한 해방기의 사회상을 드러내고 있는 유형까지 그 구체적인 서사의 내용이 다르다. 이제부터 식민지제국의 질서 안에서 이루어진 징용과 이주로 인해 동아시아 각지로 흩어졌던 조선인들이 귀환했던 중요한 통로인 일본과 만주(중국)로부터의 귀환의 서사를 검토하고, 지리적 귀환 이후 해방기 한국사회를 문제삼고 있는 소설들, 즉 한반도 내부에서 귀환이 지속되고 있는 소설을 분석하도록 하겠다.

2. 일본으로부터의 귀환과 정체성의 경계

안회남은 식민지 말기 징용되어 규슈(九州) 탄광에서 노역 중에 해방을 맞은 작가이다. 그는 1930년대 이래 사소설적 독법을 유발하는 이

---

5) 귀환의 서사를 확장해서 보자면, 분단의 고착 이후 한반도 내부에서의 이동, 한반도로 돌아오지 못한 재일 조선인들의 '북송' 혹은 '귀국운동' 등도 귀환의 민족서사의 범주에서 고찰할 수 있을 것이다. 즉, 3·8선이 고착화되고 토지개혁과 남북한 정권의 수립과 함께 남북 사이에 발생한 이동도 귀환의 범주에서 다룰 수 있다는 말이다. 해방기의 문제를 귀환의 서사라는 측면에서 보자면 황순원의 『카인의 후예』(1954), 임옥인의 『월남전후』(1957) 등도 귀환의 서사의 연장에서 파악할 수 있을 것이다.

른바 '신변소설'을 써왔다.6) 해방 이후 규슈 탄광의 징용에서 돌아온 안회남은 자신의 경험을 일련의 연작으로 소설화하였다. 이 연작 역시 안회남을 연상시키는 소설가 '나' 혹은 '안상'이 직접 등장하여 서술하는 방식을 취하고 있다. 창작집 『불』7)에 실린 「말」, 「섬」, 「별」, 「鐵鎖 끊어지다」, 「그 뒤 이야기」, 「쌀」, 「소」, 「봄」, 「불」 등은 규슈탄광의 징용 경험, 해방 이후의 귀환 과정, 귀환 이후의 이야기 등을 다루고 있다. 이 중에서 『신천지』 창간호에 게재된 「섬」8)은 탄광징용자들의 귀환의 여정을 다루고 있는 데, 그 지리적인 귀환의 여정이 지니는 상징적 의미에 특히 주목해야 할 작품이다.

「섬」의 서술자 '안상'은 안회남이 이전부터 구축해 온 사소설적 맥락에 의해 작가 자신으로 간주되는 인물이다. 서술자는 우선 식민지 시기 규슈탄광에 징용된 조선인들의 탈출을 막기 위해 일본인 탄광주와 국가권력이 고안해 낸 정착 정책에 대해서 설명한다. 이 정책은 조선에서 가족들을 불러 탄광촌에 정착시킴으로써 그 가족을 볼모로 노동력을 안정적으로 착취하는 데 목적이 있었다. 해방 이후 조선인 노무자들은 가족들과 함께 귀환했지만, 귀환과 잔류 사이에서 고민하는 사람들이 존재했다. 그들은 일본인 여성과 가정을 꾸린 조선인 노무자들이다. 이들을 대표하는 '朴'에 대해 서술자는 "일본인 여자와 결혼해서 정착해 살았다는 그 자체가 강제적이었었고, 조선사람 남자로서는 어쩔 수 없어서, 말하자면 피치 못할 사정에 억눌려서, 이룩한 생활"9)이라고 일본인과의 결혼을 강제에 의한 것이라고 설명하고 있다. 일본인과의 결

---

6) 30년대 이래 그가 실험한 '신변소설'은 인격적 지표로서의 '안회남=서술자=주인공'을 동일하게 간주하는 '사소설적 독법'을 작동시켰다. 해방기 안회남의 귀환소설도 이러한 '사소설적 독법'의 맥락 속에서 읽을 수 있다. 이에 대해서는 정종현, 「私的 영역의 대두와 '진정한 自己' 구축으로서의 소설-안회남의 '신변소설'을 중심으로」, 『한국근대문학연구』 4, 한국근대문학회, 2001.을 참조할 것.
7) 안회남, 『불』, 을유문화사, 1947.
8) 안회남, 「섬」, 『신천지』, 1946. 1.
9) 안회남, 위의 소설, 106쪽.

혼의 한 원인이 일본 제국주의의 징용에 있었던 것은 사실이지만, 이주 노무자들과 일본인 여자와의 결혼이 강제적이었다는 서술이 늘 진실은 아니다. 조선인 남자와 일본인 여성과의 가족 구성은 일본인과 조선인이 병존했던 식민지제국 사회에서 증가하는 추세였고, 그 동기도 생활의 편의, 애정 등 다양할 터이다.10)

서술자는 '박'이 처한 상황을 "그들도 다 조선으로 나가고 싶었지만, 일본인 여자는 절대로 조선엘 못가고, 또 조선사람은 남아 있지 않아야만 되었으므로, 잘 해결할 수가 없었다."11)고 서술한다.12) '박'은 고민 끝에 혼자서 귀환한다. '박'이 떠난 지 1주일 후 서술자 일행 역시 귀환의 배에 오르고 풍랑을 만나 대마도에 정박하게 된다. 그 섬에서 '나'는 먼저 떠난 '박'을 만나는데, 그는 두고 온 가족들에 대한 고뇌와 번민으로 대마도에 체류하고 있었다. 여기서 대마도의 풍경에 대한 묘사는 상징적이다. 서술자 '안'은 일행들이 "여기도 조선이여!"라고 중얼거리는 소리와 함께 이곳저곳에서 눈에 띄는 소나무를 보며 "조선에 가까운 듯"한 풍경을 새롭게 자각한다. 과거 식민지제국의 지리에서 현해탄은 민족적인 차별의 표지와 식민지 백성의 비애가 드러나는 공간이었지만, 그럼에도 일본제국이라는 국민국가 내부에 있는 균질적인 공간이었다.13) 그러나 이 작품에서는 대마도가 '일본'과 '조선'의 경계

---

10) 예를 들어, 해방 직후 사할린으로부터 북해도를 거쳐 일본 열도를 관통하여 나가사키의 하리오 섬의 수용소에 도착해 한반도로의 '귀환'과 일본 사회에서의 잔류로 나뉘게 되는 조선인들의 해방기 귀환의 문제를 서사화한 이회성의 『백년 동안의 나그네』(김석희 옮김, 프레스빌, 1995)의 주인공인 '유근재' 역시 '朴'과 유사한 식민지적 질곡에 의해 일본에 체재하며 가정을 꾸렸다. 하지만, '유근재-마쓰코' 부부의 가족 구성은 강제적인 것이라기 보다 애정에 근간한 것이었다. 또는 박경리의 『토지』에 등장하는 오가다 지로와 유인실의 사랑도 픽션이지만 당대의 리얼리티와 무관한 것만은 아닐 것이다.
11) 안회남, 앞의 소설, 106쪽.
12) 이러한 진술 역시 당대의 법적 제도적 차원에서 짚어보고 넘어가야 할 문제이다. 일본인 여자들이 조선으로 귀환할 수 없는 법적 제약이 있었던 것인지, 아니면 일본인 처자를 버리는 것을 합리화하는 기제인지에 대한 판별이 필요하다.
13) 식민지 시기 이래 '현해탄'의 표상과 그에 대한 조선인, 일본인, 재일조선인들의 인

로 새롭게 발견되고 있다. 「섬」에서 대마도와 그곳에서 주저하는 '박'의 위치는 귀환의 민족 서사의 한 양상을 상징적으로 보여준다. 식민지제국에서 대마도가 '(내지)일본'과 '(외지)조선' 사이에 위치한 지리적인 중간 지대였다면, 「섬」의 서사에서 대마도는 지리적인 위치에서 뿐만 아니라 제국이 해체된 후 새롭게 형성되어 가는 국민국가 '일본'과 '조선'의 정체성의 경계를 상징한다. 대마도는 식민지제국의 난민인 '박'이 선택해야만 하는 새로 형성된 심상지리의 경계지대였다. '박'의 고민의 요체는 고향과, 일본에 버리고 온 자신의 처자식 사이에서의 고뇌이다. '박'과 서술자 '안'의 의식 속에서 귀환할 고향은 일본인 처자를 용납하지 않는 공간이다. 반대로 일본인 처자를 선택하는 순간 그것은 고향으로의 귀환을 포기하는 것이다. "창자를 끊는 슬픔과 뼈속까지 슴여드는 번민을 못이겨 냄인지 얼골이 몹시 여의고 창백"14)해져 있는 박의 고뇌는 선택의 기로에 선 경계인의 고민이다. 더마도라는 경계의 지대에서 '박'이 내린 선택은 다시 규슈로 처자를 찾아 되돌아가는 것이었으며, '박'을 뒤로 한 채 일행은 조선으로 귀환한다.

그러나 몇 달 후 서술자 '안'은 '박'을 서울의 종로에서 다시 만난다. '박'은 '안'이 궁금해 하는 것을 꺼리는 표정이 역력하다. 서술자 '안'에게 '박'은 당시의 활기와 '씩씩함'을 공유하고 있는 듯이 보인다. 서사의 전개를 통해 신생 조선의 건설이라는 활기를 공유하고 있는 '박'의 '씩씩함'이 구주에 있는 처자를 버리고 획득된 것이라는 사실을 알 수 있다. 일본인 처와 혼혈의 자식들로 표상되는 식민지제국의 기억을 버림으로써 해방된 조선의 서울 종로 복판을 활보하는 박서방의 '씩씩한 기품'은 획득될 수 있었던 것이다. 징용이라는 수난의 기억과 일본인 처자와의 결혼이 강제적이었다는 알리바이를 통해 '박'의 '조선' 민

식에 대해서는 박광현, 「'재일'문학 속의 현해탄」, 김태준 편저, 『문학지리·한국인의 심상지리』하, 논형, 2005를 참조할 것.
14) 안회남, 앞의 소설, 111쪽.

족으로의 '귀환'은 서술자 '안'에게 수긍되고 공감된다. 그 과정에서 '박'이 처자와 과거의 기억을 폭력적으로 청산하는 것은 '민족'과 '건설'이라는 시대의 슬로건에 의해 합리화될 수 있었다.

'박'의 경우는 '조선'으로의 귀환이 생활의 근거와 가족을 버려야만 가능했던 적지 않은 '조선인-일본인' 가정의 한 전형적인 사례이다. 많은 조선인들이 「섬」의 '대마도'로 상징되는 경계의 위치에서 조선으로 귀환할 것인가 일본에 잔류할 것인가를 선택해야 했다.15) 이런 의미에서 이 소설에서 묘사되는 '대마도'는 재일 조선인들의 경계인적인 위치를 보여주는 일종의 지리적인 메타포이다. '조선인-일본인' 가정이 아니더라도, 대마도의 '박'의 위치에서, 해방된 조선의 경제적 빈곤, 정치적 혼란, 분단의 진행 등 다양한 이유 때문에 귀환을 유보하고 한시적 거류를 선택한 것이 현재의 재일조선인들이다. 이런 의미에서 대마도의 '박'은 '8·15' 이후 자민족 중심의 국민국가를 형성한 일본 사회와 한국 사회 어디에도 귀속되지 못하고 난민의 위치에 놓여진 재일조선인의 삶과 위치를 예시(豫示)하는 것이라고 할 수 있다.16)

안회남의 징용 체험과 관련된 일련의 귀환소설에서 「불」은 식민지제국의 기억을 청산하고 민족과 새로운 국가 건설로 연결되는 귀환의 서

---

15) 가령 앞서 언급했던 이회성의 장편 『백년동안의 나그네』의 유근재는 하리오 섬의 오무라 수용소라는, 「섬」의 대마도와 동일한 선택의 지점에서 아내 마쓰코와 자식들과 함께 일본에 잔류하는 선택을 한다.
16) 대마도에서의 '박'의 위치, 그것은 상술한 대로 전후 일본과 해방 이후의 남북한이라는 국민국가의 경계로 수렴되지 못한 '재일'의 조선인을 상징한다. 앞서 살핀 이회성의 『백년 동안의 나그네』도 유예된 귀환, 즉 대마도라는 지리적, 정체성적 경계에 위치한 '박'의 위치에서 잔류를 선택한 재일 조선인의 문제를 다루고 있다고 할 수 있다. 최근 문제가 되었던 교토의 우토로 마을이나 양석일의 『밤을 걸고』(김성기 옮김, 태동출판사, 2001)와 현월의 『그늘의 집』(신은주·홍순애 옮김, 문학동네, 2000) 속에 그려진 밑바닥 인생을 살아가는 재일 조선인들의 집단촌 등은 재일조선인들의 '귀환'의 민족서사가 여전히 진행중임을 보여주는 사례일 것이다. 이들 작품과 텍스트에 대한 접근을 통해 한민족의 민족담론에서 배제되어온 재일 조선인의 '귀환'의 민족서사를 재구성할 수 있을 것이다. 여전히 진행중인 귀환의 민족서사를 둘러싼 문제는 추후 지면을 달리해서 고찰할 계획이다.

사를 보여준다. 이 작품은 징용을 다녀온 소설가 '나(안상)'가 소설가적 관심을 가지고 지켜본 징용 체험자 이서방에 관한 이야기이다. 이서방은 남태평양의 전선 트라크의 아비규환에서 생환한 인물이다. 그가 징용되어 간 사이 아버지와 어린 아들이 죽고, 아내는 다른 귀환자와 살림을 차려 떠나가 버리는 등 집안이 망해 흉가가 되어 버렸다. 빛과 생명, 새로운 생활을 꿈꾸며 돌아온 고향에서 이서방을 기다린 것은 귀환의 꿈과 정반대의 참담한 현실이었다. 정월 대보름날의 여러 의식과 쥐불놀이 끝에 이서방은 자신의 집을 불살라 버린다. 이서방의 이 행위는 서술자에게 "자신의 집에 불을 놓아 과거의 악몽을 쿨살라 버리고 파괴"17)한 것으로 받아들여진다. 농부 이서방이 집을 불태우는 행위는 전통적인 대보름 불놀이의 정화의식 및 망월의식과 결부되어 있으며, 서술자는 이서방의 행위에 비추어 자신의 집에 대한 소시민적인 애착을 반성하고 있다. 이서방은 과거의 식민지제국에서 비롯한 불행을 상징하는 '집'을 불사르는 정화의식을 통해 귀환의 서사를 마감하고 새로운 출발을 시작하는 제의를 치르고 있으며, 서술자는 이러한 행위를 식민지적 유산과 봉건적이고 소시민적인 의식의 청산에 바탕한 건설 의식으로 받아들이고 있다. 해방기의 귀환은 그 과정 자체가 식민지 기억과의 절연을 통해 정화된 민족주체로 신생하는 제의라고 할 수 있는데, 「불」은 이러한 정화와 제의로서의 귀환의 서사를 대표하는 소설이다. 「불」이후「폭풍의 역사」, 「농민의 비애」 등, 해방기 좌파 문학의 수작으로 평가받는 소설과 조선문학가동맹의 활동을 거쳐 월북한 안회남의 행적은『불』에서 다룬 일련의 귀환의 민족서사가 귀결되는 지점을 보여준다고 할 수 있을 것이다.

일본으로부터의 귀환을 문제삼은 엄흥섭의『귀환일기』18)는 자기동일적 주체로서의 민족과 국가가 결부되는 귀환의 민족서사를 구축한다.

---

17) 안회남,「불」,『불』, 을유문화사, 1947, 87쪽.
18) 엄흥섭,「귀환일기」,『우리文學』, 1946. 2.

「귀환일기」는 '여자정신대'로 일본에 끌려갔다 술집 작부로 전락했던 영희와 순이가 일단의 귀환자들과 함께 조선으로 귀환하는 여정을 서사화한 소설이다. '정신대'로 끌려와 근로보국이라는 명목으로 군수공장에서 혹사당하다 탈출한 영희와 순이는 가짜 형사에게 속아 술집 작부로 팔려가 매춘을 하던 중 해방을 맞는다. 순이는 아버지가 누구인지 모르는 아이를 임신한 지 9개월째인 만삭의 몸이지만, 조선으로 돌아가겠다는 일념으로 시모노세키를 향한다. 영희와 순이는 시골 간이역인 'S'역에서 스무명 남짓한 조선인 귀환자를 만나 동행하게 된다. 그 무리 안에서 대구 출신의 만삭의 중년여인과 노파 및 청년들을 알게 되고 서로 도우며 시모노세키에 도착한 후, '야미' 귀환선을 타고 조선으로 귀환하는 중에 아이를 출산한다. 귀환의 과정에서 순이 일행 사이에서 싹트는 유대감도 민족이라는 동일성을 전제로 한 것이지만[19], 특히 '건국동이'라고 명명되는 순이가 낳은 아이가 소설에서 차지하는 위치에 각별히 주목해야 한다.

    비록 몸은 천한 구렁속에 처박혀였을 망정 원수 일본인에게는 절대로 몸을 허하지 않았다. 그렇다면 뱃속에든 어린아이는 역시 **조선의 아들**이 아닌가! 해방된 조선! 독립되려는 조선에 만일 더러운 원수의 씨를 받어 가지고 도라간다면 이얼마나 큰 죄인일가! 그러나 결코 그런 붓그러운 죄는 짓지 안었다. 다만 애비를 알수없는 어린애를 배엿다는 사실만은 시집않간 처녀로서 커다란 치명상이요 불명예이나 그러나 조선사람의 씨를 바든것만은 떳떳이 자랑할만한 사실이 아닐가—[20] (강조-인용자)

---

19) 노인과 아이들, 부녀들을 '야미'배에 태우기 위해서 돈을 모으는 청년들의 행위는 특히 인상적이다. 금전을 낸다는 '주체적'인 행위를 통해 같은 조선인이라는 것을 자각하고, '조선인'이라는 '우리'를 확인하게 된다. 모금과 同鄕 혹은 '공동체' 의식의 확립에 대해서는 成田龍一, 『'故鄕'という物語』, 吉川弘文館, 1997, 136쪽을 참조할 것.
20) 엄흥섭, 앞의 소설, 10쪽.

해방기 귀환의 민족서사의 핵심에 종족적 강박이 위치하고 있음을 여실히 보여주는 진술이다. 일본인을 매춘의 대상으로 하지 않은 것을 민족적 자긍심으로 서술하면서, 순이는 자신의 아이가 조선인의 피를 공유하고 있다는 사실을 통해 윤리적인 죄의식을 탕감받는다. 순이의 독백에서 그녀가 출산한 아이는 '조선'을 아비로 하는 민족의 아들이 된다. 이러한 서사 속에서 이민족의 피가 섞이지 않는 혈족적 동일성으로 민족을 정의하고, 순혈로 이루어진 국민국가가 상상된다. 순이가 출산한 그 시간에 차가운 겨울바람이 부는 갑판 위에서 대구 출신의 중년여인 역시 출산을 한다. 이 여인은 그 아이가 일본인의 핏줄이기 때문에 아무런 애착을 가지지 않으며, 차마 바다에 버리지는 못하지만 그 아이를 거두려고도 하지 않는다. 아버지의 혈통 때문에 그 아이는 자신의 어머니에 의해서 배척되고 공동체로부터 배제된다. 배에 탄 귀환민들에 의해 그 아이는 거두어지지만, 「귀환일기」가 제시하는 귀환의 서사는 순이가 낳은 '건국동이'를 통한 순혈의 민족으로 이루어진 국민국가 수립으로 수렴된다고 할 수 있을 것이다.

3. 만주(중국)로부터의 '귀환'과 심상지리의 조정

허준의 「잔등」에는 만주 경험과 관련한 주목할 만한 인식이 보인다. 소설은 만주로부터 조선으로 귀환하는 지식인의 시선을 통해 해방 직후의 만주와 조선의 정황을 보여준다. 소설에서 서술자 '나'가 "열흘이고 스무 날이고 주을에 푸욱 잠겨서 만주의 때를 뺄 꿈"[21] 때문에 귀향의 여정을 '주을 온천' 쪽으로 잡으려 했다는 독백은 각별히 강조될 필요가 있다. '만주의 때'라는 표현은 식민지적 궁핍함 때문에 만주를

---

21) 허준, 『잔등』, 을유문화사, 1946.

유랑한 실향한 식민지인의 슬픈 과거를 상징한다. 작품에서 서술자의 만주 경험의 구체적 내용은 밝혀져 있지 않다. 그러나 만주 경험을 '때'로 치환하는 서술자는 이미 만주와 그곳에서의 경험을 잊어야하고 벗겨내야 할 오욕으로 간주하고 있다고 볼 수 있다. 더 확장해서 해석하자면, 목욕이라는 의식을 통해 벗겨야 할 이 '때'는 제국 일본을 배경으로 형성된 식민지적 정체성이다. 식민지제국의 실향민인 '나'가 귀환의 벽두에 행하고자 한 '주을 온천'에서의 목욕은 '만주의 때'로 표상되는 제국적 정체성을 벗겨내고, 새로운 국민국가인 신생 '조선'의 민족적 정체성으로 전환하는 일종의 제의인 셈이다. 소설에서 서술자 일행이 만주에서 조선으로 귀환하는 여정은 그 자체로 식민지 조선인의 생활권(life sphere)이었던 만주가 후경화되는 과정이기도 하다. 해방 이후 제국의 '신민'이 신생 조선의 '국민'으로 변형되는 과정과 지역 표상의 경계가 조정되고 조정된 경계가 자연화되는 과정은 서로 관련되어 있다. 만주의 후경화와 더불어 '만주의 때'를 벗겨버리려는 서술자의 태도에는 동아시아적 근대를 배경으로 한 트랜스내셔널(trans-national)한 만주 체험을 민족적인 기억으로 경계 조정해가는 해방기 귀환의 서사의 (무)의식이 드러나 있다고 할 수 있다.

김만선의 단편집 『압록강』[22]은 만주체험을 소재로 한 단편들과 해방 직후의 정황을 관찰하고 있는 작품들로 구성되어 있다. 특히 「귀국자」, 「한글강습회」, 「이중국적」, 「압록강」 등의 네 편의 단편은 해방 전후의 만주 풍경과 귀국의 과정, 이주민으로서의 만주국 생활을 청산하고 본토로 귀환한 귀국자가 겪는 정체성의 혼란이 연작소설처럼 그려져 있다. 우선 「이중국적」은 8·15 직후 만주의 불안한 상황과 중국인들에 의한 조선인 학살을 다루고 있는 소설이다. 중국인의 입장에서 조선인은 일본 국민이며, 혹은 침략자 일본인의 하수인이었다. 해방 직

---

[22] 김만선, 『압록강』, 동지사, 1948.

후 혼란스러운 만주에서 조선인은 일본인과 함께 중국인들의 약탈대상이 되었다.23)「이중국적」은 일본인에게는 '조센징(요보)'으로, 중국인에게는 '꺼우리팡즈'라는 경멸적 호칭으로 불리며 제국주의의 주구로 인식된 재만조선인들의 당대 위치를 증언하고 있다. 주인공 박노인은 수십년전 만주로 이주하여 농업과 거간으로 자리를 잡은 재만 조선인으로 만주사변 이전에 이미 중국인으로 귀화하였고, 만주국 건국 이후에는 중국적(中國籍)을 숨기고 만주국의 이등 국민인 '반도인'으로 살아왔다. 박노인은 식민지적 질곡에 의해 만주로 이주한 조선 유이민을 대표하는 전형적 인물이다. 만주국 건국 전에는 중국으로의 귀화를 통해 자신의 안위를 보장 받았고, 만주국 건국 이후에는 '반도인'으로 처세하면서 생활의 기반을 닦았다. 만주국에 거주했던 조선인들 스스로를 중간자적 계급으로 상상하였고, 그런 의식을 투사한 텍스트들이 존재하더라도, 만주국에서 조선인의 법적 사회적 지위는 실질적으로는 중간자가 아니었다.24) 박노인은 자신이 중국인 처와 중국적을 가지고 있다는 사실에 안도하고, 일본의 항복 후 피난간 조선인들을 비웃었으나 곧 중국 민중들과 폭도로 화한 만주국군에 의해 죽임을 당하게 된다. 박노인은 중국적을 소유한 만주국인이었고, 중국인들에게 선량하게 대했다는 자부심을 가지고 있었으며, 만주를 삶의 터전으로 생각했다. 하지만 정작 위기상황에 처했을 때 그의 동료 중국인들이 그를 대한 태도는 같은 국민이 아니라 제국주의의 대리인, 이방인 취급이었다. 박노인은 재만조선인이 처했던 사회적, 국가적 정체성의 애매함을 대표한다.

---

23) 이를테면 채만식의 유고인「소년은 자란다」에서 영호 모친이 만주인들에 의해 윤간당해 살해되는 것 역시 당대적 사실을 반영하고 있는 삽화일 것이다.

24) 한석정(「만주국과 조선과의 관계」, 『아시아문화』, 한림대학교 아시아문화연구소, 2003, 145쪽)에 따르면, 만주에서 범죄를 저지른 범죄자들은 조선으로 압송되어 재판을 받았으며, 1937년 조선인이 만주인과 동일한 권리, 의무를 향유하게 되었다는 발표와 함께 현실적으로 2중 국적자가 되었으나, 공적, 사적 부문에서는 주변적 지위에 머물렀다.

표제작이기도 한 「압록강」은 2차 세계대전 직후 귀국의 여정을 다룬 작품이다. 「이중국적」이 해방 직후의 만주상황을 통해 귀환의 동기와 전사(前史)를 그린 작품이라면, 이 소설은 실제 귀환의 여정을 다루고 있다. 이 소설에서 '대부분의 조선사람들이 만주에서 그대로 살아나갈 자신을 잃고, 생활이 불안해만 갔'[25]다는 진술은 앞서 살핀 「이중국적」의 배경이 되는 만주의 정세와 관련하여 읽어야 할 것이다. 「압록강」에서 중국인들로부터 받게 되는 생명에 대한 위협으로부터 벗어나서 독립한 조선으로 귀환하는 것은 일종의 유토피안적 전망과 함께 제시되어 있다. 작품에서 '조선'과 조선을 표상하는 '압록강'은 '지금-여기'의 척박한 만주의 현실과 대척점에 위치한다. 피난열차 상에 번진 전염병으로 아이들이 죽고, 아이를 죽인 병인 발진티프스로 인해 그 어머니인 젊은 여인도 죽자 남편이 아내의 시신을 안동 못미친 중국의 한 철교에서 강으로 던져 버리는 참극이 발생한다. 이를 자살로 오해한 피난민들의 반응은 민족으로의 귀환의 열망이 국토 및 지리와 어떻게 결부되는가를 보여준다. "제-길헐, 기왕 자살을 하려거든 압록강 추렁추렁하는 깊숙한 물속에나 빠질게지……깃것 여기까지 와서 그래 모래밭으로 떠러저 만주떼거지같은 까마구떼의 밥이 된담!"[26]이라는 승객들의 반응에는 '추렁추렁한 깊숙한' 압록강물로 표상되는 국토에 대한 강한 일체화가 담겨 있다.[27] 이 '압록강'은 귀환자들에게 황량한 '모래밭'으로 표상되는 '이곳'의 현실과 대비되며, "저강만건느면—신의주(新義州)의 땅을 밟기만하면 모든 걱정, 시름이 단숨에 날러갈상싶"[28]은 유토피아

---

25) 김만선, 앞의 책, 91쪽.
26) 김만선, 위의 책, 101쪽.
27) 「압록강」의 구절에서 느껴지는 국토의 민족주의적 신체화, 일체화의 감정은 님 웨일즈의 『아리랑』의 김산(장지락)의 진술을 연상시키는 것이다. 김산은 중국의 강물은 자살하기에는 너무 더럽다는 농담과 함께, 이제는 상투어처럼 쓰이는 '금수강산'이라는 어휘로 조선을 표상하고 있다.
28) 김만선, 위의 책, 102쪽.

적 미래로 들어가는 상징적인 관문이다. 압록강은 제국적 정체성을 씻어내고 민족의 구성원으로 공증받는 제의의 관문이기도 하다. 정체성의 변화를 보여주는 한 사례가 술에 대한 원식의 취향의 변화이다. 만주에서는 반 되쯤은 거뜬히 먹던 빼갈이 신의주에서는 구역질이 나는 역겨운 것으로 변하며, 그동안 맛이 없다고 느꼈던 막걸리를 마주치기만 하면 마시게 된다. 즐겨먹던 빼갈을 역겨워하고 막걸리를 찾게되는 원식의 행위는 만주의 기억을 씻어내고 조선적인 정체성을 획득하는 행위의 하나라고 할 것이다. 압록강이라는 제의의 공간을 통과함으로써, 서술자 '원식'은 피난열차에 승차하려는 일본인을 총독부 권력을 대체해 치안을 유지하던 새로운 행정력인 보안대원에게 고발할 수 있는 용기를 획득하고 "생전 처음으로 일본놈에게 벌을 준 가슴의 설렘"[29]을 느낄 수 있게 된다. 귀환이라는 제의, 압록강이라는 민족으로 향한 상징적 관문을 통과함으로써 원식은 민족과 건국의 주체의 자격을 획득하는 것이다.

「귀국자」는 인텔리 이주자 '혁' 일가의 만주국 경험과 귀국 후의 생활을 그린 단편이다. '혁'은 만주 신경의 신문사에 근무하다 일어를 유창하게 구사하는 아내 영애의 주선으로 만주국 관료가 되었으나 양심의 불편함으로 다시 신문사로 이직했던 인텔리이다. '혁'의 아내 영애는 만주국 시절 '도모노가이(友之會)'를 조직하여 일본인 유력자들의 부인들과 사귀고 여러 좌담 등에 참여하면서 활약했던 인물로, 해방기에는 남편에게 군정청 통역이나 관리가 되도록 종용할 정도로 세상사는 이치와 출세에 대해서 남다른 감각을 지니고 있는 처세형 인물이다. 이들 일가는 만주국 시절 일본인들이 거주하는 관사에서 살며, 그 딸 '경희'를 일본인 학교에 보냈다. '경희'는 일본어와 일본국가를 배경으로 한 교육을 통해 스스로를 일본인으로 구성한 식민지의 아이이다. 관사

---

29) 김만선, 위의 책, 106쪽.

에 살던 시절 경희는 조선인을 '여보'라 지칭하고 더러운 종족으로 명명하며 자신과 구별짓는가 하면, 조선어를 사용하는 부모를 힐난하는 아이였다. 제국의 소국민으로 자랐던 딸 '경희'는 식민지 잔재 청산을 내걸고 민족적인 정체성 형성을 강화해 가던 해방기 '서울'의 학교 분위기에 적응하지 못하며 정체성의 혼란을 겪는다.30) '혁' 역시 해방기

---

30) 「귀국자」의 서두는 상징적이다. 어린 아들 영환이 "잇데 기마쯔(다녀오겠습니다!)" 하며 나가자 '혁'은 "학교에 다녀오겠읍니다 그래!"라며 교정해 준다. 아버지의 지적에 무의식적으로 튀어나온 일본어를 교정하는 영환에 비해 일본어밖에 모르고 만주국의 가정과 학교에서 철저히 일본인이고자 했던 경희는 해방기 일본어 사용을 엄금했던 조선의 학교에 적응하지 못해 학교에 가는 것을 싫어한다. 이러한 삽화는 당대의 소설과 그 시기를 기억하는 서사들에서 어렵지 않게 발견할 수 있다. 해방기 박흥민이 쓴 「벌쟁이」(『婦人』 3호, 1946)라는 단편에는 1940년대 '식민지-제국'의 유민인 조선인들이 처해 있던 상황을 요약하는 장면이 등장한다. 국민학교에 다니는 정애는 일본말이 능숙하지 않아 급우들로부터 놀림을 받는다. 그녀가 조선어를 쓸 때마다 창씨(創氏)한 가네야마(金山) 선생은 "빠가"라고 야단치면서 그녀의 뺨을 때린다. 그로 인해 그녀는 '벌쟁이'라는 별명을 얻게 된다. 해방 후에 교코라는 여학생이 정애의 학교로 전학을 온다. 그 아이는 일본에서 나서 자랐으며 한국어를 잘하지 못하는 귀환 전재민(戰災民)의 자식이었다. 그 아이는 항상 혼자였고 정애는 이 아이가 불쌍해서 친구가 되어 주려고 한다. 정애가 교코에게 일본어로 말을 걸 때, 이제는 이름을 원래의 성인 김씨로 바꾼 가네야마 선생이 "내가 일본말을 하지 말라고 했지"라며 다시 정애의 뺨을 때린다. 일본어를 금지시키고 일본어를 쓸 때마다 뺨을 때리는 김선생은 "국어"라는 일본 제국의 제도와 이념을 그대로 유지하면서도 그 "국어" 안에서 일본어 어휘를 일소함으로써 민족적인 정신을 회복하고 새로운 정체성을 형성할 수 있다고 믿었던 해방기 담론의 핵심을 체현하고 있는 인물이다. 가네야마에서 '본래'의 김씨로 '돌아가고', '일본어'에서 '조선어'로 '귀환'함으로써 신생 조선은 건설되어야 하는 것이었다. 「귀국자」의 경희는 또 다른 '교코'이다. 이러한 삽화는 당대의 텍스트 뿐만 아니라 해방기에 유년기를 겪었던 많은 문인들이 증언하는 것이기도 하다. 박완서는 자전적 소설인 『그 많던 싱아는 누가 다 먹었을까』(웅진출판, 1992)에서 해방 전후의 기억을 그려내고 있는데, 주인공 '나'는 해방 이후 학교에 "일본어를 가르치던 국어 선생님이 그냥 우리말의 국어 선생님으로 눌러앉아 있"는 것을 이해할 수 없었다고 기억한다. 즉 8·15를 기점으로 한 해방기는, '국어'가 일본어에서 한국어(조선어)로 바뀌듯 이전과 달라진 낯선 시·공간임과 동시에 같은 학교에서 같은 선생님 밑에서 같은 학생들이 모여 공부를 하는 이전과 달라진 것이 없는 시·공간이기도 하다. 1940년대를 일련의 연속적인 관점과 미시적인 접근을 통해 그리고 있는 유종호(『나의 해방전후』, 민음사, 2004)도 해방은 '충격'이었다고 서술한다. 그것은 같은 교사의 입을 통해 어제까지 듣던 말과는 정반대의 말을 듣게 되었을 때의 충격이고, 국어라는 이름으로 일본 말을 배우던 학교에서 국어라는 이름으로 조선어를 배우게 되었을 때의 충격이다.

의 서울에서 전문학교 영어교사로 취직했지만, 사회에 적응하지 못하며 찬탁·반탁에 대한 확고한 주관도 없이 부유하는 인물로 그려진다. 그는 유약하지만 자신의 만주국 경험을 부끄러워할 만큼은 자기성찰적이다. 그는 '민전(民戰)'에서 활동하는 과거의 동료 장덕수나 찬탁지지의 서울운동장 좌파 시위에 참여하는 친구 김인수 등, 해방기의 정국에서 확고한 신념을 가지고 움직이는 사람들을 바라보면서 자신과 같은 사람은 조선에 거주할 자격이 없다고 생각한다. 그의 고민의 요체는 자신이 "진정한 의미의 조선사람이 되어야 한다는 것을 깨달았으면서도 이 무한히 바쁘고 피가 끓어야 할 순간"[31)]에 정열을 내지 못한다는 데 있다. 더 나아가 그는 스스로를 "조선인이 아니다"고 인식한다. 경희와 영환 남매의 정체성의 혼란은 그대로 '혁' 자신의 정체성의 혼란이기도 하다. '혁'은 신체적인 귀환은 이루었지만 정신적인 귀환을 완수하지 못했으며, 제국인으로서의 경험과 새롭게 요구되는 민족적인 정체성 사이에서 부유한다.

'혁'의 정체성의 혼란의 한 원인인 만주국 체험의 내용은 무엇인가. '혁'의 만주국에서의 신문사 생활과 관료 생활은 내세울 바가 아니지만, 그것이 그대로 부역의 삶이었다고만 말할 수는 없는 정황이 존재한다. 차별받는 조선인 인텔리 지식인이 만주국 안에서 느꼈을 역설적인 일말의 해방감을 '혁'은 다음과 같이 술회한다.

「내선일체」가 아닌 민족협화가 만주에서의 倭政의 구호이었을 때 「만주국」의 한개 구성민족이라고 겉으로나마 대접을 받았고 그래서 영애는 「도모노가이」(友之會)란 일종 귀족적인 부인회를 조직해 이민족과의 친선을 부르짖게 되었다. 딴 민족과의 친선이라고 하나 주동체는 日女들이라 만주여자들은 그냥 따라다니는 피동체였으며 조선사람들은 만주국에서의 조선사람들 지위가 정말 한개민족으로서의 대접을 받는 것인지 일

---

31) 김만선, 「귀국자」, 앞의 책, 29쪽.

인취급인지 도무지 분간키 어려웠듯이 조선부인네들만의 분회(分會)를 가졌으면서도 일인들의 예속적 혹은 보조적 기능밖에 발휘를 못했었다.32)

여기에는 조선인들이 만주에서 처한 사회적 위치와 인식에 대해 엿볼 수 있는 중요한 단서가 들어 있다. 혁의 진술을 통해 만주국의 '오족협화'의 슬로건이 조선인에게는 자신의 정체성을 확인할 수 있는 이데올로기였다는 사실을 알 수 있다. 조선총독부의 공식적인 정책은 '내선일체'의 추구였다. 식민지 조선은 '조선인'으로서의 정체성이 부정되는 공간이었다. 그러나 만주는 독립국을 표방했으며(일본은 만주국의 독립성을 끝없이 강조했다) 민족 사이의 협화를 강조했다. 그것은 비록 이데올로기였지만, '오족협화'라는 지배자의 이데올로기 속에서 조선인은 만주국을 구성하는 한 단위의 구성민족으로 대접을 받았으며 스스로의 정체성을 유지할 수 있었다. 이러한 사실이 만주국 생활을 미화시켜주는 것은 아니지만, 이주민인 조선인이 만주국에서 느꼈을 어느 정도의 해방감을 설명해 준다. 그러나 조선인들의 지위는 '한개 민족으로서의 대접을 받는 것인지 일인 취급인지 분간키 어려운' 상태에 있었다. 조선인들은 '선계(鮮系)'로서의 차별적 지위를 일상의 영역에서 느낄 수밖에 없었다. 혁의 처 영애는 '총후를 지키는 여성의 각오', '징병제도 실시와 여성의 의무' 등의 좌담회에서 일본인 헌병 '제등' 소좌로부터 "기무라상만치만 황민화되었다면 이런 좌담회 같은 것 열 필요도 없다"33)는 말을 들을 만큼 제국의 이데올로기에 적극적으로 협력한 인물이다. 그런 '영애'조차도 배급에서 "당신은 '선계(鮮系)'이니 좁쌀을 섞어가야 한다"는 말을 듣게 되며 차별에서 예외가 되지 못한다. 영애는 '이렇게 차별대우를 하면서 황국신민은 무엇이고 징병은 무엇이냐'고

---

32) 김만선, 앞의 책, 18쪽.
33) 김만선, 앞의 책, 22쪽.

제등 소좌를 찾아가 반발한다. 식량 배급에서 차별을 받았다는 사실도 중요하지만, 그 부당한 차별대우에 항의하는 논법, 즉 차별하면서 '황국신민은 무엇이고 징병은 무엇이냐'는 논리도 주목할 대목이다.34) 「귀국자」는 식민지제국과 만주국의 이중 국적과 조선인이라는 민족정체성이 애매하게 혼종되어 있었던 식민지 조선인의 모호한 정체성이 해방 이후 민족 국가 건설의 과정에서 정리되어 가는 과정을 '혁' 일가의 어제와 오늘을 통해 보여주는 소설이라고 할 수 있다. 서울운동장에서 밀려나오는 시위대열을 바라보면서 "목이 터지도록 만세를 불러보려고 했으나 목에서 걸려가지고서는 기회를 놓"35)친 혁이 군중의 틈으로부터 빠져 나와 향하게 될 곳은 김만선의 이후의 소설을 통해서 확인해야 할 것이다.36)

만주로부터의 귀환여정을 배경으로 귀환의 민족서사를 구축하는 소설은 이외에도 염상섭의 「해방의 아들」, 「삼팔선」 등의 작품을 꼽을

---

34) 제국의 이데올로기를 그대로 발화하면서 조선의 이익을 요구하는 논법은 식민지 지식인들의 30년대 후반기의 글들에서 어렵지 않게 찾을 수 있다. 배급의 차별에 격분한 '영애'의 발언에서 '친일'적인 인물이 당국을 격렬히 비판하는 당대의 저널리즘의 논법을 발견하게 된다. 차별하면서 '황국신민은 무엇이고 징용은 무엇이냐'고 격분하고 있는 영애의 발화는 이들 지식인들의 공식적 논설의 구어에 해당한다고 할 수 있다. 이에 대해서는 정종현(「중일전쟁과 탈식민의 환타지」, 『전쟁과 기억』상, 월인, 2005/ 「식민지 후반기(1937-1945) 한국문학에 나타난 동양론 연구」, 동국대학교 박사논문, 2005)을 참조할 것.
35) 김만선, 앞의 책, 37쪽.
36) 해방기 서울과 남한 정세에 대한 비판적이고 음울한 시선이 이 시기의 김만선의 일련의 소설에는 드러나 있다. 「노래기」, 「어떤 친구」 등 창작집 『압록강』의 나머지 소설들에서는 이러한 시선이 여실히 드러나 있으며, 「大雪」(『신천지』 1949. 2)에서는 좌익운동을 하는 일가족과 모리배와 우익 청년단원들을 대비시키며 남한 사회를 비판하고 있다. 김만선이 언제 월북했는지는 확실치 않다. 월북 후 김만선은 북한의 종군작가로 활동한다. 이 시기 작품이 「당증」(1950), 「사냥꾼」(『문학예술』 4권 5호, 1951. 8)이다. 그 이후에도 「태봉령감」(『조선문학』 1956. 12), 「폭우 속에서」(『조선문학』 1957. 11), 「서부 전선에서(종군기)」(『조선문학』 1962. 2) 등을 발표하는 등 지속적으로 창작 활동을 하고 있다. 만주국의 경험에서부터 해방기, 북한의 공산주의 문학 활동에까지 걸쳐 있는 김만선에 대한 포괄적인 고찰은 별도의 연구를 수행하고자 한다.

수 있다. 「해방의 아들」은 만주국에서 신의주로 옮겨온 홍규 일가와 그들의 보살핌으로 일본인 마쓰다에서 조준식이라는 민족의 구성원으로 새로운 삶을 시작하는 식민지 혼혈아의 정체성 회복을 통해 해방의 의미를 천착하는 작품이다. 「삼팔선」은 한 일가가 안동에서 신의주를 거쳐 사리원으로 내려온 후 사리원에서 삼팔선을 넘어 개성으로 넘어오는 과정을 그린 작품이다. 작품은 만주에서부터 삼팔선을 넘어 남한으로 내려온 피난민의 귀향의 어려움과 해방 직후의 혼란한 세태와 외세의 개입을 비판적으로 응시하고 있다. 이외에도 염상섭은 「모략」, 「엉덩이에 남은 발자국」, 「이합」, 「재회」, 「두파산」, 「양과자갑」 등의 단편과, 장편 『효풍』[37] 등을 통해 해방 직후의 만주와 남/북조선의 정황, 식민주의의 잔재와 새로운 국가 건설을 둘러싼 갈등, 신식민주의의 대두 등의 당대 정황을 묘파하고 있다. 특히, 『효풍』은 국민국가의 심상지리와 관련하여 주목할 만한 텍스트이다. 해방기 풍속과 정황에 대한 뛰어난 보고서인 이 소설에 대한 본격적인 연구가 있어야 할 터이지만, 이 글의 관심에 국한해서 말하자면 주인공의 월북의 시도가 3·8선에서 막혀 되돌아오는 상황에 주목해야 한다. 『효풍』의 사건이 일어나는 배경과 인물들의 동선이 펼쳐지는 지리는 남한(Republic of Korea)의 경계에 정확하게 대응된다. 이 소설에서는 3·8선이 국경으로 자리잡고, 소설을 통해 독자가 떠올릴 수 있는 심상지리의 경계가 남한으로 국한되는 상황, 현재 한국(남한)문학의 심상지리의 경계가 형성되고 고착되는 순간을 포착하고 있다고 할 수 있다.

---

37) 1948년 『자유신문』에 연재되었으며, 김재용이 해제하여 단행본(『효풍』, 실천문학사, 1998)으로 출간하였다.

4. 지속되는 귀환과 국민국가 심상지리의 고정화

 귀환의 민족 서사에서 공통되는 구조는 '지금-여기'를 결핍과 고통의 공간으로 제시하고 해방된 '고향', '고국'을 빛과 삶의 유토피안적 공간으로 설정하는 것이다. 귀환의 서사는 '지금-여기'의 각박한 현실로부터 식민지적 질곡이 거세된 유토피안적 '고향'으로 귀환한다는 의식을 공유한다. 채만식의 유고 「소년은 자란다」는 전형적인 이항대립이 나타나 있는 사례이다.

 (A)
 그 빠른 기차로도 사흘이나 오는, 이 만리 타국, 일컬어 호지라는 북간도 구석에서, 동네를 온통 울타리로 둘러 막고, 주야로 경비를 하여야 하는 불안한 땅에서, 강냉이 조밥으로 창자를 채우면서, 살이 어는 무서운 추위에 떨면서, 그러면서 한편으로는, 이곳까지 뒤쫓아 온 왜사람들에게 시달리고, 만주사람들에게 시달리고 하면서, 산다느니 보다도, 죽지 못해 살아 있는, 시방의 이 형편에다 비하여 그 얼마나 호강이며 팔짜 편한 세상이겠느냔 말이었었다.

 (B)
 산 좋고, 물 좋은 고국. 농사 하기 꼬옥 알맞은 고국. 건 땅에 벼농사 지어, 기름 자르르 흐르는 입쌀밥 먹으면서 딱따거리고 따귀 올려붙이는 순사 꼴 아니 보면서 농사 한것을 송두리째 뺏아가는 공출, 물론 없을 것이매 또한 면소로 주재소로 붙들려 다닐 염려 없을 터. 자식을 공부 시키기 좋고 일가와 친척이 있고 선산이 있고 죽으면 고향 땅에 묻히고 줄이고 줄여 잡아도, 이렇게는 살수가 있는 고국이었다.[38]

 (A)로부터 (B)로의 이동은 해방기 귀환 서사의 기본구조이며, 이때 (B)는 유토피아로 설정된다. 그러나 이러한 환상은 현실에 직면하며 곧

---

38) 채만식, 「소년은 자란다」, 『월간문학』, 1972. 9, 48쪽.

깨어진다. 영호에게 고향으로의 귀환은 '어머니의 죽음', '아버지와의 이산', '빈곤'과 결부된 것이다. 만주 '대이수구' 민족학교의 교사로 귀환을 열렬히 주장하고 권했던 오선생이 귀환한 고국의 현실에 절망하며 다시 한번 해방이 되어야 한다고 말하는 데서도 알 수 있듯이, 해방은 온전한 것이 아니었으며 해방된 조선에서 귀환자들은 타자일 뿐이었다. 귀환전재민인 소년 영호가 바라본 해방기의 조선사회는 유토피안적 전망과는 무관하다. 그곳에서 귀환전재민들은 자기동일적인 주체로서의 민족의 주변으로 밀려난 위치에 있었다. 영호는 혼란한 세상에서 처세를 통해 치부한 해방기 조선사회의 인간 군상과 귀환한 자신들을 대비시키며, "우리는 <u>거기</u>서 살 때, 언젠가 고국에서 사람들이 찾아온 것을, 퍽도 반가와 하면서, 세상에 없는 손님으로 맞이하여, 알뜰히들 대접을 하고 하였건만"39)이라고 술회한다. 소년 영호는 일가가 단란하게 살았던 '거기'를 오히려 고향으로 인식한다. 영호에게 해방은 "타국으로 흘러가서, 간신히 의지하고 살던 집과, 농사하던 땅이며, 농사 진 곡식, 애탄개탄 장만한 세간과, 더러는 어머니까지도, 해방은 우리에게서 뺏은 것이 아닌가? 그리고서 준 것은, 압제 없는 살기와, 살 집과 농사할 땅과의 대신에, 입었던 옷을 누더기를 만들게 한 것과 석탄 부스러기와, 밀가루와, 쓰러져가는 저 알량한 집과, 이것이 아닌가?"40)라고 기존의 생활과 가족을 빼앗은 사건으로 받아들여진다. 애초부터 귀환할 곳이 없었던 오윤서 일가는 전라도 땅 어디에서든 농사를 지으며 살아갈 생각으로 내릴 역도 정하지 못한 채 목포까지 가는 열차표를 쥐고 정처없는 출발을 한다. 대전에서 혼란한 와중에 아버지와 헤어지게 되는 영호, 영자 남매의 삽화는 해방기의 귀환의 서사의 한 양상을 대변한다. 영호 일가에게 애초부터 귀환할 고향은 존재하지 않았으며, 막연한 유토피아적 전망과 함께 귀환의 목적지로 삼았던 조선 반도

---

39) 채만식, 위의 소설, 75쪽.
40) 채만식, 위의 소설, 120쪽.

에 도착해서도 그들 일가의 귀환은 끝나지 않았다. 오윤서 일가의 귀환은 여전히 진행중이다. 이 소설은 결국 영호라는 소년의 성장 이야기로 이어질 터인데, 귀환의 민족서사의 맥락에서 보자면, 영호는 아버지 윤서와는 달리 새로운 국민국가의 주체로서 성장하게 될 미래가 예비되어 있다고 하겠다.

「소년은 자란다」 외에도 귀환전재민의 위치에서 해방기 조선사회의 혼란한 사회상을 묘사한 작가들로 엄흥섭, 계용묵 등을 들 수 있다. 엄흥섭의 「집 없는 사람들」41)도 중국으로부터 인천에 돌아온 귀환전재민을 소재로 한 소설이다. 작품은 중국 천진서 배를 타고 인천으로 귀환한 귀환전재민이 그곳에서 겪는 해방기의 음울한 현실을 묘사하고 있다. 특히 추운 겨울에 살 집이 없어 남의 처마 밑에서 지내거나, 식민지 시기 파놓은 방공호에서 거주하는 귀환민들의 상황이 그려져 있다. 이 작품에서는 전재민의 처지와 모리배의 처세가 대비된다. 이러한 소설의 묘사 속에서는 운명을 함께하는 공동체로서의 민족이라는 일체감은 존재하지 않는다. 기민한 처세와 모리를 하는 '그들' 혹은 정주민들과 귀환전재민으로 그러한 처세를 할 수 없는 '우리'가 날카롭게 구분되고 있다. 계용묵의 「별을 헨다」42)에서도 같은 귀환민이면서도 적산가옥을 무단으로 점유하고, 귀환민의 옷가지와 세간 등을 수완좋게 헐 값으로 사들여 치부하는 인물을 제시하며, 해방기의 다양한 인간군상들의 처세를 보여준다. 주인공은 이러한 처세에 능하지 못하며, 다른 이의 곤경을 이용해 치부할 생각도 없이 고향인 이북을 향해 출발하였다가 이북에서 이남으로 오는 친지를 만나 자신이 돌아갈 곳이 없음을 확인하는 쓸쓸함 속에서 소설이 끝나고 있다.43)

---

41) 엄흥섭, 「집 없는 사람들」, 『백민』, 1947. 5.
42) 계용묵, 「별을 헨다」, 「동아일보」, 1946. 12; 『계용묵전집』1, 민음사, 2004.
43) 이외에도, 홍구범의 「봄이 오면」(1947. 5), 최태응의 「집」(1947. 8~9), 손소희의 「회심」(1948. 5), 유주현의 「煩擾의 거리」(1948. 10), 안수길의 「여수」(1949. 5), 김광주의 「惡夜」(1950. 2), 장덕조의 「삼십년」(1950. 2) 등 『백민』지 소재의 일련의 소설들

지리적 귀환 이후의 삶을 소재로 한 이들 귀환소설에는 해방기 조선의 인플레와 불안한 정치 상황 등에서 비롯한 우울과 불안이 그려져 있다. 귀환전재민들은 귀환한 한반도 안에서 직면하게 되는 정치적 혼란과 궁핍함, 그리고 정처없는 떠돎을 통해 그들이 유토피아적 전망 속에서 찾아온 고향과 고국이 귀환의 종착지가 아니었다는 사실을 깨닫는다. 그들의 귀환은 종결된 것이 아니고 여전히 지속되고 있는 것이다. 해방된 조선의 암울한 현실과 혼란, 궁핍을 피해 원래의 삶의 터전으로 되돌아가는 사람들도 생긴다. 중도 합작파인 언론인 오기영이 『신천지』의 고정 칼럼 「三面佛」에서 "해방의 고국으로 돌아오기를 원치 아니하는 재외동포의 수가 무려 수십만"이었으며 그 이유가 "이 땅에 온대야 즐거움보다는 슬픔이 앞서고 평안함보다는 고생스러움이 더할 것을 알기 때문"44)이라고 서술하고 있듯이, 해방기를 감격의 시대, 기쁨의 귀환으로만 기억하는 것은 후대의 선입견이다. 이 칼럼의 뒷부분에서 오기영은 당대 신문을 인용하며 한번 돌아왔던 전재동포들이 밀항선을 타고 다시 '왜지(倭地)'로 나가는 사례가 무수하다고 증언하고 있다. 더욱 눈여겨 봐야 할 것은 이들 귀환 동포들에 대한 주택, 노동, 식량 대책이 전무한 위정 당국이 밀항해서 되돌아가는 사람들을 다시 끌어오고 있다는 진술일 것이다.45)

에도 귀환전재민이 귀환한 한반도에서 느끼는 기아와 궁핍의 실상과 주변인으로서의 위치가 묘사되어 있다. 또한 곽하신의 「停車場廣場」(『신천지』 1947. 7)에서는 기아와 궁핍의 전재민들이 현실의 모순에 맞서 집단행동으로 나아가는 면모를 묘사하고 있다.
44) 오기영, 「三面佛」, 『신천지』 1권 9호, 1946. 10, 6쪽.
45) 황순원의 「담배 한대 피울 동안」(『신천지』 2권 6호, 1947. 7)에는 고국을 찾아온 귀환전재민이 거리의 여자로 전락, 밀항하다가 잡혀서 처벌받는 상황이 묘사되는데 이것은 더 이상 사람들의 흥미를 끌지도 못할 만큼 일상화된 사회면 기사였다고 진술되고 있다. 앞서 언급한 이회성의 『백년 동안의 나그네』를 통해서도 이 같은 사실을 확인할 수 있다. 오무라 수용소에는 귀환 후 다시 밀항하여 일본으로 돌아오다 적발된 사람들이 강제 송환을 위해 대기하고 있었다. 또한, 귀환선을 타고 부산을 오가며 장사를 하는 재일 거류민들의 언급을 통해 해방기 조선의 혼란상과 궁핍함 때문에 돌아가지 않고 일본의 물품을 조선에 밀무역하고 있는 당대의 정황도 보고

해방기의 혼란과 귀환전재민의 궁핍한 삶을 다루고 있는 많은 서사들이 여전히 완결되지 않은 귀환을 증거한다면, 김동리의 「혈거부족」46)은 귀환의 서사가 대한민국(Republic of Korea)이라는 '남한 민족'의 창출과 국민국가로 귀착되는 과정을 상징적으로 보여주는 텍스트이다. 이 소설의 배경은 해방 직후의 삼선교와 돈암동 사이의 그릉에 있는 방공호에서 살고 있는 10가구로 이루어진 혈거부락이다. 간주에서 귀환하다가 남편을 잃은 순녀와 옥희 모녀, 진주한 소련군과 새로 등장한 북한 정권에 등을 돌리고 월남한 황생원 일가, 사연은 밝혀져 있지 않지만 충청도 논산 출신으로 굴이 무너져 죽은 4번굴의 일가, 반지빠른 처세에 얼치기 공산주의 사상을 설파하는 윤씨 등, 10기의 방공굴에 살고 있는 사람들의 면면은 식민지제국의 붕괴 이후 난민의 상태에서 새롭게 공동체를 구성해가는 민족 구성원을 상징한다. 이 중 이 서사의 핵심 인물인 순녀와 황생원 모자가 귀환전재민이라는 사실에 주목해야 한다. 순녀는 만주로부터 귀환하여 이 혈거부족에 안착한 사람이고, 황생원 모자는 3·8선을 넘어 월남한 이력에서 알 수 있듯이, 미소의 분단점령으로 한반도 내에서 발생한 귀환전재민이다. 확장해서 해석하자면 식민지제국 질서가 붕괴된 후 새로운 민족국가가 서지 않은 해방기 조선 민족 전체가 귀환전재민, 즉 난민의 위치에 있었다고 할 수 있다. 혈거부족이라는 명명은 한반도 안과 밖의 각지에서 모여 새롭게 민족적 공동체를 구성해가는 당대의 해방기 한국 사회의 자기동일적 주체 정립에 대한 열망을 나타낸다.

　새로운 자기동일적 주체인 혈거부족을 통해 상상되는 민족적 정체성은 무엇인가. 김동리는 혈거부족을 묘사하면서 자기동일적 주체인 민족의 경계와 그 범주를 재조정하고 있다. 우선 이 혈거부족에서 '북한'이 제거되고 있는 방식에 주목해야 한다. "원숫놈에 병덩들과 도둑놈

하고 있다.
46) 김동리, 「穴居部族」, 『백민』, 1947. 3.

들"47)에게 욕을 보고 대동강에 투신해 죽은 결곡한 성품의 황생원 전처의 삽화를 묘사하면서 3·8선 이북의 북한 사회는 '원수'로 표상되며 원경화된다. 이를 통해 북한에 진주한 소련군과 북한 당국은 민족이라는 동일자로부터 삭제된다. 김동리는 북한 사회의 원경화와 함께 좌익과 공산주의 사상도 민족적 삶의 원형질과 정서로부터 배제하고 있다. 2번 굴에서 살고 있는 윤가는 반지빠르고 처세에 능한 인물이자 얼치기 공산주의자로 묘사된다. 그는 순박한 성품을 지닌 황생원과 그 어머니인 노파, 남편의 유골을 소중히 여기는 순녀 등 "남쪽이든 북쪽이든 사람사는 정은 어디든 다르지 않다"48)고 설명되며 구축되는 보편적인 인간상, 즉 '십만년·백만년 전'의 조상적부터 이어져 오는 것으로 감각화되는 인간의 보편적인 정서와 민족의 원형질에 배치되는 인물로 설정된다. 윤가는 혈거부족에서 가장 식자가 든 인물이며 공산주의 사상을 뇌까리는 인물로 설정된다. 그는 순녀를 겁탈하려다가 실패하고 혈거부족에서 축출되는데, 이 와중에도 자신의 방공굴을 7백원의 돈을 받고 파는 능란한 수완을 보인다. 작가는 황생원 모자와 순녀 등을 통해 혈거부족의 순량한 인간상을 백만년 전부터 내려오는 변하지 않는 민족됨과 인간성을 공유한 것으로 주조해 낸 후, 순녀를 강간하려 하고 방공호를 팔아넘기는 윤씨의 행태를 공산주의 사상과 결부시켜 대비시킴으로써 혈거부족 내에서 축출하여 민족이라는 동일자의 범주를 새롭게 조정한다. 공산주의와 좌익사상을 민족 고유의 정서와 인간됨, 나아가 보편적인 인간상의 대척점으로 제시함으로써, 혈거부족이라는 새로운 민족의 표상에서 작가는 북한과 함께 공산주의를 타자화하고 있다.

    북한과 공산주의의 타자화와 함께 새롭게 구성되는 자기동일적 주체로서의 민족이 만드는 국민국가의 실체란 무엇인가. 노파와 순녀가 미군정하의 입법의원 설치를 독립으로 오해하고 기뻐했다가 실망하는 결

---

47) 김동리, 앞의 소설, 40쪽.
48) 김동리, 위의 소설, 44쪽.

말의 삽화에서 순진무구한 마음으로 독립에 열광하는 순녀와 노파를 내세워 작가가 주장하고자 하는 것은 결국 이 순수한 인간의 정을 지닌 혈거부족의 동일자가 남한 민족을 뜻하며, 대한민국(ROK)이라는 남한 단정의 국민국가로 실체화할 것임을 암시하고 있다. 이를 종합해 볼 때 「혈거부족」이 주조하는 귀환의 민족서사는 남한이라는 국민국가 건설로 수렴된다고 할 수 있다.

5. 남는 문제들

지금까지 해방기 '조선' 사회에서 이루어진 귀환의 양상을 다룬 소설을 검토하면서 국민국가의 형성, 새로운 정체성의 구성, 소설에서의 심상지리의 축소 과정 등을 살펴보았다. 본론의 논의 중 2, 3장에서는 식민질서가 와해된 혁명적 상황 하에서 귀환과 민족, 국가 건설, 자기 정체성 형성을 연결짓고 있는 서사들을 분석대상으로 하였다면, 4장에서는 귀환이 남한의 반공주의적 국민국가의 수립으로 귀결되는 텍스트를 중심으로 분석하였다. 2, 3, 4장에서 거론한 안회남, 엄흥섭, 허준, 김만선, 염상섭, 채만식, 김동리 등의 이념적인 스펙트럼은 좌와 우에 폭넓게 걸쳐 있다. 이들 작가들의 작품에 나타난 귀환의 궤적이 남북한 국가로 귀결되는 과정은 그 각각이 구체적으로 추적되어야 할 것이지만 본 연구에서는 이를 섬세하게 변별하면서 논의하지 못했다는 사실을 밝혀둔다. 이외에도 본 연구에서 검토하지 못한 과제 한 두 가지를 제시하고 글을 마무리 하고자 한다.

해방기 귀환의 서사는 완결된 것이 아니라 현재까지도 여전히 지속되고 있다고 할 수 있다. 온전한 국민국가의 건설을 해방기 귀환의 서사의 궁극적인 귀착지라고 할 때, 남북한의 분단과 재일·재중조선인 등의 존재는 민족국가로의 귀환이 여전히 유예·지속되고 있는 상황을 방증하는 것이다. 본론에서 해방기에 이루어진 월남과 월북을 한반도 내에서 지속된 귀환의 사례로 간략히 언급했거니와, 이외에도 1950년대 이후 재일동포 사회에서 일어났던 북송운동, 한국전쟁 이후의 실향민과 고향 의식 등은 모두 지속되는 귀환 서사의 범주 안에서 검토할 수 있는 대상이다.

또 하나의 향후 과제는 귀환의 민족서사에 대한 동아시아적 비교 연구이다. 일본의 패전에 의해 동아시아 질서가 와해되면서, 식민지제국을 구성하던 식민자와 피식민자 모두가 새롭게 형성될 민족국가를 기대하며 귀환하였다. 제국의 해체는 일본과 조선뿐만 아니라 대만, 오키나와(류큐)인들에게 새로운 질서를 예감케 하는 것이었다. 이들 각각의 귀환의 양상과 그 결과는 각기 다르다. 가령 일본에서는 '패전' 이후의 귀환의 여정을 서사화한 많은 기록들이 존재하며, 연구자들도 이를 '인양(引揚)'이라고 범주화하여 연구해 오고 있다. 그러나 '인양'이라는 용어에서 알 수 있듯이, 그것은 '패전'과 '고통'이 강조되는 서사였다. 8·15 이후 일본인들이 기록했던 귀환의 서사는 주로 '비참한 귀환의 체험'과 여정이 주를 이루며, 그 고통의 서사를 통해 '피해자의 상'이 주조되곤 한다.[49]

조선인과 일본인의 귀환의 서사는 귀환이라는 유사성 때문에 같은 범주로 취급되기 쉽다. 귀환의 여정 자체가 새로운 정체성을 형성하는 일종의 제의라고 할 수 있는데, 특히 조선인들의 귀환은 스스로를 '조선인'으로 공증받는 행위이기도 했다. 조선으로 귀환하는 것은 민족이라는 주체에 참여하는 정치적인 행위였다. 해방 이후 식민지제국 시절 개인의 욕망과 경제적인 이해에 따른 이주와 이동도 모두 식민지적 현

---

[49] 패전 후의 '인양'의 서사를 고향 이야기와 결부시켜 설명하고 있는 연구물로 나리타 류이치의 「고향이라는 이야기·再說」(동국대학교 한국문학연구소 국제학술회의 근대의 문화지리-'고향'의 창조와 재발견, 2006. 2. 18)과 이 발표 원고를 수정 게재한 논문인 「'고향'이라는 이야기·再說」을 참조하였다.

실에 의한 수난의 기억으로 단일화·서사화되었다. 이에 비해 일본인들의 일본인됨에 대한 심각한 의문은 제기되지 않았다. 과거의 제국과 일본 열도로 국한된 '8·15' 이후의 국민국가 일본은 분명 다른 것이지만, 일본인들에게는 자신이 일본인이라는 사실을 증명할 필요가 없었다. 이처럼 일본과 조선의 귀환의 서사는 '8·15' 이후 새롭게 형성되는 국민국가로의 귀환이라는 측면에서는 공통점을 가지고 있었지만, 그 귀환의 의미는 크게 다른 것이었다. 이른 시기 식민지로 편입되었다가 이후 미군에게 점령된 오키나와의 경우와 국민당군의 진주로 새로운 국가를 형성한 대만의 경험은 한국과 일본의 귀환의 서사와는 그 양상을 달리하는 또 다른 경우일 것이다. 조선인, 일본인, 대만인, 오키나와인 등 동아시아의 각 주체들의 귀환의 서사를 비교할 수 있는 시각을 확보하면서 각 주체들의 존재에 대한 자각의 양상을 국제적 관점에서 구명하는 작업들이 이어져야 할 것이다.

(『비교문학 40집』, 2006.)

유아사 가쓰에 문학에 나타난
식민2세의 '고향'

박 광 현

1. 조선(인) 소재 문학과 유아사 가쓰에(湯淺克衛)

근대 일본은 '내국 식민지'라 일컬어지는 홋카이도나 오키나와를 비롯해, 열도를 벗어나 '전방위에 걸친 집약적인 방사형의 식민지 제국'[1]을 형성하고 있었다. 일본의 근대문학사는 그런 역사적 배경을 바탕으로 존재하고 있다고 해도 과언이 아닐 것이다. 당시 작가들이 '국어'로 표상한 식민지 경험은 곧 '국어'의 경험이자 '국민'의 경험인 것이다.

다카하마 교시(高浜虛子)는 '한일합방' 직후 발표한 『조선(朝鮮)』에서 '제국의 판도(지도)' 즉 제국 풍경 속의 조선과 조선인을 묘사하고 있는데, 그 중에 이런 구절이 있다. "가옥은 모두 일본풍으로, 점포에 있는 사람도 일본인이었다". 다카하마(혹은 당시 일본의 근대 지식인)에게 조선에 대한 '동정'이라는 휴머니즘은 '소멸'과 '생성'이 교차하는 지점에서 이뤄진 심상의 표현이다. 다카하마는 그 작품에서 '묘한 비애의 목소리'로 아리랑을 흉내 내어 부르며 이 노래가 '망국의 노래'라고 소개한 인물을 등장시키고 있다. 그렇게 다카하시는 일본의 것 혹은 일본적인

---

1) 姜尙中, 『オリエンタリズムの彼方へ』, 岩波書店, 1996, 86쪽.

것을 '드러나는 것'(생성)으로 표현하여, 일본풍의 점포 앞을 방황하는 조선 노동자나 화재로 사라지는 작은 조선 초가 등 '소멸하는 것'에 대한 '동정'을 극대화하고 있다. 결국 쇠망한 피정복자를 애민하는 동정과 동시에 근대적 모습으로 조선을 변모시킨 일본 근대의 위대한 힘을 찬미하는 폭력성을 그려내며 글을 맺고 있다. 다카하마는 '소멸에 대한 동정'과 '생성에 대한 찬미'의 이율배반을 동시에 표현함으로써 당시 일본 지식인의 자기도취적인 면을 단적으로 보여주고 있다.

'한일합방' 전후에 발표된 도쿠토미 소호(德富蘇峰)의 『평양에서 의주(平壤より義州)』(1906), 나쓰메 소세키(夏目漱石)의 『만한의 곳곳(滿韓ところどころ)』(1909), 다야마 가타이(田山花袋)의 『만조의 행락(滿朝の行樂)』이나 다니자키 쥰이치로(谷崎潤一郎)의 『조선잡감(朝鮮雜感)』(1918) 등도 다카하마의 『조선』에 대한 지적과 같이 근대 여행자들(투리즘tourism)의 시선의 폭력성에 대한 비판으로부터 자유로울 수 없다. 그들의 시선은 근대의 상징물인 철도를 따라 일본이 실어 나른 근대성과 식민성의 풍경으로 향해 있다. 그리고 그 구체적인 '곳곳', 주로 일본인='국민'의 거주지 풍경을 통해 조선은 '국민'이 공유해야 할 대상의 장소로 그려졌다. '이역'인 동시에 새로운 '국민의 장소'라는 모순으로 형용된 조선이 '국어'를 통해 일본 본국='내지'에서 전달되었던 것이다.

그러한 작가들의 조선 체험에 기초한 여행기 이후에, 조선을 배경으로 한 소설이 등장하는 데는 더 많은 시간과 '제국' 의식의 축적이 필요하였다. 일반적으로 소설의 장르적 특성상 여행기보다는 더 깊고 복잡한 인간관계나 일상의 경험이 필요하기 때문이다.[2]

1930년대 후반에 들어서 일본문단에서는 '외지(인)'을 소재로 한 장

---

[2] 이부세 마스지(井伏鱒二)의 작품 「조선의 구원사(朝鮮の久遠寺)」(1940)와 같이 예외적인 작품도 있지만, 대개 조선 소재의 소설은 개인적인 조선 체험을 배경으로 하고 있다. 그러나 예외적인 이부세의 작품도 제국시대의 말기에 이미 '국민'적으로 공유된 장소에 대한 '국민'적 경험을 바탕으로 쓰여진 것이라는 점을 간과해서는 안 될 것이다.

르, 즉 당시 흔히 '외지문학'이라 불리던 장르가 주목받기 시작하였다. 가와무라 미나토(川村湊)는 1935년에 기쿠치 간(菊地寬)이 제정한 아쿠타가와(芥川)상과 수상 작품의 관계를 밝히며, 그 상이 '외지문학의 흥융(興隆)'에 크게 공헌하였다고 지적하였다.3) 남미 이민을 테마로 이민자의 군상을 그린 이시카와 다쓰조(石川達三)의 「창민(蒼氓民)」이 제1회 수상작이었던 것을 필두로, 조선, 타이완, 만주 등을 공간적 배경으로 하거나 그 지역민='외지인'을 주인공으로 씌어진 작품들이 다수 그 상을 수상하였다. 1940년대에 접어들어서 후보작에 그치긴 했으나 김사량의 「빛 속으로(光の中に)」(제10회)나, 조선에서 발행된 『국민문학』(1943, 2)에 실려 제19회 수상작으로 선정되었던 오비 쥬조(小尾十三)의 「등반(登攀)」(제19회)은 조선과 직접적인 관련이 있는 작품이다.

일본문단이 외부로 눈을 돌려 관심을 갖기 시작한 1930년대 후반에야 비로소 '외지' 출신의 작가들이 문단의 정면에 등장하며, 그들은 식민지를 '고향'으로 여기고 살아가는 정주자(생활자)의 시선에서 이른바 '외지문학'을 양산하였다. 어찌 보면 그것은 4반세기 동안의 축적된 식민통치의 성과라고 할 수 있을지 모른다. 그 가운데는 "산천초목이 다른 이역에서 그 다른 곳의 지리인정(地理人情)에 정통(精通)하고, 그 토지의 취미를 느낀"4) 생활자가 갖는 이향의 취미뿐만 아니라, 유아사 가쓰에(1910~1982)가 '조선에서 자란 우리들이(조선에 관해서는-필자 주) 가장 잘 안다'고 한 것과 같은 식민자(colon)의 시선에서 식민지의 문제를 다룬 작품들이 주를 이루고 있다.

특히, 그런 문학사적 배경 가운데서도 유아사는 흔치 않은 예의 식민자(colon) 2세 작가라고 할 수 있다. 유아사 소설의 특징은 식민지라는 근대국가의 시스템 안에서 대립적으로 존재하는 자아와 타자 사이의 문화적 차이가 '혼재(混在)'된 시대상을 잘 반영한 점에 있다. 또한 오늘

---

3) 川村湊, 「異鄕の昭和文學」, 岩波書店, 1990, 140쪽.
4) 西村眞太郎, 「序」, 『朝鮮の俤』, 朝鮮警察協會, 1923, 1쪽.

날에도 민족을 규정하는 중요한 기준이기도 한 언어, 혈통, 주체와 장소 등의 문제들을 통해 당시 유아사는 자신의 문학적 주제를 구축해 갔다.

유아사의 소설이 그보다 앞서 씌어진 다른 작가의 조선(인) 소재의 작품들과 크게 차이를 보이는 점은 바로 의사소통(언어)의 문제이다. 누구보다 이른 시기에 조선 소재의 소설을 쓰기 시작한 나카니시 이노스케(中西伊之助)의 경우를 보자.『적토에 싹트는 것(赫土に芽ぐむもの)』(1922)은 주인공 마키시마(填島)가 이질적인 공간(=조선)으로 향하는 장면으로부터 시작한다. 그것은 단지 공간의 이질성뿐만 아니라, 그 공간에 대한 자신의 이방인성을 확인하는 절차이기도 하다. 또한『불령선인(不逞鮮人)』(1922)이나 조선인이 주로 등장하는『너희들의 배후에서(汝等の背後より)』(1923)에서도 조선인과 일본인 사이의 대화는 주로 '통역'을 통해서 이뤄진다.5) 조선인과 일본인 사이의 직접적인 의사소통의 곤란은 그 자체로 둘 관계의 이질성을 상징한다.

그러나 1930년 이후에는 일본어를 자유자재로 구사하는 조선인을 주로 등장시킴으로써, 서로간의 인식의 소통과 공유가 용이하도록 그려진다. 설령 어눌한 일본어를 구사하는 조선인을 등장시킨 경우, 그것은 이질적 성격으로 묘사되기보다 식민정책의 과(過)로 판단하곤 한다(유아사의 작품 중「심전개발(心田開發)」). 이미 언어의 소통문제가 민족관계를 전형화하는 기준일 수 없는 시점에서 작품들이 창작되기 시작한다. 그가 작가로서 데뷔한 시대는 "내지인은 조선어라고 생각하고 무의식적으로 사용하고 있는 말에 조선어와 국어의 중간어(中間語)가 많다"6)는 어느 검열관의 말처럼, 4반세기 동안의 식민정책에 의해 식민자들의 의식을

---

5)『汝等の背後より』는 伊藤永之介의「万宝山」(1931)과 함께 보기 드물게 조선인만이 등장하는 소설로, 다른 작가들의 작품과 변별적인 차이를 지니고 있다는 점에 주목할 필요가 있다.
6) 西村眞太郎, 앞의 책, 1쪽.

지배하는 언어마저도 이미 '혼재'되어 있던 때였다. 당시 유아사와 같은 식민 2세들의 문학에 나타나는 '혼재성'은 그들의 문학을 읽은 데 중요한 출발점이라고 할 수 있다.

2. 유아사 가쓰에와 단편「간난이」

이제까지 유아사 문학은 '일본근대문학에 나타난 조선(인)상'[7]이라는 테마의 범주에서 주로 연구되어 왔다. 그 가운데 그의 조선(인)의 묘사에 관한 윤리성의 문제가 자주 언급되었다. 그것은 작가 개인의 정치적 태도를 평가한다는 측면에서 그 가치를 인정할 수 있을지 모르나, 유아사가 식민 2세 작가로서 그의 문학에서 보여준 존재의식이 다른 작가들과는 어떤 변별적인 면을 지니고 있는가를 밝히는 데는 방법적으로 역부족인 측면이 있다.

유아사의 문학에 관한 그 같은 종래의 연구 경향에는 단편소설「간난이(カンナニ)」의 존재가 대단히 큰 비중을 차지한다. 박춘일은「간난이」(정확히 말하자면 전후 유아사 스스로가 복원한「간난이」)가 한국인(특히 '재일' 조선인)에게 많이 읽혔던 이유는 이 작품이 지닌 '리얼리티'와 '시적 형상화'의 매력 때문이라고 지적하였다.[8] 박춘일은「간난이」와 대조적인 그 이후의 작품들에 대해서는 '일본의 조선지배를 긍정한 지점까지 전락한 사실을『반도의 아침(半島の朝)』등에서 여실히 보여주고 있다'[9]고 비판하였다. 일찍이 김달수가 일본문학계에 '일본문학 속

---

[7] 그런 연구에 대한 기존 연구로는, 그 방면에 선구적인 김달수의「日本文學のなかの朝鮮人」(『文學』27~1, 1959. 1)을 비롯하여, 박춘일의『近代日本文學における朝鮮像』(1969년, 1985년 증보판, 未來社), 鶴見俊輔의「朝鮮人の登場する小說」(『文學理論の研究』, 岩波書店, 1976), 高崎隆治의『文學のなかの朝鮮像』(靑弓社, 1982) 등이 있다.
[8] 박춘일, 위의 책, 121~122쪽.
[9] 박춘일, 위의 책, 124쪽.『半島の朝』(教書院, 1942)는 1931년부터 1942년까지 여러

의 조선인'을 테마로 언급한 이후, 재일 한국인(조선인)에게 그 테마는 자신들의 아이텐티티와 관련하여 중대한 관심거리였다. 박춘일의 논저는 기본적으로 그 테마와 관련한 문학사의 편제를 통해 재일 한국인의 아이텐티티를 구축하기 위한 시도였다. 그 점은 자민족이 윤리적으로 상대적 우위에 있음을 강조하기 위한 텍스트의 선정에 치중했다는 데서 쉽게 확인할 수 있다.10)

재일 한국인(조선인)문학의 연구자로 잘 알려진 임전혜는 특히 유아사를 '식민자 2세'로 위치짓고, 이제까지「간난이」를 통해 긍정적인 평가를 받았던 유아사 문학의 평가에 관한 본질적인 의문을 제기하였다.11) 임전혜는 '일본문학자의 양심의 등불'12)이라고 평가되어온「간난이」가 전전(戰前)과 전후의 텍스트 사이에 존재하는 내용과 의미성의 차이를

잡지 등에 실린 조선과 관련한 에세이들을 모아 출판한 책이다.
10) 김달수 이후, 재일 한국인(조선인)은 그 테마를 자신의 아이텐티티와 관련하여 중대한 관심의 대상으로 삼았다. 그 가운데 대표적인 연구자인 박춘일은 앞의 논저에서 일본근대를 네 시기(明治, 大正, 昭和1, 昭和2기)로 구분하고, 각 시기의 조선(혹은 조선인)을 소재로 쓰여진 문학작품을 한일 양국 사이에 일어났던 역사적 사건들과 관련시켜 분석하고 있다. 그는 "일본문학은 그 총체(하나의 민족문학이 타의 국가와 민족을 어떻게 파악하고, 어떻게 형상해 왔는가-인용자 주)에서 보면, 일본 사회와 인간을 반영한 '거울'인 동시에 인근 나라들의 사회와 인간을 반영하는 '거울'"(8쪽)이라는 시각에서, '제국주의와 식민지주의에 반대해 싸우는 작가들의 진실한 연대'(9쪽)에 이바지하기 위한 자신의 연구목적에 의의를 부여하였다. 그리고 작가는 시대의 '양심'이어야 함을 주장하고, 그는 그 '양심'을 프리즘으로 일본작가와 작품들에 드러난 시대인식을 투영하여 분석하였다. 그것은 한일 양국 사이의 과거사를 통해 상대적으로 한민족이 지니는 윤리상 우위의 관점에서 일본 사회와 그 구성원에 대해 윤리의식을 문제제기하였다. 그 과거사를 현재화하려는 목적에도 불구하고, 그의 격앙된 목소리(문체)만큼이나 문화적 본질주의의 함정에 빠져 있다는 비판도 피할 수 없을 것이다. 모름지기 '거울'이란 실상과 허상이 아무리 닮았어도 하나일 수 없고, 그 둘 사이에는 일정한 차이=거리가 유지되어야만 상이 형성되기 마련이다. 그러나 박춘일은 현실과 문학을 완전히 등치시키고 있고 백화점식의 작품 나열로 논의를 전개하고 있기 때문에, 문학작품마다의 내적 구조상의 제문제들을 등한시하고 말았다고 지적할 수 있다.
11) 任展慧,「植民者二世の文學」,『季刊三千里』, 1976, 春号.
12) 中村新太郎는「カンナニ」를 가리켜 '많은 문학가는 침묵하고 있지만, 일본문학자의 양심의 등불로서 기억될만한 작품'이라고 평가하였다(「日本のなかの朝鮮像」,『日本と朝鮮』, 1975. 9).

비판적으로 규명하였다. 그렇게 두 텍스트간의 차이에 대한 분석을 통해 전후 복원된「간난이」의 진위성에 의문을 제기하였다.

유아사의 기억에 따르면, '독립을 바라는 조선인들의 마음에 감복하여 울면서'[13] 썼다는 단편「간난이」는 1935년 4월호『문학평론(文學評論)』에 게재된 작품이다. 당시『문학평론』에는 작품의 '성질상' '무참한 모습'으로 편집되었다는 이 작품을 추천한 도쿠나가 스나오(德永直)의 '부기'가 함께 실렸다. 도쿠나가는 작가(유아사)가 삭제된 후반부의 '만세사건'(3·1독립운동-인용자 주)을 '다른 구도'로 개작할 것이라 하니 차후 언젠가 다른 모습으로 독자 앞에 찾아갈 것을 기대한다고 적고 있다. 실제 이 작품은 검열에 의해 후반부 46매(전체 11장 중 제6장 이하)가 삭제된 것 이외에도, 5장 중간에 12행이 삭제되고 전체 20군데가 복자(伏字)로 처리되어 수록되었다.

그야말로 '무참한 모습'으로 발표된「간난이」가 다시금 복원(?)된 것은 패전 후 1946년에 고단샤(講談社)에서 발행된 그의 전후 첫 창작집『간난이』을 통해서였다. 유아사의 말에 의하면, 패전 후 일본으로 인양되는 길에서 '조선민족'이 독립을 환호하는 '경성'의 풍경을 보며 10년 전「간난이」를 상기하였다고 한다. 그는 전후「간난이」를 복원하며 조선에서 '무의식중에 저지른 일'에 대한 반성을 그 '후기'를 통해 밝혔다. 다카사키 류지(高崎隆治)의 지적처럼, 유아사는 '전쟁추진작가'[14]로서의 과거 행적에 대해 (전후)「간난이」를 '면죄부'[15] 삼아 스스로를 사면하려 하였던 것이다.

　　전반의 삭제 부분도, 채워 넣을 내용을 짐작할 수 없는 곳이 있었다. 후반부도 원형을 더듬고 더듬어 고통스럽게 원고를 써갔으나, (그렇게)

---

13) 박춘일, 앞의 책, 122쪽에서 재인용.
14) 高崎隆治, 앞의 책, 32쪽.
15) 高崎隆治, 위의 책, 34쪽.

써 내려가는 사이에 나는 최근 느끼지 못했던 생기 넘치는 정열에 휩싸였다.16)

『문학평론』에 실린「간난이」의 삭제 부분에 대한 복원 작업은 그 자신의 진술처럼 재창작 혹은 개작의 수준에서 이뤄진 것이었다. 특히 후반부 46매의 삭제부분에는 삼일독립운동 당시의 수원 교회 방화사건과 주인공 간난이가 일본인의 군도(軍刀)에 살해되는 데까지 복원해 넣었다. 당시 정치 상황에서 쉽게 용인될 수 없는 식민지 민중에 대한 폭압을 고발한 내용으로 채워져 있다. 물론 그 때문에 1935년 당시 삭제되어 '혀 잘린 작품'으로 남겨졌던 것이다. 하지만, 임전혜가 전후「간난이」복원에 있어 진위의 정도를 분석하며 지적한 바처럼,『문예평론』에 복자 처리된 부분 중 그 내용이 확실히 짐작되는 것조차 충실히 복원하지 못한 점에 주목할 필요가 있다. 식민지주의에 의한 정치적 피해자로서의 자신을 언급하기에 너무도 적절한 서사적 소재인「간난이」를 통해 정치적 책임을 면죄 받으려 했던 의도가 있는 이상, 내용의 복원에는 적지 않게 그와 똑같은 정치적 의도가 개입될 수밖에 없었을 것이다.17)

더구나 그에 대한 후대의 평가 가운데 작가로서의 윤리적 긍정성은 전후의「간난이」만을 대상으로 한 것일 가능성이 높다.18) 그런 '「간난

---

16) 湯淺克衛,「作品解說と思ひ出」,『カンナニ』, 講談社, 1946. 단 이 글에서는 池田浩士 편,『カンナニ湯淺克衛植民地小說集』(インパクト出版會, 1994, 525쪽)에서 재인용.
17) 『문학평론』에 실린「간난이」를 전후 개작(작가는 삭제된 46매에 대한 복원이라 설명함) 과정에서 첨삭된 예와는 반대로,「푸른 하늘 어디까지(靑空何處まで, 1942)」와 같이 전후(1947)의 복간본을 통해 내용의 일부를 삭제한 경우도 있다. 전후 복간본은 조선인 이만세(李万世-창시개명 후 松田彦之郎)가 등장하는 후반의 3장 모두를 작가는 삭제하여 싣고 있다. 연령 미달에도 불구하고 이만세는 지원병이 될 것을 결심한다. 그 일을 둘러싼 문제가 소재가 된 삭제된 이 부분은 '직역봉공(職域奉公)', '동아공영권', '만주개척' 등과 관련한 '총후(銃後)'의 임무에 대한 논의가 강조되어 있다. 그런 점에서 전후「간난이」의 개작과「푸른 하늘 어디까지」의 삭제는 동일한 차원에서 작가의 정치적 의도가 개입된 것이라 할 수 있다.

이」의 작가'로서 유아사에 대한 기억(평가)은 전전의 무자비한 검열로 인한 「간난이」의 상흔이 재생되는 과정, 즉 고단샤의 『간난이』(1946)를 통해 『문학평론』의 「간난이」(1935)의 존재에 대한 독자들의 인지도가 확대되는 과정을 통해 작가의 의도대로 제작된 것이라고 할 수 있다.

사실, 유아사만큼 조선을 다룬 소설을 많이 남긴 작가도 드물다. 또한 한 작가가 암흑의 시기를 밝힌 '일본문학자의 양심의 등불'19)에서 '전쟁추진작가'까지 양극단을 오가는 평가를 받고 있는 것도 결코 흔치 않은 일이다. 그와 마찬가지로, 우리 앞에 놓여 있는 두 「간난이」(전전의 것과 전후의 것)가 '혀를 잘린 작가의 상처'와 그 상처를 '면죄부'로 삼으려는 전후의 '변명'으로 각각 우리에게 읽혀온 것도 「간난이」와 그 외 다른 작품을 식민지 체제에 대한 '저항'과 '부역'이라는 윤리적 잣대로 양단한 결과라고 할 수 있다. 물론 그런 결과가 패전 직후 유아사가 「간난이」를 복원한 의도와 무관할 수 없는 것은 사실이다. 그 까닭에 유아사의 소설이 지금도 우리에게 윤리상의 판단만을 강요하고 있는지도 모른다.

본고의 출발점은 유아사 문학에 대한 윤리적 평가보다, 그의 문학이 조선을 표상하는데 있어 어떤 요소들이 근저를 구성하고 있는가에 대한 문제제기이다. 그것은 유아사 문학이 다른 작가의 (식민지 소재의) 작품과 어떤 변별성을 지녔는가를 탐구하는 것과도 닿는 문제라 할 수 있다. 그래서 우선 일본근대문학사에 존재하는 조선(인) 소재 소설을 사적인 측면에서 간단히 고찰하고, 그 안에서 유아사 문학이 차지하는 위치를 살폈다. 이어서는 「간난이」의 발표 시기와 비슷한 시기의 작품에

---

18) 본문에 인용하지 않은 연구 중에서는 黒田しのぶ가 '정복자의 비대해진 심장에 비수를 꽂은 작품'(「カンナニ」,『私の文學鑑賞』, 1955, 峰書房), 中村新太郎가 '많은 문학사는 침묵하고 있지만, 일본문학자의 양심의 등불로서 フ 억될 만한 작품'(「日本のなかの朝鮮像」,『日本と朝鮮』, 1975. 9)이라고 높이 평가하였다. 이들 작품평은 모두 전후에 재창작된 「カンナニ」에 대한 것일 가능성이 농후하다.
19) 앞의 주18) 참조.

대한 분석을 통해, 검열로 다 드러나지 않은 「간난이」를 비롯해, 그와 같은 시기의 소설들에서 나타나는 그의 조선에 관한 사고구조를 살펴 보고자 한다.

3. 유아사 문학 속 식민자의 '조선'

유아사는 1934년 잡지 『개조(改造)』의 현상창작부문에 「간난이」[20]를 응모, 총25편의 '선외가작'으로 뽑혔다. 당시 편집부의 선평(選評)에는, "식민지 생활을 비판적으로 그린 것", "특히 「간난이」와 같이 발표가 곤란하기 때문에 채택할 수 없었다. 투고가 제군은 발표 가능성에 대해서도 충분히 주의하길 바란다" 운운, 「간난이」를 지칭하거나 그럴 것으로 예상되는 내용이 기사화 되어 있다.[21] 결국 유아사는 이듬해 「세상(世相)」[22]이란 소설로 『아사히클럽(アサヒグラフ)』을 통해 데뷔한다. 그리고, 같은 해 「불꽃의 기억(焰の記憶)」으로 『개조』의 현상창작부문에 '2등 입선'(당시 '1등 입선' 해당작은 없음)하여 동잡지에 그 작품이 게재되었다.

그렇게 볼 때, 「불꽃의 기억」은 「간난이」가 '무참한 모습'으로 독자에게 다가가기에 앞서 당시 현상공모에서의 실패를 염두에 두고 쓰여진 작품이랄 수 있다. 본고에서는 『문학평론』에 실린 '무참한 모습'의 작품을 텍스트로 삼는다. 그것은 「불꽃의 기억」등 동시기의 작품 분석을 통해, 「간난이」의 원형에 나타난 작가의 의식을 분석하기 위함이다. 그런 분석이 적어도 오늘날까지도 유아사라는 작가의 전체상을 파악함

---

20) 1장에서도 언급했지만, 이 작품은 1935년 4월호의 『文學評論』에 게재되었다.
21) 池田浩士, 앞의 책, 527쪽.
22) 이 소설이 1935년 3월호의 『アサヒグラフ』에 게재되었으므로, 湯淺의 공식적인 데뷔작이라고 할 수 있다.

에 있어 「간난이」의 작가'라는 담론의 견고함과 재생과정이 끼쳐온 장애를 해체하는데 중요한 방법이 될 것이다.

3-1. '일선혼잡(日鮮混雜)'의 사고

유아사의 (식민지)소설은 '일선혼잡(日鮮混雜)'(「불꽃의 기억(焰の記憶)」)[23]의 장소를 구상하는 데서 출발한다. 「간난이」에서도 두 주인공, 모가미 류지(最上龍二)와 간난이의 만남에 관한 설정도 그와 비슷하다. 순사인 아버지가 조선 세도가 이근택(李根宅) 자작의 집에 들어와 청원순사로 일하게 되어, 류지는 그 집의 문지기의 딸 '간난이'와 만난다. 소설에서 가장 중요한 소설적 동기가 되는 그 둘이 만난 것은 "풍습이 다른 집에 이사온 다음날"(499쪽, 밑줄 인용자)[24]이었다고 표현하고 있다. 류지에게는 그런 조선인과의 동거='일선혼잡'을 통해 전혀 다른 조선 생활이 시작된다. 유아사는 때로는 '오뎅집'엔 조선인이 드나들고 (조선인의) '주막'에는 일본인이 드나드는 주객전도의 '일선혼잡'(「심전개발(心田開發), 1937)」)을 통해 조선이라는 소설적 배경을 설정하기도 한다.

「간난이」에서의 '일선혼잡'은 다음과 같은 장면에서 더욱 두드러진다. 간난이가 류지에게 "조선말을 배워. 내가 일본말을 할 수 있는 것처럼. 그러면 너('당신')와 나('우리')는 조선어와 일본어를 섞어서 이야기할 수 있잖아."라고 말하고, 그 말에 류지는 조선어를 배워 간난이와

---

23) 「焰の記憶」에 조금 부연해 두어야 할 것 같다. 작품에서 두 모녀에게 식민지 경험은 '부산의 어느 산동네'의 '일선혼잡'하고 '지저분한' 곳에서 시작된다. 그리고 '분(糞)과 썩은 해초 때문에 악취가 심한 조선인 동네'로부터 방랑을 선택하여 '이역 땅의 장난'에 휘말려 각지를 전전하는 삶으로 이어진다. 성공을 통해 남편과 그의 첩에 대한 복수를 다짐하며 건너온 조선이었지만, 현미빵 장사, 하역인부, 매춘부, 유랑 게이샤(芸者) 등 밑바닥 삶을 전전한다. 유아사는 그런 그들의 삶의 장소를 '일선혼잡'한 곳이라 표현하고 있다. 낯선 표현이지만 본고에서는 유아사의 표현을 살려 쓰기로 한다.
24) 이하 인용부분의 쪽수는 池田浩士 편, 앞의 책에 준함.

친해질 것을 다짐한다(간난이의 대사 중에 '너'와 '나'는 일본어가 아닌 '당신'과 '우리'라는 조선어를 사용하였음을 의미하는 토(ルビ)를 달고 있다). 거기서 "조선어와 일본어를 섞어서"='일선혼잡'이 지니는 의미와 그것에 대한 류지의 동의는 조선이라는 이역에 대한 유아사의 기본적인 사고이다. 유아사 자신은 물론 그의 (조선 소재의) 소설 속 인물들은 이민 생활로 인한 향수의 대상으로 본국(고향)과 정작 뿌리를 내려야 할 땅(식민지) '사이'에서 살아가야 할 '재조선 일본인'이다.

그런 의미에서 유아사의 '일선혼잡'은 그가 발견한 이민='재조선 일본인'의 삶의 본질성, 즉 그들의 삶을 지배하는 정신구조의 표현을 위한 구상이다. 「불꽃의 기억」, 「이민(移民, 1936)」, 「뿌리(根, 1938)」, 「망향(望鄕, 1938)」 등과 같은 계몽적 이민소설에서는 '일선혼잡'이 더욱 밀도 있게 그려지는데, 그런 조선에 대한 이역(異域) 의식의 탈구축(=해체)으로 이어지는 서사구조는 본래 그의 문학을 지배하는 본질성을 더 깊이 있게 드러낸 것이다. 따라서 「간난이」 이후 그의 작품상에 나타나는 정치적 태도의 변화 즉, '전향'이나 '변절'과는 무관하게 그의 문학세계의 근저에는 '일선혼잡'의 구조가 내재되어 있다고 할 수 있다.

또, '재조선 일본인'의 삶에 있어서의 조선 땅=토지(의 소유)에 대한 집착은 자연스럽게 유아사의 (식민지)소설의 소재이자 주제로 나타난다. 특히 이민의 성공은 땅의 소유 관계로 표현되기도 한다.

그 「불꽃의 기억」은 '내지=일본'에서 남편과 그의 첩에게 버림받은 모녀(딸 아야코(繰子)는 양녀임)가 조선으로 건너가 겪는 파란만장한 삶을 그린 작품이다. 이 소설에서 이민의 땅 조선은 '내지'로부터 내몰린 약자에게 인생 반전의 땅으로 인식되어 있다. 그 점은 '이민 소설'이라 부를 만한 다른 작품, 즉 「이민(移民)」, 「뿌리(根)」, 「망향(望鄕)」 등에서도 마찬가지다. 모범적인 이민에 필요한 덕목과 자세, 이민과 향수의 갈등 등을 다룬 이들 작품들에서 결국 이민의 경제적 성공의 기준이 땅의 소유임을 제시한다. 그런 이민과 땅 소유의 문제는 유아사가 '그 땅'에

'뿌리내린 자'로서의 삶을 바람직한 이민상으로 제시하는 그의 기본적인 사고와 무관치 않다.

「불꽃의 기억」에서 아야코 모녀의 성공은, 일찍이 '한일합방' 직후 조선으로 건너와 토지조사사업 과정에서 등기부에 소유권자가 명기되지 않은 토지를 탈취하여 부를 축적한 정치깡패 출신의 재력가를 만나면서 이뤄진다. 그는 근대 초기의 사쓰마(薩摩) 번주(藩主)인 사이고 다카모리(西鄕隆盛)의 조선정벌의 야망을 좇아 자신이 '적으나마 일부를 정복'하였다고 자부하던 자였다. 그가 세상을 떠나고 땅을 상속받아 그녀들은 대지주가 된다. 그의 유서에 따라 유일한 친족인 생질과 재산을 둘로 나누는 과정에서 아야코의 어머니는 거침없이 동산을 마다하고 토지(부동산)를 선택한다. 여자 혼자 몸으로 그 토지를 어찌할 생각이냐고 상대편 친족들이 걱정할 정도로 그것은 의외의 결정이었다. 반드시 성공하여 전남편과 그의 첩에게 복수하겠노라 다짐해 조선에 건너왔기에 그녀는 그런 결정을 한 것이다.

그렇듯 토지의 소유는 곧 이민의 성공을 의미한다. 그리고 그녀는 더욱 '완고한 지주 기질'을 발휘하여 지독할 정도로 악착같이 '그 땅'을 지켜나간다. 그런 땅에 대한 집착은 「이민」에서도 '내지'에서 손바닥만한 땅을 붙여먹고 살던 소작농이었던 마쓰무라 마쓰지로(松村松次郎)가 지주의 꿈=이민의 유혹을 안고 조선으로 건너온 삶을 통해서도 그리고 있다. 유아사는 마쓰무라를 통해 '적응과 정직'이라는 덕목을 갖춘 바람직한 이민상을 제시하고 있다. 마쓰무라의 장례식에서 조선인들은 "아, 좋은 사람이 갔다. 이런 일본인은 본 적이 없다. 이후에도 없을지 모른다"라는 말을 주고받는 상황으로 소설을 맺고 있다. 마쓰무라가 아내와 사별 후, 이웃집의 정숙(貞淑)이와 이른바 '내선잡혼(內鮮雜婚)'에 이르는 상황도 그의 성공적 이민을 형상화하려는 의도와 결코 무관할 수 없다. 작품상에 드러나는 '일선혼잡'의 전체적인 구조는, 또 그렇게 바람직한 이민상을 제시하는 데까지 이어짐에도 불구하고, 유아사는 땅의 소유=자기화를 이민의 성공조건으로 제시하는 모순을 무의식 속에 드러내고 있다. 다시 말해, 그런 사고의 저변에는 일방적으로 조선인의 주변화=후경화를 강요하는 무의식이 내재해 있다.25) 실제 그의 소설에서는 「간난이」를 제외하고 조선인이 주변화되어 그려져 있다. 「이민」의 경우에 조선인이 성공한 이민자의 헌신과 봉사의 일방적인 수혜자로 상정되었던 것도 그런 무의식의 결과라고 할 수 있겠다. 그런 무의식 속에서 유아사는 식민지와 '내지'라는 두 장소의 의미상 차이(gap)를 민족의 차이로 등치해 재현시킨다. 그를 통해 조선을 서열화된 민족관계가 만들어지는 장소로 그리고 있는 것이다.

3-2. '귀성(歸省)' 소설의 조선

다음은 유아사의 소설 중 '귀성'을 소재로 한 작품을 통해 조선과 '내지'의 관계를 어떻게 그리고 있는지 살펴보고자 한다. 일본인이 '귀성'이라는 말을 사용한다면 일반적으로 일본으로 돌아가는 것을 의미한다. 하지만 유아사에게 '귀성' 장소는 오히려 조선이었다. 거기서 바로 '재조선 일본인', 특히 식민 2세라는 유아사의 존재적 위치가 분명히 드러난다고 하겠다.

「불꽃의 기억」에서 아야코는 자신의 과수원에 실습하러온 학생인 도오루(融)를 사모한다. 그러나 도오루는 좌익 도서회원 사건으로 검거 직전에 부모에 의해 강제로 '내지'로 끌려간다. 이별 후, 아야코는 그를

---

25) 이 점에 대해 이케다는 "후경으로서, 첨경(添景)으로서만 그려진 그들(조선인-인용자 주)과 주인공인 일본인과의 사이에서는 주인공이 그들을 바라보는 시선은 있어도 주인공을 보는 그들의 시선은 없다"(앞의 책, 625쪽)라고 지적하고 있다. 또한 최근 와타나베 나오키(渡辺直紀)는 나카니시 이노스케의 소설을 대상으로 기술 언어와 타자의 인물 조형의 문제를 거론하면서, '국어'=일본어 소설에서 인물의 원근이 발생하는 실제를 다루고 있다(渡辺直紀, 「中西伊之助の朝鮮關連の小說について」, 『日本學』 22호, 2004 참조).

쫓아 '내지'로 건너가 사회주의 운동에 투신하다가 결국 투옥된다. 옥중에서 전향을 강요받던 아야코는 어머니의 사망 소식을 듣고서야 '전향서'에 서명한다. 이 소설은 그녀가 출옥한 후 조선으로 돌아오는 길로부터 시작한다. 그리고 소설은 그 '귀성' 길에서 과거를 회상하는 형식으로 전개된다.

결국 어머니의 삶에 이어 다시금 '내지'에서의 삶에 뿌리를 내리지 못하고, 패배자가 되어 돌아온 조선. 그녀는 '그 땅'=조선에서 악착같이 살아온 어머니의 모습을 마지막으로 집약하여 떠올렸다. 그리곤 자신에게 다시 '일어서라'라고 부르짖는 어머니의 모습을 그려 상상한다. 이케다 히로시(池田浩士)는 이 소설을 '전향소설'로 분류하고, 전향자로서 다시금 일어서려는 결의와 이 소설의 '재조선 일본인' 지주로서 살아가려는 결의가 전혀 이질적인 것이 아니라고 지적하였다.26) 그 점에서 이 소설은 프롤레타리아문학운동에 참가했던 작가들이 이른 바 '만주문학'으로 전향할 때 '개척문학'을 대안으로 여겼던 전향방식과 비슷한 작품구조를 띠고 있다고 할 수 있다. 또한 이 소설을 통해 유아사의 향후 문학적 선택도 '이민'을 소재로 한 '개척문학'으로 향하게 된다.

'귀성' 소재의 다른 작품은 「심전개발」이다. 이 소설은 순혈 지향 사회의 바깥에서 살아가는 조선인과 일본인 사이의 혼혈아인 「대추(棗, 1937)」의 주인공 '긴, 타로(金, 太郎)'가 '내지'에서 성장한 모습으로 '귀성'한 직후의 일들을 다룬 작품이다. 유아사는 이 작품들을 통해 장소로써 '일선혼잡'뿐만 아니라, 인간관계 혹은 인간형의 구성에서도 '일선혼잡'의 전형을 창조하려 한다. 한 세대를 지낸 이민의 역사, 그것은 자연히 혼혈인 혹은 혼혈 사회를 양산하기 마련이다. 잘 알려진 김사량의 혼혈아 소재의 작품 「빛 속으로」가 '나'를 규정하는 이름 '미나미(南)'와 '남(南)' 사이를 사는 의식적 혼혈인 '나'를 통해 혈통적 혼혈아

---

26) 池田浩士, 앞의 책, 596쪽.

인 야마다 하루오(山田春雄)의 삶을 관찰하는 이중적 구조로 구성된 반면, 「대추」에서는 혼혈의 문제는 양자택일의 단순 갈등으로 이뤄져 있다.

혼혈은 인종의 혼교(婚交)에 의해서 두 인종의 사이에서 '일치와 차이'27)를 동시에 만들어낸다. 그러나 「대추」는 그 '일치와 차이'가 동시에 내재하는 '사이'의 혼혈성을 다루기보다 오히려 각각을 분리시키는 역학이 작용하는 세계를 다루고 있다. 「대추」는 '긴, 타로'를 통해 그와 같은 두 민족의 혈연적 확집(確執) 속에 방황하며 굴절된 채 살아가는 혼혈아의 삶을 보여주고 있다. 즉, '긴, 타로'는 식민지 사회의 모순을 한 몸에 안고 성장하는 인물이다. 또한 그가 사는 곳은 강한 혈연적 인력이 작용하는 장소이다. 당시는 그런 혼혈 사회에 가해지는 정치적 혹은 법적 폭력에 대해 비판적 견해를 개진하기가 좀처럼 어려웠던 시기였기에, 작가는 「대추」를 가리켜 '검열망의 눈을 피해서 미약하나마 저항한' 작품이라고 회고하고 있는지 모른다.28)

그런 긴 타로가 법적으로 일본인이 되어 '내지'로부터 조선으로 5년여만에 '귀성'한 후 옛교우에게 전보를 보내면서 「심전개발」은 시작한다. 유아사는 이 소설을 통해 「대추」의 '긴, 타로'라는 창조된 '일선혼

---

27) 小山英三, 「植民社會學と混血現像」, 『高田先生古稀祝賀論文集-社會學の諸問題』, 有斐社, 1954, 414쪽.
28) 湯淺克衛, 「あとがき」, 『カンナニ』, 講談社(池田浩士, 앞의 책, 522쪽). '긴, 타로'에게 아이덴티티의 문제가 중대한 선택 사항으로 받아들여지는 계기는 그가 취학 연령이 되어 학교를 선택해야 하면서부터이다. 당시 조선의 교육제도는 조선인은 '보통학교'에, 일본인에게는 '소학교'에 취학하는 이원적인 구조였기 때문에, 혼혈의 '긴, 타로'로서는 취학 제도의 양자택일이 곧 아이덴티티의 양자택일의 문제일 수밖에 없었다. '아버지(조선인)의 핏줄'인가, '어머니(일본인)의 핏줄'인가라는 양자 구도는 확실히 혼혈아의 자기분열적인 신체성을 표상하고 있다. 결국, 소설에서는 '일본인이기 때문에', 혹은 '일본인이라면'이라는 일본인의 서사 속으로 함몰되어 가는 한계를 보인다. 그런 분리주의에 기초한 취학제도에 대한 비판은 곧 유아사의 '일선혼잡'의 사고에 기초하고 있다고 할 수 있다. 이 소설에서도 어김없이 초기 식민자로서 노인 이누이지지(乾爺)가 등장하며, 그는 '긴, 타로'에게 '일본인이 되어라'라며 일본정신을 강요하는 서사를 주도한다. 그 또한 뒤에서 살피겠지만, 식민 1세대에 대한 비판을 통해 조선에의 식민의 삶에서 새로운 희망을 발견하려는 작가의 의도가 있는 것이라고 할 수 있다.

잡'의 새로운 인간형(국민)의 성장에 다시 관심을 보인 것이다. 이 소설은 작품 「대추」의 '현실로부터 도피'해 떠났던 '내지'에서 (조선으로) '귀성'한 '긴, 타로'의 이야기인 것이다. 이 소설에는 그가 옛교우들과 "너무 성공해서 실패했다고 말할 수 있는"(191쪽) 식민정책으로 인해 변모한 조선에 대해 대화를 나누며, 5년 전 조선의 과거를 대비해 회고하는 장면이 자주 나온다.

또한 '보통학교'를 나온 소녀가 일본문을 읽어내는 풍경, 공업화한 조선, 일본어로 표현된 경성의 거리명, 조선어와 일본어가 혼재되어 오가는 경성 풍경, 오뎅집으로 가는 조선인과 주막으로 가는 일본인, 조선 노래(권주가와 수심가)를 듣고자 하는 '내지'로부터의 귀성자('긴, 타로'), 조선 술집에서 어눌한 오사카(大阪) 사투리를 쓰는 '기지배'의 '내지'에 대한 동경 등의 삽화가 나열되어 있다. 그런 새로워진 조선의 풍경들을 통해 '현실로부터 도피만 하려던' 긴타로는 5년여만에 돌아와 깊은 감회에 잠기게 된다.

그럼, 여기서 이상 두 편의 소설상 주인공의 여로를 분석하여 각 장소의 의미를 살펴보자. 우선 「불꽃의 기억」에서의 여로는 (-①일본→)①조선→②일본→③조선으로 설정되어 있다. -①은 조선을 삶의 장소로 선택한 사연을 지닌 장소이며(그러나 괄호를 친 이유는 '귀성'하는 주인공 아야코에게보다는 그녀의 어머니에게 사연이 있는 장소이기 때문이다), 이 소설의 출발점이자 아야코가 '귀성'의 장소를 조선으로 상정할 수 있는 전제이다. 그 전제 위에 소설은 ②와 ③의 사이인 현해탄의 부관연락선로부터 출발하여, ①과 ②는 회상으로 처리되고 ③에서 끝을 맺고 있다. 즉, 그것을 다시 구성해 보면 ②일본→(회상:-①일본→①조선→②일본→)③조선과 같다.

그리고 「심전개발」은 이 작품이 「대추」의 연작이라는 전제에서 보았을 때 ①조선→②일본→③조선으로 설정되어 있다고 할 수 있다. 그러나 ③만이 실제 소설이 전개되는 무대이며, ①은 주인공이 과거(「대추」)

를 회고하거나 옛교우들과 해후하며 회고하는 장면을 통해 묘사되고 있다. ②는 '5년 동안'이라는 시간이 명기되어 있으나 그다지 비중 있게 다루고 있지 않다.

위와 같이 두 소설의 중요한 서사구조인 주인공의 '귀성' 과정을 제시한 이유는 그 각각의 장소가 지니는 의미를 분석하기 위함이다. 앞서 전향소설로서 「불꽃의 기억」의 성격을 밝힌 바 있다. 「불꽃의 기억」의 -①이 어머니가 버림받고 떠난 장소라면, ②는 아야코가 버림받고 떠난 장소이다(작품에서 그녀는 일본에서 애인 도오루에게 배신당하고, 사상적으로 좌절=전향하여 돌아온다). ①은 어머니에게는 선택과 이민의 성공을 통해 -①이 자신에게 부여한 가혹했던 삶을 극복하는 장소이지만, 아야코의 입장에서는 거스를 수 없는 운명의 장소이다. 그리고 ②에서의 사상적 좌절은 어머니의 삶을 껴안고 다시금 일어서려는 결의와 함께 ③으로 향하는 계기가 된다. 즉, ②는 전향의 장소이다. 그 결과로써 ③으로의 귀성을 통해 그곳에서의 삶을 운명적으로 받아들이게 된다. 다시 말해 앞서 여로과정이 아야코에게 ①이 불가항력의 운명이 지배한 결과의 장소라면, ②는 자기 결정으로 선택한 장소이고, ③은 운명적인 삶으로 회귀한 장소이며 새로운 결의의 장소라고 할 수 있다. 그런 측면에서 이 소설이 '귀성' 소재 소설의 성격을 지니고 있다고 말할 수 있다.

「심전개발」에서는 그런 맥락이 더 분명하게 드러난다. 그 전편 「대추」와 연결되는 ①→②→③의 스토리 구성이 단순할 뿐만 아니라, ②의 과정을 극단적으로 생략함으로써 ①→③의 '귀성' 경로를 분명히 하고 있기 때문이다. 「대추」의 현실=①은 '검열망의 눈'을 피해서 그려야만 했던 세계이다. 「심전개발」에서 기억하는 것에 따르면, '5·6년 전까지 상급학교에서 보통학교에까지 파급된 휴교 소동'(191쪽)이 있었던 저항하는 조선이었다. 그러나 ③은 식민정책이 '너무 성공해 실패'라고 말할 정도로 급변한 조선의 모습만이 눈으로 확인되는 장소이다. ②의 극단적인 생략은 ①과 ③의 그런 극단적인 대비를 가능케 한다.

①과 ③의 차이(혹은 변화)는 단순히 5년이라는 객관적인 시간 경과의 결과라기보다, 5년이 지난 뒤 유아사 자신의 주관적인 인식 변화의 결과라고 보는 것이 타당할 것이다. 그렇게 볼 때, ②는「불꽃의 기억」의 ②와 의미상 그다지 큰 차이가 없는 장소라고 하겠다. 결과적으로「심전개발」의 ①과 ③도 각각「불꽃의 기억」의 ①과 ③과 같은 의미의 장소로 파악될 수 있다.

이렇게「불꽃의 기억」과「심전개발」에서 '귀성'의 장소인 각각의 ③은 식민자의 새로운 운명의 선택(과 결의)을 확인시켜주는 장소로 설정되어 있다. 앞서 두 작품보다 2년 정도의 후작으로 여겨지는 또 다른 '귀성' 소재 소설「하야마 모모코(葉山桃子)」에서, 유아사는 식민 2세들이 '귀성'하여 '자기 고향을 재발견'하게 된다는 설정을 통해 조선이라는 장소에 자신의 운명과 결의를 결합시키려는 태도를 더욱 분명하게 보여주고 있다. 물론 그것은 첫 공모작인「간난이」부터 '일선혼잡'의 조선사회의 가능성(『문학평론』의「간난이」에서는 확인할 수 없으나, 전후 개작(복원)된「간난이」에서는 간난이가 살해당함으로써 두참히 실패로 끝이 난다)을 타진했던 유아사의 변함 없는 조선에 관한 사고에 따르고 있다. 그런 시도는 점차 더 깊이 있게 '일선혼잡'한 사회모델과 인간형을 소설을 통해 제시하며, 그 성공적인 케이스를「이민」,「뿌리」,「망향」등의 작품을 통해 보여주고 있다. 그와 같은 작품들에서 일관적으로 제시된 명제가 바로 '뿌리내린 자'의 삶이다.「불꽃의 기억」과「심전개발」의 결론도 예외는 아니다.「불꽃의 기억」에서 아야코의 '귀성'뿐만 아니라,「심전개발」의 긴타로가 식민지 관료인 옛교우 이지마(飯島)에게서 '도쿄를 그리워하는 정'을 엿보거나, 조선 술집 '기지배'가 내뱉는 '내지'에 대한 가련한 동경[29]을 듣는 것은, '긴, 타로'를 통해 유아사가 그 후 식

---

29) 좀더 구체적으로 이야기해야 할 듯하다. 조선 술집의 '기지배'가 '긴, 타로'에게 발송지 인장이 찍힌 봉투 하나를 내민다. '東京市城東區大島町'. '긴, 타로'는 '大島町'를 보고 그녀의 오빠 직업이 '쓰레기 청소부'나 '도로 공사 인부' 정도일 것이라 떠

민자의 임무와 결의로써 '뿌리내린 자'라는 명제를 떠올리기에 충분한 조건이다.

3-3. 조선에 '뿌리내린 자'의 삶

「뿌리」와 「망향」 등의 작품은 유아사가 모색한 '뿌리내린 자'라는 명제를 통해 새롭게 이민의 문제에 접근하려는 태도를 보인 좋은 예의 작품이다. 두 작품은 「이민」에서 바람직한 이민상의 전형화에 지나치게 경도된 한계를 극복하고자 한 노력이 보인다. 이 두 작품의 내용은 이민자의 향수와 이민 사이의 내면적 갈등을 중심에 두고 있으며, 바람직한 이민자의 덕목으로써 「이민」에서 제시한 적응과 정직보다 운명과 희생을 중요하게 다루고 있다.

> 타관에 벌이하러 나온 근성을 단념하지 않는 한 일본은 토지를 넓혀도 그 땅에 복수될 것이다…중략…마치 <u>뿌리 없는 풀(根無し草)</u>이 아닌가. 뿌리 없는 풀이 흘러들어 마을을 이루고 있는 동안은 토지는 결코 굳지 않는다.(209쪽, 밑줄 인용자)

위의 인용문은 「뿌리」의 등장인물 마쓰바야시(松林)가 취중에 사키코(咲子)라는 유랑 게이샤에게 힐난조로 내뱉은 말이다. 그는 7년 간이나 나진에서 통신원 생활을 하고 있는 인물이다. 도쿄에 대해서는 실업과 아픈 실연의 기억뿐이 없는 주인공 무로토(室戸)는 신문기자를 상상하고 '스스로를 철저히 개조하기 위해'(208쪽) 조선에 건너 왔다. 그러나 실상

올린다. 그러자 그녀는 묻는다. "넝마지기(バタヤ)라면 무슨 일을 하지요, 대개 벌이가 좋다던데"라고. 그 말만을 남기고 소설은 끝난다. 그녀는 'バタヤ'라는 일본어의 의미를 모르고 있고, 그저 돈을 잘 버는 직업이라 믿고 있다. 그런 오빠에게 가겠다는 술집 '기지배'의 가련한 사정 이야기가 남긴 것은 바로 동정과 교화의 대상=조선 사회의 모습 그 자체이며, 또한 '뿌리내린 자'로서의 자신의 임무 혹은 과제일 것이다.

그가 하는 일은 '언문신문을 구축(驅逐)'하고 '일본자(日本字) 신문'을 확장하는 일이었다. 그런 생활을 시작하고 채 1년이 지나지 않아, 마쓰바야시에게 조선 생활에 대한 조언을 구했을 때, 그는 '일본인이 내지에서와 같이 생활하려 하면, 그것은 실패하게 된다'(207면)는 말을 듣는다. '내지'의 일본인과 다른 일본인, 즉 '재선 일본인'의 아이덴티티과 관련해 '조선인의 얼굴을 한 일본인'이라는 이민자의 모습을 강조했던 유아사의 말이 떠오르는 대목이다. 그리고 「뿌리」에서는 '재선 일본인'의 바람직한 삶은 '그 땅'=조선에 뿌리를 내린 정착자의 삶임을 제시한다. 그러나 그것을 실제 깨닫게 한 것은 마쓰바야시의 '죽은 얼굴'이나 '자극 없는' 삶의 모습으로 '적응하기만 하면 그 땐 이쪽의 것(승리-인용자 주)'이라며 '그 때'만을 기다리는 지식인의 관념적 태도가 아니었다. 마쓰바야시의 그런 관념적 삶에 대비적으로 들려오는 '많이 잡았다'(조선어)며 풍어의 기쁨을 노래하는 어부들(그 중에서도 주위에서 엉뚱하고 하찮게 여기던 'どん龜'라 불리는 어부)의 삶을 통해 진정한 '뿌리내린 자'의 삶의 모습을 확인하고 무로코는 가슴 벅차게 감격한다.

그런 식민자의 '적응'이라는 명제를 더욱 극명하게 보여준 작품은 「망향」이다. 이 소설에서도 「불꽃의 기억」에서 조선의 '일부를 정복'한 지주나 「이민」에서 '땅'을 찾아 이민해온 마쓰무라와 같은 초기 이민자를 등장시키고 있다. 그 주인공 후키야 고죠(吹矢吾助)는 러일 전쟁 이후, 만주와 조선의 방어군으로 조선에 건너와 그대로 눌러 산 인물이다. 손바닥만한 '땅'도 소유하지 못한 가정의 5남으로 태어나 어려서부터 가족의 곁을 떠나 타관 생활을 했던 후키야는 자신에게는 '고향'이 없는 것과 마찬가지라며 자신이 뿌리를 내릴 수 있는 '이 땅'=조선이 곧 '고향'이라 말한다. 하지만 그와 같은 이민 1세대는 조선을 고향이라 의식적으로 스스로 강제하면 할수록 망향의 정이 깊어간다. 후키야의 처 이토에(絲江)는 자신의 딸이 조선의 아이들과 어울리는 것이 싫어서 항시 곁에 두고 생활한다. 그러면서 딸에게 고향의 추억을 들려준다.

또 그녀는 '삼천엥이 모아지면' '내지'로 돌아갈 것을 남편에게 주장한다.

아내와 첫째 딸을 데리고 조선에 와서 4년째 되던 해에 둘째 딸을 얻은 후키야는 딸의 이름을 조선의 '선(鮮)'자를 따서 '요시코(鮮子)'라 짓는다. 그보다 선행 소설「불꽃의 기억」과「이민」등에서 보여주지 못했던 이민 1세대의 내적 갈등을 이 작품은 부부의 '고향'에 관한 생각의 차이를 통해 피로하고 있다. 이 소설의 모티브는 바로 이런 이민의 희망과 향수의 갈등인 것이다.

20여 년 동안의 식민 생활, 아내의 죽음 뒤에 후키야는 혼자서 두 딸을 키우게 된다. 주위의 식민자들 사이에는 '내지'의 연(緣)을 잇기 위해 사내 자식들을 '내지'의 처자와 혼인시키려는 풍조가 있었다. 오랜 이민 생활에서 '내지'와 연을 잇는 유일한 방법은 순혈의 혼인 관계를 맺는 것이었다. 그것이 식민자의 이민과 향수 사이의 갈등을 해소하는 유일한 희망이었다. 후키야는 그런 풍조의 피해자가 된다. 자신의 큰딸과 정혼했던 동업자의 아들이 '내지'로부터 아내를 맞이하는 배신을 당한 것이다. 그 충격에 노여워 하지만, 오히려 후키야는 요시코의 모습에서 '이 땅에 피어난 꽃은 자연스러운 성장'(227쪽)을 하고 있음을 보려 한다. 요시코를 바라보는 후키야의 시선을 통해 유아사는 식민 1세대의 자기비판을 담으려 했던 것이다. 후키야는 자연스레 '이 땅'에 뿌리를 내리고 자라는 꽃과 같은 요시코의 모습에서 새로운 희망을 느낀다. 그 점에서 이 소설의 소재나 주제도 장소에 의해 규정되는 아이덴티티가 피의 순수성보다 중요시되는 유아사 문학의 지향, 즉 '일선혼잡'의 기본적 구조와 같은 맥락에 있다고 할 수 있다. 그것은 후키야 개인 차원의 문제가 아니라 식민정책의 차원에서 발견된 새로운 희망인 것이다. 또 유아사는 요시코를 통해 바로 '이 땅'=조선이라는 장소와 동일화된 인물의 전형을 구하고 있는 것이다.

앞서도 언급했지만, 이후「하야마 모모코(葉山桃子)」에서는 식민 2세인 모모코를 주인공으로 한 '부모들의 고향이 아닌 자신의 고향' 이야기를 만들어간다. '내지'의 어느 특정 지역 출신이라는 인연을 매개로 한 동향성(同鄕性)이 강한 식민 1세대는 이향(離鄕)의 서사를 내면화하는 가운데 '고향' 의식을 창조한다. 그 때 조선은 '고향'에 대해 이향대립적인 존재로 표상되기 마련이다. 그에 비해 모모코와 같은 새로운 세대의 '고향' 의식은 1세대로부터 물려받은 유산인 이향의 기억을 해체=탈구축하는 데서 출발한다. 그것이 식민의 주체화와 관련한 문제가 되고, '그 땅'에 동일화된 '고향' 의식으로 구축된다. 물론 그 방향은 식민통치상의 '조선의 재인식'과 무관하지 않다.30)

이미 「이민」에서 주인공 마쓰무라의 장대한 장례식을 묘사하며 조선을 그의 '분묘의 땅'으로 그린 바 있는 유아사는, '재조선 일본인'의 현재적 삶과 '쫓겨난 조국'의 기억(그러나 그것은 향수로 재현된 기억) 사이의 갈등을 위와 같이 '뿌리내린 자'로서의 삶의 문제와 더불어 주요한 테마로 다루었다. 그 안에서도 조선의 운명을 문자 그대로 자신의 운명과 같이 느끼며 살아가는 식민의 모습을 제시하려 하였다. 그 결과, 『머나먼 지평(遙なる地平)』(1940)에서 식민자인 이치키 슌조(一木俊三)를 제어하여 '조선에서 자란 우리들은 가장 잘 알고 있다'고 인식케 한 것처럼, 유아사는 자연스럽게 타자를 숙지하고 있다는 '오만한 착각'31) 속에 빠지게 된다. 그런 착각 위에 '고향'=조선에 대한 애정과 그 장소에 일체화된 주체의 입장에서 그가 민족을 초월해 하나가 된다는 언어적 의미의, 이른바 '내선융화', '내선일체'의 길로 귀의한 것은 오히려 자연

---

30) 당시의 검열관 岸加四郎의 보고서는 그 점에 관해 이렇게 말하고 있다. "만주사변 이후 내지에서는 대륙병참기지로서의 조선 재인식"이 시작되면서 조선에 대한 관심이 급격히 높아졌다(岸加四郎, 「朝鮮出版文化小觀」, 『朝鮮』, 1942. 10, 59쪽. 밑줄 인용자). 그리고 "근래 조선 경제계에 대한 여러 논의와 황민연성(皇民練成), 내선일체 구현 등에 관한 보고적 기록과 이런 테마를 지닌 소설과 수필 등이 상당히 등장하는 것도 조선 사회의 시대상을 말하는 것이다. 이런 점에서 국문 단행본은 성격적으로 보아 관청성(官廳性)이랄까, 통치순응성(統治順応性)이랄까-물론 잡지에 대해서도 마찬가지지만-이 발견되는 것이다."고(같은 글, 55쪽).
31) 池田浩士, 앞의 책, 651쪽.

스러운 일일지 모른다.

4. 결론을 대신하여

유아사는 앞에서 살핀 것처럼 「간난이」의 작가로서 '일본문학자의 양심의 등불'이라는 평가와 '전쟁추진작가'라는 오명 사이의 양극단을 오가며 평가를 받고 있는 작가였다. 그래서 그가 검열에 의해 '무참한 모습'으로 소개되었던 「간난이」라는 한 작품에 집요스럽게 집착했고, 패전 직후 그 작품에 대한 복원작업에 착수하여 과거 자신의 잘못된 행적에 대한 '면죄부'로 삼으려 했는지 모른다.

박춘일이 지적한 대로라면, 재일 한국인 사이에서도 「간난이」는 많이 읽혀왔다. 물론 그것은 전후의 상황이다. 왜 그 소설이 재일 한국인에게 많이 읽혔을까. 박춘일은 그 소설이 지니는 '리얼리티'와 '시적 형상화'의 매력 때문이라고 했지만, 사실은 한일근대사에 있어 자민족이 지니는 윤리상의 상대적 우위를 확인하기 위한 이유가 더 클 것이다. 박춘일의 작업을 비롯해 다수의 연구자들에 의한 '일본근대문학에 나타난 조선상'이라는 테마 자체가 그런 목적을 내재하고 있다고 볼 수 있다. 필자는 그런 방법으로 유아사 문학을 읽는 태도가 범하게 되는 편협함의 오류를 문제 제기하면서 본고를 시작하였다.

흔히 '개척문학'으로 분류되는 그의 '이민소설' 안에서 선의나 악의를 넘어서 조선을 누구보다 잘 '알고 있는' 타자라고 생각하는 '오만한 착각'이 '내선일체'라는 이념에 제어됨을 보았다. 그러나 다른 측면에서 보면, 누구보다 잘 '알고 있기' 때문에 굳이 표현할 필요를 느끼지 못하는 무의식이 유아사를 지배하고 있었는지 모른다. 그러하기에 이미 누구보다 잘 '알고 있는' 타자보다는 그가 흥미를 가지고 주목했던 것이 식민자의 삶이었는지 모른다. 실제 그의 작품에 등장하는 조선인은 작품을 구성하는 소품에 불과했다. 그래서 필자는 그의 조선 소재의 작품에 나타난 식민자들의 삶과 그들의 '고향' 의식에 초점을 맞추고, 또한 한 식민자 작가가 일관된 주제로 연작한 작품들을 나열해 살펴봄으로써, 어떻게 그 작품이 자신(식민자로서)의 문제를 심화시켜 그려내 갔는가를 확인하였다.

그 때문에 필자는 조선(인) 소재 소설을 사적으로 검토하면서, 유아사와 같은 '식민자 2세 작가'의 등장과 그들의 '고향' 의식이 지니는 문학사적 의미를 살폈다. 식민본국에서의 '외지'에 대한 깊은 관심을 배경으로 '그 땅'에 사는 식민 2세 작가들의 등장은 1930년대 일본문학의 큰 특징 가운데 하나였다. 필자는 그런 측면에서 일본근대문학사에 차지하는 유아사 문학의 위치를 본고를 통해 확인할 수 있기를 기대한다.

소여(所與)로서의 고향과 그 주변[*]
– 실향민들의 『황해민보(黃海民報)』[**]를 중심으로

박 용 재

1. 서 론

'고향'은 누구에게나 소여(所與)의 것으로, 그렇기 때문에 고정적인

---

[*] 이 글은 2006년 2월 18일 동국대학교 한국문학연구소에서 주최한 제 25차 한국문학국제학술회의『근대의 문화지리-'고향의 창조와 재발견'』중 동국대-나고야(名古屋)대학 대학원 학술교류 및 논문발표회인『동아시아 3국의 근대경험-문화·지리·정체성』에서 발표한 글을 수정·보완한 것이다. 지면을 빌어 당시 발표 기회를 제공해주신 한만수 선생님, 때마다 부족한 글의 방향을 잡아주신 박광현 선생님, 그리고 원고를 읽고 충고를 아끼지 않았던 정종현 연구원에게 감사드린다. 아울러 발표회장에서 날카로운 지적으로 미흡한 점을 보충할 수 있게 해준 나고야대학의 쓰보이 히데토(坪井秀人) 선생님께도 감사드린다.
[**] 이북5도청 산하의 중앙기구인 황해도중앙도민회에서 발행된『황해민보』는 애초부터 민보의 정치적 성격이 규정되어 있었다. 따라서『황해민보』자체가 실향민 모두의 대표성을 지니고 있다고 말할 수는 없다. 최근 여러 분야에서 결과물로 생산되는 전쟁 관련 연구서들은 바로 이러한 맹점을 갈파하기 위해 '아래로부터의 구술사'에 주목하기 시작했다. 이 작업들은 그동안 침묵을 강요받으면서 은폐되었던, 잃어버린 역사의 퍼즐을 끼워 맞추는 중요한 작업임에 틀림없다. 이와 같은 점에서 "구술사는 역사 연구의 보조 자료가 아니라, '기억과 망각'의 관계를 통해, 정치권력화하면서 배제된 이야기를 복원하고, '기억과 망각'의 불규칙적인 드러남을 통해 정체성 자체가 단일한 것이 아니라 유동적인 것이라는 사실을 보여준다."(염미경,『전쟁연구와 구술사』, 표인주 외 지음,『전쟁과 사람들』, 한울아카데미, 2003)는 발언은 시사하는 바가 많다. 하지만 이 과정에서 염두에 두어야 할 것은 실향민들의 자기정체성을 고정된 몇 가지의 범주로 상정하고 기존의 불균등한 권력관계 내지는 인식체계의 전복을 위한

것으로 간주된다. 영원불멸, 회귀성, 순수함 등은 이 고정성의 다른 이름들 가운데 하나이다.1) 이 자동화된 인식 구조 안에서 고향을 근간으로 하는 정체성 또한 불변의 것으로 간주되기 쉽다. 하지만 한국전쟁으로 인해 고향에 돌아가지 못했던 실향민2)들은 남한의 새로운 환경에 정착하기 위해 자신들의 정체성을 다시금 확립할 필요가 있었다. 특히 그들은 이데올로기라는 자장 안에서 자유롭지 못했고, 냉전과 분단체제에 적응해나가야만 했다. 이 과정에서 그들이 두고 온 고향은 변용의 과정을 거치면서 자신들의 정체성을 주조해내는데 적극 활용되었으며 하나의 단일한 표상으로 정립해갔다. 단일화의 양상은 시간적으로 그들의 기원을 소급해나가는 방식으로, 그리고 공간적으로는 '민족수난사'에 한 축을 차지하는 의미부여의 장소로 표출되었다. 그것은 차이를 배제한 취사선택과 봉합의 결과물이었다. 그런 의미에서 『황해민보』에 대한 심층적인 접근은 실향민들이 남한 땅에서 어떻게 고향을 상상하고 주조해냈는지, 그리고 자신들의 정체성 형성과정에 고향은 어떤 역할을 했는지, 또한 마음의 고향이라 불리는 제 2의 고향은 그들에게 어

'방법'으로서만 활용되어서는 안 된다는 점이다. 그런 의미에서 『황해민보』가 표방하고 있는 실향민들의 정체성의 근간을 파악하는 작업은 중요하다. 계급이나 젠더와 같은 위치, 그리고 가시적·비가시적으로 작용하는 국가권력의 시스템 등에 따라 그들이 정체성을 표방하는 방식이나 내용에는 상당한 차이가 있겠지만, 이들이 실향민의 대표라 자임하면서 표방했던 기제들은 이후 반복, 재생산 되면서 일종의 집단적인 정체성을 구축하는 데 큰 영향을 끼쳤기 때문이다. 다시 말해, 기존에 주류로 인식되어 오던 공적인 표상방식과 거기에서 배제되고 은폐된 정체성 사이의 구분은 확연하지 않다. 오히려 이 둘은 의식적·무의식적으로 상당한 영향을 주고받으면서 형성되었다고 말해야 옳을 것이다. 따라서 『황해민보』를 통해 기존에 실향민을 대표한다고 인식되던 서사 방식을 세분화해 다양한 정체성이 일으키고 있는 대립, 분열, 혹은 융화의 방식들을 세밀화 할 수 있으리라 생각된다. 황해민보는 이 과정에서 어떤 것이 기억되고 망각되는가에 대해 살펴볼 수 있는 자료이다.

1) 전광식, 『고향』, 문학과지성사, 1999.
2) '실향민'에 대한 용어 규정은 통일되어 있지 않다. 일반적으로 '월남민', '월남인', '이북5도민' 등 다양하게 불리고 있는데, '실향민'이라는 용어는 댐 건설 등으로 인한 수몰지구의 사람들을 가리키는 혼동을 초래할 수 있지만 이 글에서는 '실향민'이라는 용어가 환기시키는 효과를 살리기 위해 이 용어를 사용한다.

떤 식으로 재현되는지 살펴보기 위한 일차적인 작업이라고 할 수 있다.3)

각각 차이가 있는 고향에 대한 기억들, 주관적 체험, 그리고 객관적인 외부 대상들은 동일화 과정을 거치면서 동류의식을 형성한다. 이 동일화 전략에서 몇 가지 중요했던 점은 바로 반공이데올로기와 민족주의였다. 결국 고향에 대한 실지(失地) 회복은 그들이 민족의 대표성을 획득하도록 부추겼으며, 그 기제로 활용된 반공이데올로기는 자신들의 고향을 심정적으로 거부하게 하는 모순된 결과를 낳게 했다. 이로 인해 실향민들4)은 '고향'과 '국가'를 일대일의 관계로 곧장 등치시키기 어려

---

3) 다른 향우회지(지금까지 확인한 바에 따르면, 민보 형식의 실향민향우회지는 평남민보, 평북민보, 황해민보, 함북민보, 함남민보가 있다)가 아닌 『횡해민보』를 주텍스트로 삼은 이유로는 다음과 같은 것들이 있다. 첫째, 이 글에서 대상으로 하고 있는 실향민 2세는 고향에 대한 기억이나 체험이 전혀 없는 세대, 다시 말해 월남 이후에 태어난 이들을 대상으로 하고 있다는 점이다. 실향민들의 세대를 구분하기란 쉬운 작업이 아니다. 출생년도에 따른 구분은 실향민들의 유명한 '고무줄 나이'로 인해 신빙성이 떨어지며, 월남 체험의 유무로 구분하였을 경우, 2세들의 편차범위가 커져 정체성 형성의 측면에서 접근하기 까다로운 문제가 발생한다. 좀 더 객관적인 방법이 제시되어야 하겠지만 이 글에서는 우선 월남 후 출생한 자들로, 유소년기 때의 고향 기억조차 찾아볼 수 없는 실향민을 잠정적으로 '실향민 2세'의 범주로 상정하고자 한다. 이들이 청장년층을 이루는 시점은 70년대 초를 전후로 한 시기로, 『황해민보』의 창간 시기와 맞물려 있다. 실제로 『황해민보』에는 창간 당시부터 향토애(鄕土愛)가 희박해져가는 2세들에 대한 개탄의 기사가 빈번하게 등장하며, 애향심 고취에 대한 호소가 끊임없이 등장한다. 황해민보의 창간 취지("우리 一五〇萬 越南道民이 相扶相助하는 協同生活의 媒介體인同時에 越南道民第二世들에게 애향정신을 길러주는 밑거름이요, 越南동포들에게는 反共思想을 鼓吹하여 勝共統一을 다짐하는 敎養紙가 될 것이다."-1975. 5. 15. 5면)에서도 이와 같이 실향민 2세에 대한 계도를 표방하고 있다. 둘째, 황해도는 한국전쟁 당시 민간인 학살이 극명했던 곳으로 기억된다. 대부분이 국군과 민간인에 의해 자행된 보복학살은 앞으로 서술될 '피 값의 요구'나 '민족의 지도자'라는 그들의 정체성 구축과정에 중요한 역사적 배경으로 자리 잡는다. 즉, 그러한 '업적'은 이들이 환기하려고 하는 '수난의 역사'에서 자신들을 주인공으로 위치시키는데 핵심적인 기제로 작용했을 가능성이 농후하다.(황해도 신천지역은 북한 측 발표에 따르면 35,000명이 학살되었다고 한다. 이는 대부분이 반공청년단에 의한 보복학살인 것으로 추정된다. -박태균, 『한국전쟁』, 책과함께, 2005, 325쪽. 또한 황해도의 사리원, 서흥군 신막에서도 한국 경찰에 의한 민간인 집단학살이 발생했다는 보고가 있다. -김기진, 『한국전쟁과 집단학살』, 푸른역사, 2006, 93~99쪽.)
4) 이 글에서 말하는 '실향민들'이라는 범위 규정에 대해 짚고 넘어갈 필요가 있다. 앞서도 언급했듯이, 『황해민보』가 실향민 전체를 대표하는 건 아니다. 또한 이 글에서

운 상황에 직면한다. 일반적으로 대개의 사람들은 "고향을 포함하지 않는 국가의 '국민'되기"라는 명제에 대해 크게 실감하지 못한다. 그래서 종종 고향과 국가 사이의 함수 관계를 자동화하는 태도는 폭력적인 양상을 초래한다. 하지만, 태어난 땅이 고향이 되고 그 고향이라는 장소를 포함한 국가의 국민이 된다는 공식은 그리 자명한 것이 아니다.[5] 실향민들에게 '고향=국가'라는 등식은 복잡한 회로를 거쳐 형성되어야 했고, 그 과정에서 심상적인 고향으로서의 『황해민보』는 더욱 중요한 위치를 획득한다. 이 글에서는 이 일련의 과정을 「해외기행문」, 「고향방문단」, 「내고장명문교순례」라는 섹션을 통해 살펴볼 것이다. 해외기행문을 통해 타자를 경유한 시선이 나/우리에 대한 자기정체성의 발견으로 이어지고, 실제 고향(북한)을 방문하면서 '고향≠국가'라는 불일치를 확인하며 마지막으로 내고장의 명문교 '순례'라는 상징적 행위를 통해 '국가≠고향'이라는 현상 속에서 일어나는 단절을 치유하고자 했던 노력들과 원형으로서의 고향을 보존하려고 했던 '심상여로'를 탐색하고자 한다. 이 과정을 통해 "고향을 포함하지 않는 국가에서의 '국민' 되기"라는 실향민들의 복잡한 자기정체성의 회로를 감지할 수 있으리라 생각된다. 한편 이 일련의 흐름 속에서 실향민들의 고향 표상이 2세들에 이르러 어떤 방식으로 전유되는지 살펴볼 것이다. 이 실향민 2세

'실향민들'이라 지칭하는 대상이 황해민보 내의, 혹은 황해도 출신의 모든 실향민을 대표하는 것도 아니다. 논의의 초점은 '대표성'의 문제로 귀결되는데, '정체성'과 같이 편차가 다양한 개념을 다룰 때, 대표성을 논한다는 것 자체가 불가능할지 모른다. 그럼에도 불구하고 이 '대표성'의 문제는 중요하면서도 복잡한데, 우선적으로 계급, 젠더, 신분 등의 범주를 고려한 일정한 집단 내의 범위로 축소하기보다, 오히려 실향민이라는 큰 틀의 범주를 가정하고 계급, 신분, 젠더와 같은 제요소에서 분명 차이를 보임에도 불구하고, 어떤 내적 논리에 의해 '공감'하는가의 차원을 이 '대표성' 문제에 개입시켜야 한다고 생각한다.

5) 최근 홋카이도의 재일조선인 학교를 다룬 다큐멘터리 영화 <우리학교>(김명준 감독, 2007.)에서 대부분 남한 출신인 재일조선인들의 "'고향'은 남조선이라고 생각하지만 '조국'은 북조선이라고 생각한다"는 발언도 이와 관련하여 시사하는 바가 많다. 고향이나 국가, 조국 등의 개념은 서로 불가분의 관계에 있으면서도 그것이 확정된 것은 아니라는 점을 보여주는 예이다.

들의 자화상을 통해 우리는 복잡하게 얽힌 '고향'의식의 형성 회로와 고향의 '낯선' 풍경을 마주하게 될 것이다.

2. 고향의 시·공간적 역사화

실향민들은 전쟁과 분단으로 인해 고향을 떠나왔다는 공통분모를 가지고 있지만, 그 잃어버린 고향에 대한 표상들이 각 개인마다 같은 모습일 수는 없다. 『황해민보』내의 <望鄕隨想>에서 발화되고 있는 고향의 이미지들은 음식, 가족, 친구, 놀이 등등 다양한 모습으로 회고된다. 개인적인 체험의 차이로 흩어져있는 고향의 이미지는 실지회복이라는 명분하에 단일한 공동체의 집단 기억으로 재현되는데, 이 동일화 과정은 남한이라는 국민국가의 공간 안에서 북한 출신인 실향민들의 자기 정체성을 구축하는데 중요한 기제로 작용한다. 집단 기억을 주조화 하는 데 있어서 핵심적인 맥락은 '피의 기억'에 대한 강조에 있다. 멀게는 삼국시대 초기부터 가깝게는 식민지시기와 한국전쟁에 이르기까지, 실향민들은 자신의 고향을 '민족수난의 현장'으로 재구성한다.

> 또 우리나라 古代史의始點이 되어오는 檀君朝鮮의都邑地가 역시 黃海道였다.…黃海道의 名山 九月山의 옛이름이 곧白岳또는阿斯達이었다. 따라서 檀君朝鮮의 後期 도읍지가 곧阿斯達즉 九月山으로보는것이니, 그렇다면 黃海道의 지역은 이미3천여년전부터 우리民族國家의 중심지가되었음을 알수있는일이다. 또阿斯達의 稱號는다름아닌, 아침 햇빛이 밝은 山을 의미하는 것으로서 "朝日鮮明"의 의미로보는 朝鮮의 國號와 같은 것으로 풀이되기도하는 것이다.…이러한 漢의 郡縣이設置되어 있는동안에는 그들 外國人 官使, 商人들의 북새질로 인한 소란과 피해도 없지 않았지만 한편으로는 발달한저곳 중국의 漢代 文化를 받아들여 우리 民族社會生活발전에 기여한 바도 없지않았다. <黃海道의 歷史>(1975. 5. 15.)[6]

'단군의 성지'이자 '구월산 전투'의 생생함이 살아 있는 곳, 민족의 발원지이자, 순수한 민족 투사의 피가 아직도 식지 않은 '구월산'은 황해도민의 상징적인 고향의 장소로 부각된다. 구월산에 대한 강조는 그것이 단순히 자기 집 뒷산이기 때문만이 아니다. 구월산에 대한 직·간접적인 경험의 유무나 그 존재 인식 여부를 막론하고, 그곳이 시간적으로 민족의 기원으로 소급되고, 공간적으로 '민족 수난의 현장'이라는 역사적인 외피를 입었을 때, '고향=구월산', 그리고 '구월산=민족의 기원'이라는 관계7)로 묶이고 그곳을 고향으로 삼는 자신들은 단군의 후손이자 한민족이라는 정체성을 획득하고자 하는 욕망이 형성된다. 흔히 장소는 동일화의 핵심적인 기제로 일컬어지는 요소 중 하나이다.8) 일반적인 향토지를 서술하는 데 있어서 기본적인 골격을 이루는

---

6) 黃海道中央道民會, 『黃海民報』, 1975. 5~1989. 12. 15年 影印本. 이후 인용은 날짜와 면수만 표기.
7) 비단 구월산에만 국한되는 것은 아니다. 묘향산, 백두산, 금강산 등은 古來로부터 각 시기별마다 특징적인 의미부여의 장소로 현현한다. 단순히 경관을 자랑하는 데서부터 민족정기의 발현지로 상징되는 데까지 그 의미층은 다양하다. 이러한 표상방식의 근원을 거슬러 오르면 그 변폭은 상당히 넓어지겠지만, '발견'에 방점이 찍혔을 때 그것이 의도하는 바가 무엇인가는 면밀한 추적을 요한다. 이와 관련해 식민지시기 최남선과 이광수의 금강산 기행을 중심으로 국토 순례의 형식을 통해 '민족'을 발견하는 여정, 그리고 그것이 식민지 제국주의와 일정한 공모관계에 있었던 점을 지적하고 있는 구인모(「국토순례와 민족의 자기구성」, 동국대학교 한국문학연구소 편, 『한국문학연구』 27집, 2004)의 논문을 참조.
8) 특히, 어떤 장소를 구체화하는 데 있어서 '경험'을 강조하고 있는 이푸 투안(『공간과 장소』, 대윤, 2005)의 지적은 참고할만하다. 시각·청각·촉각 등의 감각기관을 통해 구체화되는 장소감은 대칭적이지 않다. 예를 들어, 똑같은 장소를 경험했다 하더라도 그 경험은 제한적이자, 실제 경험의 차는 경험자의 수만큼 무한하다. 하지만 그가 "상징을 만드는 인류의 특징은 그 구성원들이 국가와 같은 거대한 장소들(이 장소에 대하여 그들은 단지 제한된 직접 경험만을 얻을 수 있다)에 열정적인 애정을 가질 수 있다"(38쪽)고 말한 부분이나, "심지어 고유한 환경의 산물로 보이는 경험도 '공유'(강조-인용자)될 수 있다"(238쪽)고 말한 것처럼, 고향을 환기하는 기억, 혹은 경험들은 사람마다 편차가 있지만, 그것이 불러일으키는 '공감'의 차원은 이 경험과 의미의 공유를 통해 존재한다. 바꿔 말하면 황해도 출신자 모두가 구월산을 보거나 오르는 행위를 통해 경험한 것은 아니라 하더라도, 구월산이 환기하는 고향의 이미지에 대해서는 일정한 공유의 경험을 하고 있는 셈이다. 경험의 유무와는 별개로 하나의 경험이 공통된 것을 공감하게 만드는 차원은 사회 전반의 체제 및 특정한 이데올로기에

사항 중에 하나가 고향의 산하라는 점에서도 알 수 있듯이 동일성의 예화는 특정한 장소를 필요로 한다. 일종의 고향 '자랑거리'라고 할 수 있는데, 이는 상당한 의미부여의 과정을 통해 형성된다. 그 의미부여의 형식 중에서 가장 쉬우면서도 극대한의 효과치를 달성할 수 있는 것 중 하나가 바로 '민족', 그것도 시원을 거슬러 올라간 연속성의 강조이다. 물론, 장소라는 장치를 통해 원형적인 귀속감을 환기시키는 일은 과거에도 존재해왔다. 하지만 그것이 국민국가의 틀 안에서, 그것도 월남민이라는 위치에서 발화되었을 때에는 고향의 자랑거리를 뛰어넘는 좀 더 큰 범주, 바로 외부를 향한 정체성의 피력이라는 의미를 지닌다. 민족정체성의 연속성을 강조하는 것이 외부를 향한 호소에 기반 한다면 그것은 비단 장소에만 한정되지는 않는다. 고향의 산하가 민족정통성을 담지한 수난지의 형상이라면 향토인물은 동일시의 대상으로 소환된다.

> 栗谷先生의 隱居地이기도 하며 最近에 와서는 韓民族의 철천지원수 伊藤博文을 處斷한 安重根 義士와 抗日獨立運動等憂國의 一念으로平生을 마치신 萬古의 愛國者 白凡金九先生이 태어난 곳이기도 하다.…歷史를더 듬어보면 1947年 2月에 市內 청파동<碧城君民版>(1975. 9. 15.)
> 이곳은 우리 民族의 원수 伊藤博文을 處斷한 安重根義士가 成長한 곳이기도 하다.…그 중에는 阿斯峰 檀君臺등 由緒 깊은 史蹟이 있고,…<信川君民版>(1976. 3. 1.)
> 黃海道에서도 그해 겨울부터 海州, 信川, 長淵등 各地에서, 군대와 민중이 궐기하여 日帝勢力을 몰아내고, 親日徒黨을 처단하였으며, 平山, 遂安등지의 儒林들은 당시 儒學界의 名望 높던 의암 柳麟錫을 大將으로 하는 충청도義兵陳과 긴밀한 연락을 취하면서 救國活動을 展開하였다.(중략) 安義士의 이러한 '殺身成仁'의 항일투쟁은 다시 安命根, 張德震, 梁槿

의해 구성된 기호 체계의 작용이라고도 할 수 있다. 그것이 어떤 한 시대나 공간의 제약을 뛰어넘어 광범위하게 두루 미치는 것 중 하나가 바로 '고향'에 대한 공감의 차원이다.

煥, 羅錫疇 등 여러 義烈士들에게로 이어져서 本道의 抗日鬪爭史를 더욱
빛나게 하였다.(중략) 李承晚, 金九, 朴殷植등 諸氏 大韓民國臨時政府를
主導 (1975. 9. 15. 2면)

　식민지시기의 대표적 항일투사인 안중근, 대한민국 임시정부의 김구,
그리고 이승만으로 면면히 이어지는 향토인물에 대한 동일시9)는 식민
지시기부터 계승되는 민족수난자의 형상을 띠고 있을 뿐 아니라, 실향
민들이 현 대한민국의 건국에 지대한 공을 세웠다는 데에 강조점이 있
다. 이들에 대한 기사는 반복 서술되면서 그 정통성을 공고히 하는데,
예를 들어 해마다 3월이면 3.1절 기사와 함께, 김구나 안중근에 대한
기사가 반복되며 <故 李承晚博士 紀念事業會>나 <安重根義士 殉國66
周追念式>, <羅錫疇義士 49周忌追念式>과 같은 행사는 주요 머리기
사 중에 하나이다. '장소'와 마찬가지로 자기 향토의 역사적 인물에 대
한 강조는 실향민의 회보에서만 두드러진 경향은 아니다. 향우회지의
일반적인 기술방식 중 하나이자, 일체감을 형성하는데 핵심적인 역할
을 하는 것이 동향출신 인물을 기축으로 한 유대감의 표출이라는 점에
서 그리 낯설지 않은 방식이기도 하다. 문제는 이런 향토인물을 영웅화
하는 초점이 어디에 맞춰져 있느냐이다.10) 안중근, 김구, 이승만은 다
양한 전기적 평가가 가능한 인물이지만 독립투사의 이미지에 초점이

---

9) 이와 같은 서사는 계속해서 반복 서술된다. 3.1운동과 반공정신을 접목시키면서 자신
들의 민주역량을 강조하는 기사(76. 3. 1.)나 해주 9·16 사건의 진상을 규명하는 기
사(75. 10. 15), 황해도가 수많은 인물을 배출하면서 그 이전의 설움을 딛고, 근대 한
국이라는 국가 설립에 가장 큰 역할을 했다는 자부심(75. 5. 15)등은 단순한 향토인물
소개만으로는 볼 수 없는 특수성을 지니고 있다.
10) 고향 출신의 인물을 영웅화하거나 특정한 장소에 역사성을 부여하는 면모들은 일본
의 경우도 마찬가지로 상당히 보편적인 방식이라 할 수 있다. 이에 대해서는 나리타
류이치가 19세기 후반부터 20세기 초에 걸친 근대 일본의 도시공간을 역사적으로
고찰하면서 '고향'과 관련된 담론을 다양한 자료를 통해 광범위하게 분석하고 있는
그의 책(成田龍一, 『「故鄕」という物語-都市空間の歷史學』, 吉川弘文館, 1998)이 시
사하는 바가 많다.

맞춰질 때, 비로소 그들은 향토를 대표하는 인물이자 동일시의 대상이 된다. 대표성을 획득한 향토 위인은 동향이라는 이유 하나로 같은 고향을 상상하는 이들에게 동질의식을 형성하게 만들고 자신들을 향토위인과 같은 항일투사나 민족투사로 동일시하는 것이다. 요컨대 그들은 '민족'을 구제하기 위한 투사로 형상화되며, 스스로에게 일종의 '순교자적 정체성'을 부여하고 있다. 식민지시기의 '지배/피지배' 관계에서 벗어나 해방과 한국전쟁 이후에 활발하게 전개되는 민족담론 안에서 생각해보면, 실향민들이 민족의 정통성을 대표하는 인물들에게 '순결한 민족 투사'의 색채를 입히고, 자신들이 그 외피를 그대로 전수받는 것이 그리 놀라운 일만은 아닐 수도 있다. 하지만 그들이 고향을 잃은 실향민이라는 사실과 타향의식을 가지고 현실에 산재한 난관들을 타개해 나가야 한다는 입장에서 볼 때, 그들의 '순결한 민족 투사'는 다른 독법을 가능하게 한다. 여러 구술에서 증언하는 바[11], 실향민들은 이북에서 왔다는 사실만으로 정착 초기 심한 박해를 받았다. 특히, '북한=적색분자=북한사람'으로 이어지는 일반화는 이데올로기와 상관없는 실향민들에게조차 '빨갱이'라는 굴레를 덮어씌웠다. 그 속에서 살아남기 위해서는 철저히 반공주의자가 되는 수밖에 없었다.[12] 먼저 득하지 않으면 살아

---

[11] '둔덕리 주인집 여자는 "이북 사람은 빨갛다"고 했다.', '이남 사람들은 흔히 우리가 지나가는 것을 보면, "저기 사람 하나하고 피난민 하나가 간다."고 할 정도로 우리를 인간으로 취급하지 않았다.', '가는 길에 잘 사는 집에 들러 빈방이 있어 보이길래 잠자리를 청했으나 거절당했다. 우리가 이북 출신 빨갱이 때문이라 그랬다. 심지어 잘 데가 없으면 소 외양간에서도 잤다.' 김귀옥은 이와 같은 구술을 기록하면서 '월남인은 거의 난민으로서 인정받지 못한 채 한편으로는 자유를 찾아 의거한 사람이며 다른 한편으로는 소위 '빨갱이'일 가능성이 있는 모순적인 존재로 담론화 되었던 것이다.'라고 말하고 있다. 김귀옥, 『월남민의 생활경험과 정체성』, 서울대학교출판부, 2002, 273~275쪽. 그 외 1940년대부터 90년대에 이르기까지 반공이데올로기와 관련된 다양한 사례를 제시하고 있는 강준만·김환표, 『희생양과 죄의식-대한민국 반공의 역사』, 개마고원, 2004. 참조.

[12] 보다 심각한 것은 '빨갱이' 상이었다. 편견은 개인적으로는 퍼스낼러티(personality)의 문제이지만 사회적으로는 이데올로기의 반영으로 볼 수 있다…월남인들에게 놓인 일차적인 과제는 빨갱이 편견을 어떻게 제거하느냐의 문제였다.…다른 빨갱이를

남을 수 없었던 정치·사회적 상황들은 오히려 남한 사람들보다 더 철저한 반공주의자라는 정체성을 부여했다. '남한에 내려오니 이곳에 빨갱이들이 더 많았다'라는 서술은 자신들을 공산주의에 지극히 혐오감을 갖고 있는 순수한 존재로 위치시키고, 타자를 그 자리에 대신 자리매김하는 적극적인 '생존법칙'이었다.

이 냉철한 생존법칙의 현장에서 그들이 순수한 민족정체성의 외피를 두르고 있는 것은 '현재=이곳'인 남한에서 살아갈 수 있는 정당성을 부여한다. 실향민이라는 피해의식과 '빨강 땅'에서 넘어왔다는 죄의식은 고향의 상실감보다 더 큰 '배제에 대한 공포'를 유발시켰으며, 그것의 적극적인 대응방식으로 반공이데올로기를 내면화하고 '피의 기억'을 되살림으로써 자신들의 정체성을 주조해나간 것이다. 이처럼 정체성의 근간으로 설정된 고향을 역사적인 공간으로 재구성한 것이 남한 사회에 적극적으로 자신들의 위치를 확립하려는 의도였다면 이 신성한 고향을 빼앗은 현재 북한 정권은 철저하게 거부되어야만 했다. 즉, 자신(실향민)은 그들(공산당)과 다르다는 구분을 통해 일종의 경계 짓기를 하고 있었던 셈이다. '월남인/북한인(괴뢰정권)'의 경계 짓기는 '고향 땅=붉은 땅=빨갱이'라는 등식에 의해 고향은 이미 그 순수성이 훼손되었으며, '북한괴뢰군'의 잔악무도함을 개탄하면서 자기들 스스로를 '도덕적 순결성'을 보지(保持)한 존재로 부각시킨다. <임진강가의 호소>라는 제목의 기사(76. 11. 1. 1면.)에서는 북한 어린이들의 기아 상태와 북한 정권의 비인권적 성향을 고발하고 있으며, <북송탈출 김혜미양 모국방문>이라는 제목의 기사(77. 5. 1. 3면)에서는 목숨을 담보로 하면서까지 거부하고 싶은 북한의 이미지를 연출한다. 앞서 말한 대로 그들은 고향

욕함으로써 자신에 대한 빨갱이의 혐의를 벗길 수 있어야 했다. 그 결과 월남인들은 '반공 이데올로기'를 적극적으로 수용하여 과거의 자신으로부터 현재의 자신을 분리시키고 과거의 자신을 타자화시킴으로써 이북 주민들을 '그들'로, 이남 주민들을 '우리'로 바꾸어 나가게 되었다.-김귀옥, 앞의 책, 276쪽.

을 민족의 정기가 발원되고 이어져왔던 곳으로 상정했지만, 적극적으로 내세울 수만은 없는 상황에 처했던 것이다. 분단이라는 특수한 상황은 고향을 한편으로 동일시가 일어나는 원형의 장소로, 다른 한편으로는 공산당에 의해 훼손된 공간으로 분화되어 인식하게 만들었다. 현실의 적에게 '惡'을 부여할수록 고향은 이상화되었다.

고향을 그리워하면 할수록 부정할 수밖에 없다는 모순된 양극화는 '경계 짓기'라는 독특한 정체성을 형성하게 만든다. 북한이라는 타자는 남한에서 살아가기 위해 철저히 경계 지어야 할 대상이었다. 하지만 반대로 남한 사회에 편입되거나 동화될 수는 없었다. '반공이데올로기'를 국시로 자신의 과거를 타자화시키면서 남한 주민들을 '우리'로 내면화하고자 했던 의도는 '정체성의 소멸'이라는 난관에 부딪친 것이다. 북한뿐만 아니라 남한 사회에 대해서도 경계 지은 것[13]은 정체성 소멸에 대한 위기의식과 '피해의식'의 발로였다. '흘러들어 온 이들'이라는 불안한 정체성은 한편으로 대한민국 건국과 민족 수호에 대한 그들의 공헌을 강조하는 한편, 경제발전과 국가 발전이라는 연결선 상에서 다시 한 번 '민족의 지도자'라는 과제를 수행하게 된다. 식민지시기와 한국전쟁기에 그들이 흘린 피가 대한민국이라는 타향에서 자신들이 살아갈 수 있는 명분을 과거 완료로서 제시해준다면, 국가발전에 지대한 영향을 끼쳤다는 자부심은 현재진행형으로서의 명분을 재확인해주는 작업이었다.

---

[13] "고향을 애타게 그리워하는 심정은 월남동포들만이 아는 것"이라는 기사(75. 10. 15)는 이들의 경계짓기가 단순히 '북한'만을 상정하고 있지 않다는 사실을 단적으로 보여준다. 그들은 남한에서 '남한사람'으로 살아가지만 결코 '남한 사람'들이 '알지 못하는' 처지를 강조하면서 자신들만의 독특한 위치를 되새기고 있는 셈이다. 여기에는 민족수난의 역사가 현재진행형으로 자신들에게 영향을 미치고 있다는 피해의식까지도 포함되어 있다.

(1) 八道 人物評

언제부터 있어오는 것인지, 또 누구의 發說인지는 모르지만, '八道人物評'이라는것이 오래전부터 전해오고 또 널리 알려졌다. 京畿道-鏡中美人, 忠淸道-淸風明月, 江原道-岩下老仏, 慶尙道-泰山교악, 全羅道-風前細柳, 黃海道-石田耕牛, 平安道-猛虎出林, 咸鏡道-이田鬪狗

여기에 의하면 <u>黃海道의 人物을 '石田耕牛'로 표현하였다. 즉, 돌밭을 가는 소의 기질이요 성품이라는 것이니……그저 부지런히 꾸준히 자기의 일을 자기가 하는 것이, 또 해나가고 있는 것이황해도 사람들이아닌가고 본다.</u> 때문에 어데가서나 큰 成功, 갑작스러운 出世가 없는가하면 그저 남에게 폐 끼치지 않고 信義를 지키며 살아가는 것이 오늘까지의 黃海道 人物로 볼수 있을 것이다. (1975. 10. 15. 2면)

근면성실한 이들의 '기질'은 남한 사회에서도 그대로 나타나 황무지나 다름없던 땅을 개간해 정착촌으로 만든다든지, 낙후한 속초를 시로 승격시켜 일자리를 창출하는 예에서도 그대로 나타난다. 바로 뒤의 기사 내용에서 기술되는 "그러나 중간에 가장 波란 曲折이 많았던 곳역시 黃海道"임을 강조하면서 古朝鮮 시대 위만왕조와 漢人들의 꽃새길, 삼국시대 신라와 고구려, 백제와 고구려의 경계 다툼, 그리고 몽고와 외적이 출입하는 길목이 되면서 그들의 고향 황해도는 '민족수난의 현장'으로 인식된다. 그 와중에 '石田耕牛'의 기질을 가지고 있는 황해도 사람들은 "오랜 기간의 苦難의 歷史 속에서" 그들의 정체성이 이루어졌으며, "오랜 동안에 걸쳐 外敵의 침입에서 鄕土守護에 앞장서던 황해도 사람들은 愛鄕心이 강하고 그 愛鄕心은 다시 愛國心으로 昇華하여 國家의 建設 守護에 앞장 선" 군상으로 묘사된다. 숱한 질곡의 시간을 인고로 견뎌낸 황해도 사람만이 결국 '애향심=애국심=국가수호'라는 당위성을 얻을 수 있었던 것이다. 그 이면에는 역사적으로 공헌이 지대하며, 현 남한정권의 기틀을 잡는데 업적을 세웠음에도 불구하고 실향이라는 수난이 지속되었다는 관념, 다시말해 과거로부터 면면히 이어져 내려온 '민족수난사'는 한국전쟁과 분단에 이르러 그 정점을 이루지만 남한 사람들의 경우, 돌아갈 고향은 존재한다는 측면에서 볼 때, '고귀한' 민족수난사에서 비껴있는 것이나 마찬가지였다. 하지만 실향민들은 고향을 잃었고, 수난사의 계통은 그들에게 이어지고 있었던 것이다. 민족수난사의 연속성을 강조하고, 자신들을 그 중심에 놓는 것은 확실한 근거지가 부재한 현실에서도 통용되는 논리이지만, 그보다는 통일 이후 북한에서의 선점권을 장악하기 위해 더 필요한 것이었다. 그 보상이 현실적으로 이루어지는 공간은 불안정한 남한에서가 아니라, 실지를 회복한 북한에서였다. 이 때문에 그들은 고향을 부정하면서도 남한 사회에 동화될 수 없었고, 스스로를 끊임없이 피해자로 규정할 수밖에 없었다.14)

3. '국민 되기'의 여로
: 〈해외여행기〉, 〈고향방문단〉, 〈명문교 순례〉

이중의 '경계 짓기'는 실향민들로 하여금 '남한'이나 '북한'에 기반

---

14) 交通얘기가 났으니 말이지만 京義線과 黃海本線이 沙里院에서 分기하고 道路網도 발달하여 隣近 物産의 集散地가 되고 있을뿐만 아니라 載寧 信川 松禾 長淵 安岳 殷栗 黃州 등지도여기를거쳐가야한다.…西쪽으로는 우리開國神話가 깃들어있는 九月山連峰하며…〈沙里院 市・鳳山郡民聯合版〉(1976. 2. 1.)
이곳은 우리 民族의 원수 伊藤博文을 處斷한 安重根義士가 成長한 곳 이기도 하다.…그 중에는 阿斯峰 檀君臺등 由緖 깊은 史蹟이 있고,…以外에도 郡內에는 많은 古蹟이 散在하여 있어 上古時代의 民族史를 자랑할 수 있다.…통일이 되면 內外觀光客을 유치할수 있는 唯一한 관광지가 될것이다. 〈信川君民版〉(1976. 3. 1.) 자기 군이나 면을 교통의 중심지, 국방상의 요지, 관광의 명소로 강조하는 데에는 단순한 '자랑' 이상의 의미가 있다. 다분히 통일 이후의 중심을 차지하려는 의식의 발로라고 밖에는 이해할 수 없다. 북한을 대타로 상정했을 때, 구월산은 황해도민 전체의 구심점이 되지만, 통일 후 북한에서의 선점권을 염두에 두었을 경우에는 중심이 각 군이나 면으로 이동하게 된다. 자기정체성의 근간으로 거부해야할 대상이 무엇인가에 따라 경계는 유동적으로 변한다.

하지 않은 또 다른 고향을 상상하게 만든다. <黃海民報創刊을 慶祝>(75. 5. 15. 5면)에서 "오직 마음의 安定을 채우지못해왔던바 이제 우리 黃海民報의 創刊으로 말미암아 우리가 의지할 곳이 생겼읍니다. 黃海民報는 우리 越南道民의 친구요 친척이요 귀요 눈이요 거울이요 빛이될것입니다. 우리는 아직 고향을못찾았지만 우리의 마음의 고향은 찾게되었다"라는 서술에서 드러나듯이 마음의 고향으로서의 황해민보를 강조하는 것은 지리적으로 부재하는 그들의 고향에 하나의 상상된 지리로서 『황해민보』를 특화시킨다. 특히, 황해도중앙도민회가 주최하는 여러 가지 행사들, 대표적인 예로는 각 군별 체육대회나 '황해도민의 날' 그리고 각종 군민회나 면민회는 그들이 남한 내에서 남한 사람들과는 다른 정체성을 보유하고 있다는 의식을 공고히 해준다. 운동 경기를 통한 화합과 단결력은 남한 사회 내에서 그들의 정체성을 함양하기 위한 중요한 원천이 되고, 단 하루뿐인 행사이지만 대회에 참가하는 사람들에게 '그들만의 소속감'을 부여하는 데 기여했다. 하지만 이 정체성의 경계 짓기는 그 경계가 모호한 것이었다. 남한 사람들과의 '차이'에만 주력할 경우, 배제의 근거를 스스로 자아내는 빌미를 제공할 수 있고 반대로 앞서와 같은 '동화'에만 주력할 경우 북한에 대한 선점권을 상실한다는 현실적 문제와 함께 정체성의 상실이라는 근본적인 불안감에서 자유로울 수 없었다. 이 대목에서 대한민국 '국민'으로서의 자기확인과 고향의 이상화라는 작업은 동화와 차이 가운데 어느 하나를 취사선택하는 방식이 아니라, 그 둘을 아우르는 형태를 띤다. 그 구체적인 사례로서 <고향방문단>과 <모교순례기>가 있다. 『황해민보』를 하나의 텍스트로 놓고, 그 지면 위의 <해외여행기>, <고향방문단>, <모교순례기>를 하나의 여로(旅路)로 상정하는 것은 무리가 따른다. 일차적으로 이들 기사를 작성한 인물들이 서로 다른 인물들이기 때문이다. 더욱이 당시 해외여행 및 고향방문을 할 수 있었던 것은 특정한 계층에 한해서였다. 대중적인 여가의 한 형태로 발달하기 이전의 여행이나, 혹은 대중적인 관광에 이르기까지도 계급적 차이와 교통수단이 미치는 영향15)은 여전하지만, 1970년대 한국의 해외여행은 단지 신분이나 계층, 계급을 넘어 해외여행 자체가 국가통제의 한 요소였다는 점에서 그 영향은 더했을 것으로 짐작된다. 고향방문단 또한 마찬가지로 적절한 요건을 갖춘 특정 인물들만이 실행할 수 있었을 것으로 판단된다.16) 『황해민보』 안에서 발언하고 있는 각 개인들은 저마다 다양한 직업, 계층, 성별, 연령을 띠고 있어서 이들 각 편자들의 발화를 단일화하는 것은 불가능하겠지만, 고향을 유대로 한다는 점에서 『황해민보』라는 텍스트가 이들 각 편자들의 차이를 융합해 텍스트 자체가 밟아나가고 있는 심상지리를 가정할 수 있다. 바꿔 말하면, 『황해민보』를 읽는 독자층 또한 신분적, 계층적, 계급적인 면에서 편차를 보이지만 그럼에도 불구하고 『황해민보』에 공감17)한다. 그 공감의 차원에서 각각의 필자들이 펼쳐놓은 <해외여행기>, <고향방문단>, <모교순례기>는 고향을 포함하지 않는 국가의 '국민 되기'(동화)와 고향의 이상

---

15) 박재환·김문겸, 『근대사회의 여가문화』, 서울대학교출판부, 1997, 121~163쪽.
16) 월남인의 고향방문에 대한 반대급부로 월북인 가족들의 이산가족 상봉 신청 사례를 살펴보는 것도 흥미로운 점 중에 하나이다. 필드워크를 통해 월북인 가족을 관찰한 결과, 그들은 '정답'을 알고 있었다는 김귀옥의 지적(김귀옥, 『이산가족, '반공전사'도 '빨갱이'도 아닌-이산가족 문제를 보는 새로운 시각』, 역사비평사, 2005)은 적확하다. 이산가족 상봉 후 예상되는 정치적 보복과 후환이 두려워 신청을 하지 않는 월북자 가족들은 가족의 월북 경위에 대한 '정답', 즉 공통된 서사를 가지고 있었다. 혈연의 상봉을 가로막는 두려움이 이산가족 상봉에도 작용했음을 볼 때, 고향방문 또한 상당한 위험 감수를 동반하지 않으면 안 되었을 것이며, 이는 신분적으로 일정 정도 보장된 이들이 고향방문에도 적극적이었음을 시사한다.
17) 이 공감의 차원 또한 다양하게 분화되며, 그 양상들을 살펴보는 것이 중요한 문제이다. 이 글에서는 표면적으로 '민족수난자', '반공이데올로기' 등과 같이 보편적인 사항을 제시했지만, 그 외에도 좀 더 미시적인 것으로 각각의 개인적인 경험을 비롯해 남한에서의 지위, 북한에 대한 선입견, 남한 사회의 교육 등 다양한 심급이 존재한다. 이 심급을 규명해내는 것, 즉 계급·젠더·세대적으로 편차가 있으면서도 어떤 기제를 통해 그들이 '공감'하게 되었는가는 앞으로 면밀한 분석이 요구된다. 이 글에서는 이 '공감의 차원'이 존재한다는 사실 하에 그 하나의 예로 우선 '심상여로'를 제시하고자 한다.

화(정체성의 회복), 다시 말해 이중의 경계 짓기가 아우르고 있는 표지로 나타난다.

"외국에 나가면 모두 다 애국자"[18]라는 말이 단적으로 드러내 보이듯이 경계 밖으로의 이동은 익숙하고 친근한 경계 내부로의 통합성과 동질성의 양상을 띤다. 국경선을 벗어나 외국의 이국적인 풍경, 서로 통하지 않는 언어, 눈에 확연히 드러나는 외모의 차이 등은 여행자로 하여금 평소에 느끼지 못했던 국가의 존재가 자신에게 얼마나 큰 의미를 차지하고 있는가를 발견하게 만들고, 혹은 의미 부여하게 한다. 하지만 실향민들의 경우, 앞서 거론한 '고향=국가' 의식의 형성이 자연스럽게 이루어지지 않는다는 점이 문제가 된다. 그들에게 고향은 '북괴'에 의해 더럽혀진 장소였으며, 지리적으로 휴전선 위쪽에 위치한 엄연히 갈 수 없는 곳이었다. 그리고 그곳은 자신들의 '국가'가 아니었다. 이러한 점에서 그들이 해외여행을 통해 '고향=국가'를 등치시킨다는 논리는 모순적이다. 따라서 그들이 표면적으로 내세우고 있는 '애향심=애국심=국가발전'이라는 논리도 모순될 수밖에 없다. 결국 이 등식 가운데 각각의 항이 지시하고 있는 대상들이 무엇인가를 면밀히 따져볼 필요가 있다. 제 2의 고향으로서 20년 넘게 살아온 남한 땅이 애향심의 대상이 된다면 자연스럽게 애국심으로 전개될 수 있겠지만 마음의 고향으로서 언제나 현실적으로 실제하는 지리상의 고향을 그들이 원고향으로 규정한다는 점에서 애향심이 애국심으로 발전되는 논리 속에는 국가와 고향 사이에 불일치가 드러나기 때문이다. 이와 같은 실향민의 특수성으로 인해, 그들은 '고향=국가'라는 등식을 완성하기 위해 '고향/국가'라는 분절의 단계를 먼저 거쳐야 했다.[19]

---

[18] 흔히 말하기를 해외에 나가면 누구나 애국자가 되고 또 외교관이 된다는 말과 같이 보이지 않는 국력이 우리 모두의 가슴에서 「나라사랑」으로 응결되는 것을 실감하였으며 비록 짧은 기간이나 내 나라 내 민족을 위하여 할 수 있는 최선을 다해야겠다는 굳은 의지가 우리들 모두를 사로잡는 것이었다.-趙貞濬, 「내가 본 美國」, 1977. 5. 1. 7면.

<고향방문단>은 고향/국가의 단절을 확인하고, 남한 국민 되기의 통과적 제의라는 형식을 취하고 있다. 1985년 9월 20일부터 9월 23일까지 남북 쌍방 고향방문단과 예술 공연단의 동시교류로 행해진 이 행사는 그 출발선상에서부터 고향방문에 대한 설레임과 함께 모종의 불안감이 교차되어 있다. 흥미로운 점은 이 고향방문이 시종일관 '관광객의 시선'[20]을 견지한 채 행해지고 있다는 사실이다.

내 생각이지만 고향방문단 50명과 공연단등 151名이 <u>平壤에서 돌아온 板門店에서 누구의 先唱도 없이 「大韓民國萬歲」를 외쳤던 것은</u> 北의 그

---

19) 실향민들에게 있어서 '고향/국가'라는 분절의 예를 보여주는 사례를 들어보면, "그러나 나는 또 잘 수가 없습니다. 불쑥 日本에 와 있는 大韓民國의 한 市民이라는 나 자신이 發見되는 듯 느꼈기 때문입니다.…「오늘」에 忠實하며 자기의 생업에 모든 열의와 성의를 다하는 國民이야말로 진실한 愛國者라고 칭찬하고 싶습니다. 愛國은 口號가 아닙니다. 黃牛가 밭을 갈듯이 默默한 실천만이 필요합니다. 愛國은 人間의 본능이라고 생각하여 봅니다. 아무런 강요없이 年令과 더불어 成長하여 나갑니다. 나무에는 땅에 묻힌 뿌리가 있듯이 人間에게는 면면히 흐르는 祖上의 血緣이 있습니다. 그리고 우리를 보호하여 주는 社會와 國家가 있음을 알기 때문입니다." 이 기사의 필자가 생각하는 국가는 "조상의 혈연"으로 뭉쳐져 "우리를 보호하여 주는"곳이다. "정말 나는 幸福하다고 느꼈습니다. 따뜻한 祖國의 품안에서 子息들을 키우가며 아무런 拘碍없이" 보호받고 생활하는 필자는 "한편 또 내가 가져야 할 國家에 對한 姿勢와 義務는 무엇인가"를 반성하면서 애국심을 다지고 한 국가의 시민으로 자신을 느끼는 것이다. 국가는 그 국민들을 보호하고 안정을 보장해주어야 한다. 이 글의 필자처럼 걱정없이 자식들을 키울 수 있고, "마음대로 哲學도 政治도 論"할 수 있게 해줘야 하며, "來日을 설계"할 수 있도록 해줘야 하는 것이 바로 국가다. 따라서 자유가 없고, 개인적 인권을 보장해주지 않고, 신변의 안전을 구속한다고 여겨지는 북한은 국가로서의 자질을 상실한 공동체, 즉 적화사상에 굴든 야만인이자 선량한 사람(兄弟, 姉妹, 父母)들에게 주체사상을 강요해 그들을 속박하는 집단에 불과했던 것이다.
20) 프라우의 표현을 빌려 관광경험의 내적구조를 이루고 있는 '진정성'의 일차적 형식을 관광대상과 개념 사이의 일치로 보고 있는 서영채의 논의(서영채,「최남선과 이광수의 금강산 기행문에 대하여」,『민족문학사연구』24집, 2004, 251~253쪽)를 따르자면, 결국 관광객의 태도나 시선을 문제삼지 않을 수 없다. 이 진정성은 비록 그것이 숱한 왜곡에 의해 진정성 자체가 의심되는 불안정한 개념이지만, 실향민들의 고향 방문이 자신들이 기존에 고정화한 고향의 모습을 전제로 비교하면서 끊임없이 진정성에 대한 물음을 던지고 있으며, 더 나아가 그 비교 우위를 통해 문명화의 우월성으로 진정성의 판단 기준을 치환한다는 점에서 흥미롭다고 할 수 있다.

러한 虛像때문에 緊張하고 두려웠던 나머지 이제는 살았다는 생각과함께 祖國에 對한 愛國心이 以心傳心으로 電流처럼 흐르고 이어진 때문일 것이다.(松禾 崔成福,「평양 訪問 3泊 4日」, 1985. 12. 10, 4면.)

어떻게보면 목숨 내놓고 3박4일간 平壤에 다녀온…내가 평양에 간것 또 다시 무사히 돌아온 것도 여러분들의 마음으로부터의 聲援과 기도의…초조히 기다리다 쑥 우리지역에 넘어오니 심호흡이 절로 나오고 들어오는 空氣맛이 달랐다. 한복 입은 우리측 환영女人들을 보니 마음이 후련하고 기분이 상쾌했다.…모두 수고했다고 돌아가며 한차례씩 拍手치고 만세도 부르고 눈물을 닦으며 헤어졌다. 가수 河春花양은 「北에 한번 갔다오니 스스로 愛國者가 되었다」며 「저 열심히 이제부터 애국하겠다」고 말했다.(「洪性澈 중앙도민회장 故鄕(평양) 訪問報告會」, 1985. 10. 10, 3~4면.)

불안감과 공포를 수반한 고향방문단이 담아온 고향 소식은 매체를 통해 유포된 '북괴'의 이미지[21]를 재확인해주는 것이었다. 북한 소식을 접할 수 있는 통로가 부족했던 당시에 이미지로만 떠도는 북한을 직접 체험하고 왔다는 사실만으로도 신빙성을 높여준다. 체험했다는 것, 즉 목격했다는 것(시각적 측면)은 평소에 제한된 매체나 소문을 통해 들었던 것(청각적 측면)보다 인식론적 우위에 서게 되고 실감의 차원에서 우위를

---

21) 북한을 이미지로밖에 소비하지 못하는 태도는 90년대 후반 북한을 방문한 일련의 작가군에게서도 드러난다. 그들에게 북한은 자연적이고, 여성적인 이미지, 태초의 원형과 신비스러움을 간직한 곳으로 재현된다. 고은의 "대동강은 그렇게 말하는 할머니고, 어머니고, 누님인 근친이자 동시에 끝없이 그 유혹에 빠져들어야 할 낯선 이성(異性)"이라는 표현이나, "부드럽게 언덕진 밭은 첫물 수확을 앞두고 어머니의 부픈 가슴 같았다.(…중략) 북한에서 고향의 원형(原型)을 본 것이다."라는 진술, 그리고 이호철의 "이곳에는 한국 여성상이 고스란히 온존해 있었다. 푸근함, 공손함, 절제, 예의바름, 성실, 짜디짠 살림 꾸리기"에서 묘사되는 한민족의 본원적인 여성상 등은 북한에 대한 이미지가 탈정치화 되었다는 긍정적인 부분과 함께, 북한이라는 타자를 "성별 분할의 질서가 부여하는 차별적 위치 속에서 규정"하는 면도 강하게 나타난다. 전효관,「매체에 나타난 북한의 이미지 구성」, 조한혜정·이우영 엮음,『탈분단 시대를 열며』, 삼인, 2000, 103~107쪽.

획득한다. 하지만 청각적인 측면보다 시각적 측면의 정확성을 문제 삼기보다는 오히려 직접 체험과 소문(이미지), 시각과 청각이라는 오감을 통해 형성되는 실감의 차원에서 이들이 서로 교직(交織)되어 작동하는 방식에 주의를 기울일 필요가 있다. 고향방문단이 북한에 직접 가서 보고 온 것은 그간 가보지 못하고 들었던 것과 별반 다르지 않았다. 기아와 헐벗음, 무기력, 불안과 공포, 자유를 박탈당한 사람들, 앵무새처럼 같은 말만 되풀이하는 인형들…….22) 체험(시각)은 소문(청각)의 보형물(保形物)로서 기능한다. 이들의 시선은 무차별적인 것이 아니라 보고 싶은 것만 취택(取擇)한다는 점에서 북한이라는 타자를 그 전제에서부터 배제한 것임과 동시에 한편으로는 해외기행자의 시선과 닮아있다. 『황해민보』내의 해외기행문23)은 구미 각국의 선진문물을 둘러보고 타산지석으로 삼는 유형과 동시에 물질적 타락에 대한 정신적 우위라는 서구와 동양의 대립구도, 그리고 초고층 빌딩과 같은 인공물에 대한 경탄과 함께 자연성 상실을 개탄하는 양의적 감정, 또한 사모가에 대한 묘사에서 드러나는 이국취향 등으로 요약할 수 있다. 이러한 시선 속에는 我/他 사이의 동이(同異)를 대비시킴으로써 비교우위를 획득하는 방식이 포함되어 있다. 이는 터로트(Thurot & Thurot)가 주장한 "근대관광은 다른 문화를 보는 것이라기보다 자기 자신의 문화를 자기도취적으로 보는 것"24)과 상응한다. '다름'뿐만 아니라 '같음'까지도 비교하는 여행자의

---

22) "主人이 없는 땅! 集團農場, 내것이 아니니 힘써 가꿀 必要도 意慾도 없는 버려진 땅! 나는 失望했다. 階級없는 農民의 나라라 했으니 農業기술-분야는 우리보다 앞서 있을 것이라 생각했던 내 豫想이 빗나간 때문이었다.…車窓 너머에 展開된 농촌풍경을 카메라에 담았다. 한마디로 표현해서 황폐한 들이요 農土였다.…농부들이 4~50명 단위로 여기저기서 벼를 베고 있었지만 秋收하는 농민의 生氣찬 모습은 찾아볼 수 없었다."(「평양訪問 3泊4日」, 1985. 11. 10. 4쪽), "상상 이하로 참혹하다고 표현할수밖에 없는 그들의 衣食住문제에 관해서 나는 여기에 기술할 생각이 없다." (「평양訪問 3泊4日」, 1986. 8. 10. 3쪽).
23) 崔世均, 「太平洋을 1周하고」, 1977. 8. 1, 9. 1, 韓重鎬, 「海外旅行紀行文-美洲等地를 다녀와서」, 1975. 11. 15, 趙貞瀞, 「내가 본 美國」, 1977. 5. 1, 6. 1. 등이 있다.
24) 닝왕, 이진형·최석호 옮김, 『관광과 근대성-사회학적 분석』, 일신사, 2004, 249쪽.

시선은 닝왕이 지적한 것처럼 "그들이 목적지에서 갖는 인상은 이전의 전형적이고 관념화된 이미지를 투사한 것에 불과"25)하며 他를 경유한 시선이 언제나 我로 회귀하는 노선을 취한다. 문제는 이렇게 타자를 경유한 시선이 회귀하는 원점, 我의 근간을 무엇으로 상정하게 되느냐에 있다. 근거리 여행이 아닌 장거리 여행의 경우, 무엇보다 공간적 제약의 극복을 가능하게 하는 물적 수단, 예를 들면 교통 수단의 발달과 밀접한 관련을 맺고 있겠지만 그와 동시에 낯선 곳에서의 두려움과 공포를 감소시키기 위해서는 '차이에 대한 통제'가 필요하다. 차이를 통제하는 데 동원되는 다양한 요소 가운데 하나가 바로 국민국가이다.26) 해외여행에서 我/他 사이의 같음과 다름을 비교하는 준거점, 다시 말해 비교우위를 차지하면서 실향민들에게 '우리'를 상상하게 만드는 국민국가는 북한이 아닌 남한이었다. 고향방문에 앞서 "北측보다 좋은 時計 찼다, 좋은 양복 입었다, 洋食 포크 나이프 잘 쓴다, 우리 자랑하기보다는 紀律있고 협동심 높은 면을 가서 보이자"(「洪性澈 중앙도민회장 故鄕(평양) 訪問報告會」, 1985. 10. 10, 3쪽.)라고 결의하는 대목과 인용문에서 보이듯이 남한에 돌아오자마자 누가 먼저랄 것도 없이 "대한민국 만세"를 부르는 그들의 '의사퍼포먼스'는 바로 남한이라는 국민국가를 我의 근간으로 하면서 비교우위를 차지하고, 공포와 불안을 통제하는 여행자의 태도로 비춰볼 때 이해가능하다. <해외기행문>과 <고향방문단>

---

25) 위의 책, 248쪽.
26) 여행에서 낯섦, 혹은 차이를 통제함으로써 불안과 공포를 극복하는 방식으로 그린블랫과 개그논(Greenblat & Gagnon)은 '자원관리', '사회적 관계관리', 그리고 '정체성 관리' 세 가지를 들고 있다.(위의 책, 232쪽) 한편, "영토화된 국민국가화는 국내적 다양성과 변종들을 국민정체성이라는 스펙트럼에 효과적으로 통합시키는 반면 자신의 영역 범위 밖의 차이에 대한 호기심을 불러일으킨다"(같은 책, 205쪽)고 하면서 국제관광에 국민국가가 필수불가결한 조건임을 들고 있는 닝왕은 "호기심이란 공포가 극복되었을 때 가능"하다고 말한다. 이 공포를 극복하는 데 요구되는 것 중 하나가 바로 "문화적 자신감(cultural self-confidence)"이며, 이는 "차이가 있는 문화와 관련하여 국민적인 문화적 자신감을 구축하는 데 긍정적 역할"을 하는 '국민국가화'와 그로 인해 태동한 '국민정체성'을 기반으로 한다고 말한다.(206쪽)

이 남한의 '국민되기'라는 명제의 수행을 완수하게 만드는 심상여로였다면 <내고장 명문교 순례>는 정체성의 소멸, 즉 완전한 동화의 두려움을 치유·회복하는 방법으로 기능한다.

> 安岳에서는 金九先生이 楊山學校를, 재령 邑에서는 都寅先生이 養元學校를, 北쪽에는 金九先生이 分校로서 保强學校(張德秀先生 母校) 等을 設立하고 準軍士學校로 救國靑年 養成에 힘쓰고 있었다.…또한 日本人 선생이 日本이 오래지 않아 亡한다고 하며 當時의 總理大臣 東條를 비난하는 말을 들었다. 또 日本人 敎鍊敎官 理役大尉가 日本人學校나 公立學校를 항상 無視하는 態度를 分明히 보았다. 이는 校長의 敎育理念도 그러하였거니와 本校의 뚜렷한 傳統과 理念에 日本人들도 同化된 것이 아닌가 생각된다. 1919年 3. 1萬歲運動 때도 3월 29일 전교생이 앞장서서 書堂(鄕校生)과 合勢하여 群衆을 指導 示威하였고 1929年 11月 光州高普事件 때도 黃海道에서는 제 一 먼저(1930年 1月 12日) 示威를 벌였다. 校內에서는 恒常 抗日的인 事件이 줄지어 일어나고 있었으나 그중에서도 無窮花 사건은 代表的인 抗日事件이었다.[27]

현실의 고향이 황폐한 자연과 경직된 사회, 그리고 '북괴군'들이 진주하는 더럽혀진 공간이라면 심상적 차원으로 전이해 간 마음의 고향은 순수한 원형의 장소였다. 그곳은 다름 아닌 민족의 고귀함을 유지해 온 곳이 되고, '巡禮'되어야 할 공간으로 뒤바뀌는 것이다. 여타 해외기행문과 고향방문단의 기사 제목은 '기행', '방문' 등으로 불리지만 유독 내고장 명문교에 대한 기사만큼은 순례라는 이름으로 불리고 있다. 비록 순례라는 행위 자체가 근대 이전, 특히 중세시기에 성지를 순회하는 구도적 의식(儀式)의 형태를 띤 노정[28]이라 할지라도 의미화의 맥락에

---

27) 「내고장 名門校巡禮-明新中學校(載寧) 篇」, 1976. 6. 1. 3면. 이 섹션은 1976년 4월부터 77년 4월까지 1년간 연재된 것으로 분단 이전에 황해도 전역에 존재했던 학교들을 하나하나 소개하고 있다.
28) 중세 시대 기독교 윤리가 즐거움을 찾는 여행을 부인하거나 경멸하면서 예루살렘과 같은 성지로의 순례가 그 시기 여행의 특징으로 자리잡는다. - 박재환·김문겸, 『근

서 볼 때, 다분히 근대적인 성격을 지니고 있다. 이 순례는 성지순례와 같이 실행을 동반한 현실적 차원이라기보다 오히려 추상적인 정신적 구도의 모습을 띠고 있다. 식민지시기 대표적인 항일 장소이자 구국운동의 중심지, 그리고 수많은 인재들과 근대교육에 대한 공헌 등이 내고장 명문교를 순례의 장소로, 그리고 그러한 명문교가 존재했던 고향은 점차 심상 속에서 이상화된 고향으로 자리매김한다. 게다가 그것이 과거로의 회귀라는 점에서 상징적인 의미를 포함한다. 고향'방문'을 통해 현실의 고향이 부정되었지만 이상화된 그들의 마음속의 고향은 훼손되지 않은 순수함을 보존한 채, 명문교 '순례'라는 이름을 통해 과거의 어느 한 시점에서 성스럽게 봉인된다. 이와 같은 심상여로의 과정을 거침으로써 현실적 고향의 부재와 훼손, 남한의 '국민 되기'[29]에서 파생하는 자기정체성의 상실을 회복하고 치유 가능한 것으로 전환하게 된다.

4. 아버지 고향의 자기 고향화

'남한 사람들에게 북한은 거기가 거기'[30]라는 말은 실향민 2세에게도 동일하게 적용된다. 아버지의 고향을 심정적으로 받아들인다 해도, '거리'와 '공간'에 대한 인지가 선행되지 않는다면 실제적인 '고향'으로

대사회의 여가문화』, 서울대학교출판부, 1997, 127쪽. 이와 관련하여 최남선과 이광수가 자신들의 금강산 기행을 순례라 칭한 것에 대해 그것이 민족적 명소에 대한 수사학적 배려이자, 금강산으로의 기행이 단순한 도락 차원의 여행과 구분되어야 한다는 생각의 산물이기도 했다는 서영채의 말은 실향민들의 <명문교 순례>라는 '제의'와 비교해 볼 만하다. - 서영채, 앞의 글, 249쪽.
29) 월남민 가족의 대척점에 존재하는 월북인 가족에게서도 이 '국민 되기'의 과정을 엿볼 수 있다. 비록 이 글의 흐름과는 다소 차이가 있지만 월북인 가족들의 고향 상실도 고찰할 필요가 있다. 월북인 가족의 '국민 되기'에 대해서는 조은, 「분단사회의 '국민 되기'와 가족-월남 가족과 월북 가족의 구술 생애이야기를 중심으로」, 『경제와 사회』통권 제 71호, 2006을 참조.
30) 임헌영, 『대화』, 한길사, 2005.

서 구체화되기 어렵다. 실향민 2세들의 경우, '체험적 거리감'을 가지고 있는 실향민 1세와는 달리 고향을 인지할 수 있는 어떤 정보도 존재하지 않았다. 다시 말하면, 실향민 1세의 경우에는 전혀 가본 적이 없는 북한 내의 어떤 곳이라도, '자기 고향에서 얼마나 떨어져 있고, 기차로 몇 시간 내에 갈 수 있는 곳' 같은 식의 거리 인지가 체험적으로 가능하지만, 분단 이후 남한 땅에서 태어나 한 번도 북한에 가본 경험이 없는 실향민 2세들에게 앞서와 같은 거리 인지를 기대하기란 어렵다. 그들은 임헌영이 말한 대로, '거기가 거기'인 수준의 거리 인지밖에는 할 수 없다. 이들에게 고향이 학습된다는 사실을 단적으로 보여주는 사례는 '수학적 거리감'이라고 부를 수 있는 거리 인지이다. 축소판 지도를 통해 아버지의 고향은 지도상의 어느 한 부분이 되고, 내가 살고 있는 이곳에서 얼마 정도 떨어져 있는지를 '계산'하게 된다. 이렇게 산출된 거리는 역으로 남한 내의 동일한 거리상의 어느 곳, 즉 경험 공간 내의 장소를 상기한 후에야 실향민 2세들은 아버지들의 고향이 어느 정도 떨어져 있는지를 체감하게 된다. 이와 같은 학습과정에는 거리에 대한 인지와 함께, 공간에 대한 인지도 함께 병행되는데, '수학적 거리감'이 아버지의 고향을 상상하는 데 있어 1차적인 거리 인지라면, 향토색으로 상기되는 구체적인 공간 인지가 뒤따르게 된다.

> 매번 기차창밖에 나타나는 농촌풍경을 올해도 볼수뢌으리라 완만한 곡선의 구릉과 그밑에 옹기종기 모여 있는 마을을, 그앞에는 넓은 논밭이 전개된다. 그사이 사이를 냇물이 흐른다. 논과 논사이에 사이길을 지게진 농부가 마른풀을 지고 걸어간다. 그것은 어느샌가 우리들의 뇌리속에 우리의 농촌풍경은 이렇다하고 틀어 박혀있다. 농촌 어린애들의 순진스런 모습, 아낙네들의 순박한 웃음, 노인들의 주름진 얼굴에 나타나는 과거의 일들 모두가 지금 그리워지고 있다. 가끔 어른들께 황허도에 대한 이야기를 듣는다. 한결같이 그곳같이 살기좋은 곳은 없다는 말씀을 듣는다. 그 곳도 우리 농촌 같으리라.(1977. 7. 1. 5면)

위의 예문에서 보이는 바와 같이, 아버지의 고향은 2세들의 유체험 공간 안에서 구체화된다. 영화나 텔레비전, 책, 여행길에서의 스쳐지나가는 인상이나 자기 주변의 향토적 이미지를 대입시키면서 아버지의 고향을 상상해내고 있다. 대부분의 실향민 2세들은 심정적·지리적 속박감에서 비교적 자유로웠고, 이는 고향이라는 단어를 무감각하게 받아들이는 결과로 나타난다. 또한 남한의 공교육 하에서 지속적으로 학습된 반공사상은 북한과 고향을 병치시켜 생각할 수 없게 만들었으며, 외양, 언어, 문화적인 측면 모두 남한 사람들과 별 차이가 없었기 때문에 서로 융화되기 쉬웠다. 그럼에도 불구하고 실향민 2세들이 아버지의 고향을 자기 고향으로 인정하는 계기는 그동안 의문시하지 않았던 자기정체성에 근본적인 물음을 추궁당했을 때 비롯된다. 스스로를 '마땅히' 남한 사람이라고 생각하고 있었는데, 외부로부터 실향민 2세라는 정체성을 부여 받게 되면서 '남들과 다르다'는 인식이 싹트게 된다. 실향민 1세들이 의도적으로 경계를 지어 왔다면 실향민 2세는 대부분이 보이지 않는 경계로부터 어느 순간 '소외감'을 느끼기 시작한 경우다. 아버지 고향의 '적극적 수용'은 이런 소외감의 반작용에서 비롯되기도 한다.31) 『황해민보』가 적극적으로 추진하고 있는 장학회 사업과 청년회 조직은 이러한 가시적·비가시적 소외로부터 보호해주는 대표적인 예라고 할 수 있다. 장학회는 70년대 중반부터 각 시·도 및 군에서 경쟁적으로 추진된 사업이었다. 각 도민회 및 군민회 장학회들은 "오늘

---

31) 실제로 황해민보에는 자신의 정체성을 혼란스러워하는 실향민 2세들의 토로가 자주 등장한다. 이는 황해민보의 정치적 성격을 고려할 때, 특이한 경우라고 할 수 있다. 그들은 부모의 세대와는 다르게 남한에 쉽게 동화되었고, 자신들을 월남인과 동격으로 생각하지 않았다. 하지만 그 과정에서 '나의 고향은 어디인가?'라고 되묻는 시점이 존재하며, 그때에 정체성에 혼란을 일으키는 것으로 보인다. 앞서도 말했듯이 실향민들의 정체성은 단일하게 형성된 결과물이 아니다. 이 점에서 실향민 2세들 또한 예외는 아니었다. 즉, 이 글에서는 황해민보에 나타난 실향민 2세들이 어떤 방식에 의하여 아버지의 고향을 자신들의 고향으로 확정하는지 살펴보는 데에 유념하기로 한다. 실제 구술 기록에 의하면 자신들의 고향이 이북이라고 생각하는 실향민 2세들은 시간이 흐를수록 점차 감소하고 있다고 한다.

여러분의 가슴속에 불타고 있는 向學熱은 自己探究에만 그칠 것이 아니라 先祖의 땅을 기필코 찾아야만 되겠다는 統一의 굳건한 신념"을 강조하며 실향민 2세들을 "향토애를 실현 할 일꾼으로, 더 나아가 대한민국 국가 발전에 이바지"할 역량으로 규정한다. 아울러, "잃어버린 고향 땅을 회복하고 향토를 수호할" 재목으로 커 나가기 위해, "향토애를 고취시키고 향토사업에 적극적으로 가담"할 것을 권유받는다. 장학회의 건립 목적은 그 선발기준에서 암시하듯이[32] '사상적으로 온건한' 향토인재를 양성하여 국가 발전에 이바지 하고, 향토애를 심어줌과 동시에 고향을 빛낼 인재를 키우는 데 있었다. 장학금 수여를 통한 실향민 2세들의 향토사업 참가가 의무사항이었는지에 대해서는 정확한 증거가 없지만 추측컨대, 아마도 청년회와 같은 조직 활동 권유를 유도했으리라는 예상을 할 수 있다.

> <u>내가 아버지의 고향 黃海道와 松林을 내 고향으로 내려 받는 기회는 國民學校에 다녔을 때라고 기억된다.</u>…松林市 市民會에 첫 因緣을 디뎠을 때, 그때의 印象이 나에게 있어서 後에 하나의 伏線을 이루게 될줄 전혀 느끼지 못했고, 그후 여러차례의 受動的이고도 無感動인 참석이 계속되는 동안에는 더욱 더 그러하였다.…<u>大學生活을 하던 중에 松林의 어른들께서 奬學會를 結成하였다는 말을 전해듣고 나는 해당 서류 등을 제출하였다. 그것이 因緣이 되어 나의 故鄕의 줄기를 찾는다는 자발적인 의욕이 생기게 되는데에 그다지 많은 시간이 걸리지 않았다.</u>(85. 7. 10. 6면)

<奬學生이 된 因緣으로>라는 제목의 위 기사는 "수동적이고 무감동한" 실향민 2세의 고향의식이 장학회 활동을 통해 어떻게 자신의 '위치'를 확인하고 아버지의 고향을 자기 고향으로 삼았는지에 대해 허

---

32) <사리원 장학회 76년도 장학생 선발공고>에는 자격조건으로 "사리원시 및 봉산군 출신의 자녀로서 학업성적이 우수(B학점이상)하고 사상이 건실하나 경제적 여건으로 취학이 곤란한 서울 시내소재 대학재학생 또는 신입생 중에서 본회제정 전형규정에 해당되는 자"라고 명기하고 있다.(1976. 1. 1. 10면)

심탄회하게 털어놓은 글이다. "장학회의 도움으로 학업을 순조롭게 마칠 수 있었던" 글쓴이는 "그때의 幸福된 因緣이 없었던들 나에겐 고향의 맥을 찾고자 하는 意慾"은 생기지 않았을 것이며, 오히려 많은 사람들이 그러는 것처럼 "고향이라는 單語를 無感覺하게" 받아들이는 "불행한 잡식동물"밖에는 될 수 없었을 것이라고 고백한다. 같은 실향민 2세들 가운데에서도 고향의 소중함을 모르는 동년배들을 '불행한 잡식동물'로 규정하면서까지 자기정체성을 찾은 것에 대한 강한 자부심을 드러내는 이 청년의 체험이 장학회를 통해서 촉발되고 있다는 점은 흥미롭지 않을 수 없다. 단순한 '수혜자로서의 의무감'에 불과한 향토사업 참가라 할지라도, 장학회는 '고향'과 '동향단체'에 무감각한 실향민 2세들에게 향토사업으로의 견인 역할을 매개했으며 그 와중에 아버지의 고향이 자기정체성의 근간을 확립하는 요소로 작용했기 때문이다.

앞서 제시한 청년의 체험에서 알 수 있듯이 장학회를 통한 향토사업의 참여는 자연스럽게 청년회조직으로 연결된다. 이 과정은 『황해민보』의 정책적인 전략과 합치되는 부분이 큰데, 황해민보는 창간 초기부터 실향민 2세들의 향토애를 고취하고자 분투했으며 그 일환으로 실향민 2세들의 隨想이나 시, 논평 등을 간헐적으로 실어왔다. 특히 80년대 초·중반에 이르면 <青年論壇>란을 구성해 실향민 1세들의 입에서 발화되던 반공이데올로기와 望鄉之情을 청년들의 입으로 대치한다. 또한 80년대 중·후반에 이르면 기존에 각 군, 면의 郡版 연재물을 <青年會版>으로 변경하고, <내고장 名門校 巡禮> 같은 연재 기사를 <청년회 탐방기>와 같은 연재물로 대신한다. 이와 같이 청년들의 목소리를 적극적으로 유치한 의도는 황해민보의 세대교체를 꾀하고자 한 것으로 짐작된다.

> 비록 부모님들께서는 친분이 두텁다해도 2세들 사이는 서먹서먹하고 어색한 분위기였는데, 월례회와 야유회, 수련회 등의 잦은 모임으로 요즘

은 가족적인 따뜻함을 갖게 되었다.…가보지 않았어도 가본 듯하여 제철소이며 월봉국민학교며, 심지어는 兼二浦의 유래까지 다 알고 있었던 터라, 내 잠재의식 속에는 松林에 대한 향수와 동정, 애정같은 것이 자리하고 있었다고나 할까. 2세들만큼은 잃어버린 고향을 되찾아 우리의 뿌리를 보전해야 한다고 역설하실 때면 절로 눈시울이 뜨거워지곤 한다.…평소 고향이 서울이라고 남달리 내세울것이 없었던 내게 이제는 松林이라는 支柱가 있어 든든하기만 하다.…(청년회는) 아마도 인간 본성의 태도에서 연유한 것인지도 모르겠다. 요즘과같이 社會가 산업화되고 도시화되면서 그 관계들 자체가 거의 타산적인 방향으로 흐르게 되는데 반해 松林靑年會의 모임은 血緣과 地緣으로 얽힌 제1차적 집단의 性格을 갖고 있을 뿐만 아니라, 또한 靑年會員들 서로가 허물없이 지낼 수 있고, 서로를 숨김없이 대할 수 있는 순수한 자세와 여건이 주어지고, 그럼으로써 우리들 스스로를 淨化할수 있는 場이 되어주는 것이다.(1985. 7. 10. 6면)

'고향이 서울이라고 딱히 내세울 것 없었던' 실향민 2세에게 청년회 조직은 자기정체성을 찾는 장소로 기억된다. 게다가 청년회는 혼탁한 세상에서 순결성을 유지할 수 있는 안전지대이며, 지연과 혈육의 따뜻한 온정을 보유한 장소로서, '어머니의 품'처럼 가족적인 일원들과 만날 수 있는 장소로 환기된다. 소외감에서 비롯된 정체성의 불안과 혼란은 실향민 2세라는 위치를 직시하게 하고 심적·물적으로 안주할 대상을 찾게 만든다. 그 과정에서 청년회는 실향민 2세로 하여금 아버지의 고향을 자기 고향으로 확인시켜주는 역할을 담당했다.

5. 실향민 2세들의 일그러진 자화상

어느 만남의 장소에서의 일이다. "당신 고향이 어디이지요"…특히 실향민 2, 3세의 경우 고향을 물어오는 상황에 처했을때 과연 어떻게들 답할 것인지 궁금하다 아니할수 없다. 흔히들 실향민 자체를 가리켜 혼이 결여된 젊은이 들이라고들 한다. 왜냐하면 답하기를 "부모님의 고향이지

내 고향인가, 내 고향은 여기인데"…나의 경우에도 예외일수는 없으며 많이 받는 질문에서 순간적으로 주저하며 부모님의 고향이냐 나의 출생지냐를 놓고 망설일적이 한두번이 아니다.(1986. 10. 10. 6면)

실향민 2세의 정체성의 양상이 제각기 다른 모습이라고 할 때, 그 정체성을 획득하는 과정이나 방법 또한 동일할 수는 없다. 반대로, 동일한 과정을 밟아왔다고 해도 그 결과가 항상 획일적인 것은 아니다. 정체성을 확인하고 획득하고자 하는 것은 욕망과 관련된다. '뿌리 찾기'의 과정은 자기정체성을 확인하고자 하는 욕망의 발현이며, 이 '뿌리의식'에서 진정 자유로운 정체성을 획득하기란 실로 쉬운 일이 아니다. 이 근본적인 물음은 실향민 2세의 경우, '영원히 풀리지 않는 수수께끼'와 같이 상상되었을 것이다. 논리적 인지판단으로 분단과 한국전쟁, 냉전체제에 대한 인식은 가능할지도 모르나, 그로 인해 주어진 자신의 불안정한 정체성에 대해서는 그 등식의 명료함만큼이나 이들의 고민을 해결해주지는 못한다. 자신의 고향을 아버지의 고향으로부터 재확인하면서도 확연하게 떨쳐낼 수 없는 불안감은 바로, 실향민 1세들이 차이를 무시하면서 봉합하려고 한 동일화 과정의 틈새가 벌어지기 시작한 지점이었다.『황해민보』는 그 정치적 편향으로 인해 모두 동일한 고향 표상과 정체성을 표방하고 있다고 여겨질 수 있으나, 동일한 서사 속에서도 다른 목소리들이 존재한다.

"자네가 일전에 고향을 위해 봉사활동을 하자고 한말 않있는가? 그래 잘되가는가?" "글쎄 잘 되간다기보다는 아예 하고 있는지조차 모르고 있네. 다만 내 입은 카세트였을 뿐이고 그것을 튼것은 그때의 분위기였네." "언젠가는 그녀 앞에서 만이라도 발가벗고 싶었네만 오랜 동안 구축한 내 주위의 바리케이트를 허물지 못했네." "자넨 그 바리케이트를 영원히 그냥 놔둘 셈인가?" "이대로 좋지 않은가. 우리 모두는 고향을 소중하게 간직하려 하지 않았든가. 자신에 어울리는 옷을 걸칠수는 있으되 카메레

온이 돼서는 안되지"(1980. 2. 10. 4면)-象牙塔<우리 모두는 고향을 소중하게 간직하려 한다>

　70년대 후반부터 황해민보에는 <象牙塔>이라는 섹션이 게재된다. 이 상아탑은 황해민보의 취지에 맞게 당시 대학생 자격의 실향민 2세들을 대상으로 '고향'의 단상들을 발표할 수 있는 기회를 제공했다. 상아탑은 황해민보의 세대교체가 이루어지기 전, 과도기적인 성격을 지닌 것으로 판단되는데, 예를 들어 77. 6월을 시작으로 그 해 10월까지 게재되다가 약 2년간 지면에서 찾을 수 없다. 그러다 79년 7월을 필두로 80년 2월, 80년 4월에 간헐적으로 게재되다가 81년 4, 5월을 끝으로 더 이상 황해민보에 모습을 나타내지 않는다. 즉, 그 이전까지만 해도 <望鄕隨想>같은 기사 중에 실향민 2세들의 글이 간혹 올라오기는 했지만 <象牙塔>처럼 이들을 주 대상으로 삼은 기고란은 없었다는 점에서 실향민 2세들을 적극적으로 향토사업 내에 끌어들이고자 한 의도가 엿보이지만 일관성 없이 산발적으로 실려 있다는 점, 그리고 80년대 중반 이후로 <청년논단>과 <청년회관>이 확실하게 기틀을 잡아가면서 <象牙塔>은 그 이후 모습을 보이지 않는다는 점에서 이 기고란은 황해민보의 대대적인 세대교체 과정 중 실험적인 과도기 형식을 띠고 있다고 할 수 있다. 형식적인 면에서 뿐만 아니라, 내용적인 면에서도 <象牙塔>이 황해민보의 세대교체 계획의 일환으로서 미완의 과도기였다는 사실은 <청년논단>과 비교하면 쉽게 알 수 있다. <청년논단>이 실향민 1세들의 동일화 담론을 반복 서술하거나, 오히려 확대재생산하고 있는 측면이 강하다면 상아탑은 기존의 실향민 1세들과는 다른 서술 태도를 보이고 있다.

　위의 인용문에서 보이는 바와 같이 '고향'을 발화하는데 더 이상 반공이나 민족, 수난의 서사가 등장하지 않는다. 오히려 청년들이 일상 속에서 흔히 접할 수 있는 연애사가 등장했다는 것만으로도 기존 실향민들의 서술방식과는 상당한 변별점을 보이고 있다. 거대서사 속에서 동일화 전략에 의해 무시되고 배제되던 소소한 이야기들이 허술한 봉합을 깨고 발화되는 지점으로서 이 상아탑의 글은 실향민 2세들의 불안정한 정체성을 드러내고 있다. 이 분열을 가능하게 해주는 것은 다름 아닌 열린 해석의 가능성 때문이다. 기존의 '실향민 의식'이 자신들을 민족 수난의 피해자로 규정함과 동시에 대한민국 건국의 공헌자로 위치시키는 태도에서는 민족과 반공이데올로기 외의 다른 해석을 상상하기 힘들었다. 하지만 인용문의 실향민 2세의 글은 대화와 대화 사이에 생략되어 있는 행간에 여러 가지 '이야기'들이 개입할만한 여지를 남기고 있다. 그녀를 고향과 등치시키면 '그녀 앞에서 벗고 싶었다'는 바리케이트는 실향민 2세로서 장애 없이 아버지의 고향을 순순히 받아들임으로 인해 자기정체성을 획득한다는 해석이 가능하지만 반면에 그녀를 '사랑하는 대상'으로 놓는다면, 바리케이트는 실향민 2세라는 자신의 정체성 때문에 현실적으로 좌절된 사랑, 그리고 그 사랑을 막고 있는 실향민 정체성으로서의 장애물로 해석할 수 있다. 바리케이트 앞에 서술되고 있는 '카세트'에 대한 비유는 이 이중적인 해석을 풀 수 있는 열쇠가 된다. 자신의 의지와는 상관없이 입력되어 있는 말들을 그저 반복하는 앵무새에 불과한 그의 정체성이 결국 현실적 사랑과 아버지 고향의 대물림 사이에서 갈등하는 화자에게 '그래도 우리는 고향을 소중히 여기지 않았든가'라는 자위(自慰)섞인 문장을 통해 '버리고 싶은' 자기 정체성에 대한 긴장을 보여주고 있다. 문제는 이렇게 다양한 '이야기'를 내포하고 있는 이 글이 <우리 모두는 고향을 소중하게 간직하려 한다>라는 편집자 측의 타이틀과 일으키는 마찰이다. 서로 어울리지 않는 이 제목과 내용은 그 자체로 실향민 2세들의 정체성의 균열을 상상하게 만드는 계기가 된다.

중학교 1학년 국어시간의 일이다. 선생님은 우리들에게 「고향」이라는 제목으로 詩를 지으라고 하셨다. 칠판에 큼직한 고향이라는 두 글자가 꼿꼿이 박히자 아이들은 저마다 종이를 꺼내들고 깊은 생각에 잠긴듯 했지만 정적이 흐르는 교실 한 복판에서 나는 어이없는 표정으로 창 밖만 바라보고 있었다.···그곳은 분명 가슴설렌 내 고향이어야 하건만 교실에 걸린 지도에 붉은 선으로 짤려진 땅덩어리는 짤린 영문은 고사하고 오히려 생소하기만 했던 것이다.···꿈에서도 본 적이 없는 고향땅을 제아무리 뛰어난 글 재주로 그려낸들 내 고향일리 만무했기 때문이었을 것이다. 그후 세월이 흘러 대학에 들어오기 까지도 고향은 여전히 막연한 이야기 속의 세계였고 맨놈의 유행가 맨 놈의 詩가 고향타령이건만···내겐 별다른 그리움도 詩的 감흥도 일어나지 않는 버림받은 땅일 뿐이었다.···대학 4년을 고향 어르신네들의 정성어린 장학금으로 공부하고 대학원에 진학하여 더욱 깊은 학문의 세계로 들어가려는 지금 그 공부가 껍질뿐인 것이 아니기 위해 겨우 고향에 눈을 뜨게 된것을 무한한 감사로 받아들이며 향수의 진정한 의미를 생각해본다. 즉 우리의 향수가 단순히 고향을 빛내고 옛토를 찾는 서정의 차원을 넘어서 갈라진 이 민족의 살길을 찾고 세계사의 진보를 향해 나아가는 영원한 몸부림이여야 함을 느낀 것이다. 우리의 고향은 두고온 고향이 아니라 세계사의 모순속에서 빼앗긴 고향이기 때문이다.(1981. 5. 10. 4면) <상아탑>

아버지의 고향이 실향민 2세의 각 주체들에게 당위적으로 전수되어야 한다는 의식은 찾아보기 힘들다. 대부분의 실향민 2세들이 경험해 봤을 화자의 유년 시절 체험은 자기정체성을 확인하려는 욕망의 한 시점에 이르러 급작스런 감정의 변용을 일으키지 않는다. 오히려 '세계사적 시각'에서 '서정의 차원을 넘은' 고향을 객관적으로 바라봐야만 진정한 '향수'의 의미가 될 것이라는 진술은 감정적 차원에서 이루어지던 실향민들의 자기정체성 확립 과정이 객관적인 영역, 관찰될 수 있는 영역으로 옮겨졌다는 사실을 암시한다.

소재적인 측면에서의 일상사에 대한 기술, 내용적인 측면에서 반공과 민족이야기를 탈피한 실향민 2세들의 '고향이야기'는 표현 방식과 같은 형식적인 측면에서도 이루어진다.

나는 이아름답고 좋은 故鄕을 본일이 없다. 나이어린 25歲의 靑年이다. 다만 모든 것을 할아버지와 아버지에게서 듣고배웠다. 듣고 또 듣고 배우고 또 배우고 여러번 거듭하는동안에 어렴풋이나마 故鄕을 알게되고 내가 누구이며어떠한 위치에서 있는 人間이라는 존재도 알게됐다. 그래서 듣고 배운 그대로를 가끔 종이위에 그려본다. 그려놓고보니 과연 경치가 좋은 곳이다.…나는 국민학교 6학년때부터 할아버지께 내고향을 배웠다. 밤공부가 끝나면 30분간 고향을 배우는 것이 그날의 마지막 일과이다.…할아버지께서는 손자4남내에게 우리의 조상과 고향을 배워주셨다. 끊임없이 이 由源을 복창해주시니 우리들도 이제는 보지못한 고향의 풍경사정이 머리속에 깊이 자리를 잡았으며 또 고향을 그려보기도 한다.(1981. 12. 10. 4면)-<2世의 鄕愁 꿈속에서 보는 내 故鄕>

위의 글은 할아버지와 아버지를 통해 전수되는 '고향'과 실향민 2세의 자기정체성 확립 과정을 단적으로 보여주는 사례이다. 이 기사에서 반복되어 나타나는 '배우는 고향'은 고향이 학습되어 전수된다는 사실을 알려주지만, 그것이 실향민 2세들에게는 일반적인 사례라고 할 때, 이 글은 오히려 아버지의 고향에서 자기정체성의 본류를 찾은 훌륭한 사례로 예시될 만하다. 하지만 <2世의 鄕愁>라는 장문의 글을 서술하면서 주목해야할 부분은 '즐긴다나?/ 받는다나?/ 덮었다지요/ 누린다나!/ 있다지요/ 차진다나?/ 주다?/ 장관이란다/ 절경이라지요/ 만장판이란다/ 곳이란다/ 만포장이란다/ 했단다/ 우리 고향은 참으로 좋은 곳이였나보다'와 같은 서술어의 일관성이다. 마치 남의 이야기를 옮기는 것 마냥, 아니면 자기 이야기가 아니라 내 입을 빌려 남의 이야기를 대신 들려주는 듯한 인상의 서술어는 아버지의 고향을 자기정체성 확립의 근간으로서 완전히 확정하지 못한 채, 거리감을 느끼게 만든다. 표현 양식이 내용을 전복할 가능성을 내재한 채, 동일한 고향표상과 정체성에 균열을 가하는 것이다.

실향민 1세들이 자기부정을 통해 순수한 고향을 만들어내고, 남한 땅에서 제 2의 고향을 주조하기 위해 자신들의 정체성을 민족의 대변자로 상정한 것은 앞서도 살펴본 바와 같이 차이를 구시한 채 행해진 동일화의 과정이었다. 이들이 봉합하려고 했던 차이들은 <상아탑>에 이르러 균열을 보이기 시작하며, 이는 정치적 편향을 보이는 『황해민보』 같은 텍스트조차 일관되지 않고 불안정하다는 사실을 암시한다.

6. 결 론

고향 표상은 각 세대나 집단, 그리고 개개인마다 다양한 모습으로 존재한다. 아득히 먼 과거에 대한 회상과 지리적 공간으로서의 고향이 관계하는 자리는 향토적인 공간을 상상하는 것에서부터, 일반적으로 향수라 불리는 것에 이르기까지 공통된 것들을 떠올리게 되지만, 그것은 각각의 편차에 의해 차이를 드러낸다. 그 차이들은 의도되었건 그렇지 않건 간에 동일하게 상상되었던 '고향'이라는 표상에 틈새를 낸다.

그 틈새를 다시 봉합하는 방식으로는 그것이 민족주의와 반공이데올로기를 회피하더라도 다른 기제들에 의한 억압-강제의 방식이 되기 쉽다. 문제는 고향이 인종적, 지리적, 혈연적 결속력에 기반한다 하더라도 그것은 어떤 결합체에 비해 결속력이 강하다는 것이다. 그 결과물 안에서 모든 차이와 구별이 하나로 통합되고, 세세한 구성 요소, 차이나 균열들은 쉽게 묵살되고 부정된다.

『황해민보』는 반공이데올로기를 국시로 자신들의 정체성을 주조하고 적극적으로 고향을 활용한 실향민들의 회보이다. 고향을 잃은 그들은 낯선 타향에서 '배제에 대한 공포'를 느꼈으며, 위협에 대항하기 위해 고향을 적극적으로 활용하였다. 그들에게 고향은 거부해야 할 대상이면서 동시에 민족적 정체성이 면면히 이어져 내려오는 곳으로 서술된다. 이 모순된 서술에서 실지회복과 동일한 뿌리 의식의 당위성을 확인하고, 통일 이후 북한에 대한 선점권까지 획득하기 위해서는 『황해민보』가 계속 그들의 '마음의 고향'일 필요가 있었다. 실향민 2세에 대한 애향심 고취와 향토 사업으로의 적극적인 참여요구는 상실감의 회복이라는 측면도 포함되지만, 이북도민이라는 자기정체성의 소멸에 대한 불안감의 결과이기도 했다. 한국 사회에 쉽게 동화되어 명절과 같이 특별한 상황이 아니면 '고향'에 대해 무감각한 실향민 2세들을 바라보면서 단일하게 만들었던 자신들의 정체성이 소멸할 수도 있다는 사실을 깨닫는 것은 그리 어려운 일이 아니다. 단일한 정체성의 유지와 향후 회복된 북한에서의 선점권을 위해서는 자신들이 구축한 정체성이 끊이지 않고 이어질 필요가 있었다. 고향을 상상하기도 어려웠던 시절, 그들이 정체성을 유지할 수 있는 방법은 철저하게 반공주의자가 되면서 고향을 거부하고, 향토색 짙은 원형으로서의 고향을 강조하면서 포용하는 방식이었다. 실향민들의 동향단체나, 2세들의 청년회, 장학회는 이 양극화를 전수받는 방식 중 가장 대표적인 것이었다. 비록 이와 같은 『황해민보』의 정치적 편향, 그리고 '월남민의 통념'[33])에 따라 실향민들의 고향 표상과 정체성은 단일한 것으로 강조 되기 십상이지만, 그 속에는 자기 고향을 부정하면서 고향을 포함하지 않는 국가의 '국민 되기'라는 성업을 완수해나간 일군의 실향민들과 현실적 고향의 부재를 이상화된 '마음의 고향'으로 전환시키려 했던 고향의 변용이 자리잡고 있다. 한편으로 아버지의 고향을 자신의 고향으로 삼으면서 자기정체성을 확립하려 했던 일군의 실향민 2세들과 소여로서의 고향이라는 관념에 조금씩 틈새를 벌리던 일군의 자화상들이 공존하고 있었던 셈이다.

---

33) 김귀옥은 지금까지 월남민을 대표한다고 여겨지던 통념 다섯 가지(1. 중상층·엘리트층 통념 2. 7:3 통념 3. 정치·사상적 월남동기 통념 4. 군복무 통념 5. 권토중래 통념)를 들면서 그것이 꼭 월남민 전체에 통용되는 것은 아님을 지적하고 있다. 김귀옥, 『이산가족, '반공전사'도 '빨갱이'도 아닌-이산가족 문제를 보는 새로운 시각』, 역사비평사, 2005.

미국이민 서사의 '고향' 표상과 '민족' 담론의 관계
—1970년대 초반 박시정의 소설을 중심으로

이 선 미

1. '미국이민' 경험과 한국문학의 자기성찰

1992년 4월 29일 촉발된 LA 폭동은 미국을 혈맹으로 여겨온 한국사람들에게 큰 충격을 안겨다준 사건이었다. 미국을 가장 절친한 우방이면서 물질적 풍요와 민주주의적 제도를 구비한 이상극가로 여기는 한국사람들의 미국관에 결정적인 충격을 가한 것이다. 그러나 유색인종이며 아시안에 해당하는 한국출신 교포들이 미국 내에서 정착하는 일이 그다지 수월하지 않다는 것은 알 만한 사람은 다 아는 사실이다. 흑인과 백인 간의 인종갈등이 오랜 세월 골칫거리로 존재하는 미국은 아시안들에게는 더 폐쇄적인 사회이기도 했다. 1965년에야 한국인이 자유롭게 이민을 갈 수 있도록 법이 바뀌었을 정도이다.[1]

---

[1] 미국이민은 1900년대 초 하와이 사탕수수밭 노동자들의 이민에서 시작되지만, 이 시기 이민은 식민지 시기 중국이나 일본으로 시도된 이민과 별반 다르지 않다. 주로 농장 노동자로 이루어진 노동이민의 형태를 띠었다. 따라서 현재와 같은 성격으로서의 '미국이민'은 1965년 미국이민법이 바뀌면서 급증한 이민형태를 통해 설명되어야 할 것이다. 선진사회의 주체가 되기 위해 선택된 이민으로서의 미국이민은 1965년 이후 고학력 중산층이 주류 이룬 이민을 통해 구별될 수 있기 때문이다. 이광규, 『재미한

그러나 한국 내에서 미국에 대한 인식은 인종갈등이나 아시안에 대한 차별구조와 같은 부정적인 것과는 상관없이 이상화된 경향이 있다. 1965년 이민법이 바뀌자 미국으로 가는 길을 이상향으로 가는 것처럼 선망했으며, 이 이민행렬은 현재 조기유학이나 원정출산으로 이어져 더 극성스러워지고 있다. 미국이민은 출세길로 받아들여졌으며, 미국대학 졸업장을 위조할 정도로 미국유학은 가장 선망하는 학벌로 여겨진다. 한국 내에서 유포되는 미국표상은 이상화되기만 하지, 아시안 이민자로 살아가는 고통스러운 과정은 좀처럼 담론화되지 않는 것이다. 미국은 경제적으로 풍요롭고 정치적으로 자유로운 민주주의 국가라는 인식이나 미국시민권을 최고의 가치로 여기는 미국을 향한 욕망은 여전히 한국사회의 미국지향의식을 지속시키는 동력이다. 이런 가운데 한인사회를 초토화시킨 1992년의 LA 폭동은 한국사회에는 큰 충격일 수밖에 없었다.

그러나 미국역사의 맥락에서 볼때, 흑인 인권운동의 기세에 밀려 흑인지역에서 옮겨간 유태인들의 빈 자리에 끼어든 한국인들은 또다른 분쟁의 씨앗으로 예견되었다. 게다가 한국인들이 내면화한 미국인식은 1950년대 한국전쟁 이후 형성된 미국표상에 절대적으로 묶여 있었다. 오랜 흑인들의 인권운동과 그를 바탕으로 법과 제도가 변화하고 있는 와중에 흑인 지역사회에 이민자로서 정착한 한인들의 삶은 미국사회에 어렵게 정착해가는 흑인들의 그늘진 역사에 얽혀있으며, 한국인들은 인종차별적 미국표상을 통해 미국생활을 시작했다. 흑인 인권운동이라는 역사적 배경에 무지했던 한인들은 한국사회에서 이미 내면화하고 있던 미국에 대한 표상체계에 기대어 미국사회를 판단하게 됨으로써 한인과 흑인 간의 인종갈등은 더 증폭된 것이다.[2] 게다가 인종갈등이

국인』, 일조각, 1989, 66쪽; 윤인진, 『코리안 디아스포라』, 고려대출판부, 2004, 200쪽 참조.
[2] 장태한, 「미국의 소수민족정책과 한인사회」, 『역사비평』, 1997년 겨울, 장상희·조정

가장 큰 사회문제로 인식되는 미국정부의 입장에서 한흑갈등은 또 하나의 인종분쟁으로 받아들여졌으며, 이미 흑인들의 인권운동을 경험한 바 있는 미국정부는 흑인의 기득권을 보호하기 위해 정책적으로 방관하기도 했다.3) 미국사회의 인종차별주의, 미국정부의 인종정책, 흑인들의 인종차별을 없애기 위한 저항의 역사, 그리고 한인들이 내면화한 미국표상 등, 한흑갈등의 이면에는 이런 여러 문제들이 실타래처럼 엉켜있었던 것이다.

이 사건은 많은 문제를 내포한 복잡한 양상으로 발생한 탓에 충격도 컸지만, 미국 내에 한국출신 이민자들의 정체성을 혼인하는 중요한 계기가 되었다. 즉, 스스로 백인의 정체성을 추구했던 많은 한인들은 이 사건을 계기로 백인의 타자인 유색인종일 뿐임을 자각한다. 게다가 백인이 되기 위해 스스로 식민주의적 의식을 내면화하기도 했다는 점을 자각하기도 한다. 그리고 이 사건을 계기로 미국 내 한인사회에서는 한인과 흑인 사이의 갈등을 본격적으로 문제제기하고, 그 이면에서 작용하는 백인우월주의의 권력을 살펴보기 시작한다. LA 사건 이후 한국계 미국인들의 미국 사회에 대한 탐구는 자기확인의 물음으로 본격화된 것이다.4)

2004년 한겨레 신문에 연재된 박범신의 『나마스테』는 LA 사건이 한국문학의 미국이민 서사에도 적지않은 영향을 끼쳤음을 알 수 있게 한다. 미국이민자들의 경험을 통해 되돌아본 한국사회는 외국인 노동자에 대한 인종차별의 구조가 자리잡고 있었고, 미국사회의 유색인 이민자의 삶에 작용하는 식민주의는 거꾸로 한국사회 외국인 노동자에게

문 · 윤영희, 「미국흑인 거주지역의 한국인과 한흑갈등에 관한 연구」, 『한국사회학』, 한국사회학회, 1998, 141~142쪽 참조.
3) 최협, 「재미한인사회의 인권문제」, 『민주주의와 인권』 3권 1호, 전남대학교 5.18연구소, 2003.4; 일레인 김, 「미국 속의 미국: 한 한국계 미국인이 본 미국의 내면」, 『당대비평』, 2001년 봄 참조.
4) 일레인 김, 위의 글 참조.

작용하는 식민주의로 재현되었음을 반성적으로 탐색하고 있다. 이 작품에서 미국이민의 경험은 한국사회를 성찰하는 서사적 계기로 역할한 것이다. 미국이민이라는 '타자적 자기'의 경험이 오히려 한국사회 안에서의 경험으로는 얻어낼 수 없는 서사적 영역을 확보하게 한 셈이다. 이렇듯 미국이민의 경험은 한국 내 경험 만으로는 채울 수 없는 '내부 식민주의'[5]를 성찰할 수 있게 역할한다는 점에서 중요한 서사적 의미를 갖는다.

그러나 한국사회 내의 미국인식에 대한 반성은 LA 폭동 이후 시작된 것은 아니다. 미국이민 초창기부터 미국이민의 경험은 시대를 달리하면서 한국문학의 서사적 주제로 변주된다. 특히 초창기 미국이민에 해당하는 1960년대 후반 미국이민의 경험은 전쟁 후인 1960년대 한국과 미국의 관계가 남다르기 때문에 한국문학의 자기성찰과 관련하여 중요하게 검토될 만하다.

1970년대 초반에 발표된 박시정의 소설들은 미국이민이 본격화한 초기 이민자들의 삶과 정체성 구성의 과정을 적나라하게 보여준다. 미국사회에 적응하지 못하면서 '나는 누구인가'를 질문하기 시작하는 인물들은 산업화와 자본주의적 개인주의의 그늘에 드리워진 식민주의를 직시하게 된다. 미국이민의 경험은 미국사회를 비판적으로 성찰할 수 있는 계기를 제공하는 것이다. 이런 과정 속에서 한국사회에서도, 미국사회에서도 배제되고 거부되는 사회적 약자의 문제를 제기한다. 혼혈아나 입양아에 대한 관심은 이에 해당한다. 그런데 박시정 소설의 이민자들은 이렇듯 미국(제국)의 식민주의를 비판하는 형상으로만 의미화되지 않는다. 미국의 인종차별주의와 식민주의 정책을 비판하면서 '나는 누구이며, 왜 여기에 와있는가'라는 질문을 스스로 던지지만, '나는 누구

---

[5] '내부 식민주의'에 대해서는 황태연, 「내부 식민지와 저항적 지역주의」, 『한독사회과학논총』 제7호, 1997 참조.

인가'를 질문하다가 '나는 어느 나라 사람인가'로 질문을 옮겨가는 민족주의적 맥락 속에 놓이기도 한다. '나'의 문제를 '나의 모국'으로 환원하여 해명하는 인물이 존재하는 것이다. 그런 까닭에 박시정의 소설에는 이런 질문에 답하기 위해 '고향' 이미지를 찾고자 애쓰는 인물이 많이 등장한다. 그리고 고향을 찾는 과정은 고국을 찾는 과정으로 비약된다. 나는 곧 고국(향)이기 때문에 고국을 외면하는 것도, 고국의 의미를 알지 못하는 것도 잘못된 것이고, 나는 곧 고국임을 알고, 고국이 가치있다는 것도 아는 자만이 진정으로 자기를 아는 자로서 인식된다.

사실, 많은 사람들에게 정체성은 과거를 통해 구성되기 마련이다. 그리고 '과거'는 공간으로 치면 '고향'이 된다. 고향은 지나간 시간이 기억으로 존재하는 공간인 셈이다. 따라서 국적과 상관없이 개별화될 수 있는 공간이다. 박시정 소설의 식민주의 비판은 고향 표상에 내재되어 있기도 하다.

그런데 몇몇 박시정 소설의 인물들은 나를 고향으로, 고향을 고국으로 환원하는 관계를 통해 정체성을 구성하고, 이러는 사이에 나라는 개별적 존재의 차이는 무화되고 '나'는 곧 고국이라는 국적 문제로 추상화된다. '나'를 질문하는 과정에서 어느덧 애향인, 나아가 '애국자'가 되어 '나'를 찾게된 자기상실의 원인은 무화되고 국가의 의미, 민족의 의미를 찾아나서는 민족주의자로 탈바꿈한다. 그리고 이런 정체성 구성의 방식은 민족의 정체성이 담론의 중심으로 떠올랐던 1960년대 후반의 한국문단에서 가장 '한국적인 것'6)으로 인정받는다. 그리고 이 과정에서 박시정 소설은 한국의 전통을 회복하는 민족서사로 의미부여되

---

6) '한국적인 것'에 대한 논의는 1960년대 한국문단에서 가장 논란이 되었던 쟁점 중 하나이다. '한국적인 것'이 어떤 것으로 규정되는가를 둘러싸고 논자에 따라 한국적 전통을 회복하고자 하기도 하고, 부정하자고 하기도 하는 극단적인 대립점이 형성되었다. 박시정 소설의 미국이민 서사도 이런 맥락 속에 놓여져 있다. 1960년대 한국문단의 논의는 김주현의 「1960년대 소설의 전통 인식 연구」(중앙대 박사논문, 2006, 22~26쪽) 참조.

고, 미국과 한국의 식민주의를 비판하는 시각은 묻혀버린다.

이 글은 이런 의미연관이나 의미 생성의 과정을 문학창작이나 작품의 해석과정의 문제로 고찰해보려 한다. 1960-70년대 한국사회의 담론적 상황 하에서 발표되고 평가된 박시정 소설의 미국이민 서사는 이런 한국문단의 민족 담론 지형에 연결되어 작가의 성격이나 서사적 특성이 재맥락화된다고 보는 것이다.

요컨대, 박시정 소설의 미국이민 경험은 1960년대 후반에서 1970년대 초반 한국문학의 서사적 영역에서 미국에 대한 새로운 인식을 보여주고 있다. 그러나 그 새로움은 그 자체로 개인 서사의 영역을 구축하고 다원화된 정체성 구성의 하나로서 의미부여 되지는 못한다. 1960년대 후반에서 1970년대 초반이라는 한국의 담론적 상황이 작품의 의미 구성 과정에 작용하여 박시정 소설창작에도, 그 소설을 해석하는 과정에도 영향을 끼친다. 박시정 소설의 미국이민 서사는 한국문단의 민족 담론 속에서 재해석되어 '민족 정체성' 구성의 자장 안에 흡수되는 것이다. 이 글은 이렇듯 박시정 소설의 미국이민 서사에서 나를 찾는 과정이 고향, 나아가 고국을 찾는 과정으로 비약되는 과정을 살펴보려 한다. 이런 과정을 작품들이 발표된 1960년대 후반에서 1970년대 초반의 한국의 담론 상황 속에서 정체성 구성의 문제로 해명함으로써 미국이민 경험의 서사적 의미와 이를 둘러싼 민족 담론의 영향관계를 해명하고자 하는 것이다. 이는 LA폭동이 가져다준 한국사회의 식민성에 대한 자기반성적 인식의 역사적 선례를 탐색하는 일이 될 것이다.

2. 한국사회의 미국표상과 이민자의 생활공간에서 발견된 '미국'

박시정은 1969년 「초대」를 통해 소설가의 길로 들어선 작가이다. 몇 편의 소설을 발표하고는 미국으로 이민을 떠나 미국에서 국내로 작품을 꾸준히 발표한다.[7] 1970년대에는 미국이민의 경험을 집중적으로 발표한 바 있다. 1965년부터 급증한 미국 이민자들의 이야기는 이 작가에 의해 거의 최초로 국내문단에 소개된 셈이다.[8]

1965년 케네디 이민법 발표후 한국이민은 급물살을 타기 시작한다. 한국전쟁 이후 미국의 물질적 풍요와 문화적 선진성을 경험한 한국사람들은 대량 실업과 빈곤에 시달리는 1950년대에 미국으로 가는 것을 출세처럼 생각한다. 한국전쟁 때 혼혈로 태어나 미국의 아버지를 찾아 떠난 혼혈아들로부터 선진사회에 진입하기 위해 재산을 정리해서 떠난 고학력 인텔리에 이르기까지 1960년대 후반부터 한국사회에 불기 시작한 이민열풍은 미국사회를 선망하는 심리를 직접적으로 반영하면서 시대를 휩쓴 '광풍'이었다. 이 시기 미국이민은 고학력이면서 투자할 자본을 지닌 사회중진급이 주축을 이루었다는 점에서 자발성에 기초한 이민이며, 근대 이후 강제적으로 추진되었던 대규모의 집단적인 민족이산과 비교되는 이민의 유형이다.[9]

경작하던 농토를 버리고 야반도주하듯이 만주로 떠난 이민 역시 더 잘살기 위한 것이라는 점에서 미국이민과 공통점을 지니지만, 미국은 먹고사는 문제 만으로 선택된 곳이 아니라는 점에서는 확연히 구별된다. 미국은 자유민주주의 제도로 움직여지는 사회, 즉 자유의 나라로 표상됨으로서 선택된 곳이며, 자식들이 좋은 교육을 받을 수 있다는 기대감으로 선택된 곳이다. 잘먹고 잘살기 위한 것만이 아니라, 좋은 교육을 받고 선진적인 문화의 혜택을 받기 위해 떠난 이민이다. 따라서 삶이 한단계 비약하는 것과 같은 것으로 인식된다 박시정의 소설은

---

7) 박시정은 1976년 문학과지성사에서 첫 창작집 『날개소리』를 출간한 이후 1983년 문학과사상사에서 『고국에서 온 남자』를, 1997년 21년이 흐른 후 역시 문학과지성사에서 『구름 사이에 무지개를』을 발표한다.
8) 김병익, 「한계적 상황과 고뇌」, 『날개소리』, 문학과지성사, 1976, 374쪽 참조.
9) 이길용, 『미국이민사』, 대한교과서주식회사, 1992, 289~291쪽; 이광규, 위의 책 참조

1965년부터 본격화된 미국이민이 한국의 근현대사를 특징짓는 민족이산 중에서도 이런 방식으로 특수하다는 점이 잘 드러나 있다.

> 한국의 민주주의 역사가 길지 못하기 때문에 민주주의 교육은 아직 불가능해. 애비는 너를 자유를 아는 사람으로 만들고 싶다. 내 유년 시대의 일제의 압박이나 내 나라의 기구한 역사적 배경에서 자란 나는 유학 왔을 때 정말 자유가 무엇인지 비로소 알았고, 내 자식에게는 절대로 나와 같은 전철을 밟게 하고 싶지 않았다.[10]

인용문에서 알 수 있듯이, 미국이민은 돈을 벌러가는 것만이 아니다. 미국이민자들은 '자유'와 '민주주의' 같이 인간이 사는 방식을 구성하는 제도적 요인들 때문에 이민을 간다. 전쟁을 겪고 혹독한 냉전체제 속에서 살아가는 한국사회에서 적으로 규정되는 '공산주의'의 반대는 '자유'였고, '자유'는 가장 중요하고 가치있는 그 시대의 이상이었다. 이런 맥락 속에서 미국은 '자유'로 표상되는 대표국가였다. 미국으로 이민가는 사람들은 이 '자유'의 주체가 될 것이라는 생각을 가장 먼저 했던 것이다. 이는 당시 한국사회에 널리 퍼져있던 보통사람들의 미국에 대한 생각이며, 그래서 미국이민은 한국인이 모두 선망하는 '기회'로 인식된다.

이 풍요와 자유의 나라라는 미국표상은 노소를 불문하고, 사회계층을 불문하고 1950년대를 살았던 한국인 모두에게 내면화된 것이라 할 수 있다.

> 「거기 가면 좋은 옷두 있고, 음식도 있고, 여기와는 다르다. 맛있는 초코레트도 얼마든지 먹을 수 있고, 그런 꿈의 나라를 왜 안 가겠단 말이냐?」[11]

---

10) 박시정, 「한국인형」, 『날개소리』, 문학과지성사, 83쪽.
11) 박시정, 「이향인들」, 위의 책, 251쪽.

아, 아메리카, 깡통만 따면 신선한 파인애플을 먹을 수 있고, 번쩍거리는 이브닝 드레스를 입고 귀걸이며 팔찌를 걸고 파티장에서 춤추는 광경으로 아메리카를 다 알고 있었던 그녀들의 아메리카에의 꿈은 악몽이 되어, 그 악몽 속에서 허덕이고 있기가 대부분이었다.[12]

미국을 물질적 풍요와 자유롭고 합리적인 민주주의 제도가 있기 때문에 '꿈의 나라'라고 인식하는 고학력의 어른들이 있는가하면, 인용문에서처럼 자신이 가장 원하는 것을 할 수 있기 때문에 '꿈의 나라'라고 생각하는 어린아이들이나 하층민 여성들도 있다. 한국사회에서 미국은 자신이 원하는 것을 가질 수 있는 "꿈"의 실현장으로 표상된 셈이다.

그러나 한국에서 상상한 미국은 자유와 풍요의 나라였지만, 이민생활의 현장에서 겪는 미국은 인종차별주의와 물질만능주의가 판치는 백인 중심의 자본주의 사회였다. 박시정 소설의 미국이민 서사는 이민자들의 미국경험을 통해 한국에서 상상하는 미국이 실제 미국과 다를 수도 있다는 점을 보여준다.

그의 아파트로 들어가는 길목에는 쓰레기들이 발에 툭툭 차였다. 폭탄보다도, 블란서에서 오는 콩코드 비행기보다도 겁내야 할 것은 쓰레기꾼이다. 쓰레기꾼이 파업하면 뉴욕이 이 꼴이 되고 만다. 차라리 이 맨해턴을 인디언에게 도로 팔아라. 인디언에게 그대로 두었던들 이 꼴이 되지는 않았을 것이다. 이 황금보다도 값진 땅을 이십달러에, 헐값으로 사가지고는 부패와 폭력과 공포의 도시로 만들다니. 그 인디언들은 맨해턴이 이 꼴이라는 소식을 듣고 아리조나 벌판의 토담집에서 구슬을 꿰어, 들판에 나와앉아 관광객들에게 팔아 모은 돈을 모아 맨해턴 구제운동에 나서고 있다지 않은가. 여름에는 쥐새끼들이 쓰레기더미에서 범람하고 인간들이 쓰레기를 치우기는커녕 매순간 찌꺼기들을 산적시켜 문 밖으로 밀어던지고 있다.[13]

---

12) 박시정, 「이향인들」, 앞의 책, 245쪽.
13) 박시정, 「H씨의 망년」, 위의 책, 348쪽.

미국에서 가장 큰 도시이며, 세계적인 현대화가 이루어져 있다고 하는 뉴욕의 거리다. 인용문은 이 세계적인 도시의 거리풍경을 더러운 쓰레기와 흥청거리는 퇴폐의 분위기로 묘사한다.14) 뉴욕은 미국의 대도시를 대표할 뿐만 아니라 세계적으로도 가장 손꼽는 대도시이다. 한국에서만 하더라도 뉴욕은 최첨단 모더니티를 상징하는 도시로 표상된다.15) 이 최첨단의 도시 중심가에서 젊은 날에 유엔대사의 보좌관을 지낸 한 노인이 거처없이 도시빈민가를 떠돌고 있다. 병든 몸으로 양로원에는 들어가지 않으려고 병원을 기웃거리며 사회복지 기금으로 겨우 연명하고 있는 것이다.

미국의 대도시는 산업화를 기반으로 한 도시인 만큼 부부와 자녀로 구성된 핵가족이 생활의 기반을 이루고있다. 고도로 개인화되고 물질화된 사회인 것이다. 노인들은 나이가 되면 자식들에 의해 양노원에 맡겨진다. 양로원의 감옥같은 생활을 거부하는 노인들은 최대한 혼자 독립적으로 살아보기 위해 안간힘쓰고, 자신들의 쇠약한 모습이 자식들에게 알려지지 않기를 희망한다. 미려하고 차분한 문체로 미국유학생의 두려움과 고독을 소재로 한「아침에 만난 노인」은 혼자서 많은 일

---

14) 함석헌은 1970년 세계일주를 하며 자신이 편집자가 되어 발행하는『씨올의 소리』에 기행기를 연재한다. 이 기행기에는 물론 미국도 포함되어 있다. 미국을 여행하면서 제일 처음 도착한 곳은 뉴욕이었고, 1960년대 말 뉴욕은 지저분한 것은 말할 것도 없고, 인종문제와 폭력이 사회문제가 되던 때였다. 미국의 부정적인 면이 한국의 매체에 거의 소개되지 않던 때에 함석헌은 거침없이 뉴욕을 문제투성이 도시로 폄하한다. 함석헌,「달라지는 세계의 한길 위에서」,『씨올의 소리』, 1972. 5, 49~51쪽 참조.
15) 1950년대 이후 60년대에 걸쳐서 잡지에 실린 기사에는 뉴욕통신이나 뉴욕 소식을 전하는 난이 눈에 띈다. 뉴욕은 미국을 대표하는 도시이며, 가장 현대적인 도시로 인식되었음을 알 수 있다. 1950년대『여원』의 뉴욕통신은 만화와 기행기를 중심으로 뉴욕의 한국인들을 취재함으로써 뉴욕을 이상화하고 있으며, 1960년대 종합지인『세대』에도 미국을 비롯한 서구의 선진문화는 유학생들의 경험과 함께 미국을 이상화하는 주된 담론이었다.『여원』의 특파원으로 활동한 전혜린의 독일 관련 기사도 미국은 아니지만, 서구를 이상화하는데 일조한다. 미국으로 간 이민자들을 다룬 안정효의 소설도 뉴욕을 가장 현대적인 도시로 인식하는 미국인식이 잘 드러나있다. 안정효,「회귀」,『불교문학』, 1988년 봄, 372~373쪽 참조.

을 해내며 그 자부심으로 살아가는 미국노인의 하루 일과를 보여준다. 이 노인처럼 혼자 살아갈 수 없으면 빈민가의 생활브호대상자로 전락하거나 자식들에 의해 양로원으로 보내지는 것이 미국의 현실이다. 미국노인도 이러하니 동양계 노인들은 말할 것도 없다

> 지영은, 차이나타운에 세워진 정자 밑에 동양 노인들이 개흙으로 만든 토상처럼 종일이면 종일 멍하니 앉아 있는 것을 본 일이 있었다. 안노인들은 그나마 나오지 않는 것인지 아니면 모두들 홀아비인지, 거기 앉아 있는 노인들은 대개 남자였다. 때로 그들은 대낮부터 취해가지곤 혼자 중얼거리며 차이나타운 안에서 뱅뱅 돌기도 했다. 한 듵에 겨우 방세와 (이들은 대개, 아파트도 못 얻고 시내 중심에 운집해 있는 싸구려 호텔방에서 살았다) 입에 풀칠을 할 만큼 주는 노인 구호금으로 자고 먹고, 날이 어두워 잠이 들 수 있기를 기다리며 시간을 보내고 있는 것이다. 그들의 옷은 남루하고 냄새가 나며 그들과 다른 종류의 사람들은 그들 옆에 가기조차도 꺼리는 완전히 동떨어진 무리들이었다.
> 지영은 그들 속에 한국 할아버지들이 있다고 생각한 일은 없었다. 이민 역사가 가장 기인- 샌프란시스코에 군집해 사는 중국인들이 여기까지 흘러와 사는 것으로만 생각했었다. 그러나 개중엔 일본 할아버지, 한국 할아버지, 필리핀 등 아시아 각 나라의 할아버지들이 다 있을 거란 생각이 새삼 드는 것이다.16)

이민자에 해당하는 동양계 노인들은 이민자라는 점 때문에 미국 노인들보다도 더 열악한 조건에서 살아가고 있다. 1960년대는 한국에서 이제 막 도시 중산층을 중심으로 핵가족 형태가 생겨나기 시작하던 때이다. 주로 대가족 제도 속에서 부모들을 모시며 생활하는 풍속에 익숙해져있는 한국출신 이민자들은 이렇게 혼자 버려지듯이 살아가는 노인들을 보며 미국사회에 대해 문화적 충격을 받는다.17) 박시정 소설의

---

16) 박시정, 「창구」, 앞의 책, 316쪽.
17) 대가족 제도 속에서 사는 1970년대의 한국인들은 이런 미국문화를 비판해야 할 현대문화로 인식하기도 한다(이명희, 「한국 대가족 제도의 미학」, 『젊은이들의 발언』,

미국이민 경험은 풍요와 자유의 그늘에 해당하는 이런 삶의 면모로 인해 당시 한국사회에 만연되어 있던 미국인식을 의심케 한다.

부모들의 이혼으로 고아처럼 버려지지만 '미국 소년 다운' 독립적인 자아로 성장해야 하는 소년(「물주는 소년」), 미국 백인 가정에 입양되어 인형처럼 괴롭힘을 당하면서도 울지 않고 참고 견디는 어린 입양아(「한국인형」), 한국문화와 미국문화의 차이를 받아들이지 못해서 양부모로부터 버림받는 고아원 출신 소녀(「이향인들」), 남편을 쫓아 이민와서 경제적 가난 속에서 고립되어 살아가는 아내들(「타향살이」, 「노을」, 「등산」) 등, 1970년대 초반에 집중적으로 발표된[18] 박시정 소설에서 포착된 미국이민의 경험은 '물질적 풍요'와 '자유'라는 한국인들이 내면화한 미국인식과 대비된다.

경험은 개개인들의 생활 속에서 구성되는 것이기 때문에 미국경험이라 하더라도 경험의 주체에 따라 다양할 것이다. 주로 1950년대 중반 이후 가속화된 미국유학이나 미국이민의 다채로운 경험은 여러 가지 매체를 통해 담론화되어 한국인들의 미국인식에 영향을 끼쳤다. 특히 이 시기 담론형성의 장이었던 많은 잡지매체들은 선진화된 미국의 교육제도나 자유로운 문화풍토를 경쟁적으로 소개함으로써 독자로 하여금 미국을 꿈의 나라로 선망하게 유도했다.[19] 식민지 시기에도 미국문

조선일보, 1978, 273~276쪽). 안정효의 「미국인 아버지」는 미국에서 태어나 영어를 모국어로 사용하는 딸과, 이 딸과 의사소통이 안될 정도로 영어로 말할 때는 여전히 긴장해야 하는 이민자 아버지 사이의 문화적 갈등을 보여준다. 이 소설의 아버지는 딸의 서랍에서 나온 피임기구나 가부장적 아버지를 철저히 부정하는 딸의 개인의식으로 인해 문화적 충격을 받는다. 이런 식의 문화적 충격은 이미 이민국이 모국이 되어버리는 이민 2세대가 생겨난 후, 이민자들이 겪는 가장 큰 삶의 문제라 할 수 있다.

18) 박시정은 1969년에 문단에 데뷔해서 1976년 문학과 지성사에서 첫 창작집 『날개소리』를 발표하기까지 6년 정도의 기간동안 대부분의 소설을 발표한다. 이 시기 이후에는 양으로도 많지 않으며, 오랜 기간에 걸쳐 뜸하게 발표한다.

19) 1950년대 잡지매체들에는 미국체험과 관련된 기사들이 흔하다. 평범한 사람들 사이에서도 미국은 관심을 끌었기 때문에, 독자들을 위한 기사가 많이 기획 될 수밖에 없었던 것이다. 특히 미국문화를 선호한 여성독자들을 상대하는 잡지에는 이런 특

화는 선교사들을 중심으로 우월한 문화로서 수용되었지만, 미국의 절대적인 원조 하에 살아가던 1950년대 후반에서 1960년대에 미국은 실제적인 일상생활을 지배하는 선진적인 문화로서 선망되었다. 1960년대 미국경험에 관한 담론은 이런 인식을 강화시키는 역할을 한다.

이런 한국 내 미국인식 지형에서 박시정 소설의 미국이민 경험은 전혀 다른 미국의 모습을 담론화하게 된다. 1950년대까지의 산업화를 거치고서 그 그늘진 면이 점차 부각되기 시작하는 1960년대의 미국사회 실상은 이렇게 박시정 소설의 이민자들에 의해 객관적으로 조망되는 것이다. 비록 선망하는 국가의 시민이 되기 위해 자발적으로 선택한 것이지만, 미국사회의 하층민, 이방인으로 살아가는 이민자의 삶은 '미국'에 대해 보다 폭넓게 인식하도록 한다. 미국이민의 경험은 한국사회의 미국인식을 근본적으로 회의하는 계기가 된 것이다.

그러나 이런 미국이민의 서사가 일반적인 것이라 보기는 어렵다. 이 이민서사는 이민 1.5세대인, 막 미국이민생활을 시작한 미국사회 초보자의 미국이민 경험이기 때문이다. 한국과 미국을 다 경험한 이민 초창기 이민자들의 경험으로 구성될 수 있는 이민서사이다.

1960년대만 해도 한국사회는 개인 중심의 생활방식이나 문화가 별로 없던 때이다. 미국사회가 개인의 인권을 중시하는 제도나 조직생활을 바탕으로 한다면, 한국사회는 혈연이나 지연에 의한 서열적 관계를 중심으로 조직되는 경향이 강했다. 게다가 미국은 사회적인 약자를 법이나 제도로서 보호하는 것을 가장 중요하게 여기는가 하면, 인종차별의식에 의해 동양인들에 대한 차별의 구조는 더 심하기도 한 이율배반적인 성격도 지니고 있었다. 문화적, 제도적으로 많은 차이를 지닌 미국사회에서 한국의 문화적 정체성을 조금이라도 갖고있던 초창기 이민자

성이 두드러진다. 그 외에도 미국의 선진문화를 모방하려는 글을 통해서도 미국은 다양한 방식으로 소개되고, 미화되었다. 1955년에 창간된 『여원』에는 1950~60년대 여성문화, 혹은 가정문화의 모델로서 미국문화가 소개된다.

들은 쉽게 미국사회의 문화를 우월한 것으로 받아들이지 못한다. 특히 미국을 문화적 타자로 여기는 이민 1.5세대들은 미국사회를 부정적으로 인식하기 쉬웠던 것이다.

1980년대만 해도 이런 양상은 좀 다원화된다. 초창기 이민자들이 미국에 정착하면서 2세들이 생겨나고 이 2세들은 그야말로 미국시민권을 갖고 태어나 미국인이라는 자의식을 지닌 또다른 이민자가 되기 때문이다.[20] 이 세대들의 정체성 형성과정은 한국 국적에서 출발한 이민 초창기 이민자들과는 근본적으로 다르며, 이들의 미국인식이나 고향을 생각하는 방식은 1970년대 이민서사와 다르게 유형화되기 때문이다.

그러나 천편일률적인 미국표상에 기대어 이민을 단행한 초기 이민자들의 미국이민 경험은 그다지 다양하지 않다. 화려하고 풍부한 물자와 정치적 자유로 표상된 미국이 아닌, 그 그늘에서 버려진 채 살아가야 하는 남루한 미국인들의 공간 역시 미국이다. 화려하고 합리적인 미국보다 더 많은, 남루하고 비합리적인 미국을 경험한 문화적 충격을 서사화한 것만으로도 박시정 소설의 미국이민 서사는 미국인식의 지평을 확장했다고 할 것이다.

3. 미국에서 발견된 '고향'

한국사회에서 내면화한 미국표상을 가차없이 부정하게 하는 미국이민의 경험은 이민주체들을 정신적 공황상태로 몰아간다. 풍요롭고 자유로운 나라의 주체가 될 것이라 기대하고 시작한 미국생활은 상업주의에 물든 자본주의 경제와 극도로 개인화된 사회관계, 게다가 인종적

---

[20] 안정효의 미국이민 서사는 초창기 미국이민의 다음 세대라 할 수 있는 1980년대 미국이민 경험에 해당한다. 1980년대 말에 발표된 「회귀」, 「미국인 아버지」를 예로 들 수 있다.

편견까지 가미된 삶으로 판명되었기 때문이다. 흑인보다 더 배척당하기도 하던 동양인, 그 중에서도 중국인도 일본인도 아닌 한국인 이민자들은 아무 것도 아닌 자로 받아들여지기 십상인 사회였다.

> 물 한가운데 조용히 떠 있던 한 떼의 물오리들이 갑자기 숲의 정적을 깨뜨리며 내 쪽으로들 몰려왔다. 오리들은 잔잔한 수면에 부드러운 동그라미를 그으며 미끄러지듯 헤엄쳐 왔다. 그들의 하얀 깃털이 햇빛에 반사되어 눈이 부셨다. 그들은 내가 앉은 발치, 물가에 다다르자 일제히 깃털을 세우고 몸의 물을 털었다. 수많은 오리들의 깃털에서 물방울들이 햇빛을 받아 무지개색으로 빛날 때 나는 다시 눈이 부셨다. 하얀 오리들은 내 발 가까이 와서는 목을 조아리며 주둥이를 흙바닥에 비벼댔다. 나는 그 수많은 부리들이 내 발등을 쪼아 만신창이로 만들어 버릴 것 같은 두려움을 느꼈다. 그러나 오리들은 내게로 가까이 오면서 목청을 낮추기 시작했다. 그들은 이미 내 발 주위에 몰려들어 목젖에서 새어나오는 부드러운 소리를 내고 있었다. 그들은 내게 무엇을 원하는 것일까, 내게서 동양인을 가려낸 것일까.[21]

위 인용문에는 미국유학생으로 와서 일주일도 채 안된 서술자 '나'의 동양인으로 정체화되는 것에 대한 두려움이 절절히 배어있다. 이 유학생은 무심코 지나칠 수 있는 오리들의 몸짓조차 동양인을 공격하는 것으로 착각할 만큼 미국사회를 동양인에게 배타적인 인종차별적 사회로 받아들이고 있는 것이다. 그 중에서도 한국인은 중국인도 일본인도 아닌 자로 서열화되어 있기도 하다.

실제로 대부분의 미국사람들은 미국 대도시 어디를 가나 도심에 자리하고 있는 차이나 타운과 이차대전 중 미국을 침공한 적이 있는 일본이 아시아인의 전부라고 생각하는 정도의 아시아에 대한 정보를 갖고있다. 한국전쟁에 참전한 적이 있는 몇몇 노인들만이 한국전쟁을 통

---

21) 박시정, 「아침에 만난 노인」, 앞의 책, 56쪽.

해서 겨우 한국을 떠올릴 수 있는 정도이다. 그러나 그것도 자신들이 치른 전쟁의 기억이지 한국인이 아니다. 이 노인들의 의식 속에 한국인은 존재하지 않는 자, 인식지평 저 건너에 있는 자인 셈이다. 그리고 이 노인들의 한국에 대한 무지는 평균적인 미국인의 모습이다. 따라서 백인 우월의식과 인종주의가 심한 미국사회에서 한국인은 백인이 아닌 자일 뿐만 아니라, 중국인이나 일본인 정도의 존재감도 갖고있지 않은, 즉 아무 것도 아닌 자로 정체화될 수밖에 없다. 이런 자의식은 이민의 주체인 1세대보다도 부모를 따라와서 성장기를 거쳐야 하는 이민 1.5세대들에게 더 심하다.

1960년대 후반 이민자들은 이민 1세대인 경우 한국의 담론 지형 속에서 표상된 '미국'을 통해 미국을 인식하고 그에 동일화되기 위한 과정으로 미국생활을 견디지만, 이런 미국표상을 갖고있지 않은 자식들, 즉 이민생활을 하면서 자아를 형성하는 성장기의 1.5세대 이민자들은 그저 인종차별이 심한 사회의 소수인종, 게다가 중국인도 일본인도 아닌 한국인임을 자각하면서 열등감에 시달린다. 부모들은 한국에서 이미 내면화했던 미국표상에 동일화될 것을 기대하고 미국인이 되기 위해 힘든 이민자 생활을 견디지만, 자식들은 선험적으로 내면화하고 있는 미국표상이 없기 때문에 동양인을 타자로 구분하는 미국사회의 현실을 부정하기만 한다.

내 성적이 반에서 일등이라는 것으로 한국인으로서의 자만심을 삼았고 일본인이나 중국인이 아님을 열심히 수정했다.
「애들아, 저 일본애좀 봐 애들아, 저기저기.」
내가 학교에 갈 때 서양애들은 나를 보고 고함치며 서로 바라보기에 열심이었다. 나는 어렴풋한 잠 속에서 그러한 지난 날을 꿈꾸고 있었다.
「아버지, 우리 도로 한국으로 가, 우리가 한국에서 살면 뭐가 부러울 것이 있어요? 여기서 이렇게 기를 못 펴고 살아서 뭣해요?」
나는 아버지의 방침을 따라 묵묵히 견디다가도 때로 그렇게 말했다.

「어릴 동안, 공부할 동안 만 여기 있는 거야, 엄다 아버지가 여기 와서 고생하는 것두 다 너를 위한 것이 아니니?」

아버지는 내 등을 두드려 주며 이런 식으로 타일렀다.

「이 기집애야, 나는 한국엔 죽어두 안 간다. 지긋지긋해 그 가난이, 거기서 백날 살아봐라, 우리가 자동차 한 대 가질 줄 아니? 뭣하러 그 구덩일 또 가자는 거니? 넌 몰라서 그래. 너 혼자 가렴.」

어머니는 말하며 내 머리를 주장질하곤 했다.

「당신두 그렇게 말할 건 뭐요? 당신이 한국에 있을 띠 내 뭐 그렇게 고생시킨 게 있소? 우리가 여기 있는 것은 생활이 편한 이유 때문이 아니라 애들을 교육시키기 위해서야.」[22]

이 인용문에는 한 가족이라 하더라도 미국이민 생활을 통해 느끼는 바가 얼마나 다른가가 잘 나타나 있다. 아무 것도 아닌자로 느끼는 것은 같을지라도 한국사회의 미국표상을 통해 미국을 인식하는 이민 1세대는 자신들이 아니라면 자식을 통해서라도 미국인이 될 것임을 의심하지 않는다. "생활이 편한 이유" 만이 아니라 자식들의 "교육"을 위해 미국을 선택했기 때문이다. 그러나 학교라는 미국사회의 제도에 편입되어 살아가는 성장기의 이민 1.5세대들은 유색인종이라는 정체성 뿐만 아니라 중국인인가 일본인인가라는 식의 어느 나타 동양인인가라는 국적까지 차별의 구조로서 서열화되어 있는 미국을 꿈의 나라로 인식하기는 어려운 것이다. 이런 미국이민에 대한 전망의 차이는 한국 이민자들의 세대갈등으로 구체화된다. 미국이민 서사에서 가장 많이 다루어지는 세대갈등은 한국에서 내면화한 미국표상과 이민생활에서 경험한 실제 미국의 현실이 세대별로 다른 미국인식을 형성함으로써 생겨난 갈등이라 할 수 있다. 부모세대들은 실제 미국경험없이 내면화한 미국표상으로 미국인이 됨으로써 잘 살게 될 것이라 생각하지만, 이 미국표상이 없는 이민 1.5세대 자식들은 미국이민자로서의 삶을 부정하려

---

22) 박시정, 「한국인형」, 앞의 책, 81~82쪽.

하기 때문이다. 박시정 소설의 '고향' 표상은 이런 세대갈등 속에서 구성된 이미지이다.

그런데 1960년대 후반 미국이민 경험이 투영된 1970년대 초반 미국이민 서사, 즉 박시정 소설의 미국이민 서사에서 '고향' 표상은 고향에 두고온 가족을 그리워하거나 고향에서의 유년경험을 추억하는 방식의 낭만적 회상의 형식을 띠고 있지 않다.23) 고향을 경험한 미국이민자의 기억이기보다는 미국에서 부정당한 정체성, 즉 '나는 누구인가'를 찾기 위해 상상하는 '고향'이다.

(가)
「찾아헤매는 거야. 찾을 수 없을지도 모르는 것을. 그것은 고향일 수도 어머니일 수도 있는 것이야.」
「고향이란 실현될 수 없는 미지의 곳임으로써만 고향일 수 있지 않을까? 그러니까 고향이란 하나의 동경이자 아름다운 환상의 쉼터이지.」
「아냐, 난 누이의 그런 문학적 센스엔 무딘 놈이구, 명백한 것은 나는 버려진 놈이라는 사실이야. 가난한 탓으로, 우리 어머닌 가난해서 불구자가 된 데다가 불구가 됨으로써 자식까지 잃어야 했던 거야. 나는 생생히 기억한다구……」24)

---

23) 이민문학의 고향 표상은 대부분 유년기의 기억이나 고향의 어머니를 그리워하는 서사 속에서 구성된다. 미국이민 문학에서도 이런 고향표상은 가장 대표적인 디아스포라적 특성으로 꼽힌다. 이는 1965년 직후 이민간 이민 세대의 고향 표상과 1900년대부터 시작된 이민자들의 고향 표상이 차이나는 지점이다. 많은 이민소설에서 고향 표상은 흔한 서사적 장치이다. 이때 고향은 어릴 적 기억의 공간이다. 따라서 한국적 문화가 공통의 정서로 관통하고 있으면서도 개별적인 고향의 기억이 고향 표상의 사소한 차이들을 만들고, 이 차이들로 개성화된 성격화가 가능하다.(초기 이민자들의 소설이나 한국의 아동문학계에서 인기를 끌었던 린다 수 박의 『사금파리 한 조각』을 한 예로 꼽을 수 있다. 고향은 국적의 이미지이기 이전에 기억과 그리움의 구체적 형상이다. 이런 구체적 형상이나 체험에 해당하는 디테일이 없다는 점에서 박시정 소설의 고향 표상은 정체성 구성에 달리 작용한다. 이동하·정효구, 『재미 한국문학 연구』, 월인, 2003, 유선모, 『미국 소수민족 문학의 이해, 한국계편』, 신아사, 2001 참조.
24) 박시정, 「창구」, 앞의 책, 312쪽.

(나)

아침 잠에서 깨어나 맑은 물로 얼굴을 씻고 따스한 봄볕이 스며드는 봄의 창밖을 내다보며 대하던 아침상에서의 파래 내음, 그것은 이제 마치 먼 신화의 얘기만큼이나 아득하고 실감이 나지 않았다. 남편은 남편대로 일어나 쌀튀김이나 옥수수튀김 같은 것에다 우유를 부어, 맛도 모르면서 입에 넣을 것이고, 진희는 진희대로 토스트에 빵 두어 조각을 구워 아침으로 먹을 것이며, 다미는 그나마 아침을 먹지 않는 것이 습관으로 되었다. 남편과 자신의 샌드위치를 한 가지 만드는 데도 화장하랴 옷 입으랴 출근준비를 하자면 여간 번거로운 것이 아니다. 저녁은 저녁대로 김치찌개나 김구나 밥이 그립지 않은 것이 아니나 피곤도 할뿐더러 먹는 일에 되도록 시간을 절약하기 위해서 오븐 속에 넣어 덥히기만 하면 먹을 수 있는, 이미 만들어진 음식을 먹곤하니, 싱싱한 재료로 만들어먹는, 음식에 대한 희망감 같은 것도 잊어버린 지 오래다.

다미는 파래 내음을 좀더 깊이 들이마시기 위해서 차창을 열었다. 무수한 은실 같은 빗줄기가 파래 내음을 묻혀가지고 다미의 오른쪽 뺨이며 어깨며를 적셨다.

「냄새가 좋아요.」

「해초 냄새 말인가요?」

H씨도 콧속 깊이 냄새를 맡는 체했다.

「고향을 그립게 하는군요, 저 냄새는.」[25]

(다)

「아, 머리 내음! 누나, 누나 머리 내음이 너무 향긋해.」

내가 근철의 뺨에 밤인사를 할 때 그의 뺨에 흘러내린 나의 머리칼을 코에 갖다대고 근철이 탄성을 질렀다. 나는 갑자기 온몸이 짜릿해지는 흥분을 느꼈다. 일곱의 사내애, 아직 고사리 같은 손가락을 가진 어린애, 그의 예민한 감각은 내게 후끈한 이성에의 그리움 같은 것을 느끼게 했다. 그의 후각은, 내가 어렸을 때 할머니를 따라 심산에 들어가서 맡아본 동백 내음처럼 상긋한 감각인지도 모른다고 생각했다.

「나는 할 일이 많다. 불행한 나라의 국민이기에 우리의 불행을 극복하기까진 정상으로 살기를 포기해야 할는지도 모른다.」[26]

---

25) 박시정, 「노을」, 앞의 책, 228쪽.

'고향'은 과연 어떻게 표상되는가? 이 세 개의 인용문에는 고향이 표상되는 방식이 담겨져 있다. (가)의 재완은 어릴 적 너무 가난해서 미국으로 입양되었지만, 성년이 되면서 미국인임을 부정하고 자신의 정체성을 찾으려 애쓰고 있다. 이 입양아에게 정체성은 고향일 수도 있고 어머니일 수도 있다. 그러나 고향이나 어머니에 대한 기억은 없다. 막연히 자기가 돌아갈 곳으로 상정되어 있을 뿐이다. 구체적인 이미지가 없이 막연하기 때문에 찾기까지 아무 것도 할 수 없다고 말하며, 뜨내기처럼 살아가는 재완의 인생은 절망적일 뿐이다.

유학생 남편을 쫓아 꿈의 나라로 온 (나) 인용문의 다미 역시 유학생 부인의 고달픈 삶의 극단에서 출구처럼 해초 냄새를 떠올린다. 해초 냄새는 아무런 의미없는 미국생활을 상쇄할 유일한 '의미'이며, 고향의 냄새라고 의미부여 된다. 그렇다고 다미가 고향에 가고싶어 할만큼 그리운 기억이 있는 것은 아니다. 어머니마저 보고싶어 하지 않는다. 해초 냄새는 그저 싱싱하고 아름다운 '고향'의 표상일 뿐이다. 인용문 (다)의 동백 내음 역시 이런 고향 표상을 위해 고안된 상상물이라 할 수 있다.

이렇듯 이들은 좋았던 기억이나 그리워하는 사람이 있는 구체적인 개인적 기억 때문에 그 기억이나 공간을 '고향'으로 생각하는 것은 아니다. 대부분 고아였거나 어릴 적 미국으로 이민 온 사람들이기 때문에 지금 살고있는 이민국 이외의 곳을 구체적인 기억의 공간으로 여기기는 어렵다. 그저 근원적인 삶의 기억으로서의 고향, 감각적 징후로서의 고향을 자신의 본질로서 찾으려 한다. 즉 삶의 문제가 모두 환원되는 기원을 '고향'으로 의미부여하고, 이것을 통해 정체성을 구성하고자 하는 표상적 이미지인 것이다.

이민 1세대들의 미국표상이 미국에 대한 경험보다는 한국에서 내면

---

26) 박시정, 「한국인형」, 위의 책, 99쪽.

화한 상상적 이미지에 가까운 것처럼 이민 1.5세대들의 고향 표상 역시 고향에 대한 구체적 기억보다는 미국에서 상상한 '고향'의 이미지에 가깝다. 미국표상의 허구성을 폭로하면서 제시한 정체성으로서 '고향'도 허구적 바탕에서 구성된 상상물이라는 점에서 이민 1세대의 미국표상과 이민 1.5세대의 고향표상은 서로 대립되는 거울상이기도 한 것이다.

4. '고향' 표상의 진폭: 탈식민성과 민족주의 사이

박시정의 미국이민 서사는 이민자들의 경험을 통해 한국사회에 만연된 미국표상을 비판함으로써 한국인의 미국인식을 탄성하는 시각을 제공한다. 미국이민의 경험은 이민자들 스스로 아무 것도 아닌 자라는 자의식을 갖게하며, 이민자들은 자연스럽게 정체성을 찾아 나서게 된다. 박시정 소설의 '고향' 표상은 바로 이 길찾기의 미적 반영인 셈이다.

그러나 박시정 소설의 '고향'은 기억의 공간은 아니다. 고향의 기억을 갖고있지 않은 자들이 꿈꾸는 고향인 탓에 추상적인 상상물이거나 감각적 이미지인 경우가 대부분이다. 그렇지만 이 상상이나 감각은 개개인들의 삶의 맥락 속에서 구성되는 표상이기 때문에 개인적 가치가 존중되는 상상물이기도 하다. 어릴 적 자신을 업고 교통사고를 당하면서까지 자신을 지켜내려했던 어머니가 그립고(「창구」), 해초냄새가 물씬 풍기는 파래 반찬 때문에 바닷가 고향이 그립고(「노을」), 막연히 한국말로 의사소통 할 수 있다는 언어적 공감 때문에 친밀감을 느끼면서(「등산」) 고향을 발견한다. 이 각각의 상황은 이민사회에 적응하지 못하고 밀려나는 소외적 현실에서 주체성을 회복하기 위한 그리움의 정서이기도 하다. 따라서 이 '고향' 표상은 사회적 약자들의 주체화 욕망의 발현으로도 해석할 수 있다. 이 때, 고향에 대한 상상과 욕망은 주체화를 향한 연대와 공감으로 승화되기도 한다.

선희는 음울하게 모여 앉아서 찍은 혼혈아들의 사진이 들어있는 기사를 마나에게 보였다. 그들이 사회 속에 따스히 받아들여지지 못하고 생활터전 밖으로 밀려나 부랑하는 기사였다.
「이 아이들을 생각하면 잠이 안 와. 나도 벌써부터 알고 있었는걸. 그런데 한국 사람들은 왜 우릴 싫어하지?」
「다르게 생긴 때문이겠지....」
「그런데 미국 사람들에겐 그렇지 않잖아? 오히려 굽신대면 굽신댔지.」
「그게 바로 문제란다. 너는 좀 이해하기 어려울지 모르지만 도덕적 편견 때문이기도 하고, 마음이 좁기 때문이기도 해.」
「그런데 난 나를 한국 사람이라고 느끼거든....그들과 꼭 같은 한국사람으로 말야.」
「그래 니 생각이 맞다. 넌 한국 사람야. 한국에서 태어났고, 한국 습관에 익어 있고, 그리고 무엇보다 한국 엄마를 가졌으니 니가 한국 사람인 것은 분명해. 그러나 한국에는 너를 한국 사람으로 인정해 주지 않는 사람이 더 많단다. 옛날부터 한국 사람들은 생김새가 비슷한 사람들끼리만 살아와서 그들의 조상이 꼭 하나라고 믿고 있거든. 그래서 다르게 생긴 사람들을 보면 남의 식구로 생각이 드는 거야.」
마나는 받아들이기 어려운 상황을 억지로 이해해야 할 때 늘 하는 식으로 손가락을 깨물고 있었다. 이 따위 얘기를 해야 하다니, 선희는 누구에겐지 모르게 분노가 치밀었다.
인간을 구성하는 요소는 세계 모든 인류가 꼭 같다. 좀 다르게 생겼다고 해서 개나 원숭이처럼 다른 요소를 가졌다고는 할 수 없다. 한국 민족은 단군의 자손이라는 신화 속에서 아직 깨어나지 못하고 살고 있지만 현재의 그들은 몽고족, 만주족, 시베리아족, 사이노족 등이 섞여서 이루어진 육신인 것을 인정 못하고 있는 것이다.[27]

미국사회에 적응하지 못하고 밀려나는 이민자들의 고통과 외로움을 항상 주위에서 볼 수밖에 없는 정신과 의사 선희는 특히 한국사회에서 냉대받는 혼혈아와 미군부대 주변의 매춘부들에 관심이 많다. 미국사회의 이민자들이 인종적 편견 때문에 차별당하는 것을 알고있는 선희

---

27) 박시정, 「이향인들」, 앞의 책, 261~262쪽.

는 자신이 태어난 나라에서조차 받아들여지지 않는 혼혈아들과 미군 상대 매춘부들의 삶을 가장 최악의 것이라 생각한다. 그리고 미국사회에서 발견할 수 있는 식민주의 만이 아니라, 한국인들에게서도 발견할 수 있는 '내부 식민주의'가 이들을 사회적으로 배제하는 원인임을 비판적으로 자각한다.

전후에 경제적으로 안정이 되기 시작한 신흥 중산층들은 1965년 이민법이 바뀌면서 한국사회의 정치적 후진성과 가난한 삶의 조건을 거부하고 선진사회로 가기위해 미국이민에 많은 관심을 나타낸다. 그러나 이에 못지 않게 1950년대 미군 주둔으로 인해 생겨난 혼혈아들이나 미군과 가족관계를 맺었던 여성들도 미국이민에 많은 관심을 갖는다. 그리고 이들은 입양의 형식이나 이민의 형식으로 미국으로 가는 이민자들의 다수를 차지한다.28) 인용문은 1950년대 한국에 주둔했던 미군과 연관된 사람들의 미국생활이 한국인의 미국이민 경험의 중심임을 간과하고 있다.

혈통주의적 전통이 강한 한국사회에서 미국은 강대국이어서 선망되기도 하지만, 서양사람들에 대한 조선사회의 인식이 작용하여 "양놈"으로 비하되기도 한다. 특히 성적인 순결을 강조하는 문화로 인해 미군과의 혼혈은 사회적으로 가장 천시되기도 했다. 이런 한국사회의 문화풍토에 적응하지 못하는 혼혈아나 미군 상대의 매춘부로 살았던 여성들은 미국이민 길에 오르지만, 한국인의 문화나 정체성을 지닌 까닭에 미국사회에 쉽게 적응하지 못한다. 한국사회에서 적응하지 못했던 것

---

28) 한국인의 미국이민 역사는 1965년을 기점으로 변화하지만, 1945년부터 이 변화가 준비되었다고 할 수 있다. 미군의 주둔이 시작된 해방 이후 한국사회에서 미군과 상대하는 한국인들 중에서 미국으로 가는 이민자들이 생겨나면서 1960년대 미국이민의 기반이 형성되었기 때문이다. 미국이민이 쉽지 않았던 1950년대에 전쟁신부나 혼혈고아 같은 이들이 미국이민의 물꼬를 튼다. 이들은 1965년 미국의 이민법이 바뀌기 전까지 한국에서 미국으로 이민가는 사람들의 78%를 차지했을 정도이다. 이민법이 바뀌면서 이런 내력을 가진 한국인들의 이민은 더 급증할 수밖에 없었을 것이다. 이광규, 앞의 책, 50쪽 참조.

만큼이나 미국사회에서도 적응하지 못하고 고립되고 버려진 채 살아가는 경우가 다반사다.

역시 이민자이면서 의사로 살고있는 주인공 선희는 미국에서 고립되어 살아가는 이들을 구체적으로 도와주려고 방안을 모색한다. 그런 와중에 이들이 고립되는 원인으로서 '민족'에 대해 반성한다. 인용문에서처럼 "세계 인류가 꼭 같다"거나 "단군의 자손이라는 신화 속에서 아직 깨어나지 못한다"는 표현을 통해 한국인의 자민족 우월주의와 식민주의를 비판하는 것이다. 이는 미국사회 이민자들의 고단한 삶에 드리워진 백인 우월주의와 식민주의를 비판적으로 자각한 '탈식민주의'적 인식이라 할 정도의 성찰이다.

그러나 박시정 소설의 미국이민 서사는 이 '탈식민주의'적 관점의 미국 식민주의 비판과 그로 인해 타자화된 사회적 약자들의 연대와 공감의 서사로 평가되고 담론화되지 않는다. 박시정의 소설은 백인 우월주의와 식민주의적 인종정책에 의해 타자화된 이민자들의 고립감과 상실감이 주를 이루지만,29) 한국문단에서는 「한국인형」을 대표작으로 꼽기 때문이다.

사실, 박시정 작품에 대한 문단의 평가는 별로 많지 않다. 1960년대 여성작가들이 별로 많지도 않았고 문단에서 적극적으로 평가되지 않았듯이, 박시정 소설도 이런 맥락 속에서 별 주목을 받지 못한다.30) 그러나 초기에 집중적으로 발표된 미국이민 소설은 1970년에 창간된 『문학과 지성』에 거듭 재수록되었다.31) 화제작을 중심으로 재수록하는 게 대부분이었던 『문학과 지성』의 편집방향을 고려할 때, 당시 젊은 문학

---

29) 「날개소리」, 「물주는 소년」, 「노을」, 「창구」, 「H씨의 망년」, 「이향인들」 등이 이에 해당한다.
30) 이선미, 「1960년대 여성지식인의 '자유'담론과 미국」, 『현대문학의 연구』 29호, 2006. 7 참조.
31) 창간된 바로 직후에 박시정의 소설은 두 번에 걸쳐, 「날개소리」는 1971년 봄호에, 아침에 만난 노인은 1971년 가을호에 재수록된다.

인들 사이에서 박시정의 소설이 높이 평가되었음을 짐작할 수 있다. 그리고 첫 창작집 『날개소리』는 문학과지성사에서 발간된다. 이런 관심은 창작집 『날개소리』 말미에 수록된 김병익의 해설에 집약되어 있다.

> 박시정 소설의 무대는 대부분 풍요와 자유의 나라 미국이며, 등장인물들은 그 미국에서 살고 있는 한국인이다. 그러나 그가 집요하게 묘사하는 이야기들은 그들의 행복하고 평화스러운 삶이 아니라 그렇게 보이는 삶의 밑바닥 혹은 그 변두리에서 무력하고 좌절되어 비참해진 그들의 내면의 모습이다. 따라서 박시정의 이 소설들은 미국과 미국 속의 한국인을 선택된 존재로 바라보아온 우리들의 통념에 충격적이기까지 하다. 풍요와 자유를 찾아, 꿈과 뜻을 찾아, 마치 미국인들의 역사와 전통이 그렇게 이루어진 것처럼, 커다란 기대를 품고 받으며 떠났던 그들이 불행하고 괴로워하다니! 미국에서 여러 방면으로 진출하고 많은 것을 얻어낸 사람들의 소식을 숱해 들어왔는데 설령 그렇게 되지는 못할 망정 가난하고 불편한 우리에 비해 훨씬 좋은 생활을 하고 있을 그들이 그처럼 비참하고 자포자기까지 하다니! 그러나 박시정의 주인공들은 우리의 통념이 얼마나 진실을 빗겨나가고 있으며, 그를 스스로 절망 속에서 어떻게 참담하게 무너져 가고 있는가를 너무나 절박하게 토로하고 있다.32)

김병익은 1960년대 후반의 미국이민이 한국사회의 미국을 향한 선망의 심리 속에서 이루어진 것이고, 그렇기 때문에 미국이민자들의 비참하고 자포자기한 생활이 미국이민자의 문제로 그치지 않고, 한국사회의 미국에 대한 통념을 비판적으로 성찰하게 한다는 점을 지적하고 있다. 박시정의 미국이민 서사는 한국사회에 미국에 대한 인식을 재편할 수 있는 계기를 제공한다고 높이 평가한 것이다. 그리고 이것은 1960년대 미국사회의 "고도로 산업화하고 이기주의화된 미국 문화와 사회 조직의 부산물로서의 고독"이라고 해석한다. 특히, "미국이라는 거대한 기계 속에 톱니바퀴처럼 짜여진 미국인, 거기서 한국인은 또하나의 새

---

32) 김병익, 앞의 글, 368쪽.

로운 톱니바퀴로 틈을 얻어내는 것이 아니라 한국인 스스로 <송두리째 날려 버릴 것 같은> 그 완강한 거부 -- 박시정의 인물들은 이렇게 거부당한 사람들"이라고 봄으로써 산업화의 폐해와 더불어 미국사회의 인종적 편견까지도 해부해내는 박시정 소설의 통찰을 긍정적으로 의미부여 한다.

그러나 이런 평가는 박시정의 소설이 미국의 식민주의를 비판하는 것보다는 한국인이 이에 맞서서 민족적 정체성을 회복하는 서사로 해석된다. 미국이민자의 비참하고 자포자기한 삶을 통해 미국의 식민주의를 포착한 박시정의 소설을 의미있게 평가하면서도, 이를 극복할 방법으로 제시된 식민주의에 의해 타자화된 사회적 약자들의 연대와 공감이라는 주제의식은 거의 주목받지 못한다. 오히려 민족적 전통을 회복하고자 하는 '애국적 주체'의 서사로 해석된다.33) 이후 평단에서도 「한국인형」이 대표작으로 평가됨으로써, 박시정 소설의 미국이민 서사는 미국의 산업화와 식민주의를 비판하는 의미보다는 민족적 전통의 발견으로 민족적 주체성을 회복하는 민족의 서사로 의미부여된다.34) 이는 박시정 소설의 미국이민 서사가 '고향' 표상을 통해 민족의 의미를 환기한 탓도 있지만, 한국문단이나 지식인 사회의 민족 담론이 크게 역할했음을 부인하기는 어렵다.

미국의 지원 하에서 유지되던 1950년대의 한국 상황에서 많은 지식인들은 후진적 상황을 타개하기 위해 전통을 부정하기에 급급했고, 전통단절론은 이런 상황을 반영한 이론적 경향이다.35) 그러나 1960년대

---

33) 김병익, 앞의 글, 373쪽 참조.
34) 박시정 작품에 대한 연구는 작가선집의 해설로만 찾아볼 수 있다. 10년의 차이를 두고 쓰여진 해설인데도 박시정 소설을 평가하는 기준은 별로 변함이 없다. 김국태 외, 『한국대표단편문학전집: 현대작가편 30』, 정한출판사, 1975 해설; 『한국단편문학 25』, 금성출판사 해설 참조.
35) 1950년대 전통론은 한수영의 「1950년대 한국 문예비평론 연구」(연세대 박사논문, 1996)를 참조. 1960년대 전통론은 김주현, 앞의 글 참조.

4.19를 거치면서 민족적 전통을 찾아내고 재건하는 방식으로 지식사회가 변화한다.36) 민족 전통과 주체성의 회복은 1960년대 가장 중요한 과제가 된다. 사회비판 담론에서나 정부의 대중문화 정책 면에서나 모두 민족의 발견과 재구성을 위해 상상적 방식을 총동원한다. 군사정권의 호국영웅을 민족의 주체로 정립하는 민족문화 형성 사업이나 실학적 전통을 복원하여 지식의 주체성을 확립하려는 비판적 지식인들의 일련의 담론화 과정은 보수와 진보라는 반대영역에서 '민족'이 화두였음을 여실히 증명한다.37)

이런 담론 상황 속에서 박시정의 소설은 미국을 비판하는 서사보다는 미국에 살면서 민족적 전통을 찾고, 주체성을 회복하는 서사로서 자리잡아간다 할 것이다. 「한국인형」은 미국으로 간 이민자들의 '고향'의식이 '민족'으로 표상된 대표적 사례이며, 이후 평단에서 이 소설이 박시정의 대표작으로 평가됨으로써 미국이민 서사의 '고향' 표상에 내재된 식민주의 비판의 주제의식은 민족주체의 회복이나, 순수혈통주의라는 주제로 엮일 가능성이 커진다.

그렇다면 「한국인형」이 다른 점은 무엇일까? 「이향인들」과 비교해 보면 차이는 좀더 분명해진다.

「한국인형」의 주인공 수영은 유색인종인 동양인인데다가 중국인도 일본인도 아닌 한국인 이민자로서 아무 것도 아닌 자가 되지 않기 위해 미국시민이 되기를 거부하고 한국인임을 유지하고자 애쓴다. 그러나 한국의 가난이 지긋지긋해서 미국으로 이민온 부모세대는 한국사람들끼리 만나도 영어로 말할 정도로 한국을 부정하며, 미국시민권을 얻

---

36) 정용욱, 「5.16 쿠데타 이후 지식인의 분화와 재편」; 노영기 외, 『1960년대 한국의 근대화와 지식인』, 선인, 2004 참조.
37) 박정희 정부의 호국영웅 발굴을 위한 문화사업과 1960년대 후반 이후 창간된 진보적 문학매체인 『창작과 비평』이나 『문학과 지성』의 실학 전통을 발견하려는 특집 기획은 전혀 다른 이념을 지향하지만, 모두 당대 '민족' 담론의 자장 안에 놓여있기도 하다. 홍석률, 「1960년대 한국 민족주의의 분화」, 노영기 외, 위의 책 참조.

은 자식을 자랑스러워한다.38) 아무리 시민권자가 되어도 한국인으로서의 차별구조를 벗어날 수 없다고 생각하는 수영은 자기정체성도 부정하고 미국인이 되려는 부모세대를 전적으로 부정하는 이민 1.5세대이다. 이 작품도 박시정 미국이민 소설의 세대갈등이 갈등의 중심 축을 이룬다.

그러나 이 소설의 인물은 중국인도 일본인도 아닌 자라는 자의식이 과도한 나머지 백인보다는 유색인종, 유색인종 중에서도 동양인, 동양인 중에서도 일본인인가, 중국인인가, 그 외 동양의 국민인가 등, 서열화된 국가구조로 정체성을 질문하는 미국사회의 식민주의를 부정하기 위해 어쩔 수 없이 스스로 국가의 정체성을 찾는 방식으로 대응한다. 즉 미국사회의 식민주의를 의식하면서 그에 의해 배제된 '타자성'에 주목하기보다 타자가 된 '나'의 국적을 따지고, 그 국가의 정체를 발견하는 방향으로 나아간다. '나는 누구인가'라는 의문을 해결하는 과정에서 '나는 어느나라 사람인가'라는 질문으로 옮겨간 것이다. 이 과정에서 '고향'은 '민족'으로 치환된다. '고향'의 감각적이고 개별화된 표상은 '민족'으로 획일화되어 표상되는 것이다. 반면, 이 '고향'의 표상적 이미지는 「이향인들」과 확연히 대비된다.

「한국사람이라는 사실이 조금도 부끄러운 게 아니라는 말을 한 일이 있는데 근철이는 한국 지도를 보았겠지. 한국의 위치는 큰 나라들이 싸움할 때 싸움터로 좋게 생겼거든. 그래서 늘 싸움터가 돼왔고 그렇기 때문에 가난한 것뿐이야. 한국인들처럼 머리가 뛰어나고 고귀한 품격을 지니고, 착한 천성을 가진 민족은 없을 거야. 근철이나 지영이 학교에서 일등하는 것두 너희들이 한국인이기 때문이야. 혹시 사람들이 얘기하는 것이 사실이라구 해두 너희들은 긍지를 가져야지. 조상이 준 수려한 두뇌

---

38) 이런 식의 미국생활 적응과정은 소문처럼 무성했던 미국이민기에서 흔히 찾아볼 수 있다. 한동세, 「미국만 갔다오면 제일이냐」, 『세대』, 1970. 1 162쪽; 김용태, 『코메리칸의 낮과 밤』, 한진출판사, 1976 참조.

와 천성에 대해 자만심을 가져야 해.」
　나는 그들이 알아 들을 지 어떨지도 모르면서 길게 얘기했다.39)

　미국사회에서 배제되는 한국인들은 고향이 아니라 국적을 질문받기 때문에 감각적으로 표상된 고향의 이미지 만으로는 아무 것도 아닌 자라는 상실감을 극복하지는 못한다. 그래서 「이향인들」에서 이민자 선희는 버려진 채 살아가는 이민자들을 돕기 위한 평화의 연대조직을 만들려고 한다. 인용문에서 드러나듯이, 이런 사람들이 서로 연대하여 조직화되는 것만이 국적을 중심으로 서열이 매겨지는 식민주의적 의식에 대항할 수 있을 것이라 생각하기 때문이다.
　그런데 이 「한국인형」에서는 민족의 전통, 그리고 그 민족의 주체임을 잊지말라고 다짐한다. "세계인류는 다 똑 같다"라거나 "단군의 자손이라는 신화에서 깨어나야"40) 한다는 인식은 어디에도 없고, 인용문에서 드러나듯이, "한국인들처럼 고귀한 품격을 지니고, 착한 심성을 가진 민족"은 없다는 자민족 우월주의 입장이 전면화되어 있다. 그리고 이 작품은 박시정 이민소설의 대표작으로 평가된다. 동시에 「이향인들」의 탈식민적 관점은 「한국인형」의 민족의식에 묻혀버린다.
　미국이민 경험을 다룬 박시정 소설의 '고향' 표상은 이렇듯 이민자들의 삶을 통해 탈식민적 관점을 보여주는가 하면, 1960년대 한국사회를 사로잡고 있던 '민족' 담론의 자민족 중심주의로 귀결되기도 한다. 「이향인들」과 「한국인형」은 이런 양극단의 의미로 구별된다. 박시정 소설의 고향 표상은 한국과 미국의 관계를 반영하면서 한국의 담론변화에 민감하게 반응하는 다양한 양상을 지닌다고 할 것이다. 그러나 결국 박시정 소설의 고향 표상의 다원적 의미는 한국사회의 담론적 맥락 속에서 「한국인형」이 담고있는 '민족'적 의미로 단일화된다. 이는 미국

---

39) 박시정, 「한국인형」, 앞의 책, 98쪽.
40) 박시정, 「이향인들」, 위의 책, 262쪽.

이민 서사조차도 한국문단에서 평가받기 위해서는 1960년대 한국사회에 만연해 있던 민족주의 신화에서 벗어날 수 없다는 한국사회의 '민족' 담론의 영향력을 되새겨볼 만한 대목이다.41)

5. 오해된 히피정신과 오리엔탈리즘에 포착된 '민족'

'나는 어느 나라 사람인가'라는 질문으로 돌아올 수밖에 없는 미국생활에서 고국의 민족 전통에 대해 스스로 의미부여한다고 하더라도, 실제 한국, 특히 미국생활의 기준에서 본 1960년대 한국에 대해 긍정적으로 평가하기 어려운 것이 또 현실이다. 부모세대가 고국을 떠나오면서 절대로 돌아가지 않으려고 다짐했을 정도로 1960년대 후반의 한국은 대안의 정체성이 될만큼 이상적인 구석이 전혀 없는 상태였다.

전쟁이 끝난지 10년이 겨우 지난 상태의 한국은 산업화가 이루어지지 않았기 때문에 근대적인 설비가 전무하고, 문화적 측면에서 보자면 미개한 상태였다. 1950년대 급격히 증가한 교육제도의 영향으로 인문학 중심으로 교육혜택을 받은 지식계층은 기하급수적으로 해마다 늘어나고 있었지만, 미국 의존의 경제구조와 산업화의 기반이 전혀 조성되지 않았던 탓에 소비문화는 극성을 부리면서도 일자리가 없어 자본축적이 이루어지지 않는 과잉인구와 대량 실업 상태였다.42) 고급인력은 계속 쏟아져나오고 있었지만 그들을 수용할 수 있는 사회제도는 갖춰지지 않은 탓에 대중문화를 장악한 미국문화를 선망하며 미국사회를 이상화하는 풍토는 더 강화되었다.43) 1965년 미국이민의 열풍은 이런

---

41) 1960년대에 걸쳐 창작된 안수길의 역사소설 『북간도』의 창작의도도 1960년대적인 민족주의의 담론 상황을 반영하고 있으며, 이 소설의 서사적 문제는 이런 담론 상황을 반영하는 과정에서 해명될 수 있다. 이선미, 「'만주체험'과 '만주서사'의 상관성 연구」, 『상허학보』, 2005. 8 참조.
42) 정용욱, 앞의 글 참조.

1950년대의 열악한 삶의 조건 속에서 이미 준비되고 있었다 할 것이다. 특히, 산업화, 기계화를 통해 일상생활의 문화가 급격히 변화한 미국 사회의 시각에서 보자면 한국의 일상생활은 비위생적이고 야만적으로 보일 수밖에 없는 상태였다. 미국이민을 주저하지 않았던 박시정 소설의 이민자들은 이런 모국의 현실을 자기도 모르게 부끄러워 한다.

> 두 번째는 변소 모습이었다. 그것도 시골의 잿더미 옆에 돌을 받쳐놓고 용변을 보는 모습이었다. 나는 이것은 깊은 시골에서 볼 수 있는 것이고 지금은 이것보다 더 발전된 변소를 사용한다고 대답했다. 그러자 한국에서 이미 이년간 머물렀던 은퇴 평화봉사단원이 콧방귀를 뀌면서 그것도 별다른 게 없다고, 용변을 보면서 속의 내용을 다 들여다 볼 수 있게 되어 있다고 말했다. 훈련생들의 거개가 토하는 시늉을 했다. 갑자기 내 얼굴이 뜨끈하게 달아올랐다. 나는 거의 울상이었을 것이다. 그리고 순간, 도대체 미국인들이 한국에 무슨 필요가 있나 생각했다. 중략
> 그때 눈군가가 쉬이하고 자기네 동료들을 경고하고 계속해 주십시오, 하고 말했다. 그 다음은 고추가 지붕에 널려있는 광경이었다. 나는 갑자기 눈가가 시큼해지는 것을 느꼈다. 그것은 내 고향이었다. 고향의 따스함이었다. 나는 목에 엷은 물막이 생기는 것을 가까스로 삼켜내고 이것으로 김치를 만든다고 자랑스럽게 얘기했다. 다음은 만원 버스에 매달리는 여자 모습이었다. 그 일그러진 상, 나는 그만 쓰디쓰게나마 웃고 말았다. 나는 지금 그들에게 한국의 실상을 비쳐보이고 있는 중이었다. 이것은 힘든 일이다. 내 옷을 벗어보이는 것보다 더 어려운 것 같다. 그들은 때로 한국 문화에, 또는 습관에 충격을 받아 훈련생활을 포기하고 떠나 버린다. 한국적 상황에서 적응할 수 없는 사람은 일찌감치 떠나보내기 위해서 그들이 한국에 가기 전에 한국을 적나라하게 소개하는 중이다. 그러나 나는 싫다.[44]

---

43) 1950~60년대 지식사회의 담론이 서구지향적이며, 미국지향적이라는 것은 이 시기에 공부를 했던 많은 학자들의 회고에서 확인할 수 있다. 특히 동양고전이나 한국의 전통문화에 관심을 기울였던 사람들에게는 학문을 통해 정체성을 찾기가 더 어려웠던 시기이기도 하다. 신영복, 『강의: 나의 동양고전 독법』, 돌베개, 2004, 16쪽 참조.
44) 박시정, 「날개소리」, 앞의 책, 16~17쪽.

인용문은 무의식적으로 밀려드는 저개발국 출신자로서의 부끄러움이 잘 드러나 있다. 한국에 파견될 평화봉사단원45)을 교육하는 자리에서 한국인인 '나'는 자기도 모르게 부끄러움을 느낀다. 결국 미국에서 한국인은 바로 이런 고향의 모습과 동일시된 인종일 뿐이지 개인으로 정체화되지 않기 때문이다. 미국에서 자기자리를 찾지 못하는 이민 1.5세대들은 고국을 부정하고 미국 백인사회에 동화되는 것만을 최상의 가치로 여기는 부모세대를 부정하며 고향을 찾고자 하지만, 미국에서 한국은 가난하고 미개한 나라일 뿐임을 부정하지 못하는 것이다. 게다가 문명화된 문화풍토를 지닌 외국에서 바라본 한국의 제도적 후진성과 문화적 야만성은 더 극명하게 부각되기도 한다.46) 한국인들이 "고귀한 품격"을 가진 '민족'임을 강조하는 것은, 어찌보면 열등감을 만회하려는 허구적 표상일 수 있다. 이때, 1960년대 미국사회의 청년문화에 섞여있던 「한국인형」의 수영은 히피의 '동양주의'나 '공동체적 대안운동'을 통해 해결의 실마리를 찾아낸다.

한국인의 미국이민이 한창이던 1960년대 후반부터 1970년대에 걸쳐 미국은 좀 특별한 역사적 국면 속에 있었다. 소위 '히피문화'라고 일컬어지는 반문화운동이 젊은 대학생들 중심으로 전사회로 번져가고 있었다. 1950년대 산업화의 안정기에 접어든 미국사회는 급격한 빈부 차와 더불어 기성세대의 보수성과 권위주의가 극에 달한다. 게다가 미국의 패권주의는 냉전의식을 이용해 베트남전이라는 폭압적인 전쟁까지도

---

45) 1950년대 말부터 1960년대에 걸쳐 미국에서 파견된 평화봉사단의 활약은 컸다. 특히 1961년 평화봉사단 파견법이 바뀌어 1960년대에 파견된 인원은 상당했다. 박시정 소설의 배경이 된 1960년대 후반의 미국사회에서 평화봉사단원은 한국과 미국을 잇는 가장 중심적인 역할자 중의 하나였다 할 것이다. 도날드 스턴 맥도날드,『한미관계 20년사』, 한울아카데미, 2001, 274쪽 참조.
46) 일본에서 발간된 잡지인『한양』에는 한국에 만연되어 있는 전염병을 통해 한국이 미개한 나라로 소개되어 있다. 한국 바깥에서 한국은 미개한 문명, 비위생적인 환경, 부족한 편의시설 등으로 인식되고 있으며, 특히 일본이나 미국에서 한국은 한국사람들 사이에서조차 이런 방식으로 담론화되어 있다. 전세민,「병마에 우는 사람들」,『한양』, 1962. 4, 103~105쪽 참조.

주도하면서 정치적인 파문의 중심으로 떠올랐다. 미국대학을 중심으로 수많은 젊은이들은 백인 우월주의와 자본주의적 소비문화 등, 미국사회에 만연한 소비중심의 물질만능주의를 비판하면서 자유와 민주주의, 인권, 반전평화 등의 이상을 내걸고 반문화운동을 펼친다. 1960- 70년대 미국의 '히피'는 이 운동을 대표하는 주체세력이다. 이들은 산업화와 물질 만능주의, 개인화, 냉전적 군사주의 등에 맞서 공동체적 삶의 가치와 동양의 신비주의, 자연주의 등을 대안의 가치로서 제시했다. 히피들의 공동체 생활과 기존의 권위주의에 대한 거부, 반전운동은 미국사회를 한단계 비약시킨 정신적 혁명으로 역할할 만큼 전사회적인 대안적 운동이었다.47)

1960년대 이민자로서 미국사회의 주류질서에 적응하지 못하고 주변화되었던 박시정 소설의 이민 1.5세대 젊은이들은 이런 미국의 청년운동에 고무되어 한국적 관습이나 전통을 우월한 문화로서 이상화할 명분을 찾게 된 것이다.

> 아버지는 나의 어깨를 힘있게 흔들었다. 어머니는 화를 못 이기며 경련하듯 흐느끼고 있었다. 우리나라. 그리고 동양. 이 나라의 젊은이들은 지금 동양의 가족제도를 그리며 히피라는 이름의 공동생활을 만들어내지 않는가. 동양은 인간의 영원한 그리움의 고향이다. 그곳은 인간이 처음 인생의 여행을 시작한 곳. 거기는 내 나라가 있다. 나는 그 영원을 향해 떠날 것이고 그 영원을 위해서 기꺼이 일한 것이다. 마침 아버지의 서재에서 괘종시계가 자정을 울렸다. 뻐꾸기의 눈이 디룩디룩하는 괘종시계. 그것은 할머니가 꽃가마 타고 시집올 때 가지고 온 것이고 돌아가신 후엔 아버지가 간직해 왔다. 괘종이 일곱 번째를 치기 시작할 때 아버지는 서서히 나를 그의 품으로부터 놓아주었다. 그리고는 층계를 내려가기 시작했다. 나는 아버지의 발소리를 들으며 오래도록 손을 마주 잡고 서 있었다. 내 손바닥에 감촉되는 끈끈한 액체는 나의 힘찬 출항을 박수하듯

---

47) 이중한 편, 『청년문화론』, 현암사, 1973 참조.

진하고 뜨거웠다.[48]

한국인으로서 자부심을 갖고 살아가고자 하면서도 한국문화를 부끄러워 할 수밖에 없었던「한국인형」의 수영은 히피의 공동생활로 들어가기로 결심을 했다는 친구 수지의 결정을 지켜보면서 고향(고국)의 의미를 긍정할 명분을 얻는다. '고향'을 발견하기는 했지만 긍정적인 가치로 의미부여할 수는 없었던 수영은 (미국)친구들이 선택한 히피의 반문화운동을 통해 명분을 찾아낸 것이다. 감각적 징후에 불과한 '고향'에서 '고귀한 품격'을 지닌 '민족'으로 나아간 '고향' 표상은 사회적 가치를 지닌 대안의 삶으로 승화될 명분을 만난 것이다. 미국사회의 젊은 이들이 이상적으로 제시하는 동양의 가족공동체, 반문명적 원시의식, 정감어린 공동체적 인간관계 등, 인류의 가장 가치있는 전통을 지닌 '민족'(고국)은 더 이상 미개한 나라가 아니라, 보존할 가치를 지닌 곳으로 의미부여됨으로써 민족적 자부심의 근거가 된다.

그러나 히피운동의 동양주의를 민족 발견의 근거로 삼는 것은 논리적 비약이며, 오해일 수밖에 없다. 히피의 이념은 산업화와 합리주의를 원리로 하는 근대 문명사회를 반성적으로 성찰함으로써 제기된 대안의 사회상이기 때문이다. 히피는 고도의 산업화와 자본주의 문명의 개인화 과정의 부산물인 것이다. 더 절대적인 자유를 얻기 위한 운동이지, 개인화도 이루어지지 않은 상태에서 공동체주의를 지향하는 것과는 이념적 기반이 다르다고 할 수 있다.[49] 그야말로 근대화를 비판하고 그것을 성찰하기 위한 대안적 운동인 것이다. 개인의 자율성이 무시되는 가부장적인 성문화와 개인의 인권이 억압되는 식민지적 근대화와 가부장적 가족문화와는 정반대에 있는 셈이다. 오히려 이 히피들의 이념 속

---

48) 박시정,「한국인형」, 앞의 책, 106쪽.
49) 고영복,「젊은 세대의 반항정신은 고양될 것인가」,『세대』, 1970. 1; 오제명 외,『68. 세계를 바꾼 문화혁명』, 길, 2006 참조.

에 대안으로 제시된 동양주의나 공동체주의는 동양의 가족공동체를 이상으로 한다기보다는 오리엔탈리즘적 시각에서 발견된 '동양주의'에 가까울 수 있다.50) 히피정신을 오해함으로써 발견된 '동양주의'와 그를 통해 의미를 갖게된 민족적 주체의 서사는 근대적 주체화의 과정없이 '근대의 초극'을 추구하는 민족 담론의 논리적 비약과51) 동궤의 것으로 볼 수 있다.

그러나 '고향' 표상과 관련된 이런 문제점을 인정한다 하더라도, 박시정 소설의 미국이민 경험은 한국문학의 미국인식을 형성하는데 한 축으로서 역할함을 부정할 수 없다. 미국과 긴밀한 담론적 영향관계를 형성하고 있었던 탓에 미국사회의 타자라는 경험은 한국사회의 담론지형을 살펴볼 수 있는 하나의 시약이 될 수 있는 것이다. 특히 미국문화를 선망하면서도 실제생활에서는 민족적 전통의 회복이 사회적으로 가장 커다란 의제로 부상했던 1960-70년대에 박시정의 이민소설은 한국사회를 반성하는 역할을 충분히 해내고 있는 것이다.

6. 결론

미국이민이 한창이던 1960년대의 한국은 보수와 진보를 불문하고 '민족'의 전통을 회복하기 위해 고군분투하던 시절이었다. 이 시기에는 미국이민의 열망도 컸지만, 미국적인 것을 선호하는 것을 비판하는 시각이 전면화되기도 했다.52) 지식인들 사이에서나 대중문화 면에서나

---

50) 동양과 오리엔탈리즘의 관계에 대해서는 에드워드 W. 사이드, 박홍규 옮김, 『오리엔탈리즘』, 교보문고, 1991 참조.
51) 김동리의 세계문학으로서 민족문학의 의미화과정과 비교해 볼 수 있다. 이은주, 「1950년대 문학비평의 세계주의와 미국적 가치 지향의 상관성」, 『상허학보』 18, 2006. 10 참조.
52) 1960년대는 '한국적 민주주의'라는 정책이념으로 인해 공식 담론 상에서 외제물건

공적 담론상황에서는 민족적 전통을 강조하던 시대였던 것이다. 그렇지만 또 여전히 미국문화는 구체적인 생활용품이나 문화적 취향으로서 일상생활을 장악하던 시대이기도 했다. 따라서 내밀한 일상생활에서는 미국물건을 선호하고 미국문화를 즐기면서도 공적으로는 미국문화의 상업성이나 저질성을 비판하고 미국화를 지향하는 사람들을 사대주의자로 혐오하는 이중적인 태도가 만연해 있었다. 1950년대나 1960년대나 내밀한 욕망의 영역에서 미국은 가장 인기있는 문화적 코드였지만, 1960년대의 공적 담론 상에서 미국문화는 별로 환영받지 못한 것이다.

미국 자본주의의 어두운 면을 부각시키고 미국사회의 고질적인 문제인 인종문제를 부각시킨 박시정의 미국이민 서사는 이런 한국사회의 분열적인 욕망과 담론상황 하에서 발표되고 소통되었다. 박시정 소설의 '고향' 표상은 이 복잡한 양상이 반영된 이미지이다. '고향'은 성장기 이전에 미국으로 이민을 갔기 때문에 고향에 대한 구체적 기억이 없는 세대, 그러면서도 주체적으로 선택한 이민이 아니기 때문에 미국이민 생활에 적응하지 못하는 것을 참을 수 없어 하는 세대, 바로 부모를 쫓아 이민 길에 오른 초창기 이민 1.5세대들의 미국이민 경험을 반영하는 표상인 것이다.

박시정 소설에서 '고향'은 구체적인 기억이나 경험의 공간이 아닌, 감각적 징후나 상상물로서 표상되기도 하지만, 민족의 신화와 전통으로 추상화되어 표상되기도 한다. 개별적 삶의 맥락에서 구성된 감각적 징후나 상상물로서의 고향 표상은 미국사회의 식민주의를 부정하고자 하는 사회적 약자들의 탈식민적 연대의식으로 승화되기도 하지만, 한국 민족의 신화와 전통으로 추상화될 때는 한국 내 민족 담론의 자민족 중심주의로 퇴화되기도 한다. 박시정 소설의 고향 표상은 미국이민에 대한 사실적인 경험세계를 구축함으로써 미국사회의 식민주의와 한

을 추방하는 캠페인이 벌어질 정도로 미국문화를 비롯한 외래문화 수용자들을 홀대 시했다.

국인들의 맹목적인 미국 선망의 의식을 비판적으로 조망하는가 하면, 역으로 한국민족의 신화와 전통을 강조함으로써 자민족 중심주의와 같은 민족주의 이데올로기를 강화하기도 한다. 그러나 이 문학적 진폭은 모국의 담론상황 하에서 재맥락화됨으로써 미국이민 서사의 인식적 지평을 축소하기도 한다. 「한국인형」의 민족인식과 한국문단의 평가는 이것의 한 반영이다.

　이렇듯 박시정 소설에 드러나는 1960년대 후반 한국인의 미국이민 경험은 한국사회의 분열적 징후를 서사적으로 반영함으로써 전후 한국사회에 스며있는 미국담론의 복잡한 양상을 처음으로 보여준 사례라 할 것이다. 앞에서 말한 바 있듯이 미국이민 경험은 '미국'이라는 지역의 문제를 넘어서 한국사회를 반영한다. 박시정 소설의 미국이민 서사는 미국이민의 욕망과 미국이민 경험을 한국사회 안에서 조망하고 있다. LA폭동을 계기로 본격화된 미국인식에 대한 성찰적 태도는 한국문학에서는 이미 1965년 이후 이민 초창기부터 지속적으로 제기되고 있었던 것이다.

한국문학연구신서 제15권
'고향'의 창조와 재발견

인 쇄	2007년 7월 24일
발 행	2007년 7월 30일
엮은이	동국대학교 문화학술원 한국문학연구소
발행인	이 대 현
편 집	김 주 현
발행처	도서출판 역락 서울 서초구 반포4동 577-25 문창빌딩 2층(우137-807)
등 록	1999년 4월 19일 제303-2002-000014호
전 화	02-3409-2058, 2060 / 팩스 02-3409-2059
홈페이지	http://www.youkrack.com

ISBN 978-89-5556-555-3 93810

값 18,000원